朱大渭

学术经典文集

朱大渭 著

ZHUDAWEIXUESHUJINGDIANWENJI

中国现代史学家学术经典文库

ZHONGGUOXIANDAISHIXUEJIA
XUESHUJINGDIANWENKU

山西出版传媒集团

山西人民出版社

图书在版编目（CIP）数据

朱大渭学术经典文集／朱大渭著．—太原：山西人民出版社，2013.3
（中国现代史学家学术经典文库）
ISBN 978 - 7 - 203 - 08080 - 0

Ⅰ.①朱… Ⅱ.①朱… Ⅲ.①中国历史 - 魏晋南北朝时代 - 文集 Ⅳ.① K 235.07 - 53

中国版本图书馆 CIP 数据核字（2013）第 025401 号

朱大渭学术经典文集

著　　者：朱大渭
责任编辑：樊　中
助理编辑：何赵云
装帧设计：柏学玲

出 版 者：山西出版传媒集团·山西人民出版社
地　　址：太原市建设南路 21 号
邮　　编：030012
发行营销：0351 - 4922220　4955996　4956039
　　　　　0351 - 4922127（传真）　　4956038（邮购）
E - mail：sxskcb@163.com　发行部
　　　　　sxskcb@126.com　总编室
网　　址：www.sxskcb.com

经 销 者：山西出版传媒集团·山西人民出版社
承 印 者：山西出版传媒集团·山西新华印业有限公司

开　　本：890mm×1240mm　　1/32
印　　张：15.5
字　　数：300 千字
印　　数：1 - 4 000 册
版　　次：2013 年 3 月第 1 版
印　　次：2013 年 3 月第 1 次印刷
书　　号：ISBN 978 - 7 - 203 - 08080 - 0
定　　价：30.00 元

如有印装质量问题请与本社联系调换

《中国现代史学家学术经典文库》出版前言

自梁启超先生推出《中国近三百年学术史》之后，又一个百年过去了。这一个百年里，中国的学术环境和研究条件发生了巨大变化，学术成就超过了以往任何一个世纪，同时学术腐败大量产生、学术垃圾层出不穷，给学术界造成了一定程度的混乱，需要及时地盘点、甄选、梳理和整合。这对于我国学术成果的总结和传承，对青年学者的学习和研究，对促进我国科学研究的发展与交流都是十分必要的。

为了总结中国现代百年史学研究的优秀成果，传承史学大家的学术经典，促进史学研究的科学发展，山西人民出版社决定与全国史学界广泛合作，编辑出版《中国现代史学家学术经典文库》，建设一项具有传世之功的学术公益工程。我们坚信，这是一件具有重大社会意义和学术意义的出版工程，将会师范后学，推动我国历史科学的进步。

学术论文是学者发表学科研究成果的一种基本方式，最能代表一个学者的学术水平和学术思想，反映一个学者的研究方法和学术境界。该文库是中国现代历史学学术精华的大盘点、大集成和大展示，我们将在全国史学界的支持和帮助下，以严肃认真的态度，陆续收录1912年以来中国大陆和港澳台地区著名史学家代表性的学术论文（不收录学术著作），结集成书，铸造百年史学经典，希冀惠及当今，传之久远。

为了方便广大读者使用，我们在每个史学家的学术经典文集的前面设有学者学术小传，书后附有学者著述目录。同时，在山西人民出版社的网站上设有《中国现代史学家学术经典文库》数据库，读者可凭借每册图书中书签所提供的密码，登录网站，使用其电子版。

我们在以往的出版工作中，曾得益于历史学界的信任、支持和帮助，谨此致敬、致谢！今后我们将不懈努力，继续为史学领域的学者和读者提供更好的服务。

山西人民出版社

作者学术小传

我于 1931 年 2 月出生在四川西充县。自幼喜欢读历史演义小说，逐渐对祖国五千年历史文化产生浓厚兴趣，因而在 1953 年报考四川大学历史系，立志要研究历史。大学毕业后被分配到中国社会科学院历史研究所，曾任历史所研究员、所学术委员。1986 年任魏晋南北朝隋唐史研究室主任。1988 年被聘为山东大学兼职教授，1989 年被中国军事科学院聘为特约研究员。1991 年荣获国务院颁发的"有特殊贡献专家特殊津贴"。1992 年被聘为本院高级职称评委。同年后两届被选为中国魏晋南北朝史学会会长，现任名誉会长。2006 年 8 月被选为中国社会科学院荣誉学部委员。

在川大学习时，对我影响较深的首推尊敬的徐中舒、蒙文通、缪钺三位老师。三位老师在学术上，或考论双精，或博学贯通、或文史兼善。他们各展所长，传道授业，诲人不倦。蒙师博通经学、玄学、理学、史学、宗教、古地理、古民族诸多学科，而且能将各学科纵横联系、融会贯通，以其睿智的史识提出系统独到的见解。他曾多次畅谈中国历史发展至魏晋发生第二次大变化，并旁及陈寅恪隋唐制度"三源"说；章太炎"真以哲学著见者，当自曹魏始"；汤用彤汉魏之际"中华学术发生一大变"；刘师培"其以文学特立一科者，自南朝刘宋始"等高论。我治魏晋南北朝史的念头，即萌生于此时。蒙师强调治史的四条要点：广博、精深、贯通、探变。可以说这是先生以自己的治史体验，对学生提出的严格要求。由于治史范围的原因，以后数十年间，同缪师的联系较多。缪钺师强调治学之道，"既要能高瞻远瞩，宏观全局，又要能索隐探微，不可偏执一端。"大学时代的三位业师虽已作古，但其谆谆教导，言犹在耳，巍巍师表，学术品德楷模，言传身教，泽被学子终身。

我的生活经历，说来略有不顺。我和妻子风雨同舟50年，她是中学模范教师，教育子女成才，并操持家务，使我能专心治学。但她积劳成疾，因病长期全休，加之我的身体也欠佳，终身都是在同病魔斗争中进行研究工作，尽管这样，丝毫没有动摇我对史学研究的热情和信心。

当我进入历史所后，曾先后熟读陈寅恪、唐长孺、周一良、王仲荦、何兹全等前辈学者的著作，这不仅使我清楚六朝历史领域的已有成果，而且从中选定薄弱环节和突破点，同时领会他们的严谨治学精神。1990年9月应日本学术振兴会邀请去日本讲学，在东京、名古屋、大阪等地同日本多位著名中国史专家进行文化交流。国外中国史研究成就，日本学者的论著最为重要，吸收他们的成就，更进一步奠定我治魏晋南北朝史的基础。

在研究六朝史的 50 多年中，我不仅撰写论文和专著，而且主编八部史著，其中已出版六部，还有《中国历史人物大辞典》（院重点科研项目），我主编魏晋南北朝部分，约 180 万字，上海辞书出版社即将出版。《晋书今注》（二十四史今注之一）为古籍重点整理项目，该书注文为《晋书》原文的二倍，约 300 多万字，我与川大及中山大学四位教授用了整整三年的时间，如以一人计为 15 年。因为该书有十志，典章制度及其他难点较多，个别难点向老专家请教也不能诠释者，存疑以待高人。我撰写的《晋书今注·前言》已在《史学史研究》2000 年第 4 期发表。此书将由四川巴蜀书社出版。我在主编各书时，都是亲自作编写大纲、指导思想，以及具体内容，有的我自己参加撰写，而且对每卷作者的章节安排内容进行审定修改，这方面几乎占去我一生研究时间的一半。这样的工作主要在于利用集体力量，同时培养青年学者成长，并发挥退休老专家的余热，从而推进历史研究的发展。其实，主编这些书有的论学术专长的水平我是没资格的，只是出于出版社的约请，以及参加的一部分作者的要求，似却之不恭。

关于学术著作质量方面，曾有多篇对我著作的评价（包括论文集、专著、主编的著作）可以参考。这里我举国内外两篇书评，华东师范大学教授牟发松指出，"《六朝史论》作者是新中国培养的第一代魏晋南北朝研究者的优秀代表，90 年代曾任两届中国魏晋南北朝史学会会长。如果将《六朝史论》视为这一代研究者的代表性成果之一，似不为过。"（《书品》1999 年第 4 期，中华书局。）日本大阪市立大学副校长、教授中村圭尔在述评中说："本书是一本真正高水平的学术论文集，内容非常丰富，其成就兼具有广度和深度而又创新的鲜明特色。兼备独自特色的重要成果，可以把它视为新中国魏晋南北朝史研究的又一新的里程碑。"（中村圭尔《朱大渭著〈六朝史论〉摘译》，见《东洋学报》第 82 卷 3 号。）另外，复旦大学傅杰先生还将我的《中古汉人由跪坐到垂脚高坐》一文选入《廿世纪中国文史考据优秀文录》。中外学者对我的书评十四篇，大多评价偏高，少有批评意见，使我惶恐不安。我的论著确实没有那么高的水平，其中有许多不足之处。我想评论者可能含有奖掖之意。我认为时人对学术论著的评价或带有时代局限，必须要经得起时间的考验。纵观古今学术论著，学人对其学术论著水平多数能形成共识，但也有少数经过数百年甚至上千年，各代学者对其学术水平高低尚有争论，其实这是学术（包括史学）发展的正常现象，由此而推进各类学科的深化进程。

我在半个多世纪的治史生涯中，比较重视前辈学者（包括古代和近现代）的教诲和启迪，并总结自己的治史心得，在实践中不断改进深化治史理念和追求，因而也有一些肤浅的认识。首先，学风是各类学术研究领域健康发展带根本性的问题。它是指有关学术领域研究的基本风格和态度。总体说来，其核心要求为刻苦勤奋、诚实严谨、求真创新，严格遵守学术规范，尊重他人学术成果。显然，学风包含着怎样做人及怎样为文两方面的丰富内涵，这又延伸到学术道德问题。我们提倡坚持优良学风，追求史学真理，而不追求个人名利，做人治学必须力求真诚、求实、创新三者相统一，这应是学风和学术道德要求的最高境界。据此，治史者一定要具有淡泊、宁静、诚实、寂寞的纯真品格以及执著、严谨、求真、创新的奋进精神。前者属于一种思想境界，后者乃是一种实干精神。

当前在史学研究领域，这种风格和精神较为缺乏，因而有"学风浮躁"、"学术失范"，甚至学术腐败现象发生。这说明科学这块圣洁的殿堂，也受到社会腐败现象的玷污。学界同仁常为此议论忧虑。而反映在学术成果的发表和出版上，各类史学著作虽然数量猛增，但是存在着东拼西凑，粗制滥造，以及低水平重复现象，而且剽窃制假等伪劣学术产品，也时有出现，突破了学术道德的基本底限。当前，史学论著真正具有求真创新价值的较少。史学研究队伍的自身建设，研究者对学风和学术道德有深刻的理性认识，有一种高度自觉性和自律精神，显得最为重要。

我国古典史家对学风和史德有着较为明确的认识。唐代史家刘知几在《史通》中提出"才、学、识",即所谓"史才三长"说。元代文坛"四杰"之一的史家揭傒斯任修辽、金、宋三史总裁官时,针对当时学者争正统而互相攻讦,提出了"修史之德"的"心术"主张。他认为修史"以用人为本。有学问文章而不知史事者,不可与;有学问文章知史事而心术不正者,不可与。用人之道,又当以心术为本也。"他毅然"以笔削为自任。凡政事得失,人材贤否,一律以是非之公;至于物论之不齐,必反复辨论,以求归于至当而后止。"清代章学诚继承揭氏主张,在《文史通义》中专列《史德》一篇,明确提出"史德"观点,并作了理论上的界定。他说:"能具史识者,必知史德。德者何?谓著者之心术也。"章氏正式提出心术即史家的道德品质,这是指史家从事史学研究的主观意图及动机和目的。史家必须心术纯正,才能具有治史的职业道德。这里"史德"应有两层意思,一是指古典史家主张的秉笔直书,善恶实录,此乃求真务实意识;一是指史家学风严谨,要沉下心来,花深工夫,下大力气,对一切历史事件、制度、人物的阐述评论"律以是非之公","以求归于至当"。由此,提出真知灼见,寻求历史发展的客观规律,从而对历史负责,对人民负责。今天我们应当继承和发扬上述优良学风和学术道德精神。

这里,首先应当认识史学自身的特殊性,在史学研究中,无论继承创新或原始创新,都必须有个前提,即真正掌握地上文献资料、地下文物考古资料、以及1000多年来前人的研究成果资料，一定要穷尽这三类资料，再去粗取精，去伪存真，择善而从，推雅取正，从而掌握准确可靠的有关资料以及前人的真知灼见。这项基础工作，不要说宋以后，就是先秦至唐末五代，也要花去相当长的时间才能完成。有了这个基础工作，才能进一步探索历史社会各领域的真实内容和客观规律。关于揭示历史进程的客观规律，这一步最困难，因为这是真正的创造性思维活动。

我们知道，即便是从微观角度研究历史，要精审地解决历史上和文献中的一切疑难之点，也要求对全部有关资料作汰伪存真的清理，作精辟入微的考证，才能求得可靠的结论。正如梁启超在《清代学术概论》中所言：顾炎武"所以能当一代开派宗师之名者"，"在其能建设研究之方法而已。约举有三：一曰贵创；二曰博证；三曰致用。"在"博证"中说："论一事必举证，尤不以孤证自足，必取之甚博，证备然后自表其所信。"如果要探索历史规律，当然比单纯考证个别历史事件，更要复杂困难得多。恩格斯在《卡尔·马克思〈政治经济学批判〉》一文中说："即使只是在一个单独的历史实例上发展唯物主义的观点，也是一项要求多年冷静钻研的科学工作，因为很明显，在这里只说空话是无济于事的，只有靠大量的、批判地审查过的、充分地掌握了的历史资料，才能解决这样的任务。"这里恩格斯所讲的，正是根据历史学科的特征，以理论指导和资料搜集，再经过研究实践而得出正确史学创见的全过程实际上，在历史研究中考证与论述，微观与宏观二者是紧密结合的。微观研究为宏观研究奠定基础，而宏观研究又可以带动和提升微观研究。初治史者，尤其要重视考证和微观研究因为史学实证性极强，历史研究的正确结论是要在充分掌握和准确解释大量资料的基础上再经过理论分析而最后抽象升华出来的。我们知道，马克思毕生没有脱离历史研究，从揭示人类历史发展客观规律这一总目的出发，或是用宏观理论分析的方法（又称逻辑思维的方法），或是用实证的方法，或把两者结合运用。马克思在前后共作的 7 部编年史摘录中，则主要采用的是实证和理论分析相结合的方法。比如近年来引起东西方学者热烈讨论的马克思晚年所作的最后一部《历史学笔记》，就是宏观理论分析与微观实证相结合的典范历史论著。他从具体历史实际出发，其中共引用了 8 部欧洲及其相关的当时著名历史学论著，对欧洲公元前 1 世纪到 17 世纪的历史做了批判性的论述，并订正或补充了某些被遗漏的重要史实，"通过实证性的历史研究，从理论与历史研究实践相结合的基础上，对唯物史观的基本原理进行了阐释和论证"，从而为唯物史观的整个理论体系打下了坚实的基础。

我认为，无论专著和论文，上乘之作总是严谨史实考证、精审理论分析、抽象升华出符合历史实际的见解三者的完美结合。如果不具备实证功底，以及高屋建瓴的理论分析和思辨能力，绝不可能成为一位有成就而杰出的历史学家。还应该注意，治史是研究以往人类社会的所有领域，而以往人类历史的全部内容，不可能被完全记录下来，即便是不完全记录下来的资料，我们再怎样努力，也不可能完全掌握它。加之每个人的各种条件有别，因而治史者无论如何勤奋努力，即使其史学论著发挥到极致，除去一些具体历史问题外，其他历史观点都只能是相对真理。因而史学的发展，乃是一个不断深化的过程。正如朱熹所说："旧学商量加邃密，新知培养转深沉"。所有上述历史学的特征，决定了要想对中国史研究作出较大贡献，必须穷尽一生精力，长期下苦功夫，拼搏奋斗，方有可能实现其理想。也就是说，史家毕生都必须在细腻的史实考辨与雄浑的理论分析中纵横驰骋于广阔的历史领域，以求索和升华出符合历史发展规律之结论。

我国古代著名史家司马迁撰《史记》，先助其父司马谈搜集整理资料，制订体例阶段（前126—前109年），前后共18年。自己发奋撰修（前108—前93年），前后共16年，总共花去34年工夫。这还不算其父为此所作的努力和所付出的心血。实际上，司马迁父子两代人付出了一生的心血，才完成了《史记》的撰写工作。再如，司马光领衔编撰的《资治通鉴》，所参加者刘攽（战国两汉）、刘恕（六朝至隋）、范祖禹（唐迄五代）三人，皆为各段治史名家。他们四人经过19年时间才撰成。如果以一人工力计，则为76年。即使是给正史作较好的校注和集解工作也需要多年甚至毕生的精力才能完成。如卢弼《三国志集解》，吴士鉴《晋书斠注》，皆穷尽其一生精力而后成。

　　由于历史科学的各种特性以及对科学研究的严谨要求，这就决定了治史者必须熄灭学术浮躁之火，摒除急功近利之欲，一生在寂寞、宁静、清贫中度过。这里用得着古人总结的一切事业（特别是学术研究）成功的经验："非澹泊无以明志，非宁静无以致远"。被认为对中国传统文化科学方法作出"奇迹"般创见的朱熹曾说："静，便养得根本深固，自可致远。"揭傒斯说："惟静为能统天下之至动，惟虚为能容天下之至大……君子学成于静，受益于虚。"总之，澹泊、宁静不是感觉，而是一种思想境界；澹泊、宁静不是心情，而是一种出自内在的理念。当众人在焦急、烦躁、喧嚣中争名夺利，或在灯红酒绿推杯换盏般享受时，我们却应在澹泊、宁静中创造史学之至理。所有这些应是一个治史者必须深刻领会的。这是因为心灵的澹泊宁静，与尘世的名利相争不容，而浮躁急功，又与科学研究的理念相悖，而治史自始至终丝毫离不开宁静与理念。当然，治史也需要激情，但这种激情要沉于心底，形于笔端，蕴于史著。治史者崇高的思想境界，求真务实精神以及对历史科学的执着所产生的爱和激情，以此三项作为理想定力的支撑点，才能真正守住澹泊宁静，为治史而长期过着坐冷板凳的寂寞清贫生活。更要像司马光修《资治通鉴》那样孜孜不倦19年，其《进书表》说："骸骨癯瘁，目视昏近，齿牙无几，神识衰耗……臣之精力，尽于此书"那种为治史的牺牲精神。

　　不管今后研究手段如何现代化，勤奋都是永远必须的。

因为研究手段只能缩短研究过程某些环节的时间，而不能代替创造性思维。而且随着时代的前进，史学研究将越来难度越大，越需要发挥创造性。而创造性思维则是在科研过程中长期积累和思考的结果。朱熹是我国古代一位对经学、易学、哲学、史学、文学、古文字学等都有极高造诣的学者，可以说其著作的质量和数量都堪称一流。他在《观书有感》一诗中所咏："半亩方塘一鉴开，天光云影共徘徊，问渠哪得清如许，为有源头活水来。"这首诗中所感悟的读书治学成功的深刻体验，虽千古之下，学人都能从中领悟到治学的一切创新识见，都是在心窗八面思绪恢宏的艰苦卓绝地勤奋学习中，才能像清泉一样源源不断地涌出。

中华民族有着特别重视历史的优良传统，其核心为政治、军事、经济、文化、民族、社会等地上和地下历史文献和文物载体，历代相传，从未间断，因而具有五千年光辉灿烂的历史文明。它乃是历代史家、文士和各族人民用泪和血创造和谱写而成的。我们作为这种伟大历史文明传承总结工作的一员，肩负着艰巨而神圣的使命，当然，这也是一种光荣的任务。这种职责对我们提出了严格要求。当今社会充满利润竞争，人间物欲横流，诱惑殊多，治史者必须具有崇高的思想境界，以及求真务实精神。史学创新，特别是第一流的创新，不仅需要才、识、学，更需要心灵的真诚和人格的坚挺。一个有素养的史家，其专业上的素质以及全面的文化学术修养，乃是长期刻苦勤奋而获得的，乃是经过千锤百炼，不断升华，具有较高的自律原则，从而成为一个有优良学风和道德风范的学人。一个明智史家的人生哲理，就是不断奋发地追求历史客观规律，勇于史学创新。人类社会就是在追求真理中，不断地创新，以推进社会历史向前发展的。可以说，这是史家对史学深邃入骨的认识基础之上的一种唯一选择。

中华民族五千年光辉灿烂的历史文化，永远值得我们去热爱，它是我们永不枯竭的精神力量的源泉，它蕴涵着永远探索不尽的社会历史发展真谛。我们凭借此种优势，必须用实际行动撰写出高质量的史学论著，以适应改革开放时代，激发祖国人民自觉地认识和创造历史，自强不息地为中华民族光辉灿烂的文明不断发展，为中华民族的伟大复兴，并为人类历史进步作出更大的贡献。

我借此机会略述平生对治史的追求和理念，主要针对当前史学界实际情况有感而发，其用意或能与同仁共勉。更重要的乃是寄希望于青年史学工作者，因为历史科学的传承和发展，必须由青年学者肩负起来。青年学者欣逢盛世，当前国家为学术（包括史学）的大发展大繁荣采取了各种措施，只要青年学者坚持正确的理论指导，并与中国历史实际相结合，勤奋拼搏，其成就必定能够超越我们，其中有的可能成为一代史学大师。这是我由衷的发自内心的想法，请千万不要辜负时代和人民对你们的殷切希望。

目　录

朱大渭学术经典文集

魏晋南北朝文化的基本特征

魏晋南北朝特定的时代条件，决定了该时期的文化（包括精神文化和物质文化）绚丽多姿，异彩纷呈。可以说，我国古代文化从春秋战国以来，又一次出现了大变革时期。特别是魏晋玄学的产生，国内各民族大融合的形成，中西文化交流的频繁，印度佛教佛理的广为流传等新因素，对隋、唐以后中国古代文化的发展产生了深远影响。如果将魏、隋间中国文化同汉、唐文化相比，揆其大要，其基本特征可以归纳为五个方面。

朱大渭学术经典文集

（一）自觉趋向型文化特征[①]

黄巾大起义促使东汉大帝国的瓦解，维护其封建专制统治的儒家伦理纲常受到极大的冲击。人们的思想从儒家名教的桎梏中解脱出来，因而人的独立人格和自觉精神得到一定程度的发展。同时，汉末至隋约 400 年内，基本上处于长期分裂割据（西晋统一至八王之乱只有 11 年），战乱频仍，社会动荡不安。那时每一个人，每一个家庭、家族，每一个社会政冶集团，每一个割据政权，要求得生存、自立和发展。都必须充分发挥人的主观努力，也即发挥人才的优势，从而有利于个人聪明才智的充分显示。加之东汉统一帝国的瓦解。人们热衷于寻求重新统一和治国的理沦。这些时代条件不仅使得各类人才辈出，而且促使学术思想界儒、玄、墨、名、法、纵横、佛、道以至兵家都应时而出，形成了我国历史上所谓第二个百家争鸣的时代[②]。

当时从政治斗争到思想理论斗争的许多主张，都与儒家名教相悖逆。早在曹操与袁绍等联兵反对董卓时，二人各自发表如何夺取最后胜利的意见，曹操便说："吾任天下之智

---

① 汤用彤先生用"自由精神"语。参见《魏晋玄学论稿·王弼之周易论语新义》，中华书局 1983 年版。

② 《隋书》卷三二、三三、三四、三五《经籍志》所录当时极其丰富的各家著述，最能反映此点。

力，以道御之，无所不可。"① 所谓"智力"，指人的才能，"道"乃指由人制定的适时而变的各种方针政策。曹操认为在群雄逐鹿中要取得胜利，只有充分发挥人才的作用。因此，他多次下令主张"唯才是举"，不仅"盗嫂受金（者）……吾得而用之"②，甚至"负污辱之名，见笑之行，或不仁不孝而有治国用兵之术"者③，皆可录用。清谈名士嵇康不仅倡导"越名教而任自然"④。还公开宣称他"非汤武而薄周孔"⑤。鲍敬言从老庄任自然的思想出发，针对儒家所谓"天生蒸民而树之君"的君权神授说，揭示国家、君臣以及政治制度的出现，都是暴力和征服的结果，也是压迫、贫苦和战争的根源。鲍氏对阮籍在《大人先生传》中讲的"无君而庶物定，无臣而万事理"，"君立而虐兴，臣设而贼生，坐制礼法，束缚下民"⑥ 作了进一步的发挥。提出了著名的"无君论"⑦ 反对国家、君臣、政治制度的存在。皇帝绝对权威的树立，如果从秦始皇统一全国（公元前221年）算起，到鲍敬言所处的两晋之际，已有约540年的历史。鲍氏对封建专制的核心君权的彻底否定，尽管不符

① 《三国志·魏书》卷一《武帝本纪》建安九年。
② 《三国志·魏书》卷一《武帝本纪》建安十五年《令》。
③ 《三国志·魏书》卷一《武帝本纪》建安二十二年注引《魏书》。
④ 《晋书》卷四九《嵇康传》。
⑤ 严可均辑校《全三国文》卷四七嵇康《与山巨源绝交书》。
⑥ 严可均辑校《全三国文》卷四六阮籍《大人先生传》。
⑦ 《抱朴子·外篇》卷四八《诘鲍篇》。

合时代发展趋势，但他在理论上的勇气，反对政治压迫的实质，以及在思想意识上趋向自觉的精神，都是值得赞许的。

与"无君论"思想相辉映的，乃是"神灭论"和"笑道论"。从三国时孙吴虞翻的"无仙说"①，西晋阮瞻、阮脩的"无鬼论"②，到刘宋范晔的"死者神灭"，"天下决无佛鬼"③，再到范缜的"神灭论"④，北周甄鸾的"笑道论"⑤，均在于反对佛道教义欺骗人民，及其维护封建统治的神仙鬼神学说。特别是范缜的《神灭论》把我国古代唯物论思想推向顶峰，它有利于人们思想意识的趋向自觉，有利于科学的进步。上述对封建统治理论的核心名教禁锢的突破，以及对封建统治政权核心君权的否定，以及古代唯物论思想的发展。无疑是中国封建社会前期人们思想的一次相对解放，从而促使人们的文化心态向自觉趋向型发展。

在我国封建社会里，妇女受压迫最深，因而她们的社会地位及其思想观念，最能说明当时人们思想意识的自觉趋向程度。东晋葛洪曾生动地描绘了两晋南方妇女的社会生活，说她们离开织机，走出厨房，拜亲访友，周游城邑，游戏佛寺，观赏渔猎，登山临水，出境庆吊，途中有说有笑，有时

---

① 《三国志·吴书》卷一二《虞翻传》。
② 《晋书》卷四九《阮籍传附瞻传、脩传》。
③ 《宋书》卷六九《范晔传》。
④ 《梁书》卷四八《范缜传》。
⑤ 《广弘明集》卷九《笑道论》。

甚至举杯痛饮，引吭高歌①。这里表现出来的妇女的社交活动和社会地位，似乎同男子没有多大区别。北齐颜之推在描述北齐国都邺城一带妇女的社会地位时说："邺下风俗，专以妇持门户，争讼曲直，造请逢迎，车乘填街衢，绮罗盈府寺，代子求官，为夫诉屈，此乃恒、代之遗风乎。"② 邺城一带妇女居然成为一家之主，她们不但操持家务，甚至还参预为子求官；为夫诉屈等政治活动，足见其社会地位颇高。北朝在东魏孝静帝时（534—550 年在位），元孝友上表云："妇人多幸，生逢今世，举朝略是无妾，天下殆皆一妻。"③孝友上表意在反对一夫一妻制，显然是夸张之词，但既然是在上表中所述，当不会全为妄言。北朝妇人主持家务，参预政治活动，以及反映妇女地位提高的一夫一妻制在封建统治最上层偶有出现，显然是鲜卑习俗对北朝社会的影响。实际上，它反映了北朝民族融合这股历史主流，对当时北方文化的深刻影响。

由于儒家男尊女卑观念受到冲击，少数民族风俗的习染，妇女家庭和社会地位的提高。她们有了掌握文化的机会，因而当时出现了一些著名的诗人、作家、书法家、音乐

---

① 《抱朴子·外篇》卷二五《疾谬》。
② 王利器《颜氏家训集解》卷第一《自家》第五，上海古籍出版社1980 年版。这里说江东妇女"略无交游"，恐在衬托北朝妇女地位之高，或南朝末南方妇女地位有所变化。
③ 《魏书》卷一八《临淮王潭附曾孙孝友传》。

家、舞蹈家、歌星以及深通儒家经典的女文人学士。她们写下了诗、赋、谏、铭、颂、书、疏等传于后世。据《隋书·经籍志》记载，两晋妇女有文集者计12人，共40卷；十六国前秦妇女有诗文集者1人共1卷；南朝妇女有文集者计7人，共39卷，1人注书7卷。此外，有姓无名，标某氏撰文集者计37人，共106卷，其中应有一部分为妇女所作①。前秦韦逞母宋氏，其父授予《周官》音义，她传授其子韦逞，逞为前秦太常卿。苻坚视太学，"悯礼乐遗阙"。博士卢壶推荐韦逞母亲说："宋氏世学家女，传其父业，得《周官》音义……自非此母无可以传授后生。"② 苻坚封宋氏为宣文君，特派遣太学生120人前去宋氏家立讲堂受业。使《周官》学复行于世。南朝刘宋时，吴郡妇人韩兰英，颇有文辞。擅长做赋，受宋明帝赏识，"用为宫中职僚"。齐武帝封为女博士。"教六宫书学，以其年老多识，呼为'韩公'云"③。北魏清河崔元孙之女，为房爱亲之妻，"历览书传"。亲授其子景伯、景先《毛诗》、《曲礼》经义，"并为当世名士"。景伯后为清河太守；景先学识精博，为太学博士兼著作佐郎，撰《世宗起居注》④。

---

① 见《隋书》卷三二、三三、三四、三五《经籍志》。
② 《晋书》卷九六《列女·韦逞母宋氏传》。
③ 《南史》卷一一《后妃传上·武穆裴皇后传》。
④ 《魏书》卷九二《列女·房爱亲妻崔氏传》，卷四三《房法寿传附房景伯、房景先传》。

妇女社会地位有所提高，并有了学习文化的机会，因而其思想观念也趋向自觉，从而妇女出外游学、步入仕途、从军、自由选夫等为封建伦理纲常所不容的事例，在魏晋南北朝时有出现。

南朝齐代东阳郡（与会稽郡接壤）有位精通文义，善弈围棋的女子娄逞，不甘心受封建礼教的索缚，决心走上社会干一番事业。她打扮成书生，只身到京城建康，"遍游公卿，仕至扬州议曹从事。事发（齐）明帝（494—498 年在位）驱令还东"。娄逞着妇人服而去，临行叹曰："如此之伎，还为老妪，岂不惜哉。"① 据清雍正十一年修《宁波府志》卷三六《逸事》载，梁祝故事发生在东晋谢安执政时，梁山伯为会稽山阴人，祝英台为会稽上虞人。祝女扮男装，"游学与梁共读"。从府志所记梁祝故事情节详细，以及与其并列的前后史事属实看，再参以娄逞女扮男装至京城从政事，梁祝故事发生在东晋，应有所本。北朝《木兰词》所描述的乃是一位闺门女子女扮男装，代父从军 10 年之久的故事②。这是当时战乱特别纷繁（尤其在北方），妇女从军

---

① 《南史》卷四五《崔慧景传》。又见《太平广记》卷三六七《妖怪》九。

② 《木兰词》产生的时代，参考王仲荦《魏晋南北朝史》下册 935 页注⑨，上海人民出版社 1980 年版。

参战现实生活在文艺上的反映①。当时妇女的婚姻，也出现了一些自由选择夫婿的事例②。至于男女离婚③，以及夫死妻嫁，国家法律似乎是允许的④。直至隋代，才正式下令有官品者："九品以上妻，五品以上妾，夫亡不得改嫁。"⑤ 一般无官品者夫死妻嫁，自然不在此例。史载，魏晋时"初作屐（木屐）者，妇人头圆，男子头方。圆者顺之义，所以别男女也。至太康初，妇人屐乃头方，与男无别"⑥。这里所谓"圆者顺之义"，是指妇人从夫的意思，所谓"别男女"，乃指儒家伦理分别男女，使尊卑有序。西晋太康（280—289 年）初，妇女穿屐由圆头改为方头，与男子无别，实际上这是指妇女要求与男子平等的一种自觉意向在穿着习俗上的反映。所有上述妇女自觉趋向的观念和行为，表

---

① 参阅《三国志·魏书》卷一《武帝本纪》注引《魏书》、卷一六《郑浑传》注引张璠《汉纪》，卷一七《陈思王值传》注引《魏略》；《宋书》卷七四《沈攸之传》；《梁书》卷三《武帝纪》下；《隋书》卷二五《刑法志》。

② 《晋书》卷四二《王浚传》，卷四〇《贾充传附谧传》；《北齐书》卷九《神武娄后传《晋书》卷九六《烈女·周颛母李氏传》。

③ 《晋书》卷四九《羊曼传附弟聃传》，卷九一《儒林·王欣传》卷七九《谢安传附琚传、附邈传》，卷四三《王戎传附王衍传》。

④ 《世说新浯》下卷上《伤逝》第十七《庚亮儿遭苏峻难遇害》条。《魏书》卷九二《列女·张洪初妻刘氏》，《列女·习思遵妻鲁氏》；《宋书》卷九一《孝义·徐元妻许氏传》；《南史》卷五五《孝义·韩灵珍妻卓氏传》。

⑤ 《隋书》卷二《高祖纪》下。

⑥ 《晋书》卷二七《五行志》。

现了社会风尚给妇女的影响，其实质是妇女争取男女平等和婚姻自由，它从最深层次上显示着儒家名教观念的淡薄，人们文化心态上趋向自觉的程度。

当然，魏晋南北朝人们的文化心态，虽然出现了一种反儒家名教的自觉趋向，几乎表现在各个文化意识领域，但妇女从整体上说，依然处于男人的从属地位。同时儒家名教毕竟是维护封建专制统治的理论核心，在人们的潜在意识里。尤其在国家政治生活中．基本上仍起着支配的作用。

再从学术思想领域的高层次推求。前贤所揭示的当时百家争鸣中出现的所谓儒玄合流，佛道互补，儒、佛、道相互对抗，而又互相渗透，以及唯物论和唯心论的鲜明对立，这种文化学术思想领域的对抗，交融和繁荣，本身既促进了人们文化心态自觉趋向的发展，也标志着我国古代哲学和宗教走向成熟的阶段。特别是在魏晋最高知识层"自由精神"影响下，玄学以对儒家名教质疑而兴起后，给人们的思想境界带来了一系列新变化。正如汤用彤先生所说："魏晋人生观之新型，其期望在超世之理想。其向往为精神之境界，其追求者为玄远之绝对，而遗资生之相对。从哲理上说，所在意欲探求玄远之世界，脱离尘世之苦海，探得生存之奥秘。"① 这种魏晋人的新型人生观，正是两汉儒家齐家治国

---

① 汤用彤《理学·佛学·玄学》第 317 页，北京大学出版社 1991 年版。

平天下理想在现实中破产后，面对乱世苦海所表现出来的一种超凡脱俗的理性追求，可以说是人生觉醒的一种曲折反映。

总之，魏晋以降人们文化心态的自觉趋向，既是时代精神的产物，又反过来给予当时文化以巨大影响。精神文化方面的相对解放和自觉趋向，必然推进物质文化的辉煌发展。若究其根源，虽较为复杂，但人们自觉的文化心态，极大地促进了学术思想的繁荣和科学技术的发展，则是肯定无疑的。

（二）开放融合型文化特征

魏晋南北朝开放型文化特征，是由于国内各民族大融合，中西文化交流频繁，以及自觉趋向型的文化心态等时代条件决定的。当时人们的思想较为开放，原先的封闭状态被打破了，首先是汉族对外来文化表现了一种包容和吸取的积极精神，同时少数民族中的杰出人物也热衷于学习汉族先进文化。尤其在北中国，表现得更为明显，当时北方无论政治制度、经济生活、礼仪风俗、学术思想等，都不是汉族单一型的，而是以汉族文化为主，对国内各少数民族和外来文化兼收并蓄，包罗宏富，并向文化融合型发展。早在东汉末年，西域文化便传入我国。史称汉灵帝"好胡服、胡帐、胡床、胡坐、胡饭、胡箜篌、胡笛、胡舞，京师贵戚皆竟为之"①。西晋泰始（265—274 年）以后，"中国相尚用胡床貊槃，及为羌煮貊炙，贵人富室，必蓄其器，吉享嘉会，皆以为先"。太康（280—289 年）时期，人们普遍以胡人生产的毡"为絈头及带身、袴口"，并相习成风。② 西晋灭亡以后，北方和长江上游先后由五胡建立起十六国政权（不包括冉魏和西燕）。当时属于民族融合的第一阶段；匈奴、鲜卑、羯、氐、羌人大都保存着自己的语言、生活习俗和礼仪风俗。北魏初年贺狄干至后秦，被幽禁后返魏。道武帝（386—408 年在位）"见其言语衣服，有类羌俗，以为慕而习之，故忿焉，既而杀之"③。羌人从东汉后期起与汉族关系密切，以后大多内迁关中，与汉人融合较早，但直到后秦（384—417 年）时，其语言服饰仍同汉人及鲜卑有别，其他少数民族更可想而知。

各少数民族在汉族地区建立的封建割据政权，大多带有部落军事统治和封建统治双重性，政权组织形式为胡汉混杂体制，其官制大致上皆胡汉杂糅。北魏前期政权，也不例外。史称："佛狸已来，稍僭华典，胡风国俗，杂相揉

---

① 《续汉书》志第一三《五行志》一；《北堂书钞》卷一四五《胡饭》。
② 《晋书》卷二七《五行志》上；《北堂书钞》卷一四五《羌煮》。
③ 《魏书》卷二八《贺狄干传》。

乱。"① 北魏太和改革官制，在吸取南朝三省制时，还保留了前期官制的某些特征。如门下省所领内侍六局，实际上继承了北魏前期内侍官保卫君主安全，传达君主意旨，参加机要问题的讨论，成为君主身边的枢密机构②。从而形成所谓"诏旨之行，一出门下"③；"（后魏）尤重门下官，多以侍中辅政，则侍中为枢密之任"④。因而北魏、北齐中枢机构的一大特点，乃是以门下省为中枢的核心。北魏中期实行的均田制，以及西魏、北周实行的府兵制，前者乃是鲜卑拓跋氏族公社公有制和儒家理想政治的结合，在当时北方大乱之后地广人稀的特定历史条件下出现的；后者则是利用鲜卑八部大人制和《周官》六军之制结合创建的，二者皆为李唐强大帝国所承袭。实际上，在国家政权政治制度上，从十六国到北朝始终存在着全面的或局部的胡汉体制的混杂和融合，已为史家所共识。这是开放融合型文化特征，在政治制度上的反映。

语言是传播文化的主要工具。西晋灭亡之后，北方语言较为混杂。十六国后赵石勒称赵王后，"宫殿及诸门始就，制法令甚严，讳胡尤峻。有醉胡乘马突入止车门，勒大怒，

---

① 《南齐书》卷五七《魏虏传》。
② 陈仲安、王素《汉唐职官制度研究》第84页，中华书局1993年版。
③ 《魏书》卷二一上《高阳王雍传》。
④ 《通典》卷二一《职官》三《宰相》条。

谓宫门小执法冯翥曰：'夫人君为令，尚望威行天下，况宫阙之间乎！向驰马入门为是何人，而不弹白邪？'翥惶惧忘讳，对曰：'向有醉胡乘马驰入，甚呵御之，而不可与语。'勒笑曰：'胡人正自难与言（指胡汉言语不通）。'恕而不罪"①。石勒将与前赵刘曜战于洛阳，群臣皆以为不可。勒咨访沙门佛图澄。澄曰："相轮铃音云：'秀支替戾冈，仆谷劬秃当。'此羯语也。"秀支，军也。替戾冈，出也。仆谷，刘曜胡位也。劬秃当，捉也。佛图澄用羯语回答石勒的话，译为汉语为："军出捉得曜也。"② 可见十六国时期，在北方流行着少数民族语言。北魏初期，鲜卑语盛行。道武帝时（386—408 年在位），晁懿"言音类帝（道武帝）"，"以善北人语（指鲜卑语），为黄门侍郎"③。孝文帝改制以前，魏廷汉语和鲜卑语并行，改制以后虽禁鲜卑语，但仅限于 30 岁以下的人，而 30 岁以上的鲜卑人，并不要求立即改说汉语。更何况孝文帝改制后只有 4 年时间即死去，以后改制实际上处于流产状态，因而北方势必恢复汉语和鲜卑语并存状态。魏末于谨"解诸国语（懂多种少数民族语）"，孙搴"通鲜卑语"，而被重用④。高欢行军，"每申令三军，常鲜

① 《晋书》卷一○五《石勒载记》下。
② 《晋书》卷九五《佛图澄传》。
③ 《北史》卷八九《艺术上·晁崇传附弟懿传》。
④ 《周书》卷一五《于谨传》；《北齐书》卷二四《孙搴传》。

卑语，（高）昂（汉人）若在列，则为华言"①。可见高欢的兵士既懂汉语，也晓鲜卑语，即便是在南方，东晋统辖区域内居住的蛮、俚、僚等少数民族，也是"鸟声禽呼，言语（与汉人）不同"②。东晋王导拜扬州刺史时，宾客数百人中有胡人。导特诣胡人前云："'兰阇，兰阇。'群胡同笑，四坐并欢。"《朱子语类》卷一三六说"兰阇"，"乃胡语之褒誉者也"③。桓温南蛮参军郝隆在群僚诗会上云："娵隅跃清池。"温问："鰅隅是何物？"答曰："蛮名鱼为鰅隅。"温曰："作诗何以作蛮语？"④ 又《世说新语·言语》第二云："王仲祖闻蛮语不解。"又"高坐道人不作汉语"条注引《高坐别传》说："（高坐）性高简，不学晋（汉）语。诸公与之言，皆因传译。"⑤ 可见南朝人在社交中，也有使用少数民族语言的。国内各少数民族人民虽有本民族的语言，汉人也有懂少数民族语言的，但在同汉族频繁的生活接触和长期思想文化交流中，到南北朝后期随着民族融合的加深，各少数民族人民大多接受了汉族的语言文字。从而促

①《北齐书》卷二一《高乾传附昂传》。

②《魏书》卷九六《僭晋司马睿传》；《宋书》卷九二《良吏·徐豁传》："俚民皆巢居鸟语。"

③ 参阅余嘉锡《世说新语笺疏》第 176 页（二），中华书局 1983 年版。

④《世说新语》下卷下《排调》第二十五《郝隆为桓公南蛮参军》条，中华书局 1983 年版。

⑤《高僧传》卷一《帛尸梨密传》。

进了其他方面的融合。

再如胡服。十六国时和北魏前期，胡人多穿胡服，自不待论。孝文帝太和十九年（495 年）改制，明令禁穿胡服，改着汉人服饰。经过 4 年以后，太和二十三年（499 年）正月，孝文帝从邺城回到洛阳，犹"见车上妇人冠帽而著小襦袄（指鲜卑服饰）者"。孝文帝责问留守洛阳的任城王元澄："尚书何为不察？"澄对曰："著犹少于不著者"①。足见当时着鲜卑冠服者，还不在少数。魏廷改胡服，从太和十九年（495 年）"班赐冠服"开始，全部冠服的制定，"积六载乃成"②。此时孝文帝已病故，服饰改制并不彻底。萧梁大通二年（528 年），陈庆之北伐，第二年五月占领洛阳。陈庆之亲见其"礼仪富盛，人物殷阜"，从而重视北朝文化。据说他回江南后，"羽仪服式，悉如魏法。江表士庶，竞相模楷，褒衣博带，被及秣陵（建康）"③。庆之子陈暄，也仰慕北朝文比，他曾"帽簪钉额，条布裹头，虏袍通踝，胡靴至膝"，使朝士哗然④。陈庆之北伐离孝文帝改制已有30 年，而北方鲜卑人仍穿胡服。《资治通鉴》卷一七二引

---

① 《魏书》卷一九中《任城王澄传》。
② 《北史》卷九〇《艺术下·蒋少游传》。
③ 范样雍《洛阳伽蓝记校注》卷第二《孝义里》条，上海古籍出版社 1958 年版。
④ 严可均辑校《全陈文》卷九徐陵《与顾记室书》。参考《魏书》卷七五《尔朱世隆传》。世隆本人及其候从皆穿胡服。

《陈纪》太建八年（579 年）春正月载，周主受朝于露门，始与群臣服汉魏衣冠条。胡注云："以此知后周之君臣，前此盖胡服也。"陈寅恪先生认为"后周之君臣平时常服或杂胡制，而元旦朝贺，即服用摹拟礼经古制之衣冠"①。北齐文宣帝高洋（550—559 年在位）曾"散发胡服，杂衣锦彩"②。东魏高欢部将羯人侯景，"与人论掩衣法为当左，为当右"，尚书敬显儁曰："孔子云：'微管仲，吾其被发左衽矣。'以此言之，右衽为是。"王纮反对说："国家龙飞朔野，雄步中原，五帝异仪，三王殊制，掩衣左右，何足是非。"③ 这次争论以掩衣左右皆可而结束，实际上反映了当时人认为胡汉服饰杂用的一种文化观念。我们在现存的北朝壁画、画像石（砖）及陶俑等形象资料中，所看到的绝大多数裤褶是右衽，但也有左衽。如河南洛阳出土的北魏宗室元邵墓中的陶俑，其所着裤褶的样式既有左衽的，又有右衽的，袖子以宽大者居多，但亦有较为窄小的④。北魏后期高门士族清河崔氏的墓葬中，也出现身着左衽裤褶的文侍俑⑤。甚至连南朝帝王陵墓的画像砖上，也有穿左衽裤褶的

① 陈寅恪《隋唐制度渊源略论稿》二《礼仪》第 57 页，中华书局 1963 年版。
② 《齐书》卷四《文宣纪》。
③ 《北齐书》卷二五《王纮传》。
④ 洛阳博物馆《洛阳北魏元邵墓》，载《考古》1973 年第 4 期。
⑤ 山东文物考古研究所《临淄北朝崔氏墓》，载《考古学报》1984 年第 4 期。

执伞侍从①。正是由于汉胡服制的混杂，两者的相互融合，使我国古代服制发生大变化，即从"上衣下裳（裙）"转变为"上衣下裤"。这个转变过程经吕一飞在《胡族习俗与隋唐风韵》中精细考辨，认为"发端于十六国时期，兴盛于北朝时期，而大局粗定于隋唐之时"②，这是符合历史真实的。

隋代议定仪礼时有人指出，北魏天兴（398—403 年）初，"撰朝飨仪，始制轩冕，未知古式，多违旧章"。孝文帝时"讨论经籍，议改正之。唯备五辂，各依方色，其余车辇，犹未能具"。魏末孝明帝熙平（516—517 年）时，侍中崔光等"采其议，大造车服"，"自斯以后，条章粗备"③。这里说明北魏礼仪车服改制，经历三个阶段，直至魏末，也只是"条章粗备"，当时政治腐败，战乱纷繁，不可能付诸实施。所以隋太常少卿裴政奏曰："后魏以来，制度咸阙。……舆辇衣冠，甚多迂怪。今皇隋革命，宪章前代，其魏、周辇辂不合制者，已敕有司尽令除废。"④ 隋内史令李德林上奏也称；"周、魏舆辇乖制，请皆废毁。"⑤ 隋

---

① 南京博物院《江苏丹阳胡桥南朝大墓及砖刻壁画》，载《文物》1974 年第 2 期。
② 吕一飞《胡族习俗与隋唐风韵》第 44 页，书目文献出版社 1994 年版。
③ 以上均见《隋书》卷一〇《礼仪志》五。
④ 《隋书》卷一二《礼仪志》七。
⑤ 《隋书》卷一〇《礼仪志》五。

文帝从之。他们都认为北魏、北周衣冠礼仪"多参胡制","舆辇衣冠，甚多迂怪"，即不符合汉族衣冠礼制。他们对孝文帝改制，弃而不谈，似乎透露出孝文帝改制虽曾大刀阔斧实行于一时，但他很快死去，以后或收效甚微。

如关于仪礼中所用的音乐，"汉末大乱，乐章沦缺"①。西晋灭亡以后，十六国北朝时期，中国传统的所谓雅乐正音，只有凉州张氏政权保留一部分，前秦灭张氏得其魏晋雅乐。东晋太元十一年（386年）以后一部分传入南方，一部分保留于后秦。颜之推在隋开皇二年（582年）上言："礼崩乐坏，其来自久。今太常雅乐，并用胡声。"② 隋初郑译定乐之"七调"，实即周武帝时龟兹人苏祗婆之"七声"③。所以牛弘在开皇九年（589年）奏曰："后周所用者，皆是新造，杂有边裔之声。戎音乱华，皆不可用。请悉停之。"④开皇初定七部乐为：《国伎》、《清商伎》、《高丽伎》、《天竺伎》、《安国伎》、《龟兹伎》、《文康伎》。又杂有疏勒、扶南、康国、百济、突厥、新罗、倭国等伎。直至隋炀帝大业（605—618年）中又定九部乐为：《清乐》、《西凉》、《龟兹》、《天竺》、《康国》、《疏勒》、《安国》、《高丽》、《礼毕》等。所谓《清乐》，即"清商之调"，乃魏晋继汉

---

① 《隋书》卷一五《音乐志》下。
② 《隋书》卷一四《音乐志》中。
③ 《隋书》卷一四《音乐志》中。
④ 《隋书》卷一五《音乐志》下。

之"旧曲"。符坚平凉州，从张氏政权所得。刘裕"平关中，因而入南，不复存于内地，及（隋）平陈后获之"。隋文帝听后说："此华夏正声也"①。所谓《西凉》乐，为吕光等割据政权"变龟兹声为之"。北魏太武帝"平河西得之，谓之《西凉乐》。至魏、周之际，遂谓之国伎"②。此乐所用乐器，有出自西域，"非华夏旧器"。所谓"《龟兹》者，起自吕光灭龟兹，因得其声。吕氏亡，其乐分散，后魏平中原，复获之"。至隋代有《龟兹》乐三部，大行于时，王公贵戚宴会多奏之。以致隋文帝指责说："公等对亲宾宴饮，宜奏正声，声不正，何可使儿女闻也。"③ 所谓《天竺》者，张重华据有凉州，天竺贡来男伎，"即其乐焉"④。所谓《康国》者，"起自周武帝娉北狄为后，得其所获西戎伎，因其声。"⑤《疏勒》、《安国》、《高丽》三部乐，"并起自后魏平冯氏及通西域，因得其位。后渐繁会其声，以别于太乐。"⑥ 所谓《礼毕》者，出自东晋庾亮家，"亮卒，其伎追思亮，因假为其面，执翳以舞，像其容，取其谥以号之，谓之《文康乐》。每奏九部乐终则陈之，故以《礼毕》

---

① 《隋书》卷一五《音乐志》下。
② 《隋书》卷一五《音乐志》下。
③ 《隋书》卷一五《音乐志》下。
④ 《隋书》卷一五《音乐志》下。
⑤ 《隋书》卷一五《音乐志》下。
⑥ 《隋书》卷一五《音乐志》下。

为名。"① 从上述隋代九部乐来历可知，除《清乐》、《礼毕》两部乐出自汉族外，其余七部乐均为十六国北朝时期吸取国内各少数民族或外国乐融合演化而成。而且隋乐对唐乐影响极大②，南北朝时期礼仪及其他文化观念的开放性，对唐代影响也颇深。

最能代表开放融合型文化观念的，乃是"胡床、胡坐"以及佛教徒跏趺坐和垂脚坐小床在汉人生活中的传播，加之国内务民族大融合，玄学兴起，礼教的动摇，使汉人生活起居所产生的巨大变化，即由原来殷周秦汉魏晋汉人的跪坐，逐渐演变为垂脚高坐。这个变化过程大约从东晋南北朝开始，至唐末五代基本完成，从而使我国古代跪坐礼俗消失，逐渐形成了我国人民独特的丰富多彩的适宜垂脚高坐的居室文化③。

再从学术思想领域看，佛教虽从东汉初年传入我国，但其广泛传播则在魏晋以后，特别是佛理与中国文化相交融，开始于魏晋之际。汤用彤先生指出，魏晋"五十余年中，中华学术生一大变化。此后《老》《庄》玄学与佛教玄学相辅流行。"④所谓佛教玄学，乃指佛教的玄学化。牟子《理

---

① 《隋书》卷一五《音乐志》下。
② 陈寅恪《隋唐制度渊源略论稿》五《音乐》，中华书局1963年版。
③ 参阅本集《中古汉人由跪坐到垂脚高坐》。
④ 汤用彤《汉魏两晋南北朝佛教史》第六章《佛教玄学之滥觞》，中华书局1983年版上册。

惑论》寸佛教玄学化开其端，以后支谶、支谦的佛学主"神与道合"，"探人生之本真，使其反本"①，则使佛学与玄学理趣相符。支谦等兴佛教大乘般若学，大倡"本无（或空无）"旨趣，与玄学家述《老》《庄》以天地万物皆以无为本的核心命题相契合②。西晋灭亡，玄学渐衰，玄学家们转而探研佛理。因而自东晋始，佛教玄学在南北流行，南方则更为兴盛。及至齐代，顾欢首作《夷夏论》，以"夷夏之别"为由反佛③。朱昭之和僧人慧通均撰文反对顾欢。朱氏认为，自汉末礼崩乐坏，"正教陵迟，人伦失序"，"玄化（指佛教）东流，以慈系世"④。在他看来，佛教可以治乱世，维系儒家人伦之序。有道士作《三破论》，以"五逆不孝斥佛"。刘勰作《灭惑论》、僧顺作《释三破论》，他们都主述"释氏之训"，合儒家三纲五常⑤。在这场争论中，儒佛道三方都以儒家礼法名教为准则，用以驳难对方，其结果不仅没有因"夷夏之别"，而贬低佛学，反而加深了儒玄佛的进一步交融。梁武帝萧衍的佛学论著，或以

① 汤用彤《汉魏两晋南北朝佛教史》第六章《佛教玄学之滥觞》，中华书局 1983 年版上册。
② 汤用彤《汉魏两晋南北朝佛教史》第六章《佛教玄学之滥觞》，中华书局 1983 年版上册。
③ 《南齐书》卷五四《顾欢传》。
④ 《弘明集》卷七朱昭之《难顾道士夷夏论》，释慧通《驳顾道士夷夏论》。
⑤ 《弘明集》卷八《灭惑论》，《释三破论》。

儒证佛，或援佛入儒①。北齐颜之推的"内（儒）外（佛）两教，本为一体"论②，都是把儒学和佛学的观点糅合起来，意在改造佛学，"发挥礼教"（萧琛评梁武帝《敕答臣下〈神灭论〉语》)③。而且与佛教密切联系的石刻、绘画和建筑艺术，在南北朝也出现了辉煌的成果，并对中国艺术产生了深远的影响。

总之，魏晋以后思想界遗弃"夷夏之别"的旧观念，儒玄对佛理哲学的吸取和改造，可以说明在思想理论最高层次上表现出来的开放型文化宽容精神。中国文化之所以源远流长，博大精深，一个重要原因在于能够不断地吸取外来文化，以改造和丰富固有文化。

（三）百家争鸣文化昌盛型特征

魏晋以降人们文化心态的自觉趋向，特别是魏晋南北朝最高知识层的"自由精神"以及开放融合，乃是时代精神的产物，而精神文化方面的相对解放和自觉趋向，又必然推

---

① 《弘明集》卷九《立神明成佛义记》，卷一〇《敕答臣下〈神灭论〉》；《广弘明集》卷二六《断酒肉文》，卷二九《净业赋并序》，卷三〇上《述三教诗》。
② 王利器《颜氏家训集解》卷第五《归心》第十六，上海古籍出版社 1980 年版。
③ 《弘明集》卷一〇。

进物质文化和精神文化的辉煌发展。下面从历史学、经学、文学、科学技术等几个方面举例说明。

1. 历史学。魏晋南北朝时期，各个政权的统治者面对频繁的政权更替、风云变幻的政治斗争和尖锐激烈的阶级、民族矛盾，迫切需要借鉴前代王朝兴亡盛衰的经验教训，也迫切需要宣扬本政权开国创业的伟绩，因而在建国之后几乎都设置史官，组织人力编修前代史书和本朝国史。官修史书之外，私人修史也蔚然成风。涌现出许多史学名家，如陈寿、华峤、司马彪、鱼豢、陆机、王隐、袁宏、干宝、孙盛、裴松之、范晔、臧荣绪、沈约、裴子野、崔鸿、魏收等。见于《隋书·经籍志》"史部"著录的史书，十之八九产生于三国至南北朝期间，而且往往"一代之史，至数十家"。据不完全统计，在这约400年间，以纪传、编年二体修撰的东汉史有12家、三国史有15家、两晋史有23家、十六国史有29家、南北朝史有24家。最为著名的有晋朝陈寿所撰《三国志》65卷；刘宋朝范晔著《后汉书》本纪10卷和列传80卷；梁沈约撰《宋书》本纪、志、列传100卷；萧梁朝萧子显撰《南齐书》60卷；北魏崔鸿撰《十六国春秋》100卷；北齐魏收撰《魏书》130卷。另外，东晋常璩所著《华阳国志》12卷，是一部专门记述古代中国西南地区地方历史、地理、人物等的地方志著作。郦道元《水经注》全面而系统地介绍了水道所流经地区的自然地理和经济地理等诸方面内容，是一部历史、地理、文学价值都很高的综合性地理著作。东魏阳衒之撰成《洛阳伽蓝记》，是一部城市地理名著。当时学术界特别重视撰修历史，这是中华民族重视修史的传承，所以是各族人民的人心所向，时代的需要。这些史学作品，给我们留下了宝贵的精神财富，是我们传统文化的瑰宝。

2. 经学。魏晋时期，经学打破了两汉经学今古文壁垒和师法、家法的界域，也破除了其烦琐、迂腐、荒诞、粗俗的内容，而力求有所创新，形成了不同于汉儒风格的魏晋经学。唐朝孔颖达作《五经正义》，所用魏晋人经注有三、汉人经注有二。今存《十三经注疏》中，除《孝经》注是唐玄宗所作外，汉注与魏晋注各居其半。其中晋注就有：王弼、韩康伯注《周易》，何晏集解《论语》，杜预集解《左传》，范宁集解《谷梁》，郭璞注《尔雅》。此外，孔传本《古文尚书》，亦系东晋豫章内史梅赜所作。南朝经学以梁代为最盛。梁代经学中，具有重要地位的是皇侃的《论语义疏》，该疏博采众引，所用资料，多至30余位魏晋学者的注疏，反映了当时经学求同存异的风气。梁代经学尤重《礼》学，特别是《丧服》经传。南朝经学，偏重将"自然无为"之道注入儒家经典，又杂汉儒传统，畅于义理诠释而疏于训诂，使经学尽扫烦琐、迂腐、荒诞、无用之敝，标出一代新风。而北朝保存汉末传统，经学传授的重点在于训诂典章制度方面。因此，对于清谈玄虚的魏晋传统采取的是排斥态度。北朝经学以北魏最盛，北魏经师众多，著名者有刘献之、徐遵明、李业兴等人。

3. 文学。魏晋南北朝是一个酝酿着文学变新的时期，许多新的文学现象孕育、成长着，透露出新的生机。一种活泼的、开拓的、富于创造力的文学冲动，使文坛出现一幕接一幕新的景观。东汉建安年间和曹魏前期，文坛以曹操、曹植、曹丕父子为中心，在他们周围集中了王粲、刘桢、陈琳、蔡琰等一批文学家，被称为"建安七子"。政治理想的高扬、人生短暂的哀叹、强烈的个性、浓郁的悲剧色彩，构成了"建安风骨"这一时代风格。魏朝后期的文学被习惯称为"正始文学"，其主要代表是嵇康和阮籍，他们对抗司马氏的残暴统治，崇尚自然反对名教，作品揭露了礼教的虚伪，表现了政治重压下的苦闷与抗议。西晋武帝太康（280—289 年）前后，文坛呈现繁荣的局面，以陆机、潘岳、左思为代表的太康诗风以繁缛为特点，丧失了建安诗歌的那种风骨。西晋末年，在士族清谈玄理的风气下，产生了玄言诗。刘宋初由玄言诗转向山水诗，谢灵运是第一个大力写作山水诗的人。在晋宋易代之际，出现了一位伟大的诗人陶渊明。他开创了田园诗这个新的诗歌园地。刘宋的鲍照在七言乐府上做出了突破。齐梁两代诗体发生了重大变革，周颙发现汉语的四声，沈约将四声的知识运用到诗歌的声律上，并与谢朓、王融共同创立了"永明体"。谢朓的山水诗在谢灵运的基础上又前进了一步。谢朓的山水诗完全是自然山水的描绘，语言精美、音韵和谐，使五言绝句诗体真正形

成。沈约称："二百年来无此诗也。"唐代大诗人王维、孟
浩然等皆受其影响。李白对谢朓最为倾心，曾多次称赞谢
朓。如"蓬莱文章建安骨，中间小谢又清发"（《宣城谢朓
楼饯别校书叔云》），"我吟谢朓诗上语，朔风飒飒吹风雨"
（《酬殷佐明见赠五云裘歌》）。① 清初文坛领袖王士禛所写
的一首《论诗绝句》："青莲才笔九州横，六代淫哇总度声。
白纻青山魂魄在，一生低首谢宣城。"② 诗中的"青莲"，
即青莲居士李白。"谢宣城"，即在宣城作过太守的谢朓。
这首诗，不仅赞颂了李白登峰造极的文学才华，同时也吐露
了李白毕生崇拜谢朓的内心世界。齐梁时代的何逊和阴铿受
永明体的影响，对新体诗更有发展。杜甫自述作诗甘苦时，
曾说"颇学阴何苦用心"，他在赠李白诗中云"李侯有佳
句，往往似阴铿"③，可见他对阴、何二人诗歌的推崇。另
外一种诗化的散文即骈文的兴盛，成为这个时期重要的文学
现象，中国文学增添了一种新的、抒情性很强的、可以充分
发挥汉语语言形式美的文体，骈文、骈赋在梁陈两代进入高
峰。

---

① 参考王仲荦《魏晋南北朝史》下册，第二节《文学·永明诗人与
新体诗》，上海人民出版社 1982 年版，第 959 页。

② 清人王士禛《论诗绝句》。参考上注，上海人民出版社 1982 年
版，第 959 页。

③ 杜甫：《与李十二同寻范十隐居》、《解闷》。参考张承宗等主编
《六朝史》，江苏古籍出版社 1991 年版，378 页。

南朝文学之盛，还表现在文学理论专著的出现。南朝齐和帝中兴年间，刘勰撰写了《文心雕龙》，它是中国文学理论批评史上第一部有严密体系、"体大而虑周"的文学理论专著。钟嵘《诗品》是一部品评诗歌的文学批评名著，他评论当时诗文过于讲求对仗、用典、辞藻、声律，从而使表达诗文的深刻内容受到限制，甚至流于空虚贫乏。他还对三曹以来诗歌的师承关系及其发展规律作了精彩的考辨，并对各类诗体分品，虽个别分品有不公，但对盛唐诗歌产生了深远的影响。

此时还出现了中国现存最早的诗文总集，为梁朝萧统所集的《文选》30卷，共收录作家130家，大体上包罗了先秦至梁代初叶的重要作品，反映了各种文体发展的轮廓，划分为赋、诗、杂文3大类，又分列赋、诗、骚、文、诏、册、令、教等38小类。《文选》是学习诗、文、赋的一种最适当的范本，成为唐宋士人的必读书，甚至有"《文选》烂，秀才半"的谚语。

4. 画、书、雕塑。这时出现了著名的"六朝四大画家"：曹不兴、顾恺之、陆探微、张僧繇。其中东晋时人顾恺之，博学有才气，善画人物。他的人物画以简练纤细的线条勾画轮廓和衣褶，着重刻画人物的精神状态，"运思精微，襟灵莫测"。这四大家在绘画艺术上形成了一个高峰。南齐谢赫不仅画艺高明，还著有《古画品录》，提出绘画艺术的"六法"，对后世绘画的发展有很大影响。北朝北齐的杨子华，被时人称为"画圣"。北齐人曹仲达，善画佛画，后与唐代的吴道子齐名，世称"曹吴"。北周时有田僧亮，他的画被称为"绝笔"。总之，这一时期无论人物画和山水画，以及宗教类画，大都为写实，而且吸收了古代和外国传来的有益"画风"。这个时期还出现了很多著名的书法家，如钟繇、索靖、卫瓘等。卫瓘的族孙女卫铄，世称卫夫人，师钟繇，不仅书法高妙，而且在《笔陈图》中阐述了书法理论。王羲之早年师从卫夫人学习书法，后来草书学张芝，楷书学钟繇，集前代各家之大成，推陈出新，被后人誉为"书圣"。其代表作为《兰亭序》，全文有20个"之"字，字字别开生面，无一雷同，堪称绝代佳作。唐太宗死后，《兰亭序》手迹作为殉葬品"秘于昭陵"。现藏于故宫博物院的《兰亭序》是唐太宗命令冯承素临摹的。王羲之的妻子郗睿及其数子均工于书法。从北魏至隋唐是凿窟的鼎盛时期，山西大同云冈石窟、河南洛阳龙门石窟、甘肃敦煌莫高窟、甘肃天水麦积山石窟被称为"中国的四大石窟"，皆为世界著名的宗教雕刻艺术。

5. 科学和生产技术。魏晋南北朝时期，科学技术有了显著进步。我们在《中国古代科学家传》一书中发现，在2272年中（鲁班生年为公元前507年，到清明安图死年1765年）共列29位科学家。其中华佗、马钧、裴秀、葛洪、祖冲之、郦道元、贾思勰、陶弘景等8人，均属于这个时代。① 如果再加上死于建安二十四年（219 年）的张仲景，则共有 9 人，在总年代不到五分之一的时间里，却产生了约三分之一的科学家。他们对我国古代医学、机械学、地图学、药物化学、数学、地理学、农业科学、冶炼化学、生物学以及天文历法等科学技术的发展，都做出了划时代的伟大贡献。张仲景著《伤寒杂病论》，晋王叔和改编为《伤寒论》和《金匮要略》二书，对传染病和各种杂病具体治疗和理论都有重要贡献。王叔和的《脉经》、皇甫谧的《针灸甲乙经》、陶弘景的《本草经集注》等都对中医中药学的发展具有重要意义。华佗的麻沸散及开腹大手术等都是医学史上的重大发明。② 魏晋时期数学家刘徽提出了计算圆周率的方法"割圆术"。祖冲之更进一步精确推算了圆周率，求出圆周率的值在 3.1415926 和 3.1415927 两个数值之间，这在世界科技史上竟千年无人超越。③ 魏晋南北朝时期，西晋裴秀、北魏郦道元都是对后世有很大影响的地理学家。裴秀绘制了《禹贡地域图》，在《禹贡地域图·序》中，他还提出了绘制地图的六项原则，即著名的"制图六体"。北魏郦道

① 中国科学院自然科学史研究室编：《中国古代科学家传（修订本）》，科学出版社 1963 年版。
② 参考拙作《魏晋南北朝的中医外科医术》，载《六朝史论》，中华书局 1998 年版，第 65 页。
③ 《隋书》卷一六《律历志》上。参考何堂坤、何绍庚《中国魏晋南北朝科技史·五·科学·数学》，人民出版社 1992 年版，第 147 页。

元所著《水经注》是中国古代一部全面系统的综合性的地理学专著。魏晋南北朝时，我国机械技术获得了许多进步。为适应战争、生产、生活的多种需要，发明了水磨、水碾、车帆、连续发石机、木牛流马、磨车、翻车、水车等实用性机械，以及飞车、百戏图等游艺性机械和复杂的"机器人"。① 涌现了诸如马钧、杜预、耿询等一批机械发明家。农学成就当首推《齐民要术》，它是北魏时期的农学家贾思勰所著的一部综合性农书。《齐民要术》内容相当丰富，涉及面极广，包括各种农作物的栽培，各种经济林木的生产，以及各种野生植物的利用等等，对我国农业研究具有重大意义。

（四）宗教鬼神崇拜型文化特征②

人类社会历史是复杂的矛盾统一体，魏隋间长期分裂战乱及其特定的历史背景，既从积极方面促进人们自觉趋向型和开放型文化心态，又从另一方面为宗教鬼神崇拜型文化的发展提供了客观条件。因而魏晋南北朝文化思想的再一个特征，是宗教神学的勃兴。不管是土生土长的道教，或是外国传来的佛教，这个时期都广泛地传播开来，宗教神学影响到

---

① 参考拙著《中国古代"机械木人"始创年代及其机理考实》，载《六朝史论续编》，学院出版社 2008 年版，第 52—68 页。
② 《弘明集》卷一〇。

社会上各个阶层。道教宣扬"行符敕水"，"消灾灭祸"，"累德增善"，"白日升天，长生世上"① 等一类鬼话。特别是佛教的幻想力和迷人的方法，都比儒学和道教高明，它有神魂不灭，因果报应，三世轮回，上天堂下地狱等说，还有种种神通变化之术。在长期分裂战乱中，兴衰莫测的各族统治者妄图"长生世上"，或死后"上天堂"，并祈求神奇法术来维护自己的统治。同时，他们向人民宣传因果报应说，使人民相信现实社会里封建统治者与农民之间，富与穷、贵与贱、压迫与被压迫的关系，都是合理的，是前世修福与作恶的结果。要他们安于现状，"蠲去邪累，澡雪心神，积行树功"，以达到"化恶就善"② 的目的，用以麻痹人民的斗争意志。身受阶级和民族双重压迫的各族人民，由于"他们既然对物质上的解放感到绝望，就去追寻精神上的解放来代替，就去追寻思想上的安慰，以摆脱完全的绝望处境"③。特别是长期战乱，天灾人祸相寻，更加助长了广大群众对宗教所宣扬的"羽化飞天"或"登天堂"一类"死后的幸福生活的憧憬"④，因此，当时宗教鬼神崇拜在统治阶级和被统治阶级中，都较广泛地传播开来。

---

① 《魏书》卷一一四《释老志》。
② 《魏书》卷一一四《释老志》。
③ 《马克思恩格斯全集》第十卷，人民出版社1982年版，第334页。
④ 《列宁全集》第十卷，人民出版社1984年版，第62页。

佛教在西晋时只有寺院 180 所，僧尼 3700 余人。东晋南朝，佛教大发展，梁代达到顶峰。梁武帝萧衍在天监三年（504 年）的崇佛诏中说："愿使未来世中，童男出家，广弘经教，化度含识，同共成佛。"① 这类诏书无异于宣布佛教为国教。早在齐代，宗室竟陵王萧子良信佛最笃。他曾多次在司徒府备斋，大会僧众，宣讲佛经。江南士族高门，佞佛的很多，如琅邪王氏、颜氏，陈郡谢氏，庐江何氏，汝南周氏，吴郡张氏、陆氏，都崇奉佛法。帝王朝贵和地方官吏，压榨人民，搜刮钱财，建造佛寺，以祈求来生的幸福，到处建立宏丽的寺宇。而普通老百姓，为了逃避繁重的赋役，脱离人间苦海，也常"竭财以赴僧，破产以趋佛"②。郭祖深向梁武帝上书反佛时曾说："都下佛寺五百余所，穷极宏丽。僧尼十余万，资产丰沃。所在郡县，不可胜言。道人又有白徒，尼则皆畜养女，皆不贯人籍。天下户口，几亡其半。"③；郭氏所说梁代约一半人为僧尼，显然有所夸大，但

---

① 《广弘明集》卷四梁武帝《舍事李老道法诏》。
② 《梁书》卷四八《范缜传》载《神灭论》。
③ 《南史》卷七〇《郭祖深传》。按唐法琳《辩正论·十代奉法篇》记梁代有寺院 2846 所，僧尼只有 82 700 人，平均每所约 29 人，似不合情理，恐失实。若据郭氏所说建康有佛寺 500 所，僧尼 10 余万，平均每寺约 200 余人。梁全境 2800 余寺，以每寺 200 人计，应有僧尼 56 万余人。建康以外的寺院可能每寺平均不到 200 人，即使减少一半，也有 28 万余人。故《广弘明集》卷七《辩惑篇第二之三·叙历代王臣滞惑解下》说：江南地区僧尼总数达"数十万众"。

它却表明南朝佛教传播之广，以及信奉人数的众多。

十六国时期北朝佛教的兴盛，实际上要超过南朝。因为佛教是外来宗教，更适应少数民族统治者入主中原的心理状态。如后赵石虎曾说："佛是戎神，正所应奉"①。北方不少高门如清河崔氏、范阳卢氏、荥阳郑氏、陇西李氏、河间邢氏、河东柳氏，以及北魏鲜卑贵族，均信奉佛法。北魏政权还建立于一套宗教组织系统，有道人统（后改为沙门统）、都维那、维那、寺主等佛教教职，专门管理寺院沙门事务。不管南方和北方，僧尼大众都有免除役调的权利，这也是苦于赋役剥削的农民大批地逃入佛教寺院的主要原因。北朝僧尼犯法，不受国家法律的制裁，以寺院内律处理。北魏太和元年（477年），全境只有佛教寺院6478所，僧尼77258人②。到北魏后期，"天下多虞，王役尤甚。于是所在编户，相与入道，假慕沙门，实避调役……略而计之，僧尼大众二百万矣"③。在北齐、北周时期，北齐境共有寺院3万所。僧尼200万④；北周境共有寺院1万所，僧尼100万⑤。北齐北周全境共有僧尼300万，为唐代僧尼最多时期唐武宗时

---

① 《高僧传》卷九《佛图澄传》。按《晋书》卷八九《佛图澄传》为："佛是戎神，所应兼奉"。

② 《魏书》卷一一四《释老志》，《历代三宝记》。

③ 《魏书》卷一一四《释老志》。

④ 据《大唐内典录》，《历代三宝记》。

⑤ 据《历代三宝记》，《辨正论·十代奉佛篇》。

代全国僧尼近 30 万人①的 10 倍。当时北方国家领民约为 3000 万，僧尼人数占国家领民的十分之一，若据何兹全先生所统计，北齐、北周僧尼共为 500 万人。占国家领民的六分之一②，这两个僧尼数与国家领民数的比例，超过了历代僧尼人数所占总人口数的比例。这就表明。当时佛教在人民中传播之广，是空前绝后的。

道教利用符水治病，以及"消灾灭祸"一类说教，对于灾难深重的下层人民，当然有着吸引力。汉末原始道教起于民间，同农民反抗封建统治的斗争相结合，而产生了太平道教和五斗米道教。汉末农民起义被镇压之后，原始道教发生了变化，其中一个流派在人民群众中继续传播，仍以符水治病等作为组织发动起义的工具，被封建统治者视为妖教邪说。据统计，当时明确利用道教作为组织纽带发动农民起义的，全国先后共有约 20 次之多，起义范围涉及南北广大地区③。一般称"妖贼"起义的，还未计算在内。另外一派道教则成为地主阶级的御用宗教，以炼丹、修仙为务。这派道教，在两晋南北朝封建统治者中也广为传播。晋宣帝司马懿

---

① 郭明《隋唐佛教》，齐鲁书社 1980 年版，第 381 页。按《唐会要》卷四九，唐武宗会昌五年全国僧尼人数为 260 500 人。
② 何兹全主编《五十年来汉唐寺院经济研究》，北京师范大学出版社 1986 年版，第 78 页。
③ 参考张泽咸、朱大渭编《魏晋南北朝农民战争资料汇编》，中华书局 1980 年板。

被尊为道教中地位颇高的鬼官①。西晋宗室赵王伦，东晋简文帝、孝武帝，以及宗室司马道生、司马道子，刘宋文帝之子刘劭，皆信奉道教。梁武帝早年信奉道教，"朝士受道者众。三吴及边海之际，信之逾甚"②。梁武帝在位时，道士陶弘景隐居句容句曲山修道，"国家每有吉凶征讨大事，无不前以咨询。月中常有数信，时人谓为'山中宰相'"③。南方还出现了一大批本地或侨居的道教世家，如琅琊王氏、孙氏，高平郗氏，吴郡杜氏，会稽孔氏，陈郡殷氏，丹阳葛氏，许氏，陶氏，东海鲍氏，吴兴沈氏等皆是④。他们中有的世代相传习道，有的则彼此结为姻亲，用以扩大宗教影响。北魏太武帝拓跋焘（424—451年在位）时，有道士寇谦之"清整"道教，明确提出道教应辅佐北方太平真君（指太武帝）统治中原人民。魏初最有才智和权势的谋臣司徒崔浩，也尊寇谦之为师，"受其法术"⑤。太武帝崇敬道教，改年号为太平真君（440—450年），并为寇谦之起天师道场于京城之东南，"于是崇奉天师，显扬新法，宣布天下，道业大行"⑥，太武帝亲至道坛受符箓。此后北魏诸帝

---

① 《正统道藏》第34册，陶弘景《真诰》卷一六《阐幽微》第二。
② 《隋书》卷三五《经籍志》四。
③ 《南史》卷七六《隐逸下·陶弘景传》。
④ 参阅陈寅恪《天师道与滨海地区之关系》，载《金明馆丛稿初编》，上海古籍出版社1980年版。
⑤ 《魏书》卷一一四《释老志》。
⑥ 《魏书》卷一一四《释老志》。

即位，都在道坛受符箓，成为常制①。实际上，道教在北魏曾一度几乎处于国教的地位。

由上述可知，无论佛教和道教在当时政治生活和文化思想方面，都占有重要地位。而且道教尤其是佛教经典理论对儒学和玄学，均产生了深刻的影响，对此前已论述。

魏晋南北朝时期，封建统治者和民间信鬼神之俗非常盛行，崇拜之神纷繁复杂，有数百种之多。在所崇敬的人神中，有先人，也有当时的人，其中有皇帝、圣贤、文臣、武将、县令、平民、妇女、道士、沙门，几乎包括社会上各个阶层的人物。在崇拜的自然神中。有动植物、山、河、湖、海、井、泉、石、山洞、岩穴等等②。仅东晋成帝（326—342 年在位）时立天地二郊祀，天郊祭神 62 位，地郊祭神 44 位，共 106 位神③。北魏太和四年（480 年）二月不雨，下诏"祀山川群神及能兴云雨者"④。太和十五年（491 年）八月，下诏"国家自先朝以来，飨祀诸神，凡有一千二百余处。今欲减省群祀，务从简约"。同年春不雨，"有司奏祈百神"求雨⑤。这一百多种神，还是封建朝廷按礼典所允

---

① 《魏书》卷一一四《释老志》。

② 梁满仓《论六朝时期的民间祭祀》，载《中国史研究》1991 年第 3 期。

③ 《宋书》卷一六《礼志》二。

④ 《魏书》卷一〇八《志》一。

⑤ 《魏书》卷七《高祖纪》上。

许祭祀的，不包括民间为礼典所不容的所谓"淫祀"在内。史称"荆州率敬鬼，尤重祠祀之事"。又说扬州"俗信鬼神，好淫祀"①。其实不只是长江中下游俗好"淫祀"，全国各地下层群众都"淫祀"鬼神。所谓"淫祀"，乃指下层群众不合典礼荒诞不经的各类鬼神崇拜。曹操为济南相时，"禁断淫祀"。济南仅汉城阳景王刘章祠，便有600余座②。魏文帝、明帝都曾禁"淫祀"。晋武帝在泰始二年（266年）"除禳祝之不在祀典者"③。南朝刘宋永初二年（421年），宋武帝刘裕下诏："淫祀惑民费财，前典所绝，可并下在所除诸房庙。"④ 十六国后赵石季龙时，著作郎王度反对汉人信佛说："其有犯者，与淫祀同罪。"⑤ 后秦姚兴曾下书，禁止百姓"淫祀"⑥。北魏延兴二年（472年）二月，太和九年（485年）正月，都曾下诏禁止"淫祀"⑦。神龟二年（519年）魏廷下诏："除淫祀，禁诸杂神。"⑧ 北周建德三年（574年）五月，"禁诸淫祀，礼典所不载者，尽除

---

① 《隋书》卷三一《地理志》下。
② 《三国志·魏书》卷一《武帝本纪》及注引《魏书》。
③ 《晋书》卷三《武帝纪》。
④ 《宋书》卷三《武帝纪》下。
⑤ 《晋书》卷九五《佛图澄传》。
⑥ 《晋书》卷一一七《姚兴载记》上。
⑦ 《魏书》卷七《高祖纪》上。
⑧ 《魏书》卷九《肃宗纪》。

之。"① 不过江南地区"淫祀"似乎比北方更为突出。唐初狄仁杰为江南巡抚使，在吴楚等地禁止淫祀，除保留夏禹等四座神庙外，一次就毁神庙1700座②。这些神庙绝大多数应是南朝留存下来的，可见那时祭祀和崇拜鬼神之风盛行到何等程度。由于宗教流传广泛，人们普遍信仰鬼神，因而当时虚诞怪妄的文学之风兴起。从东晋葛洪的《神仙传》到北齐颜之推的《鬼魂志》等鬼神志怪小说，共有60余种③，这是现实生活在文学创造上的反映。正如鲁迅先生在《中国小说史略》中所说："中国本信巫，秦汉以来，神仙之说盛行，汉末又大畅巫风，而鬼道愈炽；会小乘佛教亦入中土，渐见流传。凡此，皆张皇鬼神，称道灵异，故自晋迄隋，特多鬼神志怪之书。"④

此外，当时仰观（察天象，言人事）、占卜、看相、圆梦、相宅、相冢、听铃声知吉凶、书符念咒或盲人听声知祸福等各类方伎甚行，所谓"天道秘奥，推测多途"⑤，用以预测吉凶、祸福、灾异，实际上也是一种鬼神崇拜现象。当时史书方伎或艺术列传中共列85人（正传70人，附传15

① 《周书》卷五《武帝纪》。
② 《新唐书》卷一一五《狄仁杰传》。并参阅《宋书》卷八二《周朗传》；《梁书》卷三九《王神念传》。
③ 《隋书》卷三三《经籍志》二。
④ 《鲁迅全集》第九集，人民文学出版社1973年版，第183页。
⑤ 《北史》卷八九《艺术上·庚季才传》。

人），属于上述方伎者 65 人，其他医家、历算、科技、书法、音乐等只有 20 人。占卜等方伎总称"秘学"，讲天人相应，源于"神道设教"，"先王以是决犹豫，定吉凶，审存亡，省祸福"①。魏晋以降沿袭周代，一般太史令掌占卜，以预言军国大计。那时人们信占卜等方术的意识较浓，各类方术渗透到人们的政治和社会生活之中。当时南方似偏重淫祀，北方似偏重占卜。如汉末朱建平善相术，曹操召为郎。魏文帝、荀攸、钟繇、夏侯威、应璩、王昶、王萧等达官显贵，皆向建平问寿长短。魏吏部尚书何晏，请管辂卜其位至三公否。西晋宗室赵王伦闻卜者步熊大名，特召见。熊知其必败，不至。晋元帝即位，使卜者戴洋择吉日。王导、应詹多病，皆问卜者吉凶。应詹还背符诵文以去病。陶侃、庾亮、庾翼相继为荆州刺史时，军政皆咨询占卜家戴洋。石勒、石虎信用听铃声知吉凶的佛图澄，"事必咨而后行"②。卜者台产为刘曜所崇，岁中三迁，任尚书、太子少师、金紫光禄大夫。卜者黄泓为慕容廆参军，"军国之务，动辄访之"③。北魏时太史令赵胜、赵翼、赵洪庆、胡世荣、胡法通等二族，"世业天文"，深通占候④。魏末孝武帝即位，令卜者占吉凶。高欢当政时，聚集一批星象占卜家为"馆

---

① 《晋书》卷九五《艺术列传序》。
② 《晋书》卷九五《艺术·佛图澄传》。
③ 《晋书》卷九五《艺术·黄泓传》。
④ 《北史》卷八九《艺术上·张深传》。

客"，其中有王春、赵辅和、许遵、赵琼、宋景业、魏宁、綦母怀文和吴遵等，每"从征讨，恒令占卜"①。北齐文宣帝将代魏时，宋景业为之筮，劝其"御天受禅"②。

在战乱分裂时期，战乱纷繁，而且战争关系着双方事业的成败，所以星象占卜家常活跃于战场。如陈敏叛乱攻历阳之战，东晋平王敦之乱，石勒于襄国败鲜卑段末波之战，石勒与刘曜洛阳之战，苻坚发动的淝水之战，北魏太武帝平凉州之战，萧梁陈庆之北伐占领洛阳后，尔朱氏反攻拔河内之战、收复洛阳之战，高欢与尔朱氏韩陵之战，宇文泰攻潼关之战、芒山之战，隋炀帝征辽东、征高丽之战，都曾在战争开始或关键时刻问胜败于占卜家。

在一般人民生活中，关于贵贱、贫富、疾病、寿命、失妻、失子、亡牛、亡马、失物、孕妇生男女及产日、出行、修房、葬地、火灾等各类灾异，以及各种梦境等，人们都喜欢求卜问卦，面相圆梦，以预知吉凶祸福，希望消殃转祸，迎来吉祥。所以西晋时步熊善卜筮，自设学舍教人，"门徒甚盛"③。索统善卜梦，"乡人从统占问吉凶，门中如市"④。前秦王嘉预测吉凶，"弟子受业者数百人"⑤。北魏未有人

---

① 《北史》卷八九《艺术上·王春传》。
② 《北齐书》卷四九《宋景业传》。
③ 《晋书》卷九五《艺术·步熊传》。
④ 《晋书》卷九五《艺术·索统传》。
⑤ 《晋书》卷九五《艺术·王嘉传》。

"游州市观卜，有妇人负囊粟来卜，历七人（指7位卜者），皆不中而强索其粟"①。北齐时还有妇女"卜相于市者，言人吉凶颇验"②。隋开皇初，卜者张永乐"卖卜京师（长安）"。卜者杨伯醜亦"开肆卖卜"③。那时星象、占卜、面相等著作，也大批出现。如耿玄的《林占》，吴遵世的《易林杂占》，陶弘景的《占候》，庾季才的《灵台秘苑》，耿询的《鸟情占》，来和的《相经》，萧吉的《阴阳书》、《相经要录》、《宅经》、《葬经》、《相手板要诀》，临孝恭的《禄命书》、《九宫龟经》、《孔子马头易卜书》，刘祐的《阴策》、《观台飞候》、《玄象要纪》等皆属此类④。据《隋书》卷三四《经籍志》三记载五行类著作共有272部，合1022卷，其中绝大多数为阴阳星象占卜相书类，而且多为魏晋南北朝时人所撰。

尽管求神问卜在本质上是骗人的，但由于当时长期分裂割据，战乱频繁，社会动荡不安，水旱成灾，瘟疫蔓延，加之宗教的影响，人们对求神问卦一般是虔诚的。封建统治者主要是为了战争的胜利，国泰民安，五谷丰收，旨在巩固其

---

① 《北史》卷八九《艺术上·颜恶头传》。

② 《北史》卷九〇《艺术下·乏显传》。

③ 《北史》卷八九《艺术上·杨伯醜传》。

④ 以上见《北史》卷八九《艺术上》各本传；《南史》卷七六《隐逸下·陶弘景传》；《梁书》卷三《武帝纪》下："阴阳纬候，卜筮占决，并悉称善。"

统治，绵延国祚。人民群众则主要为了改变悲惨的境遇，祈求消灾祛祸，吉祥幸福，希望从痛苦生活中解脱出来。当时人许多愚昧荒谬的祈神问卜活动，都是从现实生活出发的一种理想追求，因为他们无力克服现实中的种种困苦，想借助神灵和占卜吉凶来安慰和补偿痛苦的心灵。虽然这种安慰和补偿是虚幻的观念，而他们却是虔诚的信仰者，这是一种典型的鬼神崇拜型的文化心态。

（五）区域型文化特征

我国自古以来幅员辽阔，黄河、长江两大河流及其水系，以及太行山、秦岭、函谷关、海域等山河雄关海域险阻，各地区土壤气候物产及风俗民情的区别，分划出若干经济文化区域。因而我国自从远古人类产生以来，就出现了多源文化，这已为近年来大量出土的考古资料所证实。这些地理环境因素和自然条件，以及深远历史传统的影响，加上魏晋南北朝长期分裂割据，汉族和少数民族人民迁移转徙，高门士族集团的地域性，各割据政权实施政策的差异性，使得这个时期各地区政治经济发展不平衡，从而使封建地域性的特征，表现得更为突出。当时，经济、政治、学术思想、宗教、民族聚居以及社会风俗等，无不受地域环境的影响。因此，作为反映上述各方面总和的文化（精神的和物质的），不能不带有鲜明的地域型特征。

首先，文化的地域型从属于社会经济的区域性。由于东汉帝国的瓦解，以后北方长期战乱分裂，政权林立，汉族和少数民族人民向边远地区和江南流移，从而长江中下游南部和一些边远地区得到开发，因而经济区域发生较大的变化。黄河流域出现两大经济区，即关中经济区（今陕西、山西南部、甘肃一带）和中原经济区（或称山东经济区，指太行山以东，今河南、河北、山东等地），前者为秦汉基本经济区，此时遭到破坏而地位下降，后者的社会经济此时则有长足发展，而成为北方重要经济区。长江流域除上游巴蜀经济区外，由于中下游江南经济区的开发，我国古代经济重心开始逐步由北向南转移。以上四个基本经济区内，如再加以细分，北方还可分出河西走廊、青齐、代北（只存在于北魏前中期）三区而成为五个经济区。南方也可分出岭南、荆湘、南中三区，也成为五个经济区。这样，全国便分为四大主要经济区，六个次要经济区。

当时南北对峙或分裂割据政权，都与经济区域密切相关，如曹魏政权为河西、关中、中原、青齐两大两小经济区支撑，所以国势强大。孙吴政权为江南、荆湘、岭南三个经济区支撑，国力次之。蜀汉政权为巴蜀、南中两个经济区支撑，则国力最弱。十六国政权则分别由长江上游的巴蜀经济区和北方四个经济区支撑（代北经济区当时尚未出现）。北魏先靠青齐以外的北方四个经济区支撑，后来则由北方五个经济区支撑，所以国势更为强大。东晋、宋、齐、梁为江南、荆湘、岭南、巴蜀和南中五个经济区支撑，故能与北方抗衡。东晋南朝地方割据势力与朝廷对抗，则多以长江上游巴蜀和荆湘经济区为基础。南朝后期，陈霸先从岭南经济区兴起，终于同以荆湘经济区为基础的王僧辩相对抗而取胜，建立了陈王朝。陈朝主要靠江南和岭南经济区支持，所以国力最弱。北魏末从代北地区兴起的怀朔和武川两大政治集团，分别依靠中原、青齐及关中、河西（当时代北经济区已破坏）而建立北齐、北周政权。不仅如此，各政权对经济区域的争夺得失，成为其盛衰成败的关键。如孙吴同蜀国争夺荆湘经济区，以孙吴胜利而告终，从而决定了孙吴国力强于蜀汉的结局。北魏争夺刘宋青齐经济区后，国势更为兴盛。西魏、北周开始占领关中和河西经济区，国力较弱，后扩展了巴蜀、雍荆地区后，从而由弱变强，终于消灭北齐统一了北方，隋朝在此基础上代周而平陈，统一了全国。当然，各政权的建立相兴衰强弱，它所占领的经济区域只提供了物质基础，还决定于该政权所施行的经济、政治、军事和文化政策方针和其他条件。

同时，各经济政治文化区域的出现，既受历史传统如关中的周、秦、汉文化，中原的三晋文化，青齐的齐鲁文化，江南和荆湘的吴越和楚文化，梁益的巴蜀文化的影响，又同当时的民族迁徙融合有关。如北方河西经济区，不仅是汉族和羌氐文化融合区，也是中国同西域和中亚文化交流区域。关陇经济区先是汉族和羌氐文化融合区，后又成为代北鲜卑和鲜卑化之汉人与汉族文化融合区。中原经济区则是匈奴、羯、慕容和拓跋鲜卑与汉人文化融合区。代北经济区则是鲜卑、匈奴、敕勒、杂胡与汉人文化融合区。南方巴蜀经济区为僚人、蛮人、巴人与汉人文化融合区，荆湘经济区为蛮人与汉人文化融合区。江南经济区为汉人与山越和俚人文化融合区①。而且，由于民族迁徙与融台，使得关陇、中原经济区在破坏中，迅速得到恢复和发展。也使得河西、江南、岭南、南中等区域人口增加，生产技术水平提高，土地得到开发，经济文化区域开始形成。

广义的文化是经济、政治，包括民族关系、生活习俗和人们思想意识的集中反映，反过来又给予经济政治以影响。任何一个经济政治区域的开拓和发展，都是在封建生产关系的运动中进行的。当时士族门阀宗族乡里组织，以及地主豪强地主经济集团，同区域经济及其支撑的政权密不可分。这不仅因为各地区政权需要掌握文化的高门士族和掌握武装的地方豪强的支持，而且任何政权的统治者，都自觉不自觉地依靠士族门阀进行文化建设，以便为巩固其政权，发展其地区经济服务。这就是说，各地区的经济、政治、民族关系和高门士族集团，同该地区的文化，实际上形成一种依存的整体关系。

无论精神文化和物质文化，都是人类全部活动的总括和

---

① 参考本集《南朝少数民族概况及其与汉族的融合》。

升华，那么，经济区域的发展，民族的迁徙融合，人们的生活习俗，各个割据政权的建立，以及相应的文化上的设施，显然都是可以从多区域考察的。但总的说来，对当时以及后世影响最深的文化区域大致有三个：即江南文化区，中原文化区（或称山东文化区），关陇文化区。六朝都城建康；曹魏、西晋、后赵、前燕、北魏、西魏、北齐都城洛阳和邺城；前秦、后秦、西魏、北周、隋朝都城长安，既是三大经济政治中心，也是三大文化中心。四大都城在经济上，通过商业联络各地，再用行政手段向各地搜刮钱财。在政治上，向本区域内发号施令，布政施教。特别是在文化上，四个都城云集文人学士和远方僧侣。清谈玄理，传播儒术，讲经论道，儒、玄、道、佛、名、法各家争鸣，学术空气十分活跃。

实际上，上述四大都城，也是当时亚洲文化的中心。丝绸之路北路的终点，由长安往东向洛阳方向转移①；丝绸之路南路从吐谷浑经益州，向东南而至建康②。从东汉末年开始，直到魏晋南北朝，东南亚、日本、朝鲜以及其他地区的国家和人民，曾向洛阳和建康进行频繁的文化交往。从西北和东南两方面不断地涌向中国三大经济政治文化中心长安、洛阳和建康的各国人民，他们以使臣、经商、求学、旅游等

---

① 参考《洛阳——丝绸之路的起点》，中州古籍出版社1992年版。
② 参阅唐长孺《南北朝期间西域与南朝的陆路交通》，载《魏晋南北朝史论拾遗》，中华书局1983年版。

身份，既把本国文化传入中国，又把中国文化带回本土。比如，以佛学译经来说，当时长安、洛阳、建康成为三大译场，中国、西域和印度高僧，在此三城译出许多卷重要佛教经典。这些经典对我国学术思想产生了深远影响。我国名僧从三座都城出发，去天竺取经，又将我国文化传入西域、中亚和天竺等地。

我国古代学者对汉唐间三大文化区已有所认识。如《新唐书·柳冲传》附柳芳论魏晋以来士族说："（晋）过江（士族）则为侨姓。王、谢、袁、萧为大；东南则为吴姓，朱、张、顾、陆为大；山东（太行山以东）则为郡姓，王、崔、卢、李、郑为大；关中亦号郡姓，韦、裴、柳、薛、杨、杜首之；代北则为虏姓，元、长孙、宇文、于、陆、源、窦首之。"又说："山东之人质，故尚婚娅"；"江左之人文，故尚人物"；"关中之人雄，故尚冠冕"；"代北之人武，故尚贵戚"。"及其弊，则尚婚娅者先外族、后本宗；尚人物者进庶孽、退嫡长；尚冠冕者略伉俪、慕荣华；尚贵戚者徇势利、亡礼教"。这里所指的代北各虏姓，主要乃鲜卑贵族门阀化者，他们大部分落足洛阳，少部分迁往关中，虽然他们还在一定程度上保留着本民族的生活习尚观念，但并不具备一个独立的文化区，只能附在中原和关陇两个文化区内。至于过江的侨姓士族和吴姓士族，则同住在江南文化区内。因而柳芳所讲的四种情况。实际上分属三个文化区。他对士族的评论，从三个不同文化区内士族门阀集团崇尚方面文化心态的趋向，及其差异和利弊的分析，从中对区域文化的研究，可以得到启示。刘勰《文心雕龙》卷七《声律》及范《注》谓：曹植、潘岳居洛阳文化中心，故为文吐音雅正；陆机南人语杂楚声；左思齐人，后移家京师，故其文用韵，有杂齐人语音①。这里从声律点明中原、南方、齐鲁三个文化区的音韵差别。北齐颜之推论南北音韵文词说，当时汉族语言的雅音（或称正音），当首推"帝王都邑……金陵与洛下耳。南方水土和柔，其音清举而切诣，失之浮浅，其辞多鄙俗。北方山川深厚，其音沉浊而鈋钝，得其质直。其辞多古语"。又说："南染吴、越，北杂夷虏，皆有深弊，不可具论。"② 这里既承认建康、洛阳在江南、中原两个文化区的重要地位，又指出其地域性的特征。隋代王仁煦《刊谬补缺切韵》载陆法言之《切韵·序文》说："吴楚则时伤轻浅，燕赵则多涉重浊，秦陇则去声为入，梁益则平声似去。"③陆氏从南齐永明音韵学家所创立之平、上、去、入四声，分辨了江南、中原、关陇、巴蜀四个文化区的语言特征。

《隋书·地理志》分上、中、下三卷。上卷所载实为以

① 范文澜《文心雕龙注》下册卷七《声律》，人民出版社 1958 年版，第 567 页。
② 王利器《颜氏家训集解》卷第七《音辞》第十八，上海古籍出版社 1980 年版。
③ 陈寅恪《从史实论切韵》(载《金明馆丛稿初编》)，上海古籍出版社 1980 年 8 月版，第 342 页。

长安为中心的关中文化区，并附入巴蜀文比区（包括东汉末雍、凉、益三州）；中卷所载实为以洛阳、邺城为中心地带的中原文化区（包括东汉末豫、冀：兖、青四州）；下卷所载实为以建康为中心的江南文化区（包括东汉末徐、扬、荆、交四州）。从魏晋南北朝政权管辖区域看，上卷所附巴蜀文化区，地处长江上游。长期脱离关陇文化区，三国时独成体系，东晋南朝则附属江南文化区。下卷的徐州，则先后属曹魏，前燕和北魏版图之内，而且我国古代一般以淮水为南北分界线，因而徐州似应附入中原文化区。《隋书》作者对江南、中原、关陇三大文化区及其所含小文化区经济政治文化习俗现象。虽记载有详有略，各有侧重。但总的说来，包括了农工商业，衣食住行，男女社会地位，土质气候，婚丧礼仪，祭祀、忌讳、儒学、宗教、语言文字，民族关系等丰富内容，给我们提示了研究区域文化的重要线索。

著名史学家陈寅恪先生在揭示隋唐礼仪等制度"三源"时①，所述之北魏、北齐源（包括汉、魏、晋、河西、南朝前期文化），南朝后期源（中原文化南迁后所演变之梁陈文化），西魏北周源（关陇汉族文化与六镇鲜卑文化吉合型），即分别属于中原文比区、江南文化区和关陇文化区。尽管北魏、北齐源所含地域范围较为复杂，究其实际仍不出关陇

---

① 参阅陈寅恪《隋唐制度渊源略论稿》一《叙论》、二《礼仪》部分，中华书局 1963 年版。

（河西）、中原（汉、魏、西晋）、江南（东晋及南朝前期）
三大文化区，只不过经北魏吸收各代各区汉文化而加以融会
贯通，北齐承北魏而又有所新发展，遂成为一系统文化源而
已。陈寅恪先生在探讨宇文泰和苏绰所实行之所谓"关中
本位政策"时指出，北魏、北齐所标榜之洛阳、邺城中原
文化，江左萧梁所承袭之建康江南文化，为两大汉文化中心
所在。宇文泰要与之抗衡，必须以关中地域为本位，借关中
为周秦汉文化的发源地，舍去摹仿中原和江南文化，而古拟
周官和鲜卑八部大人制相糅和，别树一文化之中心，以维系
关中各阶层人心，并坚定本集团自信之心理。这里陈先生提
出了南北朝时期中原、江南、关中三大文化系统论，及其形
成发展的轨迹①。

　　陈先生在研究魏晋南北朝经济、政治、宗教、学术、语
言等问题时。常常着眼于"家族地域"，或称"乡里宗族"。
他说："自汉代学校制度废弛，博士传授之风气止息以后，
学术中心移于家族，而家族复限于地域，故魏、晋、南北朝
之学术、宗教皆与家族、地域两点不可分离。"② 唐长孺先
生在论述士族制度时，曾强调"（士族）个人与乡里与家族
不可分割，仕宦之始在乡里，进身之途在操行（指家族间

---

① 参阅陈寅恪《隋唐制度渊源略论稿》，中华书局1963年版，第17
　　页、43页、91页。
② 参阅陈寅恪《隋唐制度渊源略论稿》，中华书局1963年版，第17
　　页。

孝悌)"①。士族门阀统治时期，以士族为首的宗族乡里组织集经济、政治、军事、文化于一体，在士族特权的保护下有着强大的凝聚力，并对当时社会政治尤其是文化影响颇深。可以说，区域型文化的许多重要内容，便是在高门士族为首的宗族乡里集团的基础上构筑起来的。陈先生在剖析魏晋南北朝各类文化现象时，总离不开三大文化区的高门地望和文化世家。并据此进一步分析论证各地区文武社会集团所形成之势力消长，政治军事派别斗争之分野，宗教学术之发展演变，均极具说服力②。

总之，自汉末大乱学校制度废弛，学术重心移于家族，因而魏晋南北朝经济政治文化同高门士族不可分，高门士族同宗族乡里不可分，而宗族乡里又同小区域不可分，小区域则从属于上述三个大文化区。应该说，这是魏晋南北朝文化区域型特征的核心问题之一。对魏晋南北朝区域文化的探讨，应同区域经济、政治的研究同步进行，并相互促进，这方面研究领域不断地加深和拓展，由大文化区而小文化区，最后再作综合性的探索，必将使这个时期文化领域研究在深度和广度上有重大的突破。

（本文压缩稿发表于《文史哲》1965 年 3 期，收入《六朝史论》时恢复原稿，这次又作了修改补订。）

---

① 　唐长孺《魏晋南北朝史论拾遗》，中华书局 1983 年版，第 235 页。
② 　参阅陈寅恪《隋唐制度渊源略论稿》，以及《金明馆丛稿初编》中有关魏晋南北朝史诸论文。

中古汉人由跪坐到垂脚高坐

　　李济先生在《跪坐蹲居与箕踞》一文中，研讨了古代人这三种生活习俗的起源与分布，及其在中国古代史上的意义。李氏指出，原始人为缓解劳累，最自然的休息体态，以蹲居（下肢屈折，以膝向上，臀部向下而不着地）及箕踞（以臀部坐地，两腿向前平伸如箕状）为最普遍，不是以跪坐（两膝向前跪地，臀部放在脚后跟上）为主要体相。又说：蹲居和箕踞不但是东夷人的习惯，可能也是夏人的习惯，而跪坐却是尚鬼的商人统治阶级的坐姿，并演习成了一种供奉祖先祭祀神天、以及接待宾客的礼仪。周朝人商化以后，"发扬成了'礼'的系统，而奠定了三千年来中国'礼'教文化的基础。这一系统的核心，在它的前半期，应以跪坐为它的'染色体'；但到了南北朝以后，就变质了。姑作此一假设，以待后证。"作者并作结论说："跪坐习惯在中国日常生活中被放弃，大概起源于胡床之输入，以及东来佛教僧徒踟跌的影响。"[1] 我国古代人由跪坐到垂脚高坐，在礼仪习俗上是一个极大的变化，有必要深入探讨。那么，李氏的上述假设和结论，符合历史真实吗？中古汉人是怎样由跪坐变为垂脚高坐的呢？这便是本文从三方面所需要研讨的核心问题。

（一）汉魏晋南北朝汉人的跪坐礼俗

我国殷周时期，人们一般是"席地而坐"，即在地面铺上席子，人们跪坐在席子上。古时铺席是很讲究的，宫廷、官员和普通人家铺的席质地不同，从荐席、竹席到象牙席之类，种类繁多。古人铺席而坐，很讲究规矩。《论语》卷一〇《乡党》："席不正不坐"；《晏子春秋》卷五《内篇杂上》："客退，晏子直席而坐"。这里的正、直，是指席子的四边要与房屋墙平行，以表示合乎礼节。人进入室内要先脱掉鞋子，方能进席跪坐。古人在跪坐时，前面或两侧放置几案，几上既可放置东西，又可凭依人体。席地跪坐有许多礼俗，首先，坐席要讲席次（席位），即座位的顺序，尊长和贵宾坐首席，称"席尊"、"席首"，余者依身份和等级依次而坐，不得错乱。坐席时，幼者对长者，卑者对尊者，自表

---

[1] 李济《跪坐蹲居与箕踞》，载《李济考古论文集》上，文物出版社1985年版。

敬意或谦卑，要避席处身，而且要伏地。其次，坐席要讲究坐姿。要求双膝跪地，臀部压在足后跟上。《礼记·曲礼上》："坐而迁之"。《疏》曰："坐，跪也"。这里的跪，指跪坐。若坐席双方彼此敬仰，就把腰伸直，是为跪，或谓跽。再进一层，若俯首作揖，或双手下席，则成跪拜之礼，如果伏首到地，则称稽首。坐席时不得随意轻率。《礼记·曲礼上》曰："坐毋箕"。箕即簸箕。坐时两腿平伸向前，上身与腿成直角，形如箕，这种箕坐（或称箕踞）是一种不尊礼节的坐姿，人们最为忌讳。

到了汉代，人们开始盛行坐床、榻的习俗，在床，榻上仍为跪坐。《史记》卷七《项羽本纪》载：在鸿门宴上，先生详项羽见樊哙闯进军帐，"按剑而跽"。项羽在宴会上本为跪坐，见樊哙入，以为有变，伸直腰股为跽，这里是准备战斗的戒备姿势。《史记》卷五五《留侯世家》记：张良于下邳圯上，尊敬黄石公，"为取履，因长跪履之"。古乐府诗《饮马长城窟行》："长跪读素书，书中竟何如？"[1] 此处长跪，也指直身而跪。古人跪坐，有时伸直腰股，以示庄重。因而古之所谓"坐"、"跽"、"长跪"等，均指跪坐或类似的坐姿。汉文帝诏贾谊问鬼神事，"至夜半，文帝前席"。师古曰："渐迫近谊，听说其言也"[2]。这是指两人对

_____

[1] 《乐府诗集》卷三八《相和歌辞》一三。
[2] 《汉书》卷四八《贾谊传》。

面跪坐席上，文帝听高兴了，膝向前移近谊。汉宣帝时王子渊《四子讲德论》："陈丘子见先生言切，恐二客惭，膝步而前曰：'先生详之'。"① 膝步即膝行，古人跪坐时双膝前行，以示敬意。西汉文翁为蜀郡太守，聚徒讲学，文氏和听讲者，皆为跪坐②。考古发掘的汉代画像砖上，集会、宴饮、传经讲学等，都是席地或在床榻上跪坐③。东汉末灵帝时，向栩常坐板床上，"如是积人，板乃有膝踝足指之处"④。《三国志·吴书》卷一六《潘浚传》裴注引《江表传》称：孙权取荆州，礼遇潘浚，"浚伏面著床席不起"。潘浚跪坐床席，伏面流泪悲哀。可见汉末人们仍跪坐在床席上。魏初，管宁常坐木榻上，积50余年，其"榻上当膝处皆穿"⑤。吴国朱然墓出土的漆器上《宫闱宴乐图》、《贵族生活图》中官僚观赏百戏，宾主对坐畅谈，女子镜前梳妆，皆为跪坐⑥。晋文王（司马昭）"功德盛大，坐席严敬，拟于王者。唯阮籍在坐，箕踞啸歌，酣放自若。"这里"坐席严敬"，即按传统礼教跪坐，只有阮籍不拘礼教而箕坐，故

① 《文选》卷五一；《汉书》卷六四下《王褒传》。
② 《朱文公文集》卷六八《杂著·跪坐拜说》。
③ 参阅刘志远等著《四川汉代画像砖与汉代社会》图版七五、七七、七八、八六，文物出版社1983年版。
④ 《后汉书》卷八一《向栩传》。
⑤ 《初学记》卷二五《床》。
⑥ 安徽省文物考古研究所等《安徽马安山东吴朱然墓发掘简报》，《文物》1986年第3期。

史乘专记以示贬意①。晋武帝与王济弈棋，孙皓在侧，帝谓皓曰："何以好剥人面皮？"皓曰："见无礼于君者则剥之。"当时王济"伸脚局下，而皓讥焉"②。伸脚局下者，指王济由跪坐改为箕坐，乃是违反礼教的，对君主更是不尊敬的行为，所以为孙皓所讥。考古发掘的西晋永宁二年（302 年）青釉对坐书写俑，也为跪坐③。《敦煌祁家湾西晋十六国墓葬发掘报告》的画像砖上，有主客三人宴饮图，均为跪坐（画像砖 M310：17，文物出版社 1994 年版）。《晋书》卷六《明帝纪》载：东晋明帝为元帝所爱，"年数岁，尝坐膝前"。这里指元帝跪坐，明帝年幼，坐其膝前。东晋丹阳尹桓景佞事王导，甚为导所亲。陶回谏曰："（公）当亲忠贞，远邪佞"，不应与"桓景造膝"④。许询"能言理"，简文帝与之深谈，"不觉造膝，共叉手语，达于将旦。"⑤ 南齐末张齐"夜引（王）珍国就（张）稷"，造膝定计⑥。《通鉴》胡《注》称："对席而坐，两下促席俱前至膝，以定密

---

① 余嘉锡《世说新语笺疏》下卷上《简傲》第二十四，中华书局 1983 年版。按昭为王前一年，阮籍已卒。但籍"不拘礼教"属实。见《三国志·魏书》卷二一《阮瑀传》注引《魏氏春秋》。
② 《晋书》卷四二《王济传》。
③ 参阅《文物》1960 年第 3 期封面图片。
④ 《晋书》卷七八《陶回传》。
⑤ 余嘉锡《世说新语笺疏》中卷下《赏誉》第八。
⑥ 《梁书》卷一七《张齐传》。

谋。"① 可见造膝，指两人对面跪坐时膝靠近，以表示亲近之意。谢奕作剡令，以醇酒罚老翁，谢安时年幼"在兄膝边坐"②。谢奕跪坐，故谢安年小坐其膝边。谢安领中书监，王询"有事应同上省，王（询）后至，坐促，王、谢虽不通（因离婚有嫌），太傅（安）犹敛膝容之。"③ 由于"坐促"而"敛膝"，显然也是跪坐。东晋良吏吴隐之清贫，"坐无毯席"④，这是指在毯席上跪坐。东晋葛洪曾指出："礼教渐颓，敬让莫崇，傲慢成俗，俦类饮会，或蹲或踞。"⑤ 这里既说明东晋人蹲居或踞坐在宴会上常见，同时也反映了当时人仍认为跪坐符合礼教，而蹲踞是违反礼俗的一种坐姿。南齐张融"坐常危膝"⑥。梁昭明太子"宿被召入（宫），危坐达旦"⑦。朱子《跪坐拜说》："跪有危义，故两膝著地伸腰及股而势危者为跪，两膝著地以尻著蹠而稍安者为坐也。""危膝"、"危坐"，均指端正跪坐之意⑧。梁

① 《资治通鉴》卷一四四《齐纪》和帝中兴元年。
② 余嘉锡《世说新语笺疏》上卷上《德行》第一。
③ 余嘉锡《世说新语笺疏》中卷下《赏誉》第八。
④ 《晋书》卷九〇《良吏·吴隐之传》。
⑤ 葛洪《抱朴子·外篇·疾谬》。
⑥ 《南齐书》卷四一《张融传》。又《晋书》卷六六《陶侃传》称："（侃）恭而近礼，爱好人伦，终日敛膝危坐。"
⑦ 《梁书》卷八《昭明太子传》。
⑧ 《朱文公文集》卷六八《杂著·跪坐拜说》。参见《管子·弟子职》："如见宾客，危坐乡师。"又《史记》卷一二七《日者列传》："猎缨正襟危坐。"

宗室萧藻性恬静，"独处一室，床上有膝痕，宗室衣冠，莫不楷则"①。萧藻为"国之台铉，位任特隆"②，死于太清三年（549年）。可见直到梁末，跪坐之风仍被尊崇。

十六国前秦降将周虓箕踞而对秦王，视为不礼，那么汉化较深的氐族苻坚当为跪坐③。前燕灭亡，汉化较深的慕容宝被迁往长安，曾"危坐整容"，誓以再兴④。危坐为跪坐。《魏书》卷六一《毕众敬传》载：众敬"与（高）允甚相爱敬，接膝谈款，有若平生。"毕高两人皆为汉人，故太和改制前，皆为跪坐，两膝接近亲切交谈。北魏经孝文帝改制，学习汉人仪礼后，也当为跪坐。魏宗室元顺年少时至尚书令高肇门，肇大会宾客，守门者不为通。顺"直往登床，捧手抗礼，王公先达，莫不怪愕。"⑤元顺直接登上床，自然是跪坐床上。元顺为吏部尚书时，"及上省，登阶向榻，见榻甚故，问都令史徐仵起。仵起曰：'此榻曾经先王坐。'顺即哽塞……遂令换之。"⑥房爱亲妻崔氏贤明，其子景伯为清河太守，民有子不孝，崔氏呼其母来，"处之于榻，与之共食"⑦，使受感化。当时坐榻，因榻身很低，一般皆为

① 《梁书》卷二三《宗室·长沙嗣王业附弟藻传》。
② 《梁书》卷二三《宗室·长沙嗣王业附弟藻传》。
③ 《晋书》卷五八《周访传附虓传》。
④ 《晋书》卷一二三《慕容垂载记》。
⑤ 《魏书》卷一九中《任城王云附顺传》。
⑥ 《魏书》卷一九中《任城王云附顺传》。
⑦ 《魏书》卷九二《列女·清河房爱亲妻传》。

跪坐。孝庄帝在明光殿跪坐"御榻"，故"先横刀膝下"，与鲁安等手杀尔朱荣①。房景伯、景先兄弟深通儒学。景先"晨昏参省，侧立移时，兄亦危坐，相敬如对宾客。"②"危坐"即伸直腰股，正身跪坐。《魏书》卷七五《尔朱世隆传》载：奴云"此屋若闭，求得开看，屋中有一板床，床上无席，大有尘土，兼有一瓮米，奴拂床而坐，兼画地戏弄……"奴在木板床上坐，并能"画地戏弄"，可见床矮，也当为跪坐。北齐段孝言除尚书右仆射，"仍掌选举，恣情用舍，请谒大行。……置酒高会，诸人膝行跪伏，称觞上寿，或自陈屈滞，更请转官。"③"膝行"指古人跪坐时用膝前行，以表示尊敬对方。这里指众官僚在宴会上，由跪坐而向孝言膝行跪拜，谄媚奉承，企图得到好处。《周书》卷二三《苏绰传》载西魏宇文泰初见绰，"整衣危坐，不觉膝之前席"。这是指两人跪坐论国事，绰言深为泰所重，泰不觉膝往前移。西魏王思政为向宇文泰表忠心，"乃敛容跪坐"，以撝蒲为誓④。

魏晋玄学兴起，玄学家们抨击礼教，清谈名士"以玄

① 《魏书》卷七四《尔朱荣传》。参阅《资治通鉴》卷一五四《梁纪》梁武帝中大通二年。《北史》卷四八《尔朱荣传》"御榻"作"御床"。
② 《魏书》卷四三《房法寿传附房景先传》。
③ 《北齐书》卷一六《段荣附子孝言传》。
④ 《周书》卷一八《王思政传》。

虚宏放为夷达，以儒术清俭为鄙俗"①；"指礼法为流俗，目纵诞以清高"②。还有一批隐患者，所谓"杜绝人事"，"啸咏林薮"，崇尚"贞白"，鄙弃"世俗"③。这两类人都"恣情任性"，不拘泥于礼教，从而有的改跪坐为蹲踞。如近年在江苏出土的竹林七贤画像砖，就形象地表现出他们的各类箕坐坐姿，有屈膝后以手抱膝的，有将手放在后面撑地的，也有上身后仰靠其他器物的，都是臀部着床席腿脚向前的箕踞坐姿势④。抨击礼教的阮籍丧母，"方醉，散发坐床，箕踞不哭。"裴楷前往"哭吊唁毕，便去"。有人问楷："凡吊，主人哭，客乃为礼。阮既不哭，君何为哭？"裴楷曰："阮方外之人，故不崇礼制；我辈俗中人，故以仪轨自居。"⑤裴楷所谓"方外"，乃指传统礼教之外，他道出了清谈家和隐士们蹲居踞坐的症结所在。东晋谢鲲、王澄、阮修诸人，"俱为放达"，"慕竹林诸人，散首披发，裸袒箕踞，谓之八达。"⑥卫永为温峤长史，"温公（峤）甚善之。

① 《全晋文》卷三五应詹《上疏陈便宜》。
② 《晋书》卷九一《儒林传·序》。
③ 《晋书》卷九四《隐逸传·序》。
④ 南京博物院《南京西善桥南朝墓及其砖刻壁画》，载《文物》1960 年第 8、9 期（合刊）。
⑤ 余嘉锡《世说新语笺疏》下卷上《任诞》第二三。参阅《晋书》卷四九《阮籍传》。
⑥ 余嘉锡《世说新语笺疏》中卷下《品藻》第九。

每率尔捉酒脯就卫，箕踞相对弥日。卫往温许，亦尔。"①
史称温峤"喜慢语，卞令（壶）礼法自居。至庾公许，大
相剖击。"②《晋书》卷六七《温峤传》：峤"美于谈论"。
"喜慢语"，大概指清谈之类，所以他同以礼法自居的卞壶
相互抨击。卫永为名士，故两人饮酒吃脯，尽兴不拘礼教而
箕坐。西晋刘兆通儒学，隐居不仕，潜心著述。有人着靴骑
驴至兆处，"踞床"与兆论学，其精博在兆上。兆欲留客，
被拒绝，竟不知客姓名去向③。王长文"以才学知名，而放
荡不羁"，州府辟皆不就，后于成都市中"蹲踞啮胡饼"④。
郭文隐于山林，不慕仕进，不娶妻妾。王导闻其名，遣人迎
之。既至，王导将他置于西园，朝士"咸共观之，文颓然
踑踞，傍若无人。"⑤ 王猛微时卖畚，被人引入山中，"见一
公踞床头，发悉白，侍从十许人。"⑥ 以上踞坐者四人，均
为隐者，他们本来就"超然绝俗"，故"箕踞而对时人"⑦。

　　此外，汉人在特殊情况下，也有踞坐或蹲居的。《史
记》卷八《高祖本纪》说：沛公刘邦"方踞床，使两女子

---

① 余嘉锡《世说新语笺疏》下卷上《任诞》第二三。
② 余嘉锡《世说新语笺疏》下卷上《任诞》第二三。
③ 《晋书》卷九一《儒林·刘兆传》。
④ 《晋书》卷八二《王长文传》。
⑤ 《晋书》卷九四《隐逸·郭文传》。
⑥ 《太平御览》卷八八三《神鬼部》引何法盛《晋中兴书》。《晋
　　书》卷一一四《符坚载记》附《王猛传》作"踞胡床而坐"。
⑦ 《晋书》卷九四《隐逸·史臣曰》。

洗足"。刘邦因为要侍女洗脚，故只好垂脚坐床上。西晋齐王冏平赵王伦后，"既辅政，（平原王）干旄诣之，冏出迎拜。干旄入，踞其床，不命冏坐，语之曰：'汝勿效白女儿'。其意指伦也。"① 平原王干旄为宣帝之子，冏为文帝子攸之子，干旄为冏从祖父，故他"踞其床，不命冏坐"。显然干旄以长辈自居，训斥晚辈。东晋梓潼太守周虓，因老母被获而降秦，"每入见（秦王）坚，辄箕踞而坐，呼之为氐贼。"② 虓箕踞而骂秦王，表示不礼苻坚，而忠于晋室。南齐王敬则起兵前，"横刀跂坐"，问山阴令王询等"发丁可得几人，传库见有几钱物"③。敬则起兵叛齐，计兵卒钱粮，在形势紧急下，不顾礼仪，横刀而垂脚坐。

既然跪坐为商周礼教文化内容，汉魏以降汉人基本上继续传习恪守，国内各少数民族未汉化者不受礼法约束，因而皆为箕踞坐。吴大澂《夷字说》云："东夷之民，蹲居无礼义，别其非中国人。"④ 秦处西戎，受商周礼教文化较浅，被中原诸国视为边戎。贾谊说商鞅治秦，弃礼义，图进取，秦俗日败，"妇抱哺其子，与公并倨"。师古曰："言妇抱其子而哺之，乃与其舅并倨，无礼之甚也。"⑤《庄子·天运》

① 《晋书》卷三八《平原王干旄传》。
② 《晋书》卷五八《周访传附虓传》。
③ 《南齐书》卷二六《王敬则传》。
④ 参阅吴大澂著《字说》。
⑤ 《资治通鉴》卷一四《汉纪》文帝六年。

云："老聃方将倨堂"。《疏》曰："倨，踞也"，即箕踞坐。贾谊斥秦妇抱子与舅箕踞坐，违背礼教。汉代王充《论衡》卷二《率性篇》说："背畔（叛）王制，椎髻箕坐"，这是指责南越王赵佗染蛮夷习俗，违背汉族风俗礼仪。汉末三国时乌丸"父子男女，相对蹲踞"①。西晋东北少数民族肃慎氏，巢居穴处，"坐则箕踞"②。西晋末巴人李特随流人入益州，至剑阁，"箕踞太息"③。十六国北凉卢水胡沮渠蒙逊接见北魏使臣李顺时，"箕坐隐几"④。隐几，为矮小倚靠的几案之类。《资治通鉴》胡《注》说："箕坐"即伸两脚臀部坐在矮小的几案上⑤，此为垂脚坐。李顺是汉人，认为蒙逊不尊礼教跪坐，乃是对大国使臣不恭，因而提出抗议。北魏鲜卑拓跋氏在孝文帝改制以前，"房主及后妃常行，乘银镂羊车，不设帷幔，皆偏坐垂脚辕中，在殿上亦跂据。"⑥"跂据"即跂坐，指垂脚坐。南朝陈代闽中少数民族酋帅陈宝应之父陈羽，"既豪侠，扇动蛮陬，椎髻箕坐，自为渠帅。"⑦ 岭南沿海地区俚人，"椎结踑踞，乃其旧风"⑧。《北

---

① 《三国志·魏书》卷三〇《乌丸传》。
② 《晋书》卷九七《四夷·肃慎氏》。
③ 《晋书》卷一二〇《李特载记》。
④ 《魏书》卷三六《李顺传》。
⑤ 《资治通鉴》卷一二二《宋纪》元嘉九年。
⑥ 《南齐书》卷五七《魏虏传》。
⑦ 《陈书》卷三五《陈宝应传》。
⑧ 《隋书》卷三一《地理志》下。

史》卷九八《高车传》称："其俗蹲踞，褒黩，无所忌避。"
以上是国内各少数民族蹲踞坐习俗，见诸史端的事例。

综上所述，尽管汉魏晋至南北朝汉人或汉化的少数民族
仍恪守跪坐，尤其在尊重礼仪的场合下更是如此。但由于儒
学名教的动摇，一部分清谈名士和隐者已突破跪坐而蹲踞，国
内未汉化各少数民族不识礼教，本为蹲踞坐姿，这些因素在汉
人由跪坐向垂脚坐发展过程中，无疑都将起着一定的作用。

（二）胡床以及佛教徒跏趺和垂脚坐的东传

胡床是东汉后期从西域传入我国中原地区的。最早见于
《续汉书》志第一三《五行志》一：汉灵帝"好胡服、胡
帐、胡床、胡坐……京都贵戚皆竞为之"。西晋"泰始
（265—274 年）之后，中国相尚用胡床……贵人富室，必畜
其器"①。魏晋以后胡床的使用较为普遍。用于战争的事例
最多。如曹操西征马超，"（曹）公将过河，前队适渡，
（马）超等奄至，公犹坐胡床不起。"② 东晋苏峻败亡后，
其将张健等逃走，晋督护李闳率晋军追"至岩山，攻之甚
急。健等不敢下山，惟（韩）晁独出，带两步靫箭，却据

---

① 《晋书》卷二七《五行志》上。
② 《三国志·魏书》卷一《武帝纪》裴注引《曹瞒传》；《艺文类
　聚》卷七〇《服饰部下·胡床》。

胡床，弯弓射之，伤杀甚众。"① 刘宋末沈攸之反叛，"乘轻
轲从数百人，先大军下住白螺洲，坐胡床以望其军，有自骄
色。"② 齐末萧衍率军攻建康，其将杨公则"登楼望战。城
中遥见麾盖，纵神锋弩射之，矢贯胡床，左右皆失色。公则
曰：'几中吾脚'。谈笑如初。"③ 梁末韦放与魏军战，梁军
甚少，且营垒未立，"众皆失色，请放突去。放厉声叱之
曰：'今日唯有死耳'。乃免胄下马，据胡床处分。"④ 梁末
王僧辩平陆纳，攻长沙城，敌将李贤明等"乘铠马，从者
十骑，大呼冲突，僧辩尚据胡床，不为之动，于是指挥勇
敢，遂获贤明，因即斩之。"⑤ 前凉将谢艾与后赵将麻秋对
阵，"左战帅李伟劝艾乘马，艾不从，乃下车踞胡床，指麾
处分。"⑥ 南凉秃发辱檀与后凉吕纂战，纂士卒精锐，辱檀
"下马据胡床而坐，士众心乃始安"⑦。以上八例皆为将领坐
胡床指挥战斗，或观察敌情，而苏峻将韩晃竟然坐胡床射晋
军。汉、晋皇宫中常用胡床，已见前例。南齐武帝萧赜在东
宫时，其左右张景真"白服乘画舴艋，坐胡床，观者咸疑

① 《晋书》卷一〇〇《苏峻传》。
② 《南齐书》卷二四《柳世隆传》。
③ 《梁书》卷一〇《杨公则传》。
④ 《梁书》卷二八《韦放传》。
⑤ 《梁书》卷四五《王僧辩传》。
⑥ 《晋书》卷八六《张重华传》。
⑦ 《晋书》卷一二六《秃发利鹿孤载记》。

是太子。"① 侯景篡梁后，在皇宫中也坐胡床。东魏孝静帝使舍人温子升草敕致高欢，子升"逡巡未敢作。帝据胡床，拔剑作色。"② 北齐武成帝高湛胡皇后，"数出诣佛寺，又与沙门昙献通。布金钱于献席下，又挂宝装胡床于献屋壁，武成平生之所御也。"③ 这些都是皇宫中使用胡床的事例。有官府使用胡床的。如曹操执政，裴潜"为兖州（刺史）时，尝作一胡床，及其去也，留以挂柱。"④ 隋代郑善果，其母贤明，"每善果出听事（处理政事），母恒坐胡床，于郸后察之。"⑤ 有士族官僚登楼聚会坐胡床的。庾亮镇武昌，登城楼，据胡床与殷浩等僚佐"谈咏竟坐"⑥。有士族官僚家庭使用胡床的。如东晋谢万尝诣王恬处，恬便入内，"良久。乃沐头散发而出，亦不坐，仍踞胡床，在中庭晒头。"⑦ 南齐张岱兄张镜与颜延之为邻，延之"于篱边闻其（镜）与客语，取胡床坐听。"⑧ 有坐胡床演奏音乐的。如谢尚"着紫罗襦，据胡床，在大市佛图门楼上，弹琵琶，作大道

---

① 《南齐书》卷三一《荀伯玉传》。
② 《北齐书》卷二《神武纪》下。
③ 《北史》卷一四《后妃下·武成皇后胡氏》
④ 《三国志·魏书》卷二三《裴潜传》裴注引《魏略》。
⑤ 《隋书》卷八〇《列女·郑善果母传》。·
⑥ 《晋书》卷七三《庾亮传》。
⑦ 余嘉锡《世说新语笺疏》下卷上《简傲》第二四。
⑧ 《南齐书》卷三二《张岱传》。

曲。"① 王徽之路遇桓伊，请其吹笛，"桓时已显贵，素闻王名，即便回下车，踞胡床，为作三调。"② 有狩猎使用胡床的。如魏文帝"行狩，槎桎拔，失鹿，帝大怒，踞胡床拔刀，悉收督吏，将斩之。"③ 有竞射时使用胡床的。如西晋王济与王恺竞射，赌"八百里驳（快牛）"，王济先射，"一发破的，因坐胡床，叱左右：'速探牛心来'。"④ 有出游携带胡床以备讲学用的。如南齐刘瓛深通儒学，"游诣故人，唯一门生持胡床随后，主人未通，便坐问答。"⑤ 有坐胡床指挥抢劫的。如戴若思为劫，"据胡床，指麾同旅，皆得其宜。"⑥ 也有一般村妇坐胡床的。如魏末尔朱氏被镇压时，尔朱敞出逃后，"遂入一村，见长孙氏媪踞胡床而坐，敞再拜求哀，长孙氏愍之，藏于复壁。"⑦ 从上述使用胡床的人群来看，有皇帝、权臣、官僚、将帅、讲学者、反叛者、行劫者、村妇等，其中包括汉人和少数民族在内；从胡床使用范围来说，指挥战争，观察敌情，皇帝宫室，官府公堂，舟

---

① 汪绍楹校《艺文类聚》卷四四《乐部》四引《语林》，上海古籍出版社 1985 年版。
② 余嘉锡《世说新语笺疏》下卷上《任诞》卷二三。
③ 《三国志·魏书》卷一六《苏则传》。
④ 《晋书》卷四二《王济传》；余嘉锡《世说新语笺疏》下卷下《汰侈》第三〇。
⑤ 《南齐书》卷三九《刘瓛传》。
⑥ 《晋书》卷六九（戴若思传）。
⑦ 《隋书》卷五五《尔朱敞传》。

车行旅携带备用，庭院休息，接客，狩猎，竟射，聚会，讲学，吹笛，弹琴，行劫等等，都有使用胡床的。胡床使用的地域，几乎遍布南北各地，可见胡床为人们进行各种活动的常用坐具。萧梁度支尚书庾肩吾专有一首《咏胡床》诗："传名乃外域，入用信中京。足欹形已正，文斜体自平。临堂对远客，命旅誓初征。何如淄馆下，淹留奉盛明。"① 这首诗开始讲胡床从西域传来，在中国使用，接着形容胡床的形制，最后从与客对坐胡床，联想到自己拥戴梁政权的心愿。胡床诗描写其形体形象生动，富寓深情，表明胡床被人们喜爱和重视。

关于胡床的形制，据《资治通鉴》胡《注》说：胡床"以木交午为足，足前后皆施横木，平其底，使错之地而安；足之上端，其前后亦施横木而平其上，横木列窍以穿绳条，使之可坐。足交午处复为圆穿，贯之以铁，敛之可挟，放之可坐"②。这正好与胡床诗说的胡床的足必须交叉斜置，床体才能平稳安坐的特点相吻合。很清楚，胡床即简便坐具折叠凳，俗称马扎子。近人利用考古资料和敦煌壁画，已进一步加以证实③。隋炀帝时因忌讳胡人，改称胡床为交床④。

---

① 《先秦汉魏晋南北朝诗·梁诗》卷二三。
② 《资治通鉴》卷二四二《唐纪》穆宗长庆二年，中华书局 1983 年版。
③ 参阅易水《漫谈胡床》，载《文物》1982 年第 10 期。
④ 《贞观政要》卷六，上海古籍出版社 1978 年版。

《资治通鉴》胡《注》引《演繁露》一四说，唐穆宗在"紫宸殿御大绳床见群臣，则又名绳床矣"。其实，十六国北朝早有称胡床为绳床的。西晋末年石勒起义占领襄国后，城中水源缺乏，佛图澄坐"绳床"，烧香"敕龙求水"①。北齐陆法和"烧香礼佛，坐绳床而终"②。可能由于佛图澄是天竺人，陆法和是蛮族人，一是胡人，一是国内少数民族，他们同信外来宗教佛教，所以他们坐胡床的记载，便去掉"胡"字，称为绳床。以上胡床、绳床和交床三种称谓，一是以西域传来命名，一是以坐面用绳条命名，一是以形体特点命名。汉刘熙《释名·床帐》关于床的解释，为装载之意。所以古人坐卧用的器具称床，皇帝的坐位称御床，载棺柩的器具称灵床，放茶具用的叫茶床，放琴的叫琴床，放笔用的叫笔床。西域传来的坐具，自然就冠以"胡"字叫胡床。隋唐以后，胡床、绳床和交床，三种名称仍然共存，但信佛教的人用它，则仍多称绳床③。

在胡床传入以前，我国古代没有凳椅等专门坐具，只有床、榻可卧可坐。汉代已经形成的供席地起居组合完整的家

---

① 《晋书》卷九五《佛图澄传》。
② 《北齐书》卷三二《陆法和传》。
③ 按胡三省《通鉴·注》中所引程大昌《演繁露》卷一四讲交床和绳床的区别时所指"绳床"，乃胡氏所见元代人所坐绳椅。显然这是唐中叶靠背椅子出现后，一种坐部和背靠部用绳织的绳椅形制，它同唐中叶以前的绳床即胡床有别。唐代椅子出现后，绳椅和绳床（胡床）在文献记载上出现混乱。

具，有一个共同的特征，即无足或具有矮足，从当时大量的画像石、画像砖和壁画中的有关图像，可以清楚地看出床、榻的足极为低矮，一般不及人小腿长度的二分之一，即大约17—19厘米左右①。汉刘熙《释名》说：榻以其"榻然近地"为名，意即很低矮。河南郸城发现过一件汉代石坐榻，高仅19厘米②。《邺中记》载十六国前期石虎宫中的床，一般仍只有六寸高，当时一尺约相当于今市尺的七点五寸，六寸高的床，约相当于今市尺四点七寸高，合17厘米。前面讲过，我国古代由席地而坐，至秦汉逐渐在床、榻上坐，一般均为跪坐，床、榻体形低矮，正合席地跪坐礼俗使用。而胡床的坐法，与我国传统的跪坐礼俗不同，它是臀部坐在胡床上，两小腿和脚垂直踏地。如梁末侯景篡位后，"殿上常设胡床及筌蹄，著靴垂脚坐"③。这种坐法称为"胡坐"。胡床的高矮不可能完全一致，但人们坐在胡床上可以指挥战争，观察敌情，而且还可用弓箭射敌人，可见这类胡床比汉代的床、榻要高得多。由于胡床两边横木穿绳，人坐在绳条上，这种坐具又较高，汉人用它显然无法保持传统的跪坐

① 参阅杨泓《考古发现与中国古代家具史的研究》，载《庆祝苏秉琦考古五十五年论文集》，文物出版社1985年版。
② 曹桂岑《河南郸城发现汉代石坐榻》，载《考古》1965年第1期。
③ 《梁书》卷五六《侯景传》作"床上常设胡床"。此据《太平御览》卷七〇六《胡床》条。

法，必定是学习"胡坐"。因此，有关汉人使用胡床的记载，多用"踞胡床"，"踞"或作"据"，也通"倨"。所谓"踞胡床"，也就是像侯景那样垂脚坐在胡床上。在敦煌莫高窟第420窟的隋代《商人遇盗》壁画中，坐着一个身着甲胄，手按长刀的武士首领。他所坐的正是一张胡床，斜向支叉的床足和上撑的床面，都画得很清楚。从这个图像可以看到"踞"坐胡床，即垂小腿两脚着地坐法的真实情景①。当时胡床使用普遍，而又垂脚坐，这就开始改变了我国古代传统的跪坐礼俗，这在当时汉人的生活习俗上是一个较大的变化。

魏晋南北朝佛教大发展，佛教徒结跏趺和垂脚坐，在我国寺院中广泛流传。法显《佛国记》说："菩萨入中，西向结跏趺坐，心念若我成道，当有神念。"所谓结跏趺，为佛教徒坐禅的一种姿势，即交叠左右脚于左右股上坐，脚面朝上。实际上，佛教徒的坐法，有各种姿势。在河北邺城附近发掘的汉白玉刻佛造像中的临河佛4，通高35.3厘米，宽19.2厘米，该佛盘右膝坐在平方坐上，左小腿和脚下垂踏地，作思维像②。这类石刻佛像的坐法，为结跏趺和垂脚坐

---

① 《中国石窟·敦煌莫高窟》（一）。参阅易水《漫谈胡床》一文及附胡床图，见《文物》1982年第10期。

② 此条资料由亲自参加邺城发掘的友人江达煌同志提供。该佛底座后面有铭文："天统四年正月廿六日弟子王景清信女杜贵妃愿敬造思维佛一区。"

二者相结合。敦煌石窟北凉 275 窟、北魏 257 窟、隋代 417 窟的雕塑壁画中，皆有人物坐姿同于临河佛①。另有北凉 275 窟、北魏 254 窟、259 窟，菩萨小腿和脚下垂着地交跏坐②。此外，北凉 268 窟、北魏 260 窟、西魏 249 窟、北周 138 窟、隋代 390 窟的雕塑壁画中，都有佛像和其他人物垂脚高坐的③。

唐初僧人义净在《食坐小床》中，反对当时僧人在"大床上跏坐食"时指出：第一，"西方僧众将食之时，必须人人净洗手足，各各别踞小床"。当佛教传入中国初期，"僧食悉皆踞坐"，即中国僧人吃饭垂脚坐，完全与西方僧人同；第二，西方僧人坐的小床，"床可高七寸，方才一尺"。"东夏（指我国）诸寺，床高二尺以上，此则元不合坐，坐有床高之过，时众同此，欲如之何！"④ 这里告诉我们，佛教初传入我国时，僧人垂脚坐小床吃饭。我国诸寺普遍用二尺以上的小床，尽管"有床高之过"，但我国僧众却喜欢用它。当时二尺约合今市尺一尺五寸，正好 50 厘米。我国诸寺小床床面多大没有说，当是沿袭西方床面方一尺，

① 《中国石窟·敦煌莫高窟》（一）（二），文物出版社 1982 年版。

② 参阅《中国石窟·敦煌莫高窟》（一），文物出版社 1982 年版。

③ 参阅《中国石窟·敦煌莫高窟》（一）（二），文物出版社 1982 年版。

④ 义净《南海寄归内法传》卷一·三《食坐小床》条。载《大正新修大藏经》第五四卷，二〇六页。

合今市尺七寸五分，恰合 25 厘米。这种小床的高低形制，已经接近今天的四足木凳。义净虽然认为唐初的"蹦坐食"是从晋代开始的，此点无须深究，因为佛像和菩萨有垂脚坐的，而各寺院又普遍使用高足小床，垂脚坐小床吃饭势必存在。实际上，南朝僧人便是"踞食"，即垂脚坐小床吃饭①。由于佛教徒的坐法，同我国传统跪坐礼俗相悖，从而在南朝的反佛斗争中，曾引起了一场维护跪坐，反对蹲居和踞坐的争论。

南朝刘宋范泰《论沙门踞食表》云："禅师初至，诣阙求通，欲以故床入踞，理不可开，故不许其进。"② 此表讲佛教徒求见皇帝时，欲垂脚坐小床，这是儒家礼教不容许的，故未获允。南齐顾欢《夷夏论》指责佛教徒说："擘踞磬折，侯甸之恭；狐蹲狗踞，荒流之肃。"他认为跪坐跪拜乃人臣之礼，痛骂蹲踞坐为边荒少数民族落后习俗。袁粲伪托道人通公为佛教徒辩解说："西域之记，佛经之说，俗以膝行为礼，不慕蹲坐为恭，道以三绕为虔，不尚踞傲为肃。"③ 袁粲的反驳，不敢正面承认佛教徒蹲踞坐，只说他们并不崇尚蹲踞坐，这是无视事实的诡辩。因而顾欢更理直气壮地回答说："夷俗长跽，法与华异，翘左跂右，全是蹲踞。故周公禁之于前，仲尼戒之于后。"④ 顾欢最后抬出周、

---

① 范泰《论沙门踞食表》，载《弘明集》卷一二。
② 《弘明集》卷一二。
③ 《南齐书》卷五四《顾欢传》。
④ 《南齐书》卷五四《顾欢传》。

孔圣人来，反对佛教徒的蹲踞坐法。

这场辩论只表明汉人传统跪坐礼俗处在急剧变化中，而对于维护汉人跪坐不会起多大作用。因为当时从皇室、高门到一般人家，从各级官僚到普通百姓，无论男女都有信佛的。南朝梁武帝时，仅京城建康一处，就有僧尼十余万人①。梁代"僧人之威力更出帝王之上。（梁）武帝为之给使洗濯烦秽。稍有下洽，则可上正殿踞法座抗议。"② 前引范泰所说，僧徒见皇帝垂脚坐尚被拒绝，而梁代高僧居然"宫阙恣其游践"，甚至垂脚坐正殿法座上③，可见当时佛法弘扬之盛。北魏孝文帝曾下《听诸法师一月三入殿诏》④。宣武帝笃好佛理，每年常于禁中广集名僧，亲讲经论。当时洛阳城"名僧德众，负锡为群；信徒法侣，持花成薮"，京都洛阳被视为"佛国"⑤。北朝后期，僧人达 300 万之多，约占全部人口的十分之一⑥。结跏趺和垂脚坐，加之胡床踞坐的流行，清谈名士和隐者们遗弃礼俗跪坐，各少数民族箕

---

① 《南史》卷七〇《郭祖深传》。

② 汤用彤《汉魏两晋南北朝佛教史》第十三章《佛教之南统·梁武帝》，中华书局 1983 年版。

③ 《续高僧传》卷六《智藏传》。

④ 《广弘明集》卷二四。

⑤ 范祥雍《洛阳伽蓝记校注》卷三《景明寺》条，上海古籍出版社 1958 年版。

⑥ 《大唐内典录》、《历代三宝记》、《辩正论·十代奉佛篇》。参阅汤用彤《汉魏两晋南北朝佛教史》第十四章《佛教之北统·北朝对于僧伽之限制》，中华书局 1983 年版。

踞坐对汉人的影响，尽管魏晋南北朝汉人在庄严场合跪坐基本上仍占主流，但汉人由跪坐向垂脚坐发展，已是一股无法抗拒的潮流。

（三）中古汉人由跪坐到垂脚高坐

在东晋南北朝时期，由于上述诸原因，汉族人民必然逐渐放弃跪坐礼俗，趋向垂脚高坐，同时为适应这种变化，坐具也由低矮的床、榻，向高凳形的小床和椅子发展。

胡床只是一种简单轻便的坐具，它还不能代替正式的坐具床、榻。大概由于胡床以及佛教寺院所用小床的启示，东晋南北朝出现了一种称为小床的专门坐具。东晋中叶，陶侃之孙陶淡好修道养性，"设小床常独坐，不与人共"①。宋文帝元嘉十七年（442年）十月，收杀前丹阳尹刘湛时，护军将军殷景仁有脚疾，坐"小床"以指挥②。陈代姚察临终遗命：死后"一小床，每日设清水，六斋日设斋食果菜"③。又谢贞病危时遗书告族子凯说："但可三月施小床，设香水，尽卿兄弟相厚之情。"④ 十六国后赵石虎后宫"别坊中

---

① 《太平御览》卷七〇六《服用部·床》。
② 《宋书》卷六三《殷景仁传》。
③ 《陈书》卷二七《姚察传》。
④ 《陈书》卷三二《谢贞传》。

有小形玉床"①，为供休息坐。北魏末年尔朱荣在宫殿见魏帝时，也坐小床。十六国至隋敦煌壁画中出现的束腰圆凳、方凳，也当为北方小床之类坐具②。陶淡所用小床，只容一人独坐。而这种小床可随意安放，或置别坊中休息坐，或放宫廷中让大臣坐，或置放斋食果菜等祭奠物，显然它是从睡卧大床受佛教徒所用小床的影响演化出现的。以其供坐用，且只容一人，形体小为特点，应是后来小凳之类前身。刘宋时，寒人中书舍人秋当、周纠去高门张敷家，"敷先设二床，去壁三四尺，二客就席。"③又寒人黄门郎路琼之拜会高门王僧达，并就坐。僧达自矜门第高贵，鄙视寒人，"焚琼之所坐床"④。这些临时迎接宾客所设床，像张敷家两客各坐一床，显然是小床。正因为是小床，所以僧达焚之也不可惜。由于专供坐用小床的出现，原来坐卧两用的床逐渐失去其坐的用途，因而南朝时期专门称睡卧的床为"眠床"⑤，以区别于专供坐用的小床。

东晋南朝的小床，是跪坐还是垂脚坐呢？从当时人们普

① 《太平御览》卷七〇六《服用部·床》。
② 《中国石窟·敦煌莫高窟》（一）（二），文物出版社1982年版。
③ 《宋书》卷六二《张敷传》。
④ 《太平御览》卷七〇六《服用部·床》。
⑤ 《宋书》卷七一《江湛传》；《南齐书》卷五三《虞愿传》；《南史》卷五三《梁武帝诸子·综传》；《梁书》卷二二《南平王伟传附恭传》；《南史》卷五六《鱼弘传》。

遍垂脚坐胡床，敦煌壁画中的圆、方两种小床皆为垂脚坐①，佛教徒结跏趺和垂脚坐小床习俗广为流行，以及葛洪所说人们轻视礼教，在宴会上"或蹲或踞"来看，汉人似乎已逐渐习惯于垂脚坐，而且小床一般只容一人坐，踞坐比跪坐安稳舒适等推断，小床当多为垂脚坐。同时东晋南朝不少高门为佛教世家。如东晋南朝有琅琊王氏、颜氏，陈郡谢氏，庐江河氏，汝南周氏，吴郡张氏、陆氏等②。北朝除了北魏宗室诸王大多信佛外，中原士族高门如清河崔氏，范阳卢氏，荥阳郑氏，陇西李氏，河间邢氏，河东柳氏、裴氏，以及代北鲜卑贵族也多信奉佛法③。他们世代相传，信佛不入寺院，其家庭所用小床，也当为垂脚坐。南方葛洪和顾欢等反对垂脚坐，其言词愈是激烈，愈反映垂脚坐小床的趋势不可逆转。《晋书》卷七九《谢万传》云：谢万与蔡系"送客于征虏亭，（万）与系争言，系推万落床，冠帽倾脱"。当时谢万应为垂脚坐高足小床，被人推才有可能"落床"倒地，头冠脱落，几致毁面。如万跪坐，则床体大而低矮，被人推时手膝均可着床，无从落床而脱冠，更不至于毁面。

---

① 参见《中国石窟·敦煌莫高窟》（一）（二），文物出版社1982年版。

② 王仲荦《魏晋南北朝史》下册第十章第三节，上海人民出版社1980年版。

③ 汤用彤《汉魏两晋南北朝佛教史》第十四章《佛教之北统》，中华书局1983年版；王仲荦《魏晋南北朝史》下册第十章第四节《北朝的灭佛事件》，上海人民出版社1980年版。

梁末王僧辩东讨侯景，周弘正从建康逃来，僧辩"飞骑迎之"。及两人相见，十分高兴。弘正表示慰劳说："公可坐吾膝上"①。只有弘正垂脚高坐当时普遍坐的小床，才有可能让人坐其膝上。十六国前秦时，王猛师"踞坐床头"，当为垂脚坐。又隐者王嘉常言吉凶之事，苻坚南征前，曾遣人询问胜败。王嘉不言语，用行动表明苻坚将失败。他"正衣冠，徐徐东行数百步，而策马驰反，脱衣服，弃冠履而归，下马踞床。"② 这里床前未冠以"胡"字，而且是在室外，所谓"踞床"，应当是垂脚坐小床。尔朱荣在魏廷明光殿被杀前，在御榻西北方"小床上南坐"③。尔朱荣为羯人，世为酋长，居北秀容尔朱川，未染汉族礼教，必定是垂脚坐小床。再如魏齐时期，魏收勤奋读书，"坐板床"，"积年，板床为之锐减，而精力不辍。"④《太平御览·服用部·床》则说："积年，床板为之锐减"。魏收所坐也应为小床，而且是垂脚坐，由于时间久了，床板和床足磨损，所以整个床体降低。如果是跪坐眠床，床体大，应像向栩、管宁那样床上坐处有膝痕，而整个床体不可能"锐减"。

　　关于东晋南北朝小床具体形制以及人们的坐姿，我们可从敦煌壁画和唐初阎立本《帝王图》所保留的珍贵资料中

---

① 《南史》卷三四《周朗传附周弘正传》。
② 《晋书》卷九五《王嘉传》。
③ 《北史》卷四八《尔朱荣传》。
④ 《北齐书》卷三七《魏收传》。

得到进一步认识。敦煌莫高窟十六国至隋代洞窟雕塑壁画中，不仅可以清楚地看出传统的床、榻家具足部日渐增高的趋势，而且还可看到新的供垂足坐的高足坐具。如前述北凉275窟、隋代419窟、420窟都有人物垂脚坐束腰圆凳图像①；隋代280窟有人物垂脚坐方凳的图像②。这类高足圆凳、方凳，实为十六国北朝寺院和世俗所用小床的图像标本。在唐初阎立本《帝王图》中③，陈文帝所坐为八足四方小床，足下有横木相连；陈废帝所坐为六足长方形小床，足下也有横木相连；陈宣帝所坐小床为四足小方凳形制。三种坐具的高低，以其与所坐人上半身作比较，约占坐者上半身的二分之一，显然属于高足形小床。三种坐具均只容一人坐，形制各异，这应是南朝各类小床的图像标本。三人在小床上的坐法都是盘腿坐，很可能与陈皇室信奉佛教有关④。陈代三位皇帝所坐三类小床的形体高低以及敦煌壁画中的圆、方两种高足小床，应是东晋南北朝和十六国北朝寺院和世俗所坐小床的典型形制。实际上，东晋南北朝既是人们由床、榻跪坐，向小床垂脚坐的转变期，那么小床形制的高低

① 《中国石窟·敦煌莫高窟》（一）（二），文物出版社1982年版。
② 《中国石窟·敦煌莫高窟》（三），文物出版社1982年版。
③ 《中国美术全集·绘画编（二）·隋唐五代绘画》图4《古代帝王图》，人民美术出版社1985年版。
④ 参阅汤用彤《汉魏两晋南北朝佛教史》第十三章《佛教之南统·陈代佛教》，中华书局1983年版。

可能是多样的，人们在小床上的坐法，必然是垂脚坐、盘腿坐和跪坐并存，不可能是单一坐法。不过，如果像当时寺院佛教徒所坐高足小床，敦煌壁画中的高足圆、方小床，因其床面小足高必为垂脚坐，陈皇室所坐三种小床床足较高，当以垂脚坐和盘腿坐为主要坐姿。

由唐初到五代时期，传统家具床、榻由低向高发展的趋势更为明显。以床为例，其形体已由原来的矮足形制，改为下设壶门高足的新式样。在敦煌石窟隋代420窟壁画中，维摩诘所坐的床还为传统的低矮样式，长条形的几放在床上跪坐膝前①。至初唐335窟壁画中②，维摩诘所坐的床足显著增高。到盛唐105窟维摩诘经变画中③，高足坐床更为清晰，从画面所绘人像与床高的比例看，这种壶门状足的床足约与人的膝盖等高。而且下设四足床的高度，也与壶门高足床的高度相同。特别值得注意的是，表现世俗生活的217窟《见子得医图》④，以及23窟法华经观音普门品壁画中⑤，人物已采用在床沿垂脚高坐的新坐姿。同时，十六国北朝敦煌壁画偶尔见到的束腰圆凳和方凳，在唐至五代敦煌壁画中可常见到。在十六国北朝敦煌壁画中，只在西魏窟壁画中发

---

① 《中国石窟·敦煌莫高窟》（一），文物出版社1982年版。
② 《中国石窟·敦煌莫高窟》（三），文物出版社1982年版。
③ 《中国石窟·敦煌莫高窟》（三），文物出版社1982年版。
④ 《中国石窟·敦煌莫高窟》（三），文物出版社1982年版。
⑤ 《中国石窟·敦煌莫高窟》（三），文物出版社1982年版。

现椅子图一例①，而唐五代第196窟②、第108窟、第61窟的壁画中③，都可看到椅子图像，而且其形制基本相同，用材较粗大，椅足颇类似建筑上所用的立柱，在靠背的立柱与横木之间，用一个大栌斗相承托，显然是吸收了木结构建筑的技术④。

唐、五代为适应人们垂脚高坐，所用的桌子、几案、屏风等家具，也同样增加了高度。唐五代垂脚高坐家具较多的出现，还反映在唐墓室壁画和绘画中。西安王家坟唐墓出土的三彩女坐俑，就坐在一个纹饰华美的束腰圆凳上。四足方凳形制，在唐章怀太子李贤墓壁画和长安县南里王村唐墓壁画中都可看到⑤，而坐在方凳上的人物都是妇女。唐天宝（742—755年）年间，高力士之兄高元珪之墓，墓室北壁壁画中有一男子垂脚坐在椅子上，旁有侍女站立，这可能是目前已知我国非寺院的最早椅子图⑥。这个椅子的形制，与敦

---

① 《中国石窟·敦煌莫高窟》（一），文物出版社1982年版。按从家具发展整体考察看，椅子出现在西魏似嫌过早，不知此窟时间判断有误否？

② 《中国石窟·敦煌莫高窟》（四），文物出版社1982年版。

③ 《中国石窟·敦煌莫高窟》（五），文物出版社1982年版。

④ 参阅杨泓《敦煌莫高窟与中国古代家具吏研究之二——公元7—10世纪中国家具的演变》打印稿。

⑤ 见文物出版社所出《李贤墓壁画》八开封套装三十幅。参考本页注③。

⑥ 贺梓诚《唐墓壁画》以及附椅子图片，见《文物》1959年第8期。

煌莫高窟唐、五代壁画中所绘的椅子的形貌基本相同。所有
这一切，显示着唐中期到五代不仅垂脚坐较为普遍，而且坐
具中椅子也较多的出现，因而同时期见于文献记载①。《唐
语林》卷六记：颜真卿在唐德宗建中四年（783 年）出使叛
将李希烈时，颜氏年已 76 岁②。他为了表现自己身体健康，
"立两滕椅子相背，以两手握其倚处，悬足点空，不至地三
二寸，数千百下……"。唐贞元十三年（797 年），《济渎庙
北海坛祭器碑》碑阴刻有记录当时所置器具《杂器物铭》：
"连心床一张，四尺床子八，绳床十（内四椅子）。"③ 日人
圆仁《入唐求法巡礼记》卷一说："十八日，相公入来寺
里。……相公及监军并州郎中、郎官、判官等皆（坐）椅
子上吃茶。"④ 此事发生在晚唐文宗开成三年（838 年）。
《新五代史》卷二九《景延广传》称：延广向晋出帝
（943—946 年）所进器物有"椅、榻，皆裹金银，饰以龙

---

① 参考王升魁《"椅"字考源》，载《福建师大学报》1981 年第 2
期。

② 按引《旧唐书》卷一二八，页 3596，颜真卿唐兴元元年八月三日
被杀，年 77；又《新唐书》卷一五三，页 4860，作年 76。《全唐
文》卷三九四，页 4016，颜氏兴元元年八月三日被杀，年 76；
又《全唐文》卷五一四，页 5223，颜氏行状，贞元元年八月二十
日被杀，年 77。《通鉴》颜氏被杀为兴元元年八月三日。本文从
《全唐文》兴元元年被杀，年 76 说。

③ 《金石萃编》卷一○三，中国书店 1985 年版。按"内四椅子"，
原用小号字附注绳床十后面。

④ 转引自黄正建《唐代的椅子与绳床》，载《文物》1990 年第 7 期。

凤"。小床发展为椅子后，一种全用木质制成，另一种坐部或背部用绳编成，但形制大体相同①。五代著名的《韩熙载夜宴图》中用的椅子形制，都有靠背，基本上已接近今天正四足坐椅的式样②。而且《夜宴图》中人物在椅子上的坐法，几乎都是垂脚坐，只有韩熙载一人脱鞋盘坐在椅子上。所有这些表明，古代人们的坐具，由最早的席地而坐，到低矮的床榻上坐，此前皆为跪坐。再由床榻跪坐变为胡床垂脚坐，由坐胡床而小床，再由坐小床而演变为坐高足椅子，则多为垂脚坐③。魏晋南北朝是由床、榻跪坐向胡床、小床垂脚坐的发展期，隋唐是由坐胡床、小床向坐椅子的过渡期。中古汉人由跪坐到垂脚坐的全过程从魏晋开始，至唐末五代已接近完成。不过，《夜宴图》中坐在床上的人，男的都是

① 参阅黄正建《唐代的椅子与绳床》。
② 参见《中国美术全集·绘画编（二）·隋唐五代绘画》，人民美术出版社 1985 年版。
③ 魏晋南北朝墓葬遗物中，有三件凭几（一为木质漆器，二为陶器），几身扁平或扁圆呈弧形状，有三个蹄形足。这类凭几在十六国北朝，当为少数民族贵族箕坐时靠背用。汉族统治者可能在平时家人团聚（非正式礼仪场合）时，老人或孕妇坐姿随便时用以休息凭依。参考安徽省文物考古研究所《安徽马安山东吴朱然墓发掘简报》，载《文物》1986 年第 3 期。江苏省文物管理委员会《南京近郊六朝墓的清理》，载《考古学报》1957 年第 1 期。南京市文物保管委员会《南京老虎山晋墓》，载《考古》1959 年第 6 期。洪晴玉《关于冬寿墓的发现和研究》，载《考古》1959 年第 1 期。

盘腿坐，妇女有盘坐的，也有跪坐的，这些显示着当时人仍保留有古跪坐的遗风。此外，五代《重屏会棋图》、《文苑图》、《琉璃堂人物图》各种人物的坐姿和坐具，同《夜宴图》人物的坐姿坐具大体相似①。

中国古代人们的起居方式，主要可先后分为席地坐和垂脚高坐两个阶段，人们日用家具形制的变化及主要陈设方式，乃是与上述两种起居方式相适应的。从东晋南北朝开始，中古汉人传统的席地起居习俗逐渐被放弃，垂脚高坐日益流行，至唐末五代垂脚高坐较为普遍，从而形成新式高足家具的完整组合，迫使传统的供席地起居的旧式家具组合退出历史舞台。人们由跪坐到垂脚坐，人体离地面而升高，有利于抗地湿和清洁卫生，大小腿伸成直角，又有利于全身气血运行，对中华民族身体素质的提高或许有益。同时为配合高足椅随之而来的各式高桌的出现，以及椅凳的多样化，使人们居室陈设美观，生活舒适，这是古代文明的一种进步。如果像李济先生所说，跪坐在中国传统礼教文化中占有重要地位，那么，汉人普遍由跪坐改为垂脚高坐椅子后，使中国传统礼教文化在居室起居方面发生较大变化。但此后古代复杂的跪拜礼，仍是祭天地、祀神灵、拜祖先、敬尊长的重要礼仪。

---

① 《中国美术全集·绘画编（二）·隋唐五代绘画》，人民美术出版社 1985 年版。

中古汉人由跪坐发展为垂脚高坐，这种民族重大礼俗的改变是极其缓慢的，由东晋南北朝到唐末五代大约经过了六百余年的漫长岁月。如果没有胡床的外来，没有佛教徒跏趺坐和垂脚坐小床的广泛流传，没有国内各民族大融合，没有玄学兴起对礼教的抨击，没有文化思想上的开放融合浪潮，总之，没有汉末以后国内外物质和精神文化交流所引起的碰撞，从而唤起的人们精神上的某种觉醒，便不可能由商周两汉汉人的跪坐，发展为唐以后汉人普遍的垂脚高坐。由此看来，李济先生对古人由跪坐发展为垂脚高坐时间的假设，基本上接近历史真实。关于跪坐被放弃原因所作的结论，显然不够全面。汉人跪坐礼俗彻底改变后形成的丰富多彩的居室文化，证明我们的祖先是在沿着吸收消化外来文化，改进创新传统文化的轨道前进。

（原刊于《中国史研究》1994年第4期）

魏晋南北朝阶级结构试析

  魏晋南北朝时期由于士族制度的形成，高门士族特权阶层的出现，封建依附关系的发展，少数民族的内迁和建立政权，使整个阶级结构比起两汉来发生了重大变化。其主要特点是阶级层次增多，统治阶级中除皇室外形成了贵族特权阶层，被统治阶级中的相当部分对统治者的依附性加强和身份地位下降，奴隶制残余严重，从而使阶级关系复杂化。本来封建制时代由于等级和阶级关系混杂在一起，增加了研究的难度，这一时期尤其如此。这里仅就当时阶级和等级结构的框架，以及各个阶级的经济政治地位和相互关系，试作大略的分析。其中有些看法很不成熟，姑且提出来，以利于进一步探讨。

（一）阶级和等级结构的框架

什么叫阶级？列宁曾经作过精辟地论述："所谓阶级，就是这样一些大的集团，这些集团在历史上一定社会生产体系中所处的地位不同，对生产资料的关系（这种关系大部分是在法律上明文规定了的）不同，在社会劳动组织中所起的作用不同，因而领得自己所支配的那份社会财富的方式和多寡也不同。"又说："所谓阶级，就是这样一些集团，由于它们在一定社会经济结构中所处的地位不同，其中一个集团能够占有另一个集团的劳动。"① 这就是说，划分阶级主要应该依据人们在社会生产关系中所占的地位，即对生产资料的占有情况，在社会生产组织中是支配者或被支配者，对劳动产品分配的形式，是占有别人的劳动，还是被别人占有劳动，以及由此而产生的在国家政治和文化生活中的地位。虽然就当时文献记载中牵涉到阶级阶层的词汇来说，纷繁复杂，不胜枚举。但是按照上述关于阶级的基本观点结合当时的历史实际，综合概括起来分析这个时期的阶级结构，大体上可以分为二十五种类别，三个等级，六个阶级，两大阶级营垒。

二十五种类别是：皇室、高门士族地主、寒门庶民地

---

① 《列宁全集》第四卷，人民出版社 1984 年版，第 10 页。

主、寺院地主、富商巨贾、少数民族酋帅、编户个体农民、金户、银户、盐户、滂民、个体小手工业者、少数民族部落民、屯田户、佃客、部曲、军户、吏家、百工户、杂户、绫罗户、牧户、僧祇户、佛图户、奴婢等等。

从当时国家法权观念讲，以上二十五种类别可分为三个等级：第一，皇室和高门士族属于贵族等级；第二，寒门庶民地主、寺院地主、富商巨贾、个体编户农民、个体手工业者、金户、银户、盐户、滂民，属于良民等级；第三，其余各类均属贱口等级。少数民族酋帅和部落民，情况比较特殊，经济政治地位变化不定，主要看其是否建立政权以及与汉族融合的程度而定。大体说来，少数民族酋帅属于良民等级，部落民处在不断分化中，要作具体分析，不能一概而论。

关于上述三个等级，当时史籍记载比较混杂。但仔细加以考察，贵、良、贱三个等级还是清楚的。皇室在贵族等级中属于上层，他们享受封建特权更优于高门士族，此点自不待论。晋武帝泰始十年（274 年）下诏："明贵贱"，使不得"乱尊卑之序"①。晋惠帝时，史称"势位之家，以贵陵物"②。西晋王沈说："公门有公，卿门有卿……多士丰于贵

---

① 《晋书》卷三《武帝纪》。

② 《晋书》卷四《惠帝纪》。

族，爵命不出闺庭。"① 东晋南朝时，"都下人多为诸王公贵人左右、佃客、典计、衣食客之类，皆无课役。"②《晋书·姚兴载记》下称："江左贵族，部曲遍于荆楚。"南齐陆慧晓称"卿士大夫"为"贵人"③。梁代沈约说："周、汉之道，以智役愚"；"魏晋以来，以贵役贱"④。北魏和平四年（463 年）十二月下诏说："名位不同，礼亦异数，所以殊等级，示轨仪。……有司可为之条格，使贵贱有章，上下咸序，著之于令。"同年同月又下诏说："中代以来，贵族之门，多不率法。"⑤ 北魏孝文帝推行门阀制度后，"以贵承贵"⑥。北魏延昌二年（513 年）下诏："贵族豪门崇习奢侈。"⑦ 这里的"贵势之家"、"贵族"、"贵人"、"贵"等等，均主要指皇室和高门士族，有时又称"衣冠士民之族"⑧。史籍中常见的"庶民"、"良民"、"百姓"、"白民"，指各类庶民地主、编户个体农民、个体手工业者等良民等级。所以庶民百姓变为奴、客，称"良人（民）遭难

① 《晋书》卷九二《文苑·王沈传》。
② 《隋书》卷二四《食货志》。
③ 《南齐书》卷四六《陆慧晓传》。
④ 《宋书》卷九四《恩幸传·序》。
⑤ 《魏书》卷五《高宗纪》。
⑥ 《魏书》卷六〇《韩麒麟附韩显宗传》。
⑦ 《魏书》卷八《世宗纪》。
⑧ 《周书》卷六《武帝纪》。

为僮、客"①。放免奴婢为自由民，称"免奴为良人（民）"②。或称"不听取赎"，"令良家子息仍为奴婢"③。或"免奴为民"，以及准许"奴婢自赎为庶人（民）"④。掠卖民为奴婢，称"买良人（民）为奴婢"⑤。由于军户为贱口等级，所以晋宋时征发郡县民为兵，称之为"良人（民）"兵、"白丁"、"民丁"、"人（民）丁"、"男丁"⑥，使其与军户贱口有别。南朝刘宋大明五年（461年）曾严惩士族与贱口等级通婚者⑦。北魏和平四年（463年）下诏："今制皇族、师傅、王公侯伯及士民之家，不得与百工、伎巧卑姓为婚，犯者加罪。"⑧ 这道诏书明令皇室、士族官僚和庶民即贵、良两个等级，不得同百工伎巧等贱口等级通婚。又北魏太和十七年（493年）九月下诏："厮养之户；不得与士民婚；有文武之才，积劳应进者同庶族例，听之。"⑨ "厮养"指百工、军户和吏家等贱口等级，不得与

---

① 《晋书》卷六《元帝纪》。

② 《晋书》卷一一七《姚兴载记》。

③ 《魏书》卷五《高宗纪》。

④ 《周书》卷五、六《武帝纪》上、下。

⑤ 《魏书》卷一四《河间公齐附孙志传》。

⑥ 参考何兹全《魏晋南朝的兵制》，载《读史集》，上海人民出版社1982年版，第300、301页。又北魏孝昌时征兵，称"权发兵夫"，见《北史》卷四二《常爽附景传》。

⑦ 《资治通鉴》卷一二九《宋纪》孝武帝大明五年。

⑧ 《魏书》卷五《高宗纪》。

⑨ 《魏书》卷七《高祖纪》下。

士大夫或庶民百姓通婚，但如果"厮养"中因军功应提升者，可沿庶民例，即由贱口升为庶民后可以通婚。北魏太平真君五年（444年）下诏："自王公以下至于卿士，其子息皆诣太学。其百工伎巧、驺卒子息，当习其父兄所业，不听私立学校。违者师身死，主人门诛。"① 这是从国家法权上明确规定，贵族等级子息有权掌握文化，而百工兵户等贱口等级子息被禁止学文化，只能继续为百工军户，永远为贱口等级。魏晋以降常有王、公、卿、士大夫有罪"免官爵为庶人（民）"，或"除名为庶人（民）"，这是从国家法权上将贵族等级降为良民等级（由于贵族原先的政治经济地位，在实际上不可能同于庶民）；良民犯罪被没为官奴婢，或"犯罪谪兵"，这是由良民等级降为贱口等级。而且这种因罪判刑降级，还有法律依据②。北魏延昌二年（513年）下诏："定奴良之制，以景明（500—503年）为断"③。这是从时间界限上确定良、贱（奴）的身份等级。北齐魏收在记述梁益地区少数民族僚民的历史时，将其同封建等级制相比附，也分为"贵族"、"良民"、"贱隶"三个等级④。实际上，这是当时封建等级制，在少数民族历史资料中的反映。至于各类贱口等级在法律上的地位，史实昭然，后面将

---

① 《魏书》卷四《世祖纪》下。
② 《魏书》卷五八《杨播附杨椿传》。
③ 《魏书》卷八《世宗纪》。
④ 《魏书》卷一〇一《僚传》。

要详论①。

根据阶级的内涵，上述二十五种类别可以分为六个阶级：第一，高门士族地主阶级②；第二，寒门庶民地主阶级（内含地方豪强、寺院地主、富商巨贾）③；第三，少数民族酋帅阶级；第四，编户个体农民和个体手工业者、金户、银户、盐户阶级；第五，屯田户、佃客、部曲、僧祗户、军户、吏家、百工户、杂户等阶级；第六，佛图户和奴婢阶级。少数民族部落民在民族融合中，不断地进入汉族被统治阶级行列，似难单独成为一个阶级，此点在后面将要论及。在以上六个阶级中，前三者属于统治阶级营垒，后三者属于被统治阶级营垒。因而前三类也可叫统治阶级中的三个阶层，后三类也可叫被统治阶级中的三个阶层。

从等级和阶级、阶层的关系来看，贵族等级有两个阶层，即皇室阶层和高门士族地主阶层，皇室在经济政治地位

① 关于封建社会等级问题在理论上的依据，参阅熊德基《魏晋南北朝阶级结构研究中的几个问题》，载《魏晋隋唐史论集》第一辑，中国社会科学出版社 1981 年版。

② 高门有称"士族"，也有称"世族"。但西晋初士族制形成后，高门较恰当的称谓以"士族"为宜。对此唐长孺先生有正确的解释，见《魏晋南北朝史论拾遗》第 67 页。

③ 近有两文指出当时"庶族"多指高门士族，故本文对高门士族以外的各类封建地主阶级，称为寒门庶民地主。本集文中称这个阶级为寒门地主，或庶民地主，其涵义完全相同。参阅祝总斌《素族、庶族解》，载《北京大学学报》1984 年第 3 期；陈琳国《庶族、素族和寒门》，载《中国史研究》1984 年第 1 期。

上均优于士族地主。良民等级中有三个阶层，即寒门庶民地主阶层；少数民族酋帅阶层；编户个体农民和个体手工业者阶层。贱口等级中有两个阶层，即佃客、部曲、军户、吏家、百工户、杂户、牧户、僧祇户阶层；佛图户和奴婢阶层。

在统治阶级中，介于士族地主和少数民族酋帅阶层之间的寒门庶民地主不仅包含类别较多，情况比较复杂，其中极个别的既可上升为士族，也有的遇上天灾人祸后下降为被统治者。在被统治阶级中，介于个体编户农民和奴婢之间的佃客、部曲、军户等阶层，也是类别较多，情况十分复杂，还要具体进行分析。同时，奴婢制终究是残余剥削形态，而且奴婢和佃客有密切的关系，他们是封建地主经济剥削的主要对象，因而我们将把奴婢和佃客放在一起来讲。

（二）士族制度的形成以及士族地主和庶民地主的区别

这个时期的一个主要历史特点是士族制度的出现。士族制度形成的标志，表现在九品中正制完全变为士族地主爬上最高统治地位的工具，士族占田荫客荫族制和免除赋役在国家法权上的明确规定，以及士族地主完全控制着国家最高行政权力。从这三点看，士族门阀虽起源于东汉中期，中间经过一些曲折，士族制度至西晋初年最后形成。

士族地主高居于封建统治阶级的最上层，他们垄断了中央和地方的清要之职，占有广大土地，有免除赋役、荫庇亲族、收揽门生故吏、享受赐田、给客、给吏卒、恩赏钱财等种种经济和政治特权。由于这些特权都是世袭的，因而高门士族便形成为垄断着经济、政治、军事、文化的一个具有稳定性的被认为是最高贵的特殊阶级。不管是原来的地方豪强，或是新兴地主和富商，在没有取得士族地位以前，都被排斥在这个阶级之外，被认为是寒门庶民，不能同士族一样享受各种封建特权。

在曹魏后期"给公卿以下租牛客户，数各有差"①，以及在孙吴给田复客制的基础上，西晋太康元年（280 年），正式规定了百官依品级高低占田荫客的特权，占田多者五十顷，荫客五十户（或十五户?），少者十顷，荫客一户②。这是在全国范围内正式承认士族地主占田荫客的特权。这里土地和客户数字应是政府按品级应该给予官僚的土地佃客的限额，所以没有像刘宋大明（457—464 年）初年限制占山泽那样官僚和非官僚地主均有限额③，而这次却没有规定非官僚地主的土地佃客。而且这次土地特别是佃客限额数量极小，除一、二品官佃客数存疑外，第三品十户，第四品七

① 《晋书》卷九三《外戚·王恂传》。
② 《晋书》卷二六《食货志》。这里占田荫客的主要是士族地主，也有极少数非士族地主，但数量少，占田荫客数额也不多。
③ 《宋书》卷五四《羊玄保附兄子希传》。

户，第五品五户，第六品三户，第七品二户，第八第九品一户①。我们知道，西晋官员给田驺、菜田，一品官给菜田十顷，田驺十人；二品官给菜田八顷，田驺八人；三品官给菜田六顷，田驺八人②。田驺以户为单位，实为每户耕种一百亩土地，只供士族官僚个人生活剥削的土地和人户尚且如此之多，而官员整个家庭私人经济的全部土地佃客，却限制得那样少，似不合情理。应当注意，户调式关于给佃客的令文为："其（指各品官）应有佃客者"云云，乃指各品官应当得到的佃客。当然封建政权在恩赐官僚佃客时，必须有一个限额，这就是"无过"多少户的意思。同时就在正式规定给予土地佃客的限额后不久，李重就明确指出："人之田宅既无定限，则奴婢不宜偏制其数。"③ 因此，我们认为占田荫客的限额，不可能包括士族官僚私有经济的全部土地和佃客。户调式还规定："又各以品之高卑荫其亲属，多者及九族，少者三世。宗室、国宾、先贤之后及士人子孙亦如之。"④ 户调式规定按官品荫族、荫客和占田，主要精神是保证各级官僚贵族的封建特权，而"士人子孙亦如之"的

① 《晋书》卷二六《食货志》。
② 《晋书》卷二四《职官志》。
③ 《晋书》卷四六《李重传》。关于李重驳恬和的时间，参考洪序《西晋李重驳恬和一事发生时间的商榷》，载《历史研究》1958年第6期。
④ 《晋书》卷二六《食货志》。

荫族特权的补充极为重要，它不仅保证子士族荫族特权得以世代延续下去，而且借此能保证士族的社会身份和享受的免除赋役特权不受损害①。

占田荫客荫族制在国家法权上的反映，对于士族制度的形成具有划时代的意义。东晋再一次颁布给士族官僚佃客的所谓"给客制度"。《南齐书·州郡志·南兖州》条；东晋太兴四年（321年），"时百姓遭难，流移此境，流民多庇大姓以为客"。元帝下诏："以流民失籍，使条名上有司，为给客制度。"这里似乎专指南兖州地区，即当时长江下游以北淮河以南广大地区。《隋书·食货志》指出：东晋南朝京都建康地区流民多为王公士族的"佃客、典计、衣食客之类，皆无课役"。东晋南朝政府规定："官品第一第二，佃客无过四十户。第三品三十五户。第四品三十户、第五品十五户。第六品二十户。第七品十五户。第八品十户。第九品五户。"这次士族官僚应得佃客数额，比起西晋来三品官以下增加较多②。上述两次给客制度，不管是否同时实行，无疑都是东晋南朝沿袭西晋荫客制措施，以满足南北士族的经

_____

① 参阅唐长孺《士人荫族特权士族队伍的扩大》，载《魏晋南北朝史论拾遗》，中华书局1983年版。

② 《隋书》卷二四《食货志》南朝本记梁陈制度，此条考诸史实，疑为东晋制。唐长孺在《魏晋南北朝时期的客和部曲》一文中，认为《隋书·食货志》所云即东晋太兴四年给客制，见《魏晋南北朝史论拾遗》第9页。

济利益，士族的经济特权便被固定下来。既然有这些特权，士族官僚就可以上下其手，扩大其经济利益。同时，经济特权反过来又促使士族地主在政治文化上特权的巩固，这便决定了士族特殊的贵族地位。

士族地主主要靠封建特权赐予土地和劳动力、俸禄、恩赏和政治暴力行为，以加强其经济势力的发展，并形成以家族血缘和地域关系为纽带的自给自足的士族地主经济集团。这个集团的最上层是士族，下面是门生故吏、妓妾歌僮、宗族、家兵部曲、佃客奴婢和大批荫户。士族还通过政治特权，私自侵占国家公田，分割吏卒。再加上士族在法律上享受"八议"的特权，实际上成为其为非作恶的护身符。由于上述种种原因，作为整个阶级来说，士族地主是反动腐朽的阶级。当时政治腐败，政权分裂，战乱频仍，人民生活痛苦，各族人民的起义斗争，即使是少数民族酋帅的叛乱，其总根子都在于士族地主的反动统治。

寒门庶民地主一般多为地方政权官吏的掾属，或不入流的佐吏，没有或很少能享受封建特权，特别是免役权是绝对没有的。如南朝刘宋初年，会稽山阴人严世期"好施慕善，出自天然……有司奏榜门曰：'义行严氏之闾'，复其身徭役，蠲租税十年。"① 永嘉安固人张进之，为郡大族，历任郡五官主簿，永宁、安固二县领校尉。其"家世富足，经

---

① 《宋书》卷九一《孝义·严世期传》。

荒年散其财，救赡乡里……诏在所蠲其徭役。"① 严世期施钱财救闾里，张进之为郡大族，家世富有，他们无疑是寒门庶民地主，经中央政权褒奖才免去徭役。刘宋中期以后，南阳冠军人蔡那，"家素富"，因其兄蔡局常资给宾客，"为郡县所优异，蠲其调役"②。这也是寒门地主优免徭役的性质。又有新野人武念，"家富有马"，"本三五门"，即为役门③。梁代，余姚县南"有豪族数百家，子弟纵横，递相庇荫"。余姚县令沈瑀"召其老者为石头仓监，少者补县僮，皆号泣道路。"④ 北魏孝文帝改革，立三长制，"（三）长取乡人强谨者。邻长复一夫，里长二，党长三。所复复征戍，余若民。"⑤ 这里的"强谨"者，指守法的豪强，他们虽身为三长，也只能免其一丁、二丁、三丁征戍役，而这一、二、三丁还得服其他杂役。到北魏末各族人民起义后，常景以"今之三长，皆是豪门多丁为之，今求权发为兵。（魏）明帝皆从之。"⑥ 由于当时战事殷繁，三长家庭部分人丁的征役也不能免了。

同时寒门地主不像士族既有乡里清议的维护，又有法律

---

① 《宋书》卷九一《孝义·张进之传》。
② 《宋书》卷八三《宗越附蔡那传》。
③ 《宋书》卷八三《宗越附武念传》。
④ 《梁书》卷五三《沈瑀传》。
⑤ 《魏书》卷一一〇《食货志》。
⑥ 《北史》卷四二《常爽附景传》。

上"八议"的特权，所以高门"视寒素之子，轻若仆隶，易如草芥，曾不与之为伍。"① 不管寒门地主如何巨富，都被士族视为"非类"②，常受其凌辱。地方官吏对不法寒门地主，甚至任意加以鞭笞③、诛杀④。所有这些都是因为寒门地主是庶民，没有封建特权，在政治上处于不当权地位的缘故。

既然寒门庶民地主在政治上不属当权派，或作各类浊官吏职，或根本不参与各级政权，或受排挤、压抑和打击，因而他们比较接近人民，不像士族那样腐朽，大都主张改革时政，反对士族在经济上特别是在政治上的垄断。从西晋用人"唯才"或"唯资"的论争，到庶民出身的陈敏"欲诛诸士人"⑤，陶侃率兵反对苏峻时"欲诛执政"⑥ 的斗争，反映了士庶斗争的激烈性。甚至陈頵认为"中华所以倾弊，四海所以土崩者（指西晋末年之乱）"，皆因士族当权，"取才失所"⑦ 之故。他们提出了在选举上"用人唯才"，以及在政治上革新门阀统治。因此，寒门庶民地主同高门士族之间

① 《文苑英华》卷七六〇引《寒素论》。
② 《陈书》卷三三《王元规传》。
③ 《梁书》卷一三《范云传》；《陈书》卷三四《褚玠传》。
④ 《晋书》卷八一《刘胤传》；《魏书》卷四二《薛辩附胤传》；《北史》卷五〇《辛雄附纂传》。
⑤ 《晋书》卷六八《顾荣传》。
⑥ 《晋书》卷七三《庾亮传》。
⑦ 《晋书》卷七一《陈頵传》。

的斗争，既是统治阶级内部矛盾，又具有进步与落后、新与旧的斗争性质。可是庶民地主与高门士族有千丝万缕的联系，他们既反对士族独享封建特权，又拼命想挤进士族行列。二者同样压迫剥削人民，没有根本的利害冲突。所以士族和庶民地主有矛盾的一面，又有一致的一面。因而，在阶级大搏斗中，他们在多数情况下是联合起来镇压人民的反抗，如陈敏镇压石冰、封云起义，陶侃镇压杜弢起义，刘牢之镇压孙恩、徐道覆起义，以及北魏末代北地区豪强酋帅镇压河北和关陇起义。当然，也有个别庶民地主人物加入人民反抗的行列。

士族地主和庶民地主的区别界限，主要可以分为三条：第一，前者为上品、清官，后者为下品、浊官；第二，前者有荫客荫族和免除赋役的特权，后者极少有能享受封建特权的，特别是免役的特权绝对没有；第三，前者掌握着封建文化，多数家传经学名教玄学，只有南北朝后期一部分有武力的士族例外。庶民地主一般缺乏封建文化教养。士族地主非常重视婚、宦、望，因为这三者是士族保持其贵族地位的主要依据。

应该指出，上面讲的是高门士族和寒门庶民地主之间的区别。魏晋以来常讲的"士庶之别"，是指士族地主和庶民（不单指庶民地主）的区别。这种区别既具有统治阶级内部的阶层区分，又具有统治阶级和被统治阶级之间的阶级区分的双重含义。因为庶民中既有地主，也有个体农民和个体手工业者。如果就压迫者剥削者与被压迫者被剥削者的关系来说，是高门士族和庶民地主与个体农民和个体手工业者之间的关系，如果就封建统治阶级内部能否享受封建特权或居于封建统治上下层关系来说，则是高门士族地主与寒门庶民地主之间的关系。

寒门庶民地主不管是地方豪强，寺院地主，富商巨贾，或者各种所谓"富民"、"土豪"之类，他们都占有数量不等的生产资料，其中主要是土地，以及拥有不等的被剥削者佃客、奴婢和荫户等。在生产分配中居于支配地位，在经济上主要靠剥削为生，所以他们聚集众多的财富。如刘宋元嘉二十七年（450年）北伐，因军用不足，"王公妃主及朝士牧守，各献金帛等物，以助国用"。富民"亦有献私财至数十万者。"① 又有司奏扬、南徐、南兖、江四州"富民家赀满五十下，僧见满二十万，并四分借一，事息即还。"② 这里富民指庶民屯主，他们自献或政府暂借钱，都表明其财产富有。又《宋书·邓琬传》载，宋明帝初年"募民"上钱粮，分等给官职。这里的"民"指庶民，他们能上钱粮得到浊官或闲散职，显然也是庶民地主。北魏末武泰元年（528年）下诏："白民输（粟）五百石者赐出身"③。北齐

---

① 《宋书》卷九五《索虏传》。
② 《资治通鉴》卷一二五《宋纪》宋文帝元嘉二十七年。
③ 《资治通鉴》卷一五二《梁纪》武帝大通二年。

武平（570—575 年）以后，国用空竭，"乃料境内六等富人（民），调令出钱"①。这里的"白民"和"富民"，也当为庶民地主。富民大量的钱财米粟，自然是靠剥削得来的。同时庶民地主还在一定程度上参与封建政权，所以属于统治阶级，而非被统治阶级。从国家法权上讲，士族和庶民地主的界限是极为严格的，所谓："士庶区别，国之章也"②；"士庶之科，较然有辨"③；"士庶天隔"④，实际上这种区别不是绝对的。这不仅指个别庶民地主人物可以挤入士族行列，更重要地指两者的阶级利益从压迫剥削农民、佃客和奴婢这方面来说，在根本上是一致的。诚然，这个时期各类统治阶级内部矛盾（其中包括士族和庶民地主的矛盾），十分突出，不容忽视。但旧史家把士族地主同庶民地主的矛盾无限夸大，仿佛魏晋南北朝的历史就是这两个统治阶级内部斗争的历史，从而掩盖了他们同广大被压迫阶级之间的矛盾斗争，这是违反历史真实的。

（三）少数民族酋帅阶级地位的升降变化

关于少数民族酋帅，两汉以来早已内迁部分，汉化较

---

① 《隋书》卷二四《食货志》。
② 《南史》卷二三《王惠附球传》。
③ 《宋书》卷九四《恩幸传·序》。
④ 《宋书》卷四二《王弘传》。

深，大多离散部落，同于汉人编户齐民，属郡县统辖。酋帅中有的下降为编户农民，有的同于汉族庶民地主。内迁时间较晚，或正在向内地迁徙的少数民族，大多开始步入奴隶社会，或逐步向封建社会过渡，大部分保留了部落组织，又采取汉族封建剥削形式，因而在统治阶级中出现了少数民族酋帅阶级。从经济上讲，少数民族酋帅多是大畜牧主、大奴隶主、大封建主，有的几种生产类型相兼，剥削大量的牧子、奴婢、部曲，其生产方式一般比较落后。他们在政治上为本民族的单于、侯王、君长、大人、酋长，居于统治地位，而且这种地位大多是世袭的。在经济政治上，他们在本民族内是统治者，但又受汉族中央和地方封建政权的民族歧视和压迫。当其经济政治势力强大时，常有向汉族地区"略财据土"的野心。汉族中央和局部统一政权统治时期，少数民族酋帅有的被羁縻，有的被授予官位和封爵。当他们与汉族融合加深，并加入汉族封建政权后，在经济上同于庶民地主，在政治上有的任地方官吏，但不能进入士族行列。

北方少数民族酋帅经济政治地位的升降变化，比较急剧和复杂。其地位的升降变化，给当时阶级斗争、民族斗争和民族融合带来一系列深刻的影响。他们同汉族统治者和人民之间的矛盾发展变化，是同其本身地位的升降变化紧密相关的。十六国时期，每当一个少数民族建立起政权或参与别的少数民族建立的政权后，其经济政治地位起了突变。他们在战乱中抢劫财物，俘掠人民，在原来的部落制基础上结合汉族封建制，以军事组织的形式占有和役使劳动力。在当时战乱、杀戮、饥荒、人民逃亡的情况下，占有劳动力也就能占有土地。如刘聪"大定百官"，"置左右司隶，各领户二十余万，万户置一内史，凡内史四十三。单于左右辅各主六夷十万落，万落置一都尉。"① 这里内史所领万户，都尉所领万落，一是主管汉户，一是主管"六夷"即少数民族。这是采取胡汉分治办法以控制各族人民，而主管六夷的官吏"皆以胡、羯、鲜卑、氐、羌豪杰为之。"② 实际上，无论汉户和六夷均是军营领户的性质。又如氐族苻洪代父为部落帅，"散千金，招延俊杰，戎、晋襁负奔之，推为盟主。"③刘曜以洪为氐王。《资治通鉴》载苻洪说石虎徙关中豪杰及氐羌以实关东时说："诸氐皆洪家部曲，洪帅以从，谁敢违者?"④ 又如羌族酋帅姚弋仲，也是"戎、夏襁负随之者数万"⑤。弋仲所领与苻洪相同，包括汉族与其他少数民族人民在内，所以被石虎封为持节十郡六夷大都督。

前燕"王公贵戚多占民为荫户，国之户口少于私家"；"豪贵恣横，至使民户殚尽"⑥。这也是军营领户，所以仆射

---

① 《晋书》卷一○二《刘聪载记》。

② 《晋书》卷一○三《刘曜载记》。

③ 《太平御览》卷一二一引《十六国春秋·前秦录》。

④ 《资治通鉴》卷九五《晋纪》成帝咸和八年。

⑤ 《晋书》卷一一六《姚弋仲载记》。

⑥ 《晋书》卷一一一《慕容㬓载记》；《资治通鉴》卷二○一《晋纪》废帝太和三年。

悦绾主张打击酋帅，"宜罢军封"，并清出军封户二十多万，未清出的想必不在少数。后燕少数民族酋帅同样有"军营封荫之户"①。胡三省注为："盖诸军庇占以为部曲者"。十六国时期，各族酋帅所领汉族和少数民族劳动人手普遍扩大，他们所采取的剥削方式与汉族地主似有所不同，乃是部落与部曲制相结合。即既要作战，又要服役，还要进行生产。这种军营领户具有政权和生产组织双重性质，其劳动产品大概除维持劳动者最低生活，以及作战开支外，全部被酋帅们所占有。它是在少数民族入主中原以及战乱迭起的情况下，酋帅们所采取的介于奴隶制和封建制之间的一种特殊剥削形态。

当时少数民族酋帅在经济和军事实力增长的同时，在政治上也暂时进入贵族行列，但还不是士族。当他们所依附的政权一旦垮台后，在政治上退出贵族行列，经济特权也随之被削弱或取消。只有北魏孝文帝改制以后，以鲜卑拓跋部贵族为主的一部分少数民族酋帅才进入士族行列，因而其经济政治地位也相应的趋于稳定。

由于少数民族酋帅的地位接近于庶民地主，他们多受汉族士族最高统治集团的政治压迫和歧视。因而建立政权后，一般虽利用士族，但对士族存有戒心。尽管他们曾试图恢复

---

① 《晋书》卷一二四《慕容宝载记》；《资治通鉴》卷一〇八《晋纪》孝武帝太元二十一年。

士族制度，利用士族和汉文化为其统治服务，但在政治军事决策的最高层里多重用寒门庶民士人。北魏前期虽曾重用汉族士族高门，但拓跋贵族同高门士族的矛盾仍然突出。只有魏孝文帝改制以后，鲜卑贵族一部分门阀化，这种矛盾才缓和下来。

少数民族酋帅在汉族政权统治下，由于本身受到民族压迫，常举行武装起事，或加入本民族被统治阶级反对汉族封建统治的起义斗争。但他们一旦建立政权后，成为该政权的最高统治者，既同汉族封建统治者有矛盾，又同他们联合压迫各族人民，因而便成为各族人民（其中包含本民族下层群众）共同反抗的对象。即使在十六国和北魏前期，各族人民也常常联合起来反抗胡汉反动统治，如后赵梁犊起义，北魏前期盖吴起义都是典型的事例。这类起义阶级利益高于民族利益表现得十分明显，尽管是自发的表现。因此，少数民族酋帅也常常同汉族统治者一起联合镇压各族人民的反抗斗争。南方蛮、俚、僚三支少数民族没有建立独立的政权，它们在同汉族融合中逐渐纳入封建的政治和经济体系，因而其酋帅的身份地位变化比较单纯些。如最大的一支蛮族，早在曹魏时，蛮王梅敷兄弟三人，有部曲万余家①。到晋宋之际其部落大都解体，以户为单位，蛮族酋帅已普遍采取部曲制剥削方式。如刘宋时南新蔡郡蛮族田彦生有部曲 6000 余

---

① 《三国志·吴书》卷一一《朱然传》裴注引《襄阳记》。

人，宋末以功封为征虏将军的蛮帅田益宗，有部曲4000余户。梁代沔东太守蛮帅田清喜，定州刺史蛮帅田超秀，都有大批部曲①。南朝时期，部曲同佃客逐渐合流。蛮族首领拥有大批部曲，显然是受汉族地主部曲制封建生产关系的影响。而且蛮族中大姓田氏、向氏、冉氏、樊氏、梅氏等，在政治经济特权上都是世袭的，其中有的还有封地食邑②。他们虽然不能进入士族行列，但在政治上多为汉族政权的地方官吏，在经济上剥削本民族或汉族人民，因而其身份地位同于汉族庶民地主。北魏正始三年（506年）四月下诏："遣使者巡慰北边酋庶"③，这里把酋帅列入庶民等级，是符合其法定身份的。各少数民族部落民，虽然其身份地位较为复杂，且处在不断地分化中，但其主要部分通过不同渠道逐步加入汉族各个被统治阶级行列。三国魏、蜀政权各以乌桓、鲜卑、匈奴、丁零、屠各、羌、氐和巴、叟、青羌等为兵④。此外，汉魏以来内徙各少数民族，无论是征服或降服的部落民，其相当部分成为州郡县编户齐民或营户，同汉族农民和军户一样，为封建政权服役纳赋和征战戍守，有的成为士族豪强的佃客、奴婢。在刘渊起兵前，右贤王刘宣曾

---

① 《魏书》卷一〇一《蛮传》；《宋书》卷七七《沈庆之传》。
② 《宋书》卷九七《豫州蛮传》。
③ 《魏书》卷八《世宗纪》。
④ 参阅唐长孺《晋代北境各族"变乱"的性质及五胡政权在中国的统治》，载《魏晋南北朝史论丛》，三联书店1955年版。

说："自汉亡以来，魏晋代兴，我单于虽有虚号，无复尺土
之业，自诸王侯，降同编户。"① 他后来又说："晋为无道，
奴隶御我。"② 《三国志·魏书》卷一五《梁习传》说：并
州少数民族人民"部曲服事供职，同于编户"。《晋书·北
狄传》云："部落随所居郡县，使宰牧之，与编户大同。"
魏晋之际，"太原诸部亦以匈奴、胡人为田客，多者数
千。"③ 同时，士族豪强和官僚大批掠卖少数民族人民为奴
婢④。羯族石勒本为部落小帅，仍不免沦为田客和奴隶⑤，
其他部落民的身份地位更可想而知。由此可见，刘宣的话是
具有代表性的。西晋户调式规定："远夷不课田者输义米，
户三斛，远者五斗，极远者输算钱人二十八文。"⑥ 这里所
输义米与钱都是按户或口计算的，地方官必定掌握其户口
数。还有同"远夷"相对的"近夷"，乃是部落民中典型的
州郡编户民，他们必然同汉族课田民一样服役纳赋。十六国
政权建立后，各族人民同汉族人民一起成为少数民族政权的

① 《晋书》卷一〇一《刘元海载记》。
② 《晋书》卷一〇一《刘元海载记》。
③ 《晋书》卷九三《外戚·王恂传》。
④ 《三国志·魏书》卷二二《陈群附子泰传》；《太平御览》卷五九
　八引石崇《奴券》；《晋书》卷一〇四《石勒载记》上。
⑤ 《晋书》卷一〇四《石勒载记》上。
⑥ 《晋书》卷二六《食货志》。

州郡县编户、军封户，或各族统治者的奴婢、佃客和荫户①。东晋南朝蛮、俚、僚三支少数民族被征服后，逐步建立由中央政权统率的左郡左县。刘宋泰始时，只有左郡11个，左县25个。到萧齐末年，时隔30多年，少数民族左郡左县增加为51郡，145县。其中以僚人建立的5郡4县（多数僚郡无属县）；俚人建立的8郡23县；蛮人建立的31郡118县②。南朝政权建置左郡左县，将少数民族人民变为郡县编户时，适当照顾少数民族的生活习俗和聚居地域。综上所述，可知各少数民族部落民在民族斗争和融合中，以各种方式或先或后地进入汉族被统治阶级中的个体编户民、军户、牧户、田客、奴婢的行列。因而我们在分析阶级结构时，对少数民族部落民不再单独列为一个阶级。

（四）编户个体农民阶级

编户个体农民是被压迫阶级中人数最多的一个阶级。我们认为均田制下的"授田"农民，基本上也属于这个阶级。其中大致有三个阶层：一种叫自耕农，有比较充足的土地和生产工具，主要靠自己经营生产为生，生活略好些；一种是

① 参阅唐长孺《晋代北境各族"变乱"的性质及五胡政权在中国的统治》，载《魏晋南北朝史论丛》，三联书店1955年版。
② 参阅本集《南朝少数民族概况及其与汉族的融合》。

半自耕农，多少有点土地和生产工具，还要靠出卖一部分劳力为生，生活不如自耕农好；还有一种是贫农，几乎毫无土地和生产工具，全靠出卖劳力艰难度日，生活极端贫困。由于长期战乱，赋役繁重，而士族和大批荫客又被免除赋役，因而农民阶级受赋役的摧残，使第一、二类不断地向第三类转化，所以贫苦农民在这个阶级中占大多数。

南朝萧齐时长江下游的"浙东五郡，丁税一千，乃有质卖妻儿，以充此限。"① 会稽郡"山阴一县，课户二万，其民资不满三千者，殆将居半……凡有资者多是士人复除。其极贫者，悉皆露户役民。"② 浙东五郡农民出丁税一千，便弄得倾家荡产。山阴县贫苦农民全部家产不满三千钱的占课户的一半，可见农民多数贫困之极。会稽郡在浙东地区土地肥沃，水源充足，庶称富饶之乡，这里农民的贫苦情形在长江下游具有代表性。长江上游的益州地区，有人指出："蜀中积弊，实非一朝，百家为村，不过数家有食，穷迫之人，什有八九。"③ 他们不仅鸡、猪养不起，床上没有布被，甄中没有麦饭，完全在死亡线上挣扎。蜀中号称"天府"，这里农民如此贫苦，其他地区便可以想见。

北方农民在十六国和北魏前期，数百万农民往南方和边

---

① 《南齐书》卷二六《王敬则传》引萧子良《启奏》。
② 《南齐书》卷四六《陆慧晓附顾宪之传》。
③ 《南史》卷五五《邓元起附罗研传》。

远地区流徙，生命财产毫无保障，所受痛苦更深。在十六国政权统治下，汉族农民身受民族的和阶级的双重压迫，其生活也十分悲惨。北魏实行均田制后，农民生活虽稍有好转，但均田制实施程度很有限。《魏书·薛虎子传》称："小户者一丁而已，计其征调之费，终岁乃有七缣。去年征责不备，或有贸易田宅，质妻卖子，呻吟道路，不可忍闻。"这是均田制初期农民的贫困惨状。北魏后期辛雄指出："当今天下黔黎，久经寇贼，父死兄亡，子弟沦陷，流离艰危，十室而九，白骨不收，孤茕靡恤，财殚力尽，无以卒岁。"①

西魏、北周继续推选均田制，从西魏大统十三年敦煌户籍残卷看，各户所授正田皆不足。如邓延天富一户，共四口人，一丁男，一丁妻，二黄年，课口二。按北周均田令，一夫一妇应授田一百四十亩。邓延天富应授田只有四十六亩，而且实际上只授予二十六亩，二十亩未授。北周赋税如以中年为基数，一夫一妇纳田赋二石五斗，麻乡布半匹，麻五斤。邓延天富交纳田赋为三石五斗，布一匹，麻二斤。其授田数只相当于应授田的五分之一，而租税总额却超过国家规定数②，再加上各类徭役，官吏豪强的巧取豪夺，可知均田农民生活的困窘状况。

郡县编户民中，有一类称金户、银户、盐户、潴民。金

---

① 《魏书》卷七七《辛雄传》。
② 上述资料引自《敦煌资料》第一辑，中华书局1961年版。

户、银户、盐户专供淘金采砂炼银和生产食盐①，滂民专供郡县杂役②，以受政府剥削。盐户还"常供州郡为兵"③。这些民户的身份地位，基本上同于个体农民。

封建国家政权的赋役、财源、兵源都主要靠农民。封建政权掌握编户农民的多寡，直接影响中央皇权的强弱。中央和地方封建政权经常清理民籍，以增加编户农民的数额。相反，各种封建势力却千方百计地把农民变为他们的各类依附民。因而农民同佃客、部曲、荫户、奴婢有密切的联系，前者可以说是后者的后备军。农民被迫逃亡大多变为士族、豪强的荫户或佃客，农民如果成了战俘或犯罪又可变为官私奴婢。相反，如果封建政权实行括户或免奴为民的政策，荫户、佃客、奴婢又可转变为编户农民。实际上，被压迫者的三个阶级，不像统治阶级中士族地主和庶民地主界限那样严格，可以相互转化。

封建政权和各类地主拼命争夺农民，因为农民是物质财富的主要生产者之一，谁掌握了他，谁就有了人力和财力。由于战乱繁多，人民死亡或辗转流徙，土地荒芜，从而当时封建统治者争夺劳动力胜过争夺土地。这个时期各级封建政权与士族、豪强、酋帅争夺农民的斗争，乃是主要的社会政

---

① 《魏书》卷五七《崔挺附崔游传》，卷一一〇《食货志》；《宋书》卷九二《徐豁传》。

② 《南齐书》卷四一《周颙传》。

③ 《魏书》卷五七《崔挺附崔游传》。

治问题之一。从法权上讲，农民是良民等级，其身份应是自由的，但实际上封建国家通过基层政权的户籍编制，以及利用宗族血缘纽带关系对农民进行严密的控制，即便是农民因受残酷压榨破产逃亡，也要受国家的惩治。

国家政权掌握农民数越多，反映国家实力越强。如果农民户口增加，反映社会经济和农业生产的发展；如农民户口大量减少，则反映社会生产遭到破坏。汉末长期大战乱，人口大减，生产遭到严重破坏，三国初期总户口数大约只相当于东汉永寿最高户口数的十分之一。西晋统一后太康时户口数，比三国晚期全国户口数，户增加约 67.74%，口增加约 112.66%，因而西晋初年出现了经济繁荣的小康局面①。再如北魏均田后约三十余年，户口剧增，总户口数比西晋全国统一后的户口数高出一倍，即有户近五百万，有口三千二百三十二万余②。联系以后北齐、北周户口数考察，上述户口数字大致是可信的。北魏后期户口数同南朝刘宋大明八年（464 年）户九十四万余，口五百四十六万余相比③，户多四百零六万余，口多二千六百八十六万七千余。也就是说，当时北方国家领民户数，为南朝人口最多时国家领民户数的五倍多，口数为南方口数的四点七倍多（领民户中主要是

---

① 参阅本集《魏晋南北朝南北户口的消长及其原因》。
② 《魏书》卷一○六《地形志》上说："正光以前，时惟全盛，户口之数，比夫晋之太康，倍而已矣。"
③ 《宋书》卷三五至三八《州郡志》。

农民）。这就基本上形成了北强南弱，再加上其他经济政治条件，最后便由北方封建国家政权兼并南方而实现全国的统一。

由于农民属于良民等级，不像军户、吏家、百工户等被封建政权专门机构控制得那样严格，也不像佃客、部曲、奴婢对士族豪强依附性那样强，所以农民容易采取逃亡和流徙的办法，反抗封建赋役剥削，因而他们经常是人民起义的发动者和主力军。当时处于战乱分裂割据时期，赋役剥削特别严重，尤其是徭役对农民摧残更甚。因而这个时期几乎所有大规模的农民起义都与徭役剥削有关。由于封建地主阶级通过家族血缘关系控制农民，所以这时农民起义常带有地域性，而且地主阶级利用家族乡里关系窜进农民起义军中，使农民起义复杂化。

（五）各类地主阶级直接剥削的对象主要是佃客和奴婢

佃客和奴婢是当时封建地主经济的主要劳动生产者。曹魏的屯田制（地租剥削）和后期的给客制，孙吴的屯田制和复客制，西晋的荫客制，东晋的给客制，寺院地主的僧祇户，刘宋给官员吏户（官员对吏户的剥削同于佃客）①，以及免奴为客，免奴为部曲客女等等，都表明封建生产方式的主要剥削形态是佃客制。特别是西晋荫客制是在全国区域内实行的，说明佃客制生产带有普遍的性质。以后东晋南朝和北朝后期佃客制这根主线都是很清楚的。佃客制生产比较稳定，而且在不断扩大，如东晋南朝给客限额比西晋荫客数就大大增加了。实际上，如三国糜竺"有僮、客万人"②。甘宁"将僮、客八百人就刘表"③。曹魏"给公卿已下租牛客户数各有差，自后小人惮役多乐为之，贵势之门动有百数"。又太原诸郡亦以"匈奴胡人多者数千"④。东晋京口大士族刁逵有奴、客数千人⑤。太尉陶侃之孙陶淡"家累千金，僮、客百数"⑥。北魏张烈"家产畜殖，僮客甚多"⑦。北魏瀛州刺史宇文福之子宇文延"率奴、客……与贼军苦

---

① 《宋书》卷六一《江夏王义恭传》；"更增吏僮千七百人，合为二千九百人。"卷六《孝武帝纪》载："内外百官有田在近道，听遣所给吏僮附业。"卷九二《徐豁传》记；"武吏年满十六，便课米六十斛。"
② 《三国志·蜀书》卷八《糜竺传》。
③ 《三国志·吴书》卷一〇《甘宁传》裴注引《吴书》。
④ 《晋书》卷九三《外戚·王恂传》。
⑤ 《晋书》卷六九《刁协附孙逵传》。按本传先称"奴婢"，后又说"奴客纵横"，可见奴中包含客。
⑥ 《晋书》卷九四《陶淡传》。
⑦ 《魏书》卷七六《张烈传》。

战，贼乃散走"①。宇文延能击败大乘起义军，所率奴客，起了很大作用。魏末"诸主帅"假充募兵，"虚受征官。身不赴陈，惟遣奴、客已"②。既言"诸主帅"，以"奴、客"冒充募兵，可见北方客存往，而且数量是相当多的。北齐刘悦因功"给荫丁一百五"③。这里所赐荫丁身份，类似主人的荫客。由于史籍中常把奴、客混同，所以有关大批"奴僮"、"奴仆"、"奴婢"的记载，应当包括佃客在内。

为什么直接记载佃客生产分配情况的资料较少呢？可能主要时人把佃客和奴婢混同起来，二者皆为贱口的缘故。如吴国受赐复客二百家，表称他们为"僮仆"④。刁逵家的奴客，又称"奴婢"。《宋书》卷四二《王弘传》的记载最为典型。该传所载论士人犯法是否应罪及奴、客时，几乎都把奴、客的地位等。有的称"奴、客"，有的称"仆隶"，有的称"奴仆"，有的称"私贱"。北朝颜之推指出，东晋南朝士族豪强多用"僮仆"种田⑤，他所指的"僮仆"，也应包括佃客在内⑥。

南朝梁代"豪家富室，多占取公田，贵价僦税，以与贫民，

<hr />

① 《魏书》卷四四《宇文福附延传》。
② 《魏书》卷七七《高崇附子谦之传》。
③ 赵超《魏晋南北朝墓志汇编·北齐》，天津古籍出版社1992年版。
④ 《三国志·吴书》卷一〇《陈武附表传》。
⑤ 王利器《颜氏家训集解》卷四《涉务篇》，上海古籍出版社1980年版。
⑥ 参阅唐长孺《王敦之乱与所谓刻碎之政》，载《魏晋南北朝史论拾遗》，中华书局1983年版。唐先生认为当时"奴与客可以互称"。

伤时害政,为蠹已甚"①。这是指州郡县编户贫民租种豪家占取的公田,纳给田租,虽属租佃性质,但佃家属于良民。北魏前期,不立三长,建立以宗族乡里为基础的宗主督护制,"故民多荫附,荫附者皆无官役,豪强征敛,倍于公赋"②。这种宗主督护制下的"荫附",实为宗主统属的宗族乡里,大多不别租种宗主的土地,其受剥削虽"倍于公赋",同佃客相似,但与宗主没有强烈的法权依附性。故北魏立三长管辖,不别通过国家法律免除其"荫附"身份。北魏后期河北数州"户口逃散,生长奸诈,因生隐藏……收入租调,割入于己。人困于下,官损于上"③。此种"隐藏"户向士族、豪强交纳的"租调",可能类似向封建国家交纳的租税。上述三种情况有类似佃客的一面,但其生产分配方式又与佃客有所区别,其身份并非国家法权允许下的佃客。

佃客如何进行生产分配呢?佃客一般自己有生产工具,以一家一户为生产单位,耕种士族豪强的小块土地。关于佃客向主人所交地租额,西汉董仲舒所谓"或耕豪民之田,见税十五"④。王莽说:"豪民侵陵,分田劫假,厥名三十税一,实什

---

① 《梁书》卷三《武帝纪》下。
② 《魏书》卷一一〇《食货志》。
③ 《北史》卷一五《常山王遵附忠从子晖传》。
④ 《汉书》卷二四《食货志》上。

税五也。"①东汉马援在苑川屯田,也是"与田户中分"②。曹魏私牛耕官田者"与官中分"③,东晋南朝时给客与主人"量分"④,即对半分田租。北魏分为东、西魏及北齐、北周时,战乱纷繁,"赋重役勤,人不堪命,多依豪室……为浮客,被强家收大半之赋"⑤。《通典》卷七《丁中》注说:"浮客谓避公税依强豪作佃家也"。这些表明佃客自己有生产工具,一般对主人交纳对半分成制地租;如耕牛粮种仰仗主人的,则地租约为四六开,即佃客得四成,主人得六成⑥。北魏太和(477—499年)年间设置屯田,"一夫之田,岁责六十斛"⑦,以及僧祇户"岁输谷六十斛入僧曹"⑧。唐长孺先生认为上述两类也同于"官得六分,士得四分"伪租率⑨。汉末吕布骑将侯成"遣客牧马十五匹,客悉驱马去"⑩。吴国丹阳太守李衡"密遣客十人(户)于武陵龙阳氾洲上作宅,种甘橘千株……吴末,衡甘

---

① 《汉书》卷九九《王莽传》中。

② 王国维《水经注校》卷二《河水》,上海人民出版社1984年版。

③ 《晋书》卷一〇九《慕容皝载记》,卷四七《傅玄传》。

④ 《隋书》卷二四《食货志》。

⑤ 《通典》卷七《丁中》。

⑥ 《晋书》卷一〇九《慕容皝载记》,卷四七《傅玄传》。

⑦ 《魏书》卷一一〇《食货志》。

⑧ 《魏书》卷一一四《释老志》。

⑨ 参阅唐长孺《魏晋南北朝时期的客和部曲》,载《魏晋南北朝史论拾遗》,中华书局1983年版。

⑩ 《三国志·魏书》卷七《吕布传》裴注引《九州春秋》。

橘成，岁得绢数千匹，家道殷足。"①这里牧马和种橘的客，其劳动所得无法分成，当为维持其最低生活外，全为主人所榨取，其生产和剥削情形似同奴，但客的身份地位应高于奴。曹魏黄初六年（225年），文帝"东征吴，至广陵，（郭）后留谯宫。时表留宿卫，欲遏水取鱼。后曰：'水当通运漕，又少材木？奴客不在目前，当复私取官竹木作梁遏'。"②这说明如有奴客，使其伐竹木遏水取鱼，便不别私取官竹木作梁遏以取鱼了。刘宋初年，尚书王准之说："有奴客者，类多使役，东西分散，住家者少。其有停者，左右驱驰，动止所须，出门甚寡，典计者在家十无其一。"③上述两例又反映出，客同奴一样受主人驱使服各种杂役。可见当时佃客除受分成制地租剥削外，还存在其他的剥削方式。佃客对主人人身依附性很强，世代相袭，既可以赐给，又可以转让。佃客要变为自由民，必须经过皇帝下诏赦免，或主人特予释放，自己赎免等手续④。《宋书》卷一八《礼志五》称："奴婢衣食客，加不得服白帻、茜、绛、金黄银叉、镮、铃、镝、钼，履色无过纯青。"总之，从服饰礼制上看，佃客与奴婢同属于"私贱"，佃客的身份地位很低，仅高于奴婢⑤。

① 《三国志·吴书》卷三《三嗣主传》裴注引《襄阳记》。
② 《三国志·魏书》卷五《文德郭皇后传》。
③ 《宋书》卷四二《王弘传》。
④ 《晋书》卷九八《王敦传》，卷六《元帝纪》。
⑤ 《宋书》卷四二《王弘传》。

部曲是士族、豪强依附人口中一个成分复杂和变化不定的阶层,其主要部分属于私兵,主要职务为作战戍守,有的也参加劳动生产,或承担各种临时性的劳役,也还有少数为主人的爪牙。大概由于部曲作为私兵不受国家法权限制,逐渐被主人强制进行劳动生产。南北朝后期,部曲似与佃客逐渐合流①。梁代张孝秀"有田数十顷,部曲数百人,率以力田。"这是集体进行生产,其分配方式不清楚。至北周的"部曲客女",就同佃客完全一样了。此外,士族、豪强的荫户,其数量是相当巨大的,其生产分配方式较为复杂,有的同于佃客,也有的不同于佃客。如完全没有土地的荫户,必然成为佃客;也有部分荫户自己有小块土地和生产工具,他们不大可能是佃客。这个时期中央政权和地方官吏常常进行括户,括出的荫户有时数量很多,当政府安置他们时并没有给予土地、种子、口粮的记载。显然这类荫户有自己的小块土地和生产工具,大概以家族血缘关系或地域原因就近依附于士族、豪强,他们不同于佃客,否则政府难于安置。像范长生是大地主兼宗教主,由于宗教和战乱的原因,有一千多户人家依附他,被称为"部曲"。李雄建国后下令,其依附人口"不豫军征,租税一人其家"②。这里的"军征"和"租赋",显然是指封建政权的赋

---

① 参阅唐长孺《魏晋南北朝时期的客和部曲》,载《魏晋南北朝史论拾遗》,中华书局 1983 年版。
② 《晋书》卷一二〇《李雄载记》。

役。范长生剥削这些荫户的办法，很可能像封建政权剥削个体农民的赋役一样，至少其中有小块土地的一部分荫户是如此。一般非佃客荫户受剥削的情况，大概也属于这类性质。

当时奴婢数量确实相当多，这同少数民族内迁和建立政权有关。由于民族斗争和融合的主战场在北方，所以奴隶制残余北方比南方严重。关于奴婢数量的资料，有关史著征引繁多，此不赘述。北魏太和九年（485 年）实行均田制，"奴婢依良"，即奴婢按良民授田，而且奴婢数额没有限制①。至北齐河清三年（564 年）实行均田时，奴婢授田者，亲王限 300 人，嗣王限 200 人，第二品嗣王以下及庶姓王限 150 人，正三品以上及皇宗限 100 人，七品以上限 80 人，八品以下至庶民限 60 人②。从北齐均田不一定真正实行的奴婢限额最多 300 人，至最少 60 人看，可以想见在此以前皇室、官僚、豪强占有奴婢数之巨大。有足够的材料证明，奴婢主要用于农业生产。如李重认为，土地和奴婢两种数额的多寡是密不可分的③。史载谢混家的产业，也是"田业"和"僮仆"相对应，显示这二者之间的联系④。南朝王僧达"奴仆十余，粗有田入，岁时是课，足继朝昏。"⑤北魏元禧"田业盐铁遍于远近，臣吏僮隶，相

①《魏书》卷一一〇《食货志》。
②《隋书》卷二四《食货志》。
③《晋书》卷四六《李重传》。
④《宋书》卷五八《谢弘微传》。
⑤《宋书》卷七五《王僧达传》。

继经营。"①北魏、北齐、北周的均田制，奴婢都被授予土地，并要交纳赋税。当时人常说："耕当问奴，织当访婢"②；或曰："耕则问田奴，绢则问织婢"③。这些都充分表明，大量的奴婢用于农业和手工业生产。

奴婢人身完全为主人所占有。他们是集体在主人土地上进行生产，即所谓"诸奴共耕"④，或"诸奴分务"⑤，《文选·奏弹刘整状》谓诸奴"共众田作"，其劳动产品除维持其最低生活费用外，全部被主人榨取。奴婢身份地位与佃客虽同属贱口，但实际上比佃客要低，像马牛羊一样被当作主人的"私产"⑥，主人可将奴婢作为财产买卖⑦。晋律奴婢逃亡，或反抗主人，要受到各种严刑，直至处死⑧。无论奴婢和佃客，在必要时都得跟随主人转移，或作为主人所统率的家兵进行战斗，为主人卖命。奴婢居于所有被压迫阶级的最下层，其生活最痛苦。但奴隶制生产是一种残余形态，所以奴婢数量虽多，

---

① 《魏书》卷二一上《咸阳王禧传》。
② 《宋书》卷七七《沈庆之传》。
③ 《魏书》卷六五《邢峦传》。
④ 《晋书》卷一〇四《石勒载记》上。
⑤ 《宋书》卷九一《孝义·郭世道附子平原传》：自卖身为奴后，与"诸奴分务，每让逸取劳"。
⑥ 《晋书》卷四六《李重传》。
⑦ 余嘉锡《世说新语笺疏》下卷下《排调》第二五，中华书局1983年版。
⑧ 《太平御览》卷四八引《晋令》；《晋书》卷三〇《刑法志》；《魏书》卷七七《高谦之传》；《北史》卷一六《元法僧传》。

但通过各种性质的免奴,奴婢身份地位在不断地发生变化。西晋初年,邺奚官奴婢代田兵种稻,五十人为一屯,同于屯田法①。这是将官奴婢放免为屯田客,也属免奴为客的性质。华廙在鬲县有赐客,通过县令袁毅以三奴代客,这也是免奴为客的性质②。东晋太兴四年(321年)下诏:"昔汉二祖及魏武皆免良人(为奴者),武帝时凉州覆败,诸为奴婢亦皆复籍,此累代成规也。其免中州良人(民)遭难为扬州诸郡僮客者,以备征役。"③后秦姚兴时,"班命郡国,百姓因荒自卖为奴婢者,悉免为良人(民)"④。北魏和平四年(463年)下诏:"前以民遭饥寒,不自存济,有卖鬻易女者,尽仰还其家。……不时检校,令良家子息仍为奴婢。今仰精究,不听取赎,有犯加罪。"⑤这些免奴的性质,乃是良民遭难自卖或被掠为奴婢的,这是封建政权向士族、豪强争夺劳动力,以备征役,以纳赋税。直至北周武帝时,由于高门士族衰落,豪强酋帅庶民地主兴起后的一系列改革,扫除北方严重落后的剥削形态奴隶制残余,已成为大势所趋。在其接连四次免奴令中,建德六年(577年)灭齐后二月下诏:"自伪武平三年(572年)以来,河南诸

---

① 《晋书》卷二六《食货志》。
② 《晋书》卷四四《华表附子廙传》。
③ 《晋书》卷六《元帝纪》。东晋兵源缺乏,曾多次免奴客以备征役。参阅《晋书》卷四《惠帝纪》,卷二六《食货志》,卷七七《何充传》,卷六九《戴若思传》,卷六九《刁协传》,卷六四《会稽王司马道子传》。
④ 《晋书》卷一一七《姚兴载记》上。
⑤ 《魏书》卷五《高宗纪》。

州之民,伪齐被掠为奴婢者,不问官私,并宜放免。"①同年十一月又下诏:"自永熙三年(534 年)七月以来,去年(576 年)十月以前,东土之民被抄略在化内为奴婢者,及平江陵之后,良人(民)没为奴婢者,并宜放免。所在附籍,一同民伍。若旧主人犹须共居,听留为部曲及客女。"②前一道诏令,赦免北齐灭亡前全境在 6 年内所掠良民为官私奴婢者,主要在于削弱原北齐境内豪强经济势力,缓和阶级矛盾。后一道诏令,将北魏分为东、西魏以来原北朝辖境 43 年来被掠良民为奴婢的,全部予以赦免,其释放奴婢地域界限之广、时间界限之长,都是空前的,具有划时代的解放大批社会生产力的重大意义,它是周武帝政治改革颇为重要的内容。同时,北周多次公私免奴为客,而且最重要的一次免奴,又听主人"留为部曲及客女"。释道宣《量度轻重仪》卷上说:"部曲者谓本是贱品,赐姓从良,而未离主人。"后者可以视为对前者的解释,且表明封建生产方式起主导作用,"因而它的关系也支配着其他一切关系的地位和影响"③。应当指出,所有放免奴婢的诏令,均指良民遭难为奴婢的,对于世为奴婢及罪谪为奴的,一律未予放免。实际上在封建制时代,不可能全部消灭奴隶制残余。

① 《周书》卷六《武帝纪》下。
② 《周书》卷六《武帝纪》下。
③ 《马克思恩格斯选集》第二卷,人民出版社 1972 年版,第 109 页。

（六）封建政权控制的屯田户、军户、吏家、百工户和杂户阶级

由于长期分裂割据，战乱不已，政局动荡不安，人民大量逃亡流徙。当时各类封建势力和少数民族酋帅争夺劳动力，国家政权郡县编户农民大量减少，加上士族地主及其各类荫户都免除赋役，国家政权为了保证赋役剥削的来源，因而强行把一部分人户变为由封建政权专门机构直接控制的各类卑贱者。他们大部分是个体农民阶级转化而来，有的是由被征服者或各类"罪犯"变成的。

屯田户，又称屯田客，曹魏和孙吴时期数量较多。以后两晋南北朝都继续存在，只是生产和分配形式有的有变化，同时总数量有所减少。屯田户大致同私家佃客一样，只是军屯的既要种田，又要作战戍守，他们都被严密固定在国家土地上，不能随便转"。所纳地租形式，屯田户与国家政权各占的比例，有对半开，有四六开，有三七开，甚至还有二八开的①。在一般情况下，屯田客持私牛耕公田者，田租"与官中分"；持官牛耕公田者，官得六分，田客得四分。国家政权可以将屯田客

---

① 《晋书》卷四一《傅玄传》，卷一〇九《慕容皝载记》。

赐给贵族官僚,变为私家佃客①。

三国魏、蜀、吴政权各有军户,军户数目相当多。以曹魏为例,曹丕一次欲徙冀州军户十万户实河南,因有人反对,后徙五万户②。晋武帝平吴后,郭钦上疏"徙三河、三魏见士四万家"到平阳以北地区,防止匈奴叛乱③。江东军户吴国时有23万户。刘宋时沈庆之伐蛮,前后共俘蛮人20余万,"并移京邑,以为营户"④。北魏太平真君五年(444年)、延兴元年(471年)、二年(472年),曾将被征服的北部民和敕勒大量的徙配到冀、定、相、青、徐、齐、兖各州为营户⑤。营户是州镇军营所领之户,又称"营人"、"杂人",实际上也是军户,其中有的征战戍守,有的专服各类与武事有关的杂役。北魏六镇兵民多是军户,起义死亡流散之外,还有20余万。到北周武帝时,还"移并州军人四万户于关中"⑥。军户经济政治地位低于编户个体农民,贵族官僚可以分割军户成为私属。有的军户为政府耕种公田,缴纳地租。有的军户本人从军,家属种田,向封建国家交纳赋税。军户子弟,世代为兵,兵民分离。

① 《晋书》卷九三《外戚·王恂传》;《三国志·吴书》卷一〇《潘璋传》,卷九《吕蒙传》,卷一〇《陈武传》裴注引《江表传》。

② 《三国志·魏书》卷二五《辛毗传》。

③ 《晋书》卷九七《狄匈奴传》。

④ 《宋书》卷七七《沈庆之传》。

⑤ 《魏书》卷四《世祖纪》上,卷七《高祖纪》上。

⑥ 《周书》卷六《武帝纪》下。

兵士一般是终身服役,父兄死亡,子弟替代①。两晋南朝兵户除为政府作战、戍守、种田外②,还要服运输③、修房④、造船⑤、酿酒⑥、饲养牛马⑦、种树⑧等各种杂役。北魏兵士也要服筑堰、修道、伐木、造房等杂役⑨。北魏境南边番戍兵"苦役百端","穷其力,薄其衣,用其工,节其食,绵冬历夏,加之疾苦,死于沟渎者常十七八焉"⑩。

吏家实际上是为封建政权州郡县及其官员服各种散役的一种民户。西晋时有人主张"省州郡县半吏以赴农功"⑪,刘毅为平阳功曹时一次就"沙汰郡吏百余人"⑫。刘宋初裁减吏时还规定荆州军府置吏不得过 10000 人;州府置吏不得过

---

① 参考何兹全《魏晋南朝的兵制》,见《读史集》,上海人民出版社1982 年版。
② 《晋书》卷二六《食货志》,卷七〇《甘卓传》,卷七七《殷浩传》,卷六六《陶侃传》,卷七三《庾亮附弟翼传》,卷七五《荀崧附子羡传》。
③ 《晋书》卷四六《刘颂传》。
④ 《晋书》卷九〇《良吏·鲁芝传》,卷三九《王沈传》;《世说新语》中卷上《方正》第五注引徐广《晋纪》。
⑤ 刘琳《华阳国志校注》卷八《大同志》,巴蜀书社 1984 年版。
⑥ 《晋书》卷四九《阮籍传》。
⑦ 《晋书》卷四九《王尼传》,卷七五《王坦之传》。
⑧ 《晋书》卷六六《陶侃传》。
⑨ 《魏书》卷五八《杨播附杨椿传》。
⑩ 《魏书》卷六九《袁翻传》。关于军户制请参阅陈五屏《魏晋南北朝兵户制度研究》,巴蜀书社 1988 年版。
⑪ 《晋书》卷三九《荀勖传》。
⑫ 《晋书》卷四五《刘毅传》。

5000 人。这只是一个州军府和州府吏的最低限额,可知东晋时吏的数额之多。吏家也是终身服役和世袭的,吏的家属要给政府纳税①,吏本人要给官府服各种杂役②。东晋政权"取文武吏"耕种州郡县"公田",征纳高额田租。《晋书》卷七〇《应詹传》载:詹建议"都督可课佃二十顷,州十顷,郡五顷,县三顷,皆取文武吏医卜,不得挠乱百姓"。陶潜为彭泽令时,县公田以吏耕种,"乃使二顷五十亩种秫,五十亩种粳"。县公田恰好三顷,又是吏耕种,可见应詹的建议是被采纳的③。再如始兴郡"大田,武吏年满十六,便课米六十斛,十五以下至十三皆课米三十斛,一户之内随丁多少,悉皆输米。"沉重的剥削迫使吏家"或乃断截支体,产子不养,户口岁减,实此之由"④。

百工户是一种有专门手工技巧的民户。孙吴时"科(交阯)郡上手工千余人送建业"⑤。西晋平吴后下诏:"百姓及百工复二十年"⑥。百工与百姓平列,可见其数量不少。东晋

① 《三国志·吴书》卷三《三嗣主传》;《宋书》卷六五《刘道产传》。

② 《晋书》卷五七《张光传》,卷七〇《卞壶传》,卷四六《刘颂传》,卷四三《王戎传》。

③ 《宋书》卷九三《隐逸·陶潜传》,《南史》卷七五本传同《宋书》。《晋书》卷九四本传:"一顷五十亩","一"当为"二"之误。

④ 《宋书》卷九二《良吏·徐豁传》。参阅唐长孺《三至六世纪江南大土地所有制的发展》,上海人民出版社 1957 年版,第 40—45 页。

⑤ 《三国志·吴书》卷三《三嗣主传》。

⑥ 《晋书》卷三《武帝纪》。

封建统治者的残酷压榨,造成"百工医寺,死亡绝没,家户空尽,差代无所。"①北魏天兴元年(398年),徙山东六州"百工伎巧十万余口,以充京师"②。太平真君七年(466年)三月,"徙长安城工巧二千家于京师"③。北齐天保时,"发丁匠三十余万营三台于邺下"④。百工户本人大多在官府手工作场或某项营建工程长期服役,家属可以制造手工业品出卖,如有土地耕种,要向政府纳赋。其他如杂户、绫罗户、牧户等其身份地位,大致与军户吏家以及百工户相同。

这个阶级的共同特点是:第一,专门为封建政权和官吏服各种专役。如屯田户专为封建政府种田,向国家政权缴纳地租;军户专服兵役;吏家专服各种杂役;百工户专服各种手工业劳役。当然封建政权为了扩大服役范围,有时并不遵守这种规定。如前面所述军户一般除服兵役外,还要种田和服各种杂役。第二,封建政权设专门机构统率,他们以户为单位,各有专门户籍,世代相袭,父兄死亡,子弟替代,按规定只能实行同类婚。他们对国家政权的依附关系很紧,非经封建王朝的特殊赦免,均不能成为郡县编户百姓。第三,这个阶级虽然比奴婢高一等,但同属贱口等级。奴婢被视为"贱役"是无疑

---

① 《晋书》卷八〇《王羲之传》。
② 《魏书》卷二《太祖纪》。此次同时徙民36万,《魏书》纪、传、志记载相合无误。
③ 《魏书》卷四《世祖纪》。
④ 《北齐书》卷四《文宣纪》。

问的①。西晋时史称"士卒厮贱"、"奴卒厮役"②。西晋赵至为军户，其母认为"士伍"身份"微贱"③。易雄为县吏，"自念卑贱"④。《宋书》卷四二《王弘传》称奴客为"私贱"。北魏时军户同百工同属"厮养"、"厮贱"，甚至把它们同"皂隶"等称谓联在一起，如"工商皂隶，逮于六镇戍士"⑤。晋代规定："士卒、百工履色无过绿青白。"⑥绿青色为卑贱人户和奴婢穿着⑦。又晋令曰："士卒百工，不得服珍珠挡珥"；"士卒百工，不得服犀玳瑁"；"士卒百工，不得服越叠"⑧。这大概是李重所奏的"诸士卒百工以上所服乘，皆不得违制"⑨的部分内容。《宋书》卷一八《礼志五》仍规定："骑士卒百工人，加不得服大绛紫襈、假结、真珠挡珥、犀、玳瑁、越叠、以银饰器物、张帐、乘犊车，履色无过绿青白。"所有上述诸点，显示当时军户吏家百工乃是同一阶级，而身份非常卑贱。北魏神龟（518—519年）中，驸马都尉刘辉畏罪潜逃，魏廷悬赏捉拿法办，当时提

---

① 《资治通鉴》卷一五〇《梁纪》梁武帝普通六年正月；《宋书》卷六《孝武帝纪》。

② 《晋书》卷五四《陆云传》，卷五九《赵王伦传》。

③ 《晋书》卷九二《文苑·赵至传》。

④ 《晋书》卷八九《忠义，易雄传》。

⑤ 《魏书》卷七《高祖纪》下，卷五二《刘晒传》。

⑥ 《太平御览》卷六九七《服章部·履》引《晋令》。

⑦ 《南史》卷七〇《郭祖深传》。

⑧ 以上见《太平御览》卷八〇二《珠宝部一》，卷八〇七《珠宝部六》，卷八二〇《布帛部七》等所引《晋令》。

⑨ 《晋书》卷四六《李重传》。

出赏格:"白民听出身进一阶,厮役免役,奴婢为良。"①这里"白民"指庶民百姓,也就是良民,厮役即军户百工杂户等,以及奴婢等三个阶级分辨得十分清楚。北魏末普泰元年(531年)下诏:"百杂之户,贷赐民名。"②"百杂之户"指军户、百工、杂户等,"赐民名"即免除其卑贱身份,列入州郡县为编户农民。屯田户军户百工杂户虽属贱口,其阶级地位比编户个体农民低,但比奴婢要高③。

这个阶级是中国封建社会在一定时期内出现的一个特殊阶级,受压迫剥削比较深重,常参加各类反抗封建统治的斗争。特别是这个阶级中军户吏家值得注意,他们经常受到战乱死亡的威胁,又有丰富的军事斗争经验,所以在反抗封建统治的斗争中,是一支很活跃的力量。不少农民起义与军户吏家有关,不少著名农民起义领袖出身军户吏家。经过反复斗争,在南北朝后期这个阶级对封建政权依附性减弱,被剥削程度减轻,身份地位有所提高,有的被封建王朝免除其卑贱地位而成为郡县编户平民。

魏晋南北朝后期阶级结构的变化,南方从孙恩、徐道覆起义开始,迄至侯景之乱;北朝从魏末各族人民起义开始,至北齐、北周建立,同时南北方民族融合接近完成,致使南北方高

---

① 《魏书》卷一——《刑罚志》。
② 《魏书》卷一一《前废帝纪》。
③ 参阅唐长孺《魏晋至唐官府作场及官府工程的工匠》,载《魏晋南北朝史论丛续编》,三联书店1959年版。

门士族趋向衰落,寒门庶民地主和少数民族酋帅阶级兴起,并逐渐在政治军事上占主导地位,从而使这个时期原来的阶级结构发生重大变化,即统治阶级营垒中高门士族逐步退出历史主要舞台,随之而来的被统治阶级营垒中军户、吏家、百工、杂户和奴婢两个阶级的大量赦免,契约租佃关系逐步代替纯人身依附型的荫客制,由此演进为隋唐时期新的阶级结构的出现,中古历史进入了一个新时期。

(原压缩刊于中国魏晋南北朝史学会编《魏晋南北朝史研究》第一辑,四川社会科学院出版社1986年版。)

魏晋南北朝南北户口
的消长及其原因

　　魏晋南北朝约四百年间,除西晋短暂(约37年)统一外,长期处于分裂割据和南北对峙的局面。这个时期户口状况的特点,除私家占有大量各类荫户,国家领民与实际户口数相距甚远,以及封建政权与私家争夺劳动力最为激烈外,有一个奇特的现象,即北方虽战乱繁多,国家领民却显著增长;南方虽相对安定,国家领民却出现递减趋势。这种人口增减的状况,不仅关系到对十六国北朝历史进程的认识,以及对南北方社会经济发展的估价,而且它决定了最终由北方统一南方的历史结局,因而值得深入探讨。本文首先分别探索北方和南方户口增减的实况,再进一步分别考察北方和南方户口增减的真正原因。

（一）魏、晋、前燕、北朝北方户口的增长趋势

如果要揭示魏晋南北朝户口的消长状况，除了应当注意各个封建王朝之间及南北户口的差异外，还必须上溯两汉，下及隋唐的户口增减数，这样便更能显现出这个时期户口不同于其他各代的某些特点来。西汉平帝元始二年（2 年）有户13 233 612，有口 59 194 978（每户平均 4. 47 人），这是西汉时的最高户口数①。经过西汉末年的战乱，至东汉光武中元二年（57 年），尽管统一已经 21 年，仅有户 4 271 634，仅有口 21 007 820（每户平均 4. 92 人），户为西汉最高户数的 32. 28%，口为西汉最高口数的 35. 48%②。西汉末年的战乱，使东汉初年的户口数比西汉极盛时的户口数减少了约三分之二。直至桓帝永寿三年（157 年），东汉统一全国已 120 年，有户 10 677 960，有口 50 066 856（每户平均 4. 69 人）③。这虽是东汉时的最多户口数，但还没有达到西汉户口数的最高水平。

东汉末年黄巾起义（184 年）之后，军阀长期混战，人民大量流亡，或死于战乱、灾荒和疫疾，或依附于大姓豪强，因而国家领民大量减少。以魏国所统辖的北方为例，陈群和蒋济各

---

① 《续汉书》志第一九《郡国志》注引《帝王世纪》。
② 以上见《续汉书》志第一九《郡国志》《后论》注（三）。
③ 此据《晋书》卷一四《地理志》上《序》。

在青龙三年(235年)和景初元年(237年)上疏说,魏国户口数"不过汉时一大郡"①。再过约28年之后,到魏末仅有户663 423(不含屯田民和军户)②,比东汉户口最多的南阳郡52万余户③,只增加了14万余户。可见陈群和蒋济言魏国户口之少,并非夸大之词。

曹魏景元四年(263年)灭蜀,当时魏蜀两国户口的总和加上吴亡时户口数,全国共有户1 466 423,有口7 672 881(每户平均5.23人)④。三国总户数约为东汉永寿户数的13.73%,口数约为东汉永寿口数的15.32%,户数减少约86.27%,口数减少约84.68%,这是三国晚期的户口数,以汉末战乱后的户口已有所增加。史家说汉末乱后,"天下户口减耗,(国家领民)十裁一在"⑤。应该说基本上是符合历史实际的。西晋统一后太康时(280—289年),有户2 459 840,有口16 163 863(每户平均6.57人)⑥,比三国晚期全国户口数,户增长率为167.74%,口增长率为210.66%,户增加约67.74%,口增加约110.66%。西晋太康时,相当于曹魏旧境

① 《三国志·魏书》卷二二《陈群传》、卷一四《蒋济传》。
② 《通典》卷七《食货》七《历代盛衰户口》。
③ 《续汉书》志第二二《郡国志》四。
④ 《通典》卷七《食货》七《历代盛衰户口》注。又据《三国志》所载魏平蜀后两国户口数,再加上平吴户口数。
⑤ 《三国志·魏书》卷八《张绣传》。
⑥ 《晋书》卷一四《地理志》上。

有户1 569 085,有口10 308 888(每户平均6. 57 人)①,比曹魏户数增长率为236.51%,口数增长率为232.55%,户增加约136.51%,口增加约132.55%。十六国后赵赵王元年(319年),所统河内等24郡有户290 000②。这24郡在西晋时,长乐郡即安平郡,定襄郡即新兴郡,武邑郡相当于安平以北一部分和博陵国,渔阳郡相当于燕国北部的三分之一境,其余各郡与西晋时相同③。西晋时期相当于后赵24郡区域,共有户约598 300,后赵户数为西晋户数的48.47%,后赵户数减少了一半以上④。后赵所统24郡为西晋王朝的腹心地带,经西晋末年战乱之后,户数减少约二分之一,这是具有典型性的。魏收说:"晋末,天下大乱,生民道尽,或死于干戈,或毙于饥馑,其幸而自存者盖十(有)五焉。"⑤这个结论大致反映了历史的真实。后赵末年,张平据有新兴、雁门、西河、太原、上党、上郡等六郡之地,共有10余万户⑥。前五郡在西晋时共有55 000户⑦,上郡东汉末废,西晋末复立。《晋书·地理志》无上郡,

---

① 据《晋书·地理志》对照《补三国疆域志补注》,参考中国历史地图集编辑组《中国历史地图集》第三册,确定西晋太康时曹魏旧境州郡和户口数。

② 《晋书》卷一〇四《石勒载记》上。

③ 据《晋书》卷十四、十五《地理志》上、下,《补十六国疆域志》卷二,并参考《中国历史地图集》第四册,中华地图学社1975年版。

④ 《晋书》卷一四、一五《地理志》上、下。

⑤ 《魏书》卷一一〇《食货志》。

⑥ 《晋书》卷一一〇《慕容儁载记》。

⑦ 《晋书》卷一四、一五《地理志》上、下。

它在河西郡西北,地处边陲,户数当较少。即使以五郡平均户数11 000户计,六郡共有户66 000。经过三十余年后,后赵末年上六郡比西晋户数增长率为151.51%,户增加约51.51%,即从原来户减少约二分之一,增长到增加约二分之一。十六国前燕亡时(370年),有户2 458 969,有口9 987 935(每户平均4.06人)①。西晋相当于前燕境有户1 123 817,有口7 383 477②。前燕比西晋户口数,户增长率为218.80%,口增长率为135.27%,户增加约118.80%,口增加约35.27%。

北魏熙平元年(516年),北方户口数比西晋全国户口数增长一倍,即有户4 919 680,有口32 327 726(每户平均6.57人)③。这是北魏极盛时的户口数,比曹魏户口数,户增长率为741.56%,口增长率为729.27%。户增加约641.56%,口增加约629.27%,即户和口均增长六倍多。北魏熙平户口数,比西晋太康时相当曹魏旧境户口数,户增长率为313.53%,口增长率为313.59%,户增加约213.53%,口增加约213.59%,即户和口均增长两倍有余。上述两项户口比例数,如除去曹魏比北魏多淮南和淮北部分地区户口数,则增长

① 《晋书》卷一一三《苻坚载记》上。
② 《晋书》卷一四、一五《地理志》对照《十六国疆域志》卷三,参考《中国历史地图集》第四册,中华地图学社1975年版,确定西晋相当前燕境州郡和户口数。
③ 《魏书》卷一〇六《地理志》上说,正光以前北魏户口为西晋太康户口的两倍,应在熙平神龟之际,故定在熙平元年。

率会更高。

经过北魏末年战乱之后，至庄帝永安（528—530 年）年间，有户3 375 368①，为北魏极盛时期户数的 68.60%，户数减少约 31.40%。到东魏武定时（543—550 年），有户2 007 966，有口9 601 958（每户平均 4.78 人）②，至北齐承光元年（577 年）不过 28 年，户口便剧增为有户3 302 528，有口20 006 886（每户平均 6.06 人）③。同西晋时相当北齐境户口相比，北齐户数增长率为 293.86%，口增长率为 270.92%，户增加约 193.86%，口增加约 170.92%④。北齐同前燕户口数相比（北齐亡时已失淮南地，大致同前燕境），户增长率为134.30%，口增长率为 200.32%，户增加约 34.30%，口增加约 100.32%。北方户口除西晋末年和北魏末年由于战乱减少外，在曹魏、西晋、北魏的大致相同地区，以及西晋、前燕和北齐的关东地区，户口的总趋势都在逐渐增长，而且有时增长率是很高的。（参考附表一）

为了说明魏晋南北朝北方户口增长的速度，我们不妨将其同东汉和隋唐户口增长的速度作一番比较，不过由于朝代不同，每户平均口数相差颇大，因而口数难于相互对比，而户

---

① 按《通典》、《通志》、《通考》均指为尔朱氏之乱以后的户口数。

② 据《魏书》卷一○六《地形志》上中有关东魏所统州郡户口统计。

③ 《周书》卷六《武帝纪》下。

④ 《晋书》卷一四、一五《地理志》对照《中国历史地图集》第四册，中华地图学社 1975 年版，确定西晋相当于北齐境州郡和户口数。

数则可以作准确的比较。东汉中元二年(57 年)至本初元年(146 年)的 90 年中,户数由 4 279 634,增加到 9 348 227①,户数约增加 118.43%。曹魏景元四年(263 年)至西晋太康时(280—289 年)的 27 年中,北方曹魏旧境户数约增加136.51%。西晋太康时(280—289 年)至北魏熙平元年(516年)约 227 年(两个 90 年余 47 年)中,北方曹魏旧境户数增加 213.53%。再从北方关东地区看,西晋太康时(280—289年)至前燕亡时(370 年)的 81 年中,前燕户数同西晋相当于前燕境户数相比,前燕户数增加 118.80%。东魏武定初年(约 543 年)至北齐承光元年(577 年)的 34 年中,关东地区户数由 2 007 966 增加到 3 302 528,北齐户数增加 64.32%。隋自开皇九年(589 年)至大业二年(606 年)的 17 年中,户数增加约 29%②。

① 《续汉书》志第二三《郡国志》《后论》注(三)。
② 汪篯《隋代户数的增长》,载《汪篯隋唐史论稿》,中国社会科学出版社 1981 年版。

附表一：魏晋南北朝北方户口增长表

曹魏、西晋、北魏相当于曹魏旧境户口增长表

朝代和时间	疆域	户数	指数	口数	指数
曹魏景元四年（263）	曹魏境	663 424	100	4 432 881	100
西晋太康时（280—289）	曹魏旧境	1 569 085	236.51	10 308 888	232.55
北魏熙平元年（516）	北魏境	4 919 680	741.56	32 327 726	729.27

西晋、前燕、北齐北方关东地区户口增长表

朝代和时间	疆域	户数	指数	口数	指数
西晋太康时（280—289）	相当前燕境	1 123 817	100	7 383 477	100
前燕建熙十一年（370）	前燕境	2 458 969	218.80	9 987 935	135.27
北齐承光元年（577）	北齐境	3 302 528	293.86	20 006 886	270.92

唐永徽三年(652年)至神龙元年(705年)的53年中,户数增加约62%。神龙元年(705年)至天宝十三载(754年)的49年中,户数增加47%①。可见魏晋南北朝时期,北方西晋太康户数比曹魏景元户数,前燕比西晋相当于前燕境户数,北齐比东魏户数的增长速度,都超过了东汉、隋、唐统一时期户数增长最快的速度。北魏熙平户数比西晋太康户数,其增长速度虽略低于汉、唐,但北魏熙平时统一不过77年,上溯至西晋太安时约138年,北方基本上处于分裂割据状态,加之熙平户数比太康户数少淮南和淮北部分地区户口数,所以熙平户数的实际增长幅度也不算小。战乱分裂时期户口增长的速度,反而比统一安定时期更快,这在我国古代历史上是少有的。

(二)吴、蜀、晋和南朝南方户口的递减趋势

我国古代关于南北方的划分,应以西边的秦岭至东边的淮河一线为分界线。本文为了照顾三国时魏为北方,吴、蜀为南方的既成历史事实,以便于户口的统计和比较,所以前面在统计北方全境户口时,均以曹魏旧境为界,这里统计南方全境户口时,也相应的以吴、蜀旧境为界。南方吴、蜀两国地区,共

---

① 汪篯《隋代户数的增长》,载《汪篯隋唐史论稿》,中国社会科学出版社1981年版。

141

朱大渭学术经典文集

有户 803 500,口 3 240 000(每户平均 4.04 人)①。至西晋太康时(280—289 年),以吴、蜀旧境计,共有户 925 040,有口 6 077 512②,户增长率为 115.12%,口增长率为 187.57%,户增加约 15.12%,口增加约 87.57%。刘宋大明八年(464 年),吴、蜀旧境共有户 614 889,有口 3 132 917③。大明吴、蜀旧境户口数,比西晋时吴、蜀旧境户口数,户数减少约 34.61%,口数减少约 48.45%;比吴、蜀户口数,户数减少了 23.23%,口数减少了 3.31%。南方从吴、蜀到刘宋大明时,相隔约 200 年,除西晋短暂统一户口增加外,刘宋大明时相当吴、蜀旧境户口数,甚至比三国割据时的吴、蜀户口数还减少了。

我们再进一步把南方吴、蜀两个地区分开来考察,吴国天纪四年(280 年)有户 530 000,有口 2 300 000(每户平均 4.34 人)④。西晋太康时(280—289 年),相当于吴国旧境有户

---

① 《三国志·蜀书》卷三《后主传》注引《蜀记》;《三国志·吴书》卷三《孙皓传》注引《晋阳秋》。
② 《晋书》卷一四、一五《地理志》对照《补三国疆域志补注》,参考《中国历史地图集》第三册,中华地图学社 1975 年版,确定西晋太康时吴、蜀旧境州郡和户口数。
③ 《宋书》卷三五、三六、三七、三八《州郡志》对照《补三国疆域志补注》,参考《中国历史地图集》第三册,中华地图学社 1975 年版,确定大明时吴、蜀旧境州郡和户口数。
④ 《通典》卷七《食货》七《历代盛衰户口》。

597 690,有口2 689 605(以吴亡时每户 4.5 人计)①,西晋太康时吴国旧境户口数比吴国户口数,户增长率为 112.77%,口增长率为 116.94%,户增加约 12.77%,口增加约 16.94%。刘宋大明八年(464 年),相当于吴国旧境有户530 000,有口2 634 800(每户平均 4.97 人)②,同吴国户数相等,口数增长率为 114.56%,口增加约 14.56%。再以大明时吴国旧境户口数同西晋太康时吴国旧境户口数相比,大明时吴国旧境户数减少约 11.33%,口减少约 2.04%。陈宣帝时的户口数,包括淮南数州的户口在内,而淮南数州户口数不可考,故此项户口数,无法同吴、西晋太康和刘宋大明时吴国旧境户口数作比较。陈亡时有户500 000,有口2 000 000(每户平均 4 人)③。陈亡时的疆域与吴国大致相同,而陈的户口数比吴国户口数,户减少约 5.66%,口减少约 13.05%;比西晋太康时吴国旧境户口数,户减少约 16.35%,口减少约 25.64%;比刘宋大明时吴国旧境户口数,户减少约 5.66%,口减少约 24.13%。上述吴国旧境户口数,除西晋短暂统一有所增加外,一直呈减少趋势。刘宋大明时吴国旧境和陈亡时的户口数,不仅少于西晋

---

① 据《晋书》卷一四、一五《地理志》对照《补三国疆域志补注》,参考《中国历史地图集》第三册,中华地图学社 1975 年版,确定西晋太康时吴国旧境州郡和户口数。

② 据《宋书》卷三五—三八《州郡志》对照《补三国疆域志补注》,参考《中国历史地图集》第四册,中华地图学社 1975 年版,确定刘宋大明时吴国旧境州郡和户口数。

③ 《通典》卷七《食货》七《历代盛衰户口》。

太康时吴国旧境户口数,而且也少于吴国户口数。同时,刘宋大明户口数比西晋太康户口数少,陈亡时的户口数又比大明户口数少。显然,吴国旧境在西晋太康以后约300余年内,呈现出一种户口递减的状况。

关于蜀国地区,蜀亡时有户280 000,有口940 000(每户平均3.36人)。西晋太康时,蜀旧境有户318 500,有口2 127 580[①],户增长率为113.75%,口增长率为226.34%,户增加约13.75%,口增加约126.34%。刘宋大明八年(464年),蜀旧境包括益、梁、(南)秦、宁四州,减去梁州不属于蜀国辖区的上庸、新城、新兴、魏兴、南上洛和北上洛六郡户口数,另外宁州各郡以及其他三州九郡有户无口者,以大明八年全境每户平均5.89人计。益州有户53 141,有口248 293,梁州有户9 068,有口47 071,(南)秦州(刘宋大明时梁、南秦均治汉中郡)有户10 253,有口60 400,宁州有户9 907,有口58 352,以上四州属蜀国旧境共有户82 369,有口414 116[②]。大明时蜀国旧境户口数,比蜀国户口数,户减少约70.58%,口减少约55.31%;比西晋太康时蜀国旧境户口数,户减少约

---

① 《晋书》卷一四、卷一五《地理志》对照《补三国疆域志补注》,参考《中国历史地图集》第三册,中华地图学社1975年版,确定晋太康时蜀旧境州郡和户口数。

② 《宋书》卷三七、三八《州郡志》三、四和《南齐书·州郡志》下,对照《补三国疆域志补注》,参考《中国历史地图集》第四册。中国地图学社1975年版。

74.14%，口减少约80.54%。关于蜀国地区户口的增减情况，除西晋统一后户口一度增加外，以后户口减少的趋势，比吴国地区更为严重。从蜀国到刘宋大明八年（464年）约200年中，蜀国旧境户口数不但没有增加，反而户减少了三分之二以上，口减少了二分之一以上，户口锐减得实在惊人！

我们在统计蜀国旧境刘宋大明户口数时注意到，梁州和（南）秦州共有五郡无户口数，但（南）秦州15郡大多为流民建立的侨寓郡，而益州和梁州也有九个流民建立的侨寓郡，侨寓郡所统流民户口，大多和当地户口无关。按理刘宋大明时蜀国旧境户口数应比蜀、晋时增加，即便不增加，也不应减少如此之多，这是值得注意的。（参考附表二）

我们现在换一个角度，从当时南北方户口的比例来探讨南北方户口的消长形势。这里，东汉、三国、西晋、隋、唐五个时期的南北界限，均以曹魏境为北方，吴、蜀境为南方，淮南地区属北方，因为三国时魏国淮南地区户口数无法分出来。只有北魏熙平元年（516年）与刘宋大明八年（464年）相比，以及北齐承光元年（577年）与陈太建六年（574年）①相比，是根据当时的自然国界，淮河南部属南方，因为当时淮河南部的户口数同样也无法分出来。应当指出，不管淮河南部户口数属北方或南方，西晋太康以后北方户口数对南方户口数的比

---

① 陈宣帝太建五年（573年）得北齐淮南地，太建十一年（579年）淮南地陷于周，故陈宣帝时户口数定在太建六年。

附表二：魏晋南北朝南方户口减少趋势表

吴蜀和西晋、刘宋相当于吴蜀旧境户口减少趋势表

朝代和时间	疆域	户数	指数	口数	指数
吴国亡时（280）	吴蜀境	803 500	100	3 240 000	100
西晋太康时（280—289）	吴蜀旧境	925 040	115.12	6 077 512	187.57
刘宋大明八年（464）	吴蜀旧境	614 889	76.77	3 132 917	96.69

吴国和西晋、刘宋吴国旧境及陈亡时户口减少趋势表

朝代和时间	疆域	户数	指数	口数	指数
吴国亡时（280）	吴境	530 000	100	2 300 000	100
西晋太康时（280—289）	吴旧境	597 690	112.77	2 689 605	116.94
刘宋大明八年（464）	吴旧境	530 000	100	2 634 800	114.56
陈亡时（589）	陈境	500 000	94.34	2 000 000	86.95

蜀国和西晋、刘宋蜀国旧境户口减少趋势表

朝代和时间	疆域	户数	指数	口数	指数
蜀国亡时（263）	蜀境	280 000	100	940 000	100
西晋太康时（280—289）	蜀旧境	318 500	113.75	2 127 580	226.34
刘宋大明八年（464）	蜀旧境	82 369	29.42	414 116	44.69

例,都不断地递增,这更有助于说明本文的主题。关于各代户口数,《通典》《通志》《通考》以及正史各地志所载,有时互有出入,本文一般以正史地志各州郡户口数所加总数计,有少数据《通典》卷七《食货典·历代盛衰户口》数为准。

东汉顺帝建康元年(144 年),相当于曹魏境有户5 738 036,有口31 803 445,相当于吴、蜀境有户3 598 629,有口16 088 968①,北方户数为南方户数的 159.45%,北方口数为南方口数的 197.67%。三国曹魏景元时(260—264 年)有户663 423,有口4 432 881②,吴、蜀亡时共有户810 000,有口3 240 000,北方户数为南方户数的 81.90%,北方口数为南方口数的 136.81%。西晋太康时(280—289 年),曹魏旧境有户1 577 935,有口10 367 032,吴、蜀旧境有户916 190,有口4 816 685③,北方户数为南方户数的 172.22%,北方口数为南方口数的 215.23%。北魏熙平元年(516 年),有户4 988 250,有口32 327 726④;刘宋大明八年(464 年)有户901 769,有口5 174 074⑤,北方户数为南方户数的 553.16%,

① 《续汉书》志第二三《地理志》户口数,据《后论》注(三)当为顺帝建康元年户口数。
② 《通典》卷七《食货》七《历代盛衰户口》。
③ 据《晋书》卷一四、一五《地理志》对照《补三国疆域志补注》,参考《中国历史地图集》第三册,中国地图学社 1975 年版,确定西晋太康时魏和吴、蜀各自州郡和户口数。
④ 《魏书》卷一○六《地形志》上《序论》。
⑤ 据《宋书》卷三五、三六、三七、三八《州郡志》一、二、三、四。

北方口数为南方口数的 624. 80%。北齐武平五年(574 年)失淮南地于陈,齐、陈以淮水为界后,北齐有户 3 ,302,528,有口20 006 886;陈有户600 000,有口2 400 000,北齐户数为陈户数的 550. 42%,北齐口数为陈口数的 833. 62%。隋代大业五年(609 年)曹魏旧境有户7 665 854,有口39 356 661,吴、蜀旧境有户1 311 692,有口6 663 295①,北方户数为南方户数的 584. 42%,北方口数为南方口数的 590. 64%。至唐天宝中叶,曹魏旧境有户5 317 514,有口34 116 273,吴、蜀旧境有户3 656 122,有口 16 859 270②,北方户数为南方户数的 145. 44%,北方口数为南方口数的 202. 35%。

　　综上所述,从东汉到隋唐间各代南北户口比例看,东汉顺帝时北方户数约为南方户数的一倍半,北方口数约为南方口数的两倍。经过东汉末年北方长期战乱,社会经济遭到严重破坏,三国时期北方户数曾一度少于南方,北方口数略多于南方。西晋统一以后,北方户数约为南方户数的两倍,北方口数约为南方口数的二倍有余。北魏熙平时与刘宋大明时相比,北方户数约为南方户数的四倍半,北方口数约为南方口数的

---

① 《隋书》卷二四、二五、二六《地理志》对照《补三国疆域志补注》,参考《中国历史地图集》第五册,中国地图学社 1975 年版,确定隋代魏和吴、蜀旧境,各自州郡和户口数。

② 《新唐书·地理志》对照《补三国疆域志补注》,参考《中国历史地图集》第五册,中国地图学社 1975 年版,确定唐代魏和吴、蜀旧境各自州郡和户口数。

六倍多。北齐承光时与陈太建时相比,北方户数约为南方户数的五倍半,北方口数约为南方口数的八倍多。而且上两项南北方的户口比例数中,淮河以南地区都属于南方。这就非常清楚地表明,西晋太康以后无论从南北双方全境相比较看,或是从北方和南方经济发达的黄河下游关东地区,以及长江下游的江东地区相比较看,都呈现出北方户口剧增,而南方户口锐减的形势。至隋大业五年(609年),北方曹魏旧境户口与南方吴、蜀旧境户口数相比较,与南北朝时期变化不是很大。到了唐代天宝中叶,南北户口比例发生了根本性的变化,北方户数仅为南方户数的145.44%,北方口数仅为南方口数的202.35%。这就是说,从唐代中叶南北户口的比例数,同南北朝后期南北户口的比例数对照看,唐代中叶南方户数比例提高了约四倍多,南方口数比例也提高了约四倍多,相反北方户口的比例却降低了四倍多。唐代中叶北方户口的比例大幅度下降,而南方户口的比例大幅度上升,应和人口的自然增殖无关,因为当时南北方在一个政权统治下,若是人口增殖,南北方不应有如此大的差异。那么,这个历史秘密到底何在?我们认为,唐统一后中央皇权加强,经过长时期在南方推行均田制,减轻赋役,打击士族豪强的政治经济斗争,至唐中期南方士族地主势力彻底衰落,使东晋南朝以来的大量荫户变为国家领民,从而南方户口数激剧增加,所以唐中叶南北户口的比例数，又重新回复到接近东汉后期南北户口的比例数①。这就是说，从汉唐间南北方户口的比例的变化，同样显示出西晋以后北方户口不断上升，而南方户口则出现下降的趋势，这种情况直至唐中期才有较大的变化。

（三）北方国家领民增长的原因

东汉末年战乱之后，三国初年国家领民大约只剩下十分之一左右，这次比历次战乱户口都减少得过多。这是由于汉末战乱的破坏性超过以往任何一次，以及在战乱中大批农民变为大姓豪强的依附民的缘故。这就是说，实际户口并没有减少十分之九。汉魏之际正是士族制度形成和封建依附关系发展的重要时期。在战乱之前，大姓豪强"奴婢千群，徒附万计"②。在战乱中"名豪大侠，富室强宗，飘扬云会，万里相赴"。当时无力自固的贫苦农民，纷纷投靠他们，以致"山东（指太行山以东）大者连郡国，中者婴城邑，小者聚阡陌"③。三国初年国家领民减少，除去战争、灾荒和疫疾使人民大量死亡外，有相当部分变为私家的奴婢、佃客和部曲。对此史家论述颇多，且史实昭著，无须赘述。因此，三国以后国家领民的

---

① 参考张泽咸《唐代江南实施均田小议》，载《中国古代史论丛》1982年第二辑，福建人民出版社1982年版。
② 《后汉书》卷四九《仲长统传》引《昌言·理乱篇》。
③ 《三国志·魏书》卷二《文帝纪》注引《典论·自叙》。

增减,以及增减的速度,在很大程度上便取决于封建政权对待大姓豪强的依附民所采取的政策。

西晋短暂统一时期,由于三国以来经济的逐渐恢复,以课促占的占田制的推行,赋役的减轻,政治形势的稳定,人口的自然增殖和荫户变为国家领民,使全国户口增长较快。这次户口增加是南北方同步增长,所以这里从略,把重点放在讨论西晋以后北方几个重要时期户口的增长上。

西晋末年,八王之乱和各族人民的反晋斗争,虽然也波及南方,但主战场在北方,以后形成南北对峙的形势,持续约270余年。如果从对户口增减影响较大的战乱、灾荒、人民流徙、变为寺院僧侣和依附人口四者来看,北方都甚于南方。根据粗略的统计,除去南北之间的战争外,十六国北朝共发生较大的战争约354次,东晋南朝共发生较大的战争约121次,北方大约为南方的三倍①。关于各种较大的自然灾害,大约北方共发生168次,南方共发生约105次,北方比南方多三分之一以上。而且比较起来北方灾情重,死人多;南方灾情轻,死人少②。至于人民流徙,由于北方战乱多,民族斗争激烈,因而北方人民流入南方的较多。仅永嘉之乱以后一段时间内,

朱大渭学术经典文集

---

① 参考《中国军事史》附卷《年表索引》,中国人民解放军出版社1985年版。

② 参考陈高慵《中国历代天灾人祸表》。另据《三国志》至《北史》十一部正史本纪及有关列传资料的大略统计。

北方人民流入淮河以南的约有五十余万①。而南方人民虽有流入北方的,但为数极少。北方寺院的僧侣和依附人口多于南方,这是史家所共识。

北方少数民族变为国家领民的人数有多少呢? 关中羌、氐、巴人大约有五十余万②。并州匈奴刘渊起兵时,有众十余万③。据《晋书·苻坚载记》上关中泾水和洛水上游分布匈奴 4 万余落,以每落 5 口计,共有人口 20 多万。鲜卑拓跋部东晋初年"控弦上马将有百万"④,其中包括被征服的其他少数民族在内。前燕慕容皝时,在京都龙城地区有被征服的"句丽、百济及宇文、段部之人……户垂十万。"如以每户五口计,共有 50 万人⑤。苻坚曾分派关中氐人"十五万户于诸方要镇"⑥。如以每户五口计,共有 75 万人。马长寿认为关中氐人不会全部迁去关东,原来的氐户当有 20 万,"即其人口当在百万以上"⑦。前秦淝水之战失败后,鲜卑慕容永"率鲜卑男女三十余万口",从长安东出。⑧ 慕容垂起兵,有"丁零、乌

① 参阅童超《东晋南朝移民浪潮与土地开发》,载《历史研究》1988 年第四期。
② 《晋书》卷五六《江统传》。
③ 《晋书》卷一〇一《刘元海载记》。
④ 《魏书》卷一《平文帝郁律纪》。
⑤ 《晋书》卷一〇九《慕容皝载记》。
⑥ 《晋书》卷一一三《苻坚载记》上。
⑦ 马长寿《碑铭所见前秦至隋初的关中部族》,中华书局 1985 年版,第 10 页。
⑧ 《魏书》卷九五《慕容永传》。

丸之众二十余万"①。慕容泓起兵，有众 10 万②。当时民族
斗争严重，慕容氏首领所领之众，当主要是鲜卑族和其他杂
胡。北魏初房敕勒"数十万"，这里当指落，以 10 万落计，每
落 5 口，共 50 余万人。太和十六年敕勒部内 10 余万落，以每
落 5 口计，共 50 余万人。仅上述两次记载就有 100 万人③。
据上述各少数民族不完全的户口统计，共计将近 490 万人。
应当指出，这些少数民族中的氐、羌、匈奴在十六国以前，有相
当部分早已成为国家领民。况且，南方蛮、俚、僚三支少数民
族，在东晋南朝时与汉族融合的约在 300 万人以上④，仅少于
北方约 190 万人。因而十六国北朝户口的增加，少数民族变
为编户也非主要原因。

我们认为，西晋以后无论南北方，人口的自然增殖都应在
增加。一般说来，国家领民同人口的自然增殖率应成正比例，
但在魏晋南北朝士族、豪强大量挟藏荫户的特定历史条件下，
国家领民是否随着人口自然增殖而增多，这要视封建政权的
政治经济政策而定。十六国北朝各个政权以少数民族为中
心，有一支善战的以骑兵为主的武装力量，有严密的部落组织

---

① 《晋书》卷一一四《苻坚载记》下。
② 《魏书》卷九五《慕容晀传》。
③ 《北史》卷九八《蠕蠕传》；按《魏书》卷一〇三《蠕蠕传》。按《魏书》所记 10 余万后有"落"。北魏初，敕勒部落未解散，故"数十万"，姑以 10 万落计。
④ 参考本集《南朝少数民族概况及其与汉族的融合》。

作纽带,加之各少数民族的传统文化的影响,冲破了汉族封建政权的传统政治,中央集权大大加强,对魏晋以来优容士族、豪强的政策有较大的改变,如对士族荫亲属荫客的特权不仅没有真正实行①,而且严厉地打击士族、豪强私自分割民户,不断地进行大规模的括户斗争,并采取了各种招徕流民,减轻剥削和发展生产的政治经济措施。而且中央政权贯彻各项政令比较有力,所以收到了良好的效果。

十六国时期虽然战乱迭起,但各少数民族统治者除在战争中敌对双方互相残杀外,一般都非常注意对人口的控制,以及发展农业生产。如前燕慕容廆时"刑政修明,虚怀引纳,流亡士庶多襁负归之。廆乃立郡以统流人。"②慕容皝十二年(345年),记室参军封裕说:"先王(指廆)……德以怀远,故九州之人,塞表殊类,襁负万里,若赤子之归慈父,流人之多旧土十倍有余。"他建议"宜省罢诸苑,以业流人。人至而无资产者,赐之以牧牛。"慕容皝采纳后下令:"苑囿悉可罢之,以给百姓无田业者。贫者全无资产,不能自存,各赐牧牛一头。若私有余力,乐取官牛垦官田者,其依魏晋旧法。"③即以官牛耕官田者,官得六分,百姓得四分。在战乱时期,这种使土地

---

① 《魏书》卷九三《王睿传》,卷一六《元法僧传》,卷一一三《官氏志》;《北史》卷一三《文明皇后冯氏传》。参考刘驰《论北魏士族经济特权的表现形式》,载《太原师专学报》1989年第三期。

② 《晋书》卷一〇八《慕容廆载记》。

③ 《晋书》卷一〇九《慕容皝载记》。

与劳动力结合的政策,无疑对发展生产和人口增加都有积极作用。前燕征伐四方时,前后俘掠男女约 30 余万人。早在光寿二年(358 年),前燕欲扩大兵源,曾下令"州郡校阅见丁,精覆隐漏"①。这次是为征兵而清查隐户漏丁。前燕所占领的关东地区,是当时北方的富饶之地,社会经济发达,大姓豪强势力强大。史称"国之户口,少于私家"②。建熙九年(368年),左仆射悦绾上疏说:"太宰(指评)政尚宽和,百姓多有隐附","今诸营户,三分共贯,风教陵弊,威纲不举,宜悉罢军封,以实天府之饶,肃明法令,以清四海。"被燕主㬵采纳。悦绾"既定制,朝野震惊,出户二十余万"③。以每户五口计,相当于 100 万余人。前燕这次清查隐户,在宗室贵族的反对下,悦绾被害,清查很不彻底,但清出的隐户仍约占前燕全境户数的十分之一。

后燕所辖冀、青、并、幽四州,以及徐、豫、雍三州一部分,为前燕腹心河北和青、齐地区。慕容垂即位早想继前燕清查隐户,因连年与魏争战,未能如愿。慕容宝永康元年(396年),遂遵其父垂遗令;"校阅户口,罢军营封荫之户,悉属郡县。"④《资治通鉴》胡注称:"军营封荫之户,盖诸军庇占以为

---

① 《晋书》卷一一〇《慕容儁载记》。
② 《资治通鉴》卷一〇一《晋纪》太和三年。
③ 《晋书》卷一一一《慕容㬵载记》。
④ 《晋书》卷一二四《慕容宝载记》;《资治通鉴》卷一〇八《晋纪》太元二十一年。

部曲者。"①这次既是全国规模的校阅户口,除军营部曲外,私家所占荫户也必在清查之列。南燕建平四年(403年),尚书韩𧨾上疏说:"百姓因秦晋之弊,迭相荫冒,或百室合户,或千丁共籍,依托城社,不惧熏烧,公避课役,擅为奸宄。"②他请求严格清查隐户,并表示决心说:"虽遇商鞅之刑,悦绾之害,所不辞也。"③慕容德支持韩𧨾的主张,派车骑将军慕容镇率骑兵缘边防守,以备百姓逃亡。韩𧨾亲为行台尚书,清查各郡县私家隐户,这次清查较为彻底,查出隐户58 000户④。南燕疆土相当于西晋青州六郡国,兖州的济北、泰山二郡,徐州的琅邪、东莞二郡,这十郡国在西晋时有户105 300⑤。如以前燕总户数为西晋时前燕境总户数的218%计,前燕时南燕境内应约有20余万户,南燕清查出来的隐户,约占前燕时相当于南燕境总户数的四分之一。

北魏统一北方后,国势强盛,王权进一步加强,同士族豪强争夺荫庇人户的斗争更为激烈。孝文帝延兴三年(473年)九月,魏廷下诏:"遣使者十人循行州郡,检括户口,其有仍隐不出者,州郡县户主并论如律。"⑥这次检括户口使者10人

---

① 《资治通鉴》卷一〇八《晋纪》太元二十一年。
② 《晋书》卷一二七《慕容德载记》。
③ 《晋书》卷一二七《慕容德载记》。
④ 《晋书》卷一二七《慕容德载记》。
⑤ 《晋书》卷一四、一五《地理志》上、下。
⑥ 《魏书》卷七《高祖纪》上。

中,我们只知道韩均奉诏检括定、冀、青、相、东青等五州户籍不实者,清查出 10 余万户①。太和五年(481 年)七月,班户籍之制五条②,其内容虽不清楚,但大凡整理户籍,必定涉及隐户。太和九年(485 年)魏廷颁布均田令后,十年(486 年)二月废除原来"民多隐冒,五十、三十家方为一户"③的宗主督护制,五家立一邻长,25 家立一里长,125 家立一党长。三长制建立后,首先"定民户籍",清查隐户漏丁,为实行均田制创造必要的条件。同时规定了比旧租调减轻约二分之一的新租调制④。同年十一月,魏廷又规定州郡县长官"依户给俸"⑤。这种官俸制度,使地方官的个人利益同增加民户挂钩,这对清查隐户极为有利。立三长和均田,减轻租调,以及地方官以民户多少定官俸厚薄等相结合,使原先的各类包荫之户,大批地变为国家领民。这是一次比较全面彻底清理隐户的措施。周一良先生曾专文论证北魏立三长制对户口增加所起的积极作用。如淮北部分地区先由刘宋管辖,北魏占领实行三长制后,各郡一般户口都增加。以宋魏时期县数相同的郡户口增长情形看,增加最多的如颍川郡,户增长达十二倍,口增长达七

---

① 《魏书》卷五一《韩茂附子均传》。
② 《魏书》卷七《高祖纪》上。
③ 《魏书》卷五三《李冲传》。
④ 《魏书》卷一一〇《食货志》。
⑤ 《魏书》卷八《高祖纪》下。

倍①。北魏经过上述一系列政治经济政策的实施，户口增长最快，至熙平时北魏户口为西晋太康时全国户口的两倍，相当于西晋太康时曹魏旧境户口的三倍有余。北魏政权与士族、豪强争夺民户，连续斗争达 14 年之久，才取得了重大的成效，但这场斗争并未就此结束。

元晖在延昌(512—515 年)年间为冀州刺史，"检括丁户，听其归首，出调绢五万匹"②。魏制一夫一妇调绢一匹，5 万匹绢，相当于 5 万户之调。冀州武定(543—550 年)时有户125 646，加上熙平二年(517 年)从冀州划归沧州的东安郡户24 998，共有户150 644③。元晖所括户数相当于武定时冀州和沧州东安郡户数的三分之一。东魏武定时冀州户数不会有延昌时多，因而元晖所括户数当低于当时冀州总户数的三分之一。熙平二年(517 年)魏廷下诏："籍贯不实，普使纠案，听自归首，遏违加罪。"④孙绍、元晖、高谦之各自在延昌(512—515 年)、神龟(518—520 年)、孝昌(525—528 年)年间上疏，都提出隐户仍然大量存在，主张"善加检括"⑤。魏末战乱后，隐户问题更趋严重。孝庄帝永安(528—530 年)时，派宋世良

---

① 周一良《从北魏几郡的户口变化看三长制的作用》，载《魏晋南北朝史论集续编》，北京大学出版社 1991 年版。

② 《北史》卷一五《常山王遵附晖传》。

③ 《魏书》卷一〇六《地形志》上。

④ 《魏书》卷九《肃宗纪》。

⑤ 《北史》卷一五《常山王遵附晖传》、卷七七《高谦之传》、卷七八《孙绍传》。

"诣河北括户,大获浮惰。……还,孝庄劳之曰:'知卿所括得丁倍于本帐,若官人皆如此用心,便是更出一天下也。'"①这次宋世良在河北清出的隐户,为原来丁口的一倍,可见魏末隐户之多。

东魏高欢执政后,整顿朝政,针对当时的隐户问题,又不断地进行括户斗争。东魏兴和(539—542年)初,以高子孺"为梁州、北豫、西兖三州检户使,所获甚多。"②武定二年(544年)三月,高欢亲自巡行冀、定二州,"校河北户口损益"。十月,东魏朝廷以"丧乱之后,户口失实,徭赋不均"③,遣太保孙腾为青、齐括户大使,司徒高隆之为河北括户大使,"共获逃户六十余万"④。东魏武定时河北有冀、殷、定、南营、瀛、沧、幽七州,青、齐有青、南青、北徐、齐、济、光、胶、兖八州,以上15州共有户985 574⑤,括出的户数约占原户数的60.88%。东魏武定时全国共有户2 007 966,括出的户数约占全国总户数的29.88%,括户成绩是很可观的。

北齐河清三年(564年),在全境颁布了乡里组织、均田和赋役制度。改北魏三长制为10家为比邻,立一邻长。50家为闾,立一闾正。100家为族党,立正副族党各一人。在实行

---

① 《北齐书》卷四六《宋世良传》。
② 《魏书》卷七七《高崇附孙子孺传》。
③ 《资治通鉴》卷一五八《梁纪》武帝大同十年。
④ 《北史》卷五《孝静帝纪》。
⑤ 《魏书》卷一○六《地形志》上、中。

均田时规定的新租调制,清除了原来的各种苛捐杂税①。乡里组织的重新编制,表明在实施均田时对户口实行彻底清查,加上赋税和运役有所减轻,使大量荫户重属国家领民。北齐亡时(577年)的户口数,比东魏武定(543—550年)时的户口数,户增加约64.47%,口增加约108.36%。河清三年实行均田时的清查隐户,其成效是十分显著的。

在上述各种清查隐户的措施中,仅历次括户有具体户口数记载的一项,共得户1 601 648,得口7 550 884②,比刘宋大明时南方全境户数多77.61%,口数多45.94%。如果加上有些括户"所获甚多"的户口数,以及其他各类政策特别是均田制所招徕的流民和隐户,其总数无疑将会多得多。这就充分表明,西晋太康、前燕、北魏熙平以及北齐时户口的增加,乃是同封建政权所实行的减轻赋役,发展农业生产,括户斗争和实行均田制等政治经济政策分不开的。特别是北魏熙平时和北齐两次户口增长幅度较大,恰好是在括户斗争成绩突出,以及实行均田制以后,这显然不是一种偶然的巧合。

---

① 《魏书》卷一一〇《食货志》;《隋书》卷二四《食货志》。
② 括户无口者以每户五口计。宋世良在河北(定、冀、殷、沧、南营、瀛、幽)括户所得丁倍于本帐,即括出隐户与原封建政权所领户数相等,故孝庄帝说:"更出一天下。"以武定时河北七州户口计,当与永安时户口相差不远。

（四）南方国家领民减少的原因

　　东晋政权是南北大士族联合建立的,是西晋政权的继续,
它表现了典型的门阀统治。王、谢、庾、桓几家大士族轮流执
政,皇权极度衰落。像王敦、苏峻、桓玄等士族地方割据势力,
都曾起兵问鼎,王敦、苏峻曾攻破京都建康,桓玄不仅占领京
都,还一度废晋自立。南朝以后这种局面虽有所改变,军功寒
人不断兴起,并加入最高统治层,但齐、梁两代均为第一流高
门萧氏所建,所以直到梁末,门阀政治的基本格局仍被沿袭下
来。

　　当时的各代执政者,基本上都奉行对士族"每从宽惠",
"弘以大纲"①的政治经济政策,尽量满足其争夺土地和劳动
力的欲望。西晋规定的高门士族按品级高低荫庇亲属,"多
者及九族,少者三世"的制度,仍被沿袭下来②。东晋初年,史
称:"自中原丧乱,民离本域,江左造创,豪强兼并,或客寓流
离,名籍不立。"③又说:"江左初基,法禁宽弛,豪族多挟藏户
口,以为私附。"④为了维护士族、豪强的既得利益,东晋南朝

---

① 《晋书》卷七三《庾冰传》,卷七九《谢安传》。
② 《晋书》卷二六《食货志》。
③ 余嘉锡《世说新语笺疏》上卷下《政事篇》《谢公时》条注引《续晋阳
　　秋》,中华书局 1983 年版。
④ 《晋书》卷四三《山涛附孙遐传》。

政权重新颁布了西晋规定的士族官僚荫户制，不仅荫户数量增多，而且有所谓"左右、佃客、典计、衣食客之类"，名目繁多，"皆通在佃客数中"。佃客等皆注在主人户籍上，不向国家纳赋服役①。刘宋大明初年（457—464 年），为了满足士族、豪强占领山泽的贪欲，规定了官僚依品级占有山林川泽，品级高的多占，品级低的少占，没有品级的一般地主也可以占山泽 100 亩②。刘宋孝建三年（456 年），孝武帝曾下诏："内外官有田在近道，听所遣给吏僮附业"③。大明三年（459 年），江夏王刘义恭"更增吏僮千七百人"④。这是国家给官僚增加吏僮，耕种其土地，供其剥削。刘宋王朝关于占山泽和给吏僮的规定，实际上是西晋占田荫客制度的发展。这些措施更加助长了士族豪强争夺土地和劳动力的势头。而且他们凭借法定的荫亲属荫客的特权，便可以上下其手，扩大各类荫庇人户的数额。

在维护高门士族政治经济利益的传统国策下，东晋南朝政权不仅不能像十六国北朝那样给流民赐牛授田（前燕）和实行均田制（北魏、北齐、北周），也没有在全国或数州大规模地严格实行括户斗争。东晋时中央和地方政权曾采取过四次发奴客和荫户为兵的措施。第一次在元帝太兴四年（321 年）

---

① 《隋书》卷二四《食货志》。
② 《宋书》卷五四《羊玄保附希传》。
③ 《宋书》卷六《孝武帝纪》。
④ 《宋书》卷六一《江夏王义恭传》。

五月,下诏:"其免中州良人遭难为扬州诸郡僮、客者,以备征役。"①这次共发"扬州百姓家奴万人为兵"②,配征西将军戴若思,以防备王敦的叛乱。第二次在咸康五年(339 年),扬州刺史庾冰"隐实户口,料出无名万余人,以充军实"③。第三次在建元元年(343 年),庾翼将北伐,"发江、荆二州编户奴以充兵役,士庶嗷然。"④第四次在隆安三年(399 年)十月,司马元显为了扩大武装对抗桓玄,"发东土诸郡免奴为客者……移置京师,以充兵役。"⑤东晋政权这四次发奴、客或"无名"为兵,都是为了增强军力进行北伐,或对付地方割据势力,它不同于增加国家领民的括户的性质。前两次仅发奴和荫户两万人,后两次所发也不多,因为庾翼北驻襄阳时只有四万军队⑥,其中主要应是荆州军府军队,司马元显所发奴根本没有组成一支武装力量。

东晋南朝时期,中央和地方长官清查荫户的实情如何呢?早在咸和四年(329 年),侍中颜含被任命为吴郡太守,王导问含:"卿今莅名郡,政将何先?"含回答说:"王师岁动,编户虚

---

① 《晋书》卷六《元帝纪》。
② 《晋书》卷六九《戴若思传》。按卷九八《王敦传》、卷六九《刁协传》所载发奴为兵,均指此次。
③ 《晋书》卷七三《庾亮附弟冰传》。
④ 《晋书》卷七七《何充传》。按卷七三《庾翼传》说发所统六州奴,实际上司、雍、梁、益四州边远地区,可能未发。
⑤ 《晋书》卷六四《会稽文孝王道子传》。
⑥ 《晋书》卷七三《庾亮附翼传》。

耗,南北权豪竞招游食,国弊家丰,执事之忧。且当征之势门,使反田桑,数年之间,欲令户给人足,如其礼乐,俟之明宰。"王导叹曰:"颜公在事,吴人敛乎矣。"①这次颜含并未到任,当为执政王导反对所致。咸和(326—334年)末年,山遐为余姚令,为政严明,豪强挟藏私户,"绳以峻法,到县八旬,出口万余。"②该县大士族虞喜"以藏户当弃市,遐欲绳喜。诸豪强莫不切齿于遐,言于执事,以喜有高节,不宜屈辱。又以遐辄造县舍,遂陷其罪。"山遐向本郡会稽太守何充上书说:"乞留百日,穷剪逋逃,退而就罪,无恨也。"③何充虽为之申理,执政王导不允。最后虞喜安然无事,而山遐却被免官。这件事在当时官场引起强烈反响,连高门庾翼也为山遐鸣不平,给其兄冰上书说:"山遐作余姚(令)半年,而为官出二千户,政虽不伦,公强官长也,而群共驱之,不得安席……江东事去,实此之田也。"④东晋末年刘裕当政时,曾一度打击士族、豪强,"大示轨则,豪强肃然,远近知禁。至是会稽余姚虞亮复藏亡命千余人。公诛亮,免会稽内史司马休之官。"⑤刘裕此举在于打击士族豪强和晋宗室,以树立政治威望,以便贯彻改革政令,并非正式全面进行括户。不仅如此,刘裕在即位(420年)后不

① 以上见《晋书》卷八八《颜含传》。
② 《晋书》卷四三《山涛附孙遐传》。
③ 《晋书》卷四三《山涛附孙遐传》。
④ 《晋书》卷七三《庾亮附弟翼传》。
⑤ 《宋书》卷三《武帝纪》中。

久便下诏："先因军事所发奴僮，各还本主，若死亡及勋劳被免，亦依限还直。"①这道诏令规定，将东晋时三次征发奴客为兵者，重新归还给主人。刘宋孝建元年（454年），大士族刘怀珍"门户殷积，启上（孝武帝）门生千人充宿卫"。孝武帝惊其门生之多，于是"召取青、冀豪家私附得数千人，士人怨之"②。陈太建（569—582年）时，褚玠为山阴令，"县民张次的、王休达等与诸猾吏贿赂通奸，全丁大户，类多隐没，玠乃锁次的等，具以启台"。陈宣帝手敕慰劳，"并遣使助玠搜括，所出军民八百余户"③。东晋南朝真正进行括户，增加国家领民的，只有上述三次，共括户得2万余人，这同十六国北朝由中央下令派大使在全境或数州括户之多相比，真是微不足道④。

东晋南朝官吏大多贪污腐化，内外战争频仍，赋役殷繁，特别是徭役，妇女和儿童也难幸免。农民大批破产逃亡，变为流民或私家依附民。因此，私家荫户越来越多，国家领民越来越少，严重地影响了国家的经济和军事实力，成为东晋南朝一个极其尖锐的社会问题。当时有识之士大声疾呼，要求打击士族、豪强，彻底清查荫户，以增加国家领民。东晋初年（咸

---

① 《宋书》卷三《武帝纪》下。
② 《南齐书》卷二七《刘怀珍传》。
③ 《陈书》卷三四《褚玠传》。此外，东晋南朝虽偶有括户之诏，但并未真正实行。
④ 东晋南朝的土断虽涉及"藏户"，但由于政府保护私家荫户，所以未见因土断而清查荫户的显见成效。

和四年,329年),侍中颜含便指出,南北权豪竞相争夺劳动人手,"国弊家丰,执事之忧"①。王羲之在永和八年(352年)揭示东晋赋役苛繁时说:"割剥遗黎,刑徒竞路,殆同秦政";"百姓流亡,户口日减,其源在此。"②刘波在太元十二年(387年)上疏:"今政繁役殷,所在凋弊,仓廪空虚,国用倾竭,下民侵削,流亡相屑。略计户口,但咸安(371—372年)以来,十分去三。"③在约17年内,民户逃亡十分之三,可见东晋国家领民减少速度之快。刘宋孝建(454—456年)年间,周朗上书请减轻赋役时说:"亡者乱郊,饥人盈甸,皆是不为其存计,而任之迁流,故饥寒一至,慈母不能保其子,欲其不为寇盗,岂可得邪。"又说:"自华、夷争杀,戎华竞威……重以急政严刑,天灾岁疫,贫者但供吏,死者弗望埋,鳏居有不愿娶,生子每不敢举。……是杀人之日有数途,生人之岁无一理,不知复百年间,将尽以草木为世邪,岂最是惊心悲魂恸哭太息者。"④南齐建元二年(480年),虞玩之上表指出户口大减时说:"弥山满海,皆是私役……坊吏之所以尽,百里之所以单也。"⑤齐末东昏侯时(499—500年),史载:"先是诸郡役人,多依人士为附隶,谓之'属名'……凡属名多不合役,止避小小假,并是役荫

① 《晋书》卷八八《颜含传》。
② 《晋书》卷八〇《王羲之传》。
③ 《晋书》卷六九《刘隗附孙波传》。
④ 《宋书》卷八二《周朗传》。
⑤ 《南齐书》卷三四《虞玩之传》。

之家。"①这是指逃亡民户多数变为私家附隶后,只供主人差使,不向国家服役。梁初郭祖深上言说,梁兴以来,征役严重,人民逃役,仅进入京都寺院的就有 10 余万人,以致"天下户口几亡其半"②。《梁典·总论》也说:"梁氏之有国,(户口)少汉之一郡,大半之人,并为部曲,民盖(尽)流移,邑皆荒芜。"大同十一年(545 年),贺琛上疏指出:"正是生聚教训之时,而天下户口减落,诚当今之急务……百姓不能堪命,各事流移,或依于大姓,或聚于屯封。"③所谓"屯封"是指官僚地主建立的"私屯",驱使劳动人民种田积谷,或制作手工业品④。以上东晋南朝各代的史实,已清楚地反映出,逃亡民户除一部分聚集在深山湖泽海际外,大多数变为士族、豪强的各类荫户和僮仆。

东晋南朝士族、豪强占有的各类荫户和僮仆,其人数之多,兹略举数例,以窥见一斑。东晋时长沙士族王机有"奴、客、门生千余人"⑤。陶侃有家僮千余人⑥,其子陶称有部曲

① 《南史》卷五《齐东昏侯纪》。
② 《南史》卷七〇《郭祖深传》。
③ 《梁书》卷三八《贺琛传》。
④ 《宋书》卷四七《刘敬宣传》;《陈书》卷一三《荀朗传》、《鲁广达传》。
⑤ 《晋书》卷一〇〇《王机传》。
⑥ 《晋书》卷六六《陶侃传》。

五千余人①。谢安之孙谢混"有僮仆千人"②。东晋末刁逵兄弟子侄有田万顷，奴、客数千人③。如果按当时每丁一般能耕种土地一顷（100 亩）计，刁逵家应有奴客万余人。刘宋元嘉盛世时，宗室彭城王刘义康"私置僮部六千余人"④。大明初年（459 年），宋廷给宗室刘义恭新增加的吏僮，加上供其役使的营户共有二千九百人⑤，其全部依附人口当然绝不止此数。黄回"广纳逋亡"，有部曲数千人⑥。齐代刘怀珍"北州旧姓，门户殷积"，仅门生一项就有千余人⑦。梁代夏侯夔作豫州刺史七年，"甚有声绩，远近多附之，有部曲万人"⑧。梁末吴兴大士族沈众"家代所隶故义部曲"五千余人，这些人又称为"宗族及义附"⑨。荀朗私自招纳民户，有部曲万余家⑩。如以每家 5 口计，有 5 万余人。这些事例显示出，东晋南朝士族豪强占有荫户的数额，是极其庞大的。北朝隐户史料也多，但像东晋南朝私家奴婢、佃客、部曲上万人，甚至达万户的数字，似未见诸史端。

---

① 《晋书》卷七三《庾亮传》。
② 《宋书》卷五八《谢弘微传》。
③ 《晋书》卷六九《刁协附孙逵传》。
④ 《宋书》卷六八《彭城王义康传》。
⑤ 《宋书》卷六一《江夏王义恭传》。
⑥ 《南齐书》卷三〇《桓康传》。
⑦ 《南齐书》卷二七《刘怀珍传》。
⑧ 《梁书》卷二八《夏侯亶附夔传》。
⑨ 《陈书》卷一八《沈众传》。
⑩ 《陈书》卷一三《荀朗传》。

再看东晋南朝个别地方长官为政清明,使荫户自出归属郡县的事例。东晋升平二年(358年),王彪之为会稽内史,"居郡八年,豪右敛迹,亡户归者三万余口。"①太元十三年(388年),广陵郡海陵县界四面湖泽,聚集大批的逃亡民户。镇北将军司马毛璩率兵讨伐,"亡户窘迫,悉出诣璩自首,近有万户,皆以补兵。"②海陵县的逃户这样多,当不限于本县。义熙初年(约405—407年),刘敬宣为宣城内史,废除苛政,"亡叛多首出,遂得三千余户"③。义熙五年(409年),臧熹为临海太守,"郡经兵寇,百不存一,熹绥缉纲纪,招聚流散,归之者千余家"④。梁代大同九年(543年),张缵为湘州刺史,在任4年,轻徭薄赋,"流人自归,户口(当指口,户绝不会有如此之多)增益十余万,州境大安"⑤。如以《宋书·州郡志》刘宋大明八年各州郡户口数为基数,会稽郡流民归来的占原口数的十分之一;宣城郡逃户归来的占原户数的三分之一;临海郡逃户归来的占原户数的四分之一。梁代湘州所辖区域相当于刘宋大明时湘州领域的一半⑥,逃亡人口归来的占大明时人口的百分之五十以上。这些仅仅是逃户自愿归属郡县的

---

① 《晋书》卷七六《王廙附彪之传》。
② 《晋书》卷八一《毛宝附孙璩传》。
③ 《宋书》卷四七《刘敬宣传》。
④ 《宋书》卷七四《臧质传》。
⑤ 《梁书》卷三四《张缅附子缵传》。
⑥ 参考徐文范《东晋南朝舆地表》。大明时湘州口数的一半约为18万人;

数字,少者占原来所属郡县口数的十分之一,多者竟占二分之一以上,再加上逃户不愿归者,或主人不让逃户离去的,其总数实际上要大大超过各郡县归来的户口数。这同样证明,当时国家领民减少,主要由于人民大量流亡,以及私家荫户众多的缘故。

这里再举一个长江上游益州地区的例证。北魏宣武帝正始二年(505年,梁天监四年),萧梁行梁州事夏侯道迁降魏。魏将邢峦派统军王足进兵益州,入剑阁,破巴西,"益州诸郡戍降者十二三,民送编籍者五万余户"①。这个户数同刘宋大明八年(464年)益州有户53 141相比②,诸郡戍降民5万余户,为益州三分之一(诸郡戍降者十二三)民户计,整个益州应有15万户,高出两倍。如果说上述送籍民户容有夸大的话,那么邢峦上表中还指明"巴西广袤一千,户余四万"③。当时王足魏军已克巴西,因而巴西郡有户四万当不虚。这个户数约相当于大明时巴西和梓潼(梁时两郡同治涪城)两郡户数7988的五倍。这更证明东晋南朝长江上游鞭长莫及,益州地区户口大量脱籍,从而使国家领民大量减少。

总之,东晋南朝是门阀统治,清查荫户实际上就是向他们开刀,所以当时所实行的政治经济政策,基本上在于维护士

---

① 《魏书》卷八《世宗纪》。
② 《宋书》卷三八《州郡志》四《益州刺史》条。
③ 《魏书》卷六六《邢峦传》。

族、豪强扩大荫户的权益,而不可能像北朝那样采取与私家争夺民户的有力措施。对于个别官员主张减轻赋役,发展生产,奖励生育,清查荫户的主张,当权者根本置若罔闻,不予采纳。东晋南朝政权不断更替,政治极为腐败,加之高门士族及其荫户都被免去赋役,沉重的赋役和苛捐杂税,迫使农民阶层不断地破产逃亡,投靠士族、豪强,这些就是东晋南朝私家荫户增多,国家领民相应递减的真正原因。

(五)小结

最后根据上述论证,我们不妨对南北朝极盛时期的总人口数,作一个大略的估计。北魏实行均田制以后,社会经济大发展,熙平时国家领民为32 327 726人。南朝刘宋大明时国家领民为5 401 651人。关于人口的自然增殖,东晋南朝不应低于十六国北朝。由于东晋南朝门阀势力强大,士族豪强肆无忌惮地侵夺国家领民,因而从东晋后期开始,国家领民减少之快,以及南方荫户数字之巨大,在历史上都是少有的。那么,按推算和估计东晋南朝士族豪强侵夺国家领民数应有多少呢?南北朝全国人口数又应有多少呢?如果依据刘宋泰始三年(467 年)青、冀、徐、兖四州及豫西之地入魏,当北魏实行三长制、均田和新租调制以后,大批荫户归属郡县,因而以上诸州所属各郡绝大多数户口均增加,其中宋魏县数相同的 6郡,人口可以作准确的比较。这 6 郡中颍川郡口数增加最多为700%,其次北济阴郡口数增加477%,鲁郡、东阳平、济南三郡口数增加60%到80%,渤海郡口数增加最少为12%①。这6郡宋魏口数相比,北魏平均增加约2.32倍。实际上6郡的荫户不可能完全清出,也就是说,刘宋时颍川等6郡的私家荫庇人口,最少应为这6郡所领人口的2.32倍以上。前述长江上游益州地区的一部分,在北魏曾一度占领时期,其户数曾增长2倍,巴西郡户数增长五倍。再据东汉建康元年相当于曹魏境人口为31 803 445,略低于北魏熙平人口数32 327 726,而当时北方人口为南方人口的197.67%(唐天宝中北方与南方人口的比例与此相近)。如按北魏熙平总口数的197.67%计算,那么,南方国家领民应为16 327 134,即比刘宋大明时国家领民增加2.16倍,同前面颍川等六郡入魏后人口增加数2.32倍,正大约相近。据此,南北朝极盛期国家领民加上一部分南方荫户,其人口最高总数,为北魏熙平总口数加上大明总口数的3.16倍,共计为48 654 860,略低于东汉永寿最高人口数(50 066 856人),超过隋代大业五年全国人口数(46 019 956人)。根据以上的论断,我们对南北朝极盛时期南北政权领民和一部分南方荫户的总人口数,可以估计为4865万左右。这是当时南北方社会经济向前发展,江南和边远地区得到开发,重要经济区域发生变动的基本条件。

① 周一良《从北魏的几郡的户口变化看三长制的作用》,载《魏晋南北朝史论集续编》,北京大学出版社1991年版。

经过长达 272 年的南北对峙,最终由北方政权消灭南方政权,统一了全国,这绝对不是偶然的。其中北方国家领民大量增加,从而军力和财力都大大超过了南方,显然是重要因素之一。同时从上述北方国家户口的不断增长,南方国家户口逐渐减少的事实,使我们有必要重新认识十六国北朝政权的历史地位,以及对西晋以后南北方政权政治经济政策和社会经济的发展,作出符合历史真实的评价。

(原刊于《中国史研究》1990 年第 3 期)

两晋南北朝的官俸

我国封建社会的官俸①，从两汉以来便有一定的制度。以汉唐间官俸来说，两汉和隋、唐比较清楚些，唯独魏晋南北朝的官俸记载简略不清，因而人们在讲封建社会的具体官俸数时，多弃而不谈，本文欲试补其缺。同时对这个时期制定官俸的原则和特点，作一些粗略的探讨。官俸是一个复杂问题，况且有的朝代的官俸是出于推论，错误定难避免，切望指正。

（一）两晋南朝的官俸

三国分裂割据时期，吴、蜀官俸不可考。曹魏"将吏俸禄，稍见折减，方之于昔，五分居一。"②魏承汉末大乱之后，国

---

① 我国封建社会的官俸和爵禄是有区别的，本文只论官俸。
② 《三国志·魏书》卷二五《高堂隆传》。

家财政困难,官俸降到东汉宫俸的五分之一。魏的官制和官阶均有所变化,因而所谓"五分居一",乃指其大略而已,无法详论。西晋统一全国后制定了官俸制,据《晋书·职官志》一、二、三品官俸是清楚的。一品食俸日米五斛(斛同石为十斗),太康二年(281年)开始给绢三百匹,绵二百斤。元康元年(291年)开始给菜田十顷,田驺十人。二品食俸日米四斛,太康二年开始给绢二百匹,绵一百五十斤。元康元年开始给菜田八顷,田驺八人。三品食俸日米三斛,太康二年开始给绢一百五十匹,绵一百斤。元康元年开始给菜田六顷,田驺六人①。西晋四品以下官员官俸虽不详,但官制官俸同其他制度一样,各代之间不仅有着继承和连续关系,而且有一些共同规律可循。西晋王朝居汉、隋、唐全国汉族统一政权之间,我们已知西晋一、二、三品官俸,再以汉、隋官俸相推,可以得出一个概数。两汉官俸以月俸谷计,万石至二千石为第一阶梯,这个阶梯官俸差额较大,万石约为中二千石的二倍,中二千石比二千石多三分之一,二千石比比二千石多六分之一。比二千石至比六百石为第二阶梯,这个阶梯每级相差只有谷十斛。

---

① 《晋书》卷二四《职官志》。按西晋官俸给菜田厨士实际上从咸宁三年(227年)开始(《晋书》卷三五《陈骞传》),元康元年(291年)成为定制。据岳珂《愧郯录》卷一〇《人品明证》条云:"《宋书》志(百官下)所载九品,明指言晋江右所定。"所谓"晋江右"实指西晋。从《晋书·职官志》中一、二、三品俸秩规律看,西晋于定九品官阶的同时定不同于汉魏的各品俸秩,则是可以肯定的。

由四百石至百石为第三阶梯,这个阶梯每级相差不过谷数斛(其中百石比比二百石差十一斛)①。两汉除三公之外,其他各级官俸,相差不大。隋代京官正一品至正四品为第一阶梯,各品月俸相差八石,从四品至正六品为第二阶梯,各品月俸相差四石,从六品至从八品为第三阶梯,各品月俸相差八斗(九品以下不给俸)②。汉、隋官俸分为三个阶梯,各阶梯之间官品越高,官俸差额越大,各阶梯内各级官俸之差大致相等,其最高官俸与最低官俸相比,各为二十二倍和十八倍。从以上四条原则出发,考虑到西晋官阶比汉、隋均少,其一、二、三品官俸差额比汉代同级小,首先确定西晋最高和最低官俸的差额,应以汉(二十二倍)、隋(十八倍)③的最低数,即十八倍较为恰当。再根据其他原则,并从西晋官员掌握职权和享受封建特权的区别来判断,官员高、中、低三个阶梯应为一、二、三品;四、五、六品;七、八、九品。第一阶梯月俸之差即为米三十斛,第二阶梯四、五、六品月俸之差不会到三十斛的三分之二,当为米十八斛左右,七品以下各品之差,当为十八斛的二分之一,即米九斛。按此计算,西晋官员四品以下月俸应为;四品

---

① 《汉书》卷一九上《百官公卿表》第七上颜师古注。《后汉书》卷一下《光武纪》建武二十六年注引《续汉志》,《续汉书》志第二八《百官志》五《百官俸》、《通典》卷三六《职官》一八《秩品》一。以下有关两汉官俸同此注。

② 《隋书》卷二八《百官志》下。

③ 《隋书》卷二八《百官志》下。

七十二斛,五品五十四斛,六品三十六斛,七品二十七斛,八品十八斛,九品比八品差十斛,应为八斛。最高官俸为最低官俸的十八倍。这样,西晋官俸用上面四条原则衡量,基本上与汉、隋官俸相合。

西晋官俸绢、绵数,三品只有绵一百斤,四品以下绵较少,暂且不计。绢(为丝织品总称)一、二、三品各以一百匹、五十匹为差,按官阶越高差额越大的原则,第二阶梯以三十匹为差,第三阶梯以十五匹为差。四品应为一百二十匹,五品九十匹,六品六十匹,七品四十五匹,八品三十匹,九品十五匹。一品为九品的二十倍。

西晋官俸的菜田,一、二、三品之差为二顷(每顷百亩),大体上根据制定官俸的基本原则,如四、五品为一、二、三品差额的二分之一,应为一顷,六品以下为四、五品差额的二分之一,应为五十亩。西晋官员四品以下菜田数应为:四品五顷,五品四顷,六品三顷五十亩,七品三顷,八品二顷五十亩,九品二顷,一品菜田为九品菜田的五倍。隋、唐官员职分田从西晋菜田演变而来,隋代一品五顷,至九品一顷,一品为九品的五倍①。唐代职分田一品十二顷,九品二顷,一品为九品的六倍,因唐代一品比西晋一品多二顷②。西晋官员菜田数同隋唐职分田数,各种比例较为接近。同时东晋由应詹建议所推

---

① 《隋书》卷二四《食货志》。
② 《新唐书》卷五五《食货志》。

行的都督、州、郡、县职分公田数,郡太守五品四顷,县令七品三顷,与西晋五、七品菜田数恰合①。西晋菜田由身份很低的田驺耕种,田驺实际上属武吏一类,同于军户,一人为一户,耕种一顷土地,田租可能同当时通行的分成制田租相似或稍高。一般估计,职分公田每亩收租米一点八斛,每顷应为一百八十斛②。

东晋为西晋政权的继续,各类制度其中包括官制官俸,自应沿袭西晋。东晋征收农民的赋税中有禄米二石,禄绢八尺,禄绵三两二分③。宋武帝即位的第二年永初二年(421年)二月下诏:"中二千石加公田一顷"④。中二千石多为朝廷三品以上的高官,既然说加公田,那么东晋中央官员已早有职分公田。可见东晋官俸内含禄米、绢、绵、职分公田等,皆与西晋官俸内含相合。

关于南朝的官俸,宋武帝即位(420年)后首先下诏:"百官事殷俸薄,禄不代耕……诸供给昔减半者,可悉复旧。"⑤所

---

① 《晋书》卷七〇《应詹传》。应詹的建议是被采纳的,参阅本集《魏晋南北朝阶级结构试析》第(六)部分。按都督(二十顷)、州(十顷)职分公田较高,可能因为职分田为"课佃","取文武吏"耕种,军府州府两级文武吏较多,且地方官员取职分田较易的缘故。
② 参考吕思勉《两晋南北朝史》下册第十九章第二节;李文澜《两晋南朝禄田制度初探》,载《武汉大学学报》1980年第4期。
③ 《隋书》卷二四《食货志》。
④ 《宋书》卷三《武帝纪》下。
⑤ 《宋书》卷三《武帝纪》下。按此次对俸少低级官员"亦畴量增之"。

谓"复旧",是指复两晋官俸旧制。齐武帝永明元年(483 年)正月下诏说;"守宰禄俸,盖有恒准"①。同年萧嶷也说:"俸禄之制,虽有定科……"②。这里讲的"恒准"、"定科",都是指前代晋、宋官俸的准则和科条。梁武帝天监七年(508 年)虽改九品为十八班,以班多为贵。但大通元年(527 年)下诏称:"百官俸禄,本有定数。前代以来,皆多评准,顷者因循,未遑改革。"接着便讲:"自今已后,可长给见钱,依时即出,勿令通缓。"③这就是说,梁代仍然是"因循""前代"即晋、宋、齐官俸的"定数",只是在官俸中增加一部分钱。故《隋书》卷二六《百官志》上云:魏、晋官制"大抵略同,爰及宋、齐,亦无改作。梁武受终,多循齐旧……陈氏继梁,不失旧物"。此虽讲的是官制,当然也应包括属于官制范畴的官俸在内。南朝官俸与两晋官俸相比,不会完全没有变化,但变化不会太大,否则就难于说"多循旧制","不失旧物"了。因此,以两晋官俸为南朝官俸的概数,我想还是可以的。

南朝官员除正俸和职田租米外,还有"恤禄",刘宋大明三年(459 年)给沈庆之恤吏五十人④,这些恤吏可能供其役使。齐初正式出现了恤禄。建元二年(480 年)虞玩之上表

---

① 《南齐书》卷三《武帝纪》。
② 《南齐书》卷二二《豫章文献王嶷传》。
③ 《梁书》卷三《武帝纪》下。
④ 《宋书》卷七七《沈庆之传》。

称:"将位既众,举恤为禄"①。永明二年(484 年),萧子良上表揭露官府将赋税折合为钱盘剥农民时说:"僮恤所上,咸是见直"②。这里讲的恤禄同农民租税一样,将实物折合为钱。永明七年(489 年)正月下诏:"诸大夫年秩隆重,禄力殊薄……可增俸,详给见役。"③《通典》所说"齐氏众官有僮、干之役"④,大概就是指官员有恤禄、力役之类的杂俸。

南朝自刘宋以来,"州郡秩俸及杂供给,多随土所出,无有定准"⑤。永明元年(483 年)萧嶷上表称:"郡县长尉俸禄之制,虽有定科,而其余资给,复由风俗……"。他主张除公田秩俸迎送旧典之外,其余"供调",宜"精加洗核,务令优衷"⑥。这里的"杂供给"、"资给"、"供调",显然皆指官员正俸之外的收入。永明十年(492 年)范云为零陵郡太守,"初,零陵旧政,公田奉米之外,别杂调四千石。及云至郡,止其半,百姓悦之。"⑦地方官吏收杂调为俸,完全是对人民的额外剥削。范云为清官,只去杂调之半,说明以后杂调还继续存在,同时反映了地方官吏收杂调为俸带有普遍性。零陵郡收杂调四千石,相当于太守年俸的二点四倍,即使减少一半,也相当

① 《南齐书》卷三四《虞玩之传》。
② 《南齐书》卷二六《王敬则传》载。
③ 《南齐书》卷三《武帝纪》。
④ 《通典》卷三五《职官》一七。
⑤ 《南齐书》卷二二《豫章文献王嶷传》。
⑥ 《南齐书》卷二二《豫章文献王嶷传》。
⑦ 《南史》卷五七《范云传》。

于一点二倍。可见南朝地方官员的实际官俸收入，比朝廷规定的官俸要高得多。

（二）北魏的官俸

北魏太和八年（484年）九月，开始实行官俸制，每户增加帛三匹，谷二斛九斗，为百官俸禄①。太和九年（485年）颁布均田令后，十年（486年）规定所收帛"大率十匹为公调，二匹为调外费，三匹为内外百官俸"②。显然，北魏官俸开始有帛有谷，实行均田制后进行了调整，统一以帛计俸，所以以后在专讲官俸（不计爵禄）时，常常只有帛而无谷物。

北魏各品官俸的具体数字，完全不知道，只有两处关于俸禄数的记载，给我们提供了考察北魏官俸具体数字的依据。《魏书》卷二一上《高阳王元雍传》记他深受朝廷重用，身兼七职时说："岁禄万余（匹），粟至四万"③。粟至四万石，指爵禄和禄田之类的收入，姑且不论。岁禄万匹，其中应包括元雍身兼七职的正俸、杂俸和王爵爵禄中的帛。北齐均田后征收赋税为一夫一妇帛一匹，粟二石。民年十五以上未娶者，四人出一夫一妇之调。奴任耕，婢任绩者，八口当未娶者四。元雍王

---

① 《魏书》卷七《高祖纪》上，卷一一〇《食货志》。
② 《魏书》卷一一〇《食货志》。
③ 《魏书》卷二一上《高阳王元雍传》。

两晋南朝官俸表①

官品	月俸（米以斛计）	年俸（米以斛计）	绢（匹）	绢合米数（一匹绢四斛米）	菜田（顷）	菜田俸禄（米以斛计）	总年俸（米以斛计）	备注
一	150	1800	300	1200	10	1800	4800	此表四品至九品官俸是两晋官俸概数。各品官俸为南朝官俸概数。
二	120	1440	200	800	8	1440	3680	
三	90	1080	150	600	6	1080	2760	
四	72	862	120	480	5	900	2242	
五	54	648	90	360	4	720	1728	
六	36	432	60	240	3顷50亩	630	1302	
七	27	324	45	180	3	540	1044	
八	18	216	30	120	2顷50亩	450	786	
九	8	96	15	60	2	360	516	

① 当时北方农业作物主要有粟、麦、菽（豆类）、稻，南方主要有粟、麦、稻等，总称为谷。其中有的收获后即为米。有的带壳（如大麦、水稻等）。农民向政府交纳赋税，东晋南朝赋税明确征收米，西晋似米、粟兼收。北朝有时米、粟兼收，有时主要收粟。官俸出于赋税，可能粟、米兼有，未兼有，实际情况较为复杂，姑且统一以米计。

均每户约为四口,以每家一夫一妇计,为帛一千五百匹。平均以三分之一户每户未聚者一人,共为一千人,四人合一夫一妇之调,计帛二百五十匹,二分之一应为一百二十五匹。据北齐颜之推所说,大约中等之家有奴婢二十口①。当时贫困无奴户最多,中等之家居次,奴婢最多者是极少数士族官僚,他们可以荫庇奴婢。如三千户中平均以五分之一户有奴婢二十口,六百户应有一万二千口奴婢,八奴合一夫一妇之调,应为帛一千五百匹,二分之一为七百五十匹。以上王爵食邑三项所得帛共为二千三百七十五匹,余下帛七千六百二十五匹,应为元雍的总官俸数。北魏官制官俸为北齐所沿袭②,北齐官阶完全与北魏相同。北齐文宣帝即位后下令:"自魏孝庄已后,百官绝禄,至是复给焉。"③可见北齐完全恢复了北魏官俸。我们既掌握了元雍所居各品官和官俸总数,用北齐官俸数便可以推算出北魏官俸数。

北齐官俸第一阶梯一品八百匹,到从三品三百匹,各品之差为一百匹。第二阶梯四品之差为一百匹的十分之六,第三阶梯从四品至从五品各品之差为一百匹的十分之四,第四阶梯六品至从七品各品之差为一百匹的十分之二,以下各品之差为一百匹的二十五分之一。北齐最高官俸约为第一阶梯最

---

① 王利器《颜氏家训集解》卷第五《止足篇》第十三,上海古籍出版社1980年版。
② 《隋书》卷二七《百官志》中。
③ 《北史》卷七《齐本纪》中文宣帝天保元年。

低官俸的二点七倍，为第二阶梯最低官俸的三点三倍，为第三阶梯最低官俸的六点六倍，为第四阶梯最低官俸的二十倍，为第五阶梯最低官俸的三十三倍。元雍身兼七职中，一品四，二品一，从二品一，三品一，恰好都在第一阶梯。我们以北齐第一阶梯官俸各种比例推算，北魏第一阶梯一品应为一千三百匹，各级之差应为一百六十三匹，从一品为一千一百三十七匹，二品九百七十四匹，从二品八百一十一匹，三品六百四十八匹，从三品四百八十五匹。北魏一品官俸恰好为从三品官俸的二点七倍。以上述官俸数计，元雍所居七职官俸共为帛七千六百三十三匹①，与元雍官俸总数几乎相等（只差八匹）。

再按北齐各阶梯官俸比例推算，北魏第二阶梯各品官俸之差约为九十八匹，第三阶梯各品官俸之差约为六十五匹，第四阶梯各品官俸之差约为三十二匹，第五阶梯各品官俸之差约为六匹，依此计算，北魏四品官俸应为三百八十七匹，从四品三百二十二匹，五品二百五十七匹，从五品一百九十二匹，六品一百六十匹，从六品一百二十八匹，七品九十六匹，从七品六十四匹，八品五十八匹，从八品五十二匹，九品四十六匹，从九品四十匹。这样，北魏最高官俸与各个阶梯最低官俸的

① 魏晋南北朝凡兼官皆有俸。如元雍兼官无俸，其俸禄不得有"岁禄万余（匹），粟至四万（石）"。另参考《晋书》卷二六《职官志》，《魏书》卷七上《高祖纪》延兴三年，《隋书》卷二七《百官志》中。又北魏、北齐、北周京官带地方官，另有俸。南朝各代大抵也如此，见《通典》卷三五《职官》一七。

比例,几乎与北齐官俸完全一致。只有一点不同,北魏官俸(其中应包括杂俸,详后)比北齐官俸正俸要高些,因而各阶梯之间差额比北齐相应也要大些。

《魏书》卷五三《李冲传》载冲"兄弟子侄,皆有爵官,一家岁禄,万匹有余"。李冲死于太和二十二年(498年)三月,如以太和十八年(494年)至二十一年(497年)之间,冲叔伯兄弟子侄共九人,所居官为从二品三,三品六,从三品二,四品一,从四品一,五品四,从五品一①。冲封开国侯爵食邑八百户,侯爵食封户租税的四分之一,其余仍按元雍封户各种比例计,冲爵禄帛为三百一十七匹。冲弟佐封开国子爵三百户,子爵食封户租税的五分之一,其余仍按元雍封户比例计,应为帛九十五匹。李冲家两种封爵共为帛四百一十二匹,所余帛九千五百八十八匹,为其家总官俸。以北魏各品官俸计,李冲家十八种官俸总数共为帛九千二百二十六匹,仅差三百六十二匹。应当说,误差可算很小。这个差额的出现,可能由于李冲兄弟子侄九人,一岁收俸禄帛万匹,究竟指的哪一年难于确定,因而他们所居官职具有一定的灵活性所造成的。北魏官员还有职分公田,太和均田令规定外官"随地给公田",刺史

---

① 据《魏书》卷三九《李宝传》及各附传,卷五三《李冲传》,卷八三下《李延寔传》。冲从二品二,三品一,开国侯爵;冲兄茂从二品一,三品一;冲弟佐三品二,开国子爵;冲侄韶三品二;冲侄彦从三品二,五品一;冲侄虔从四品一,五品一;冲子延寔五品一;冲从弟思穆四品一,从五品一;冲侄伯尚五品一。

十五顷,太守十顷,治中、别驾各八顷,县令、郡丞各六顷,"更代相付",不得买卖①。另据《关东风俗传》说:"魏令职分公田,不问贵贱,一人一顷,以供刍秣。自宣武出猎以来,始以永赐,得听卖买。迁邺(指东魏)之始滥职众多,所得公田,悉从货易。"②按宣武帝执政离太和九年均田令不过十五年,所谓"魏令"可能是指均田令。百官职分公田很快便可买卖,到东魏时所有百官公田皆可买卖,自应包括外官公田在内。北魏职分公田耕种者的身份不明,无法确定其剥削量③。

北魏官员除正俸和公田收入外,还有各种杂俸,已有专文讨论,此不赘述④。有一点必须指出,元雍、李冲两家官俸只计总数,当然包括正俸和杂俸两项,所以我们推算的北魏官俸,无疑也应包括正俸和杂俸。因此,北魏各品官俸比北齐官员正俸要高些。但如果将北齐官俸与事力俸(详后)合在一起,同我们推算的北魏官俸基本上接近。北魏官俸出于推论,当然不会很准确,只可作为接近数以供参考。

---

① 《魏书》卷一一〇《食货志》。
② 《通典》二《食货》二《田制下》引。
③ 《魏书》卷一一〇《食货志》:魏末"税京师田租亩五升,借赁公田者亩一斗"。这当指一般公田,非官员职分公田。
④ 参考张维训《北魏官禄制度的确立及其对鲜卑族封建化的意义》,载《中国社会经济史研究》1984 年第 3 期。

（三）北齐、北周的官俸

北齐的官俸比较清楚些，一品年俸帛八百匹，下至从三品各递减一百匹，从三品年俸帛三百匹。四品减六十匹，年俸帛二百四十匹。从四品至从五品各递减四十匹，从五品年俸帛一百二十匹。六品至从七品各递减二十匹，从七品年俸帛四十匹。八品以下各品递减四匹，从九品年俸为二十四匹。每品内又分秩等，官员事繁者升一秩，平者守本秩，闲者降一秩，兼职或试守者也降一秩。另外，非执事官，不朝拜者，都不给俸禄。北齐官俸总数以帛计，然后折合成三份，一份为帛，一份为粟，一份为钱。

北齐官员按品位高低"各给事力"，供官员役使。一品三十人，二品以下各品"事力"数，史无明文。各品内或以"事力"五人为等，或以四人、三人、二人、一人为等。官员事繁者加一等，平者"守本力"，闲者降一等。官员对事力的剥削情况不清楚，我们只知道，北魏末邢子才致仕，给"事力"五人，"事力"又称"兵力"①，似乎同西晋田驺身份相近。不论官员对事力采取何种剥削形式，其剥削量当接近当时对田客的剥削量。西晋课田一夫一妇七十亩，北魏均田一夫一妇露田六

---

① 范祥雍《洛阳伽蓝记校注》卷第三《城南·景明寺》条，上海古籍出版社1958年版；《北齐书》卷三六《邢邵传》。

北魏官俸概数表①

官品	官俸年俸 （帛以匹计）	折合为米 （帛一匹合四斛）	备注
一	1300	5200	北魏百官各给公田一顷，以供刍秣。刺史给公田十五顷，治中别驾八顷，县令郡丞六顷。后变为永业田，可买卖。北魏职分公田耕作者身份不明，剥削量不清楚。
从一	1137	4548	
二	974	3896	
从二	811	3244	
三	648	2592	
从三	485	1940	
四	387	1548	
从四	322	1288	
五	257	1028	
从五	192	768	
六	160	640	
从六	128	512	
七	96	384	
从七	64	256	
八	58	232	
从八	52	208	
九	46	184	
从九	40	160	

十亩。当时奴婢一口约耕种五十亩②。事力应比奴婢劳动强

---

① 绢米折合必须以正常年景价格为准，因异常年景绢米价可高达数十倍。北朝多用帛交换，正常年景价格约为一匹二百至三百钱，平均以二百五十钱计。南朝多用谷米交换，正常年景米价每斛三十至一百钱；平均以六十钱一斛计。每匹帛合谷米四斛。参考吕思勉《两晋南北朝史》下册第十九章第一节。吕氏也以帛一匹合米四斛。

② 王利器《颜氏家训集解》卷第五《止足篇》第十三称：良田十顷，奴婢二十人。每奴耕种五十亩田。

度要轻些,以每人耕种三十五亩计,每亩交租米一点八斛,应为米六十三斛。一品官员事力三十人,共为一千八百九十斛,米四斛合帛一匹,共为四百七十二匹,约为一品官员正俸的百分之五十九。依此比例计,从一品官员事力俸三百五十匹,二品三百匹,从二品二百五十匹,三品二百匹,从三品一百五十匹,四品一百二十匹,从四品一百匹,五品八十匹,从五品六十匹,六品五十匹,从六品四十匹,七品三十匹,从七品二十匹,八品十八匹,从八品十六匹,九品十四匹,从九品十二匹。

北齐外官官俸,司州和上上州刺史年俸帛八百匹,上中、上下州刺史各递减五十匹。中上州刺史年俸帛六百匹,中中、中下州刺史各递减五十匹。下上州刺史年俸帛四百匹,下中、下下州刺史各递减五十匹。刺史共分九个秩阶,最低阶年俸帛三百匹。

上郡太守年俸帛五百匹,上中、上下郡太守各递减五十匹。中上郡太守年俸帛三百六十匹,中中、中下郡太守各递减三十匹。下上郡太守年俸帛二百六十匹,下中、下下郡太守各递减二十匹。太守也共分九个秩阶,最低阶年俸帛二百二十匹。

上上县令年俸帛一百五十匹。上中、上下县令各递减十匹。中上县令年俸帛一百匹,中中、中下县令各递减五匹。下上县令年俸帛七十匹,下中、下下县令各递减十匹。县令也共分九个秩阶,最低阶年俸帛五十匹。北齐外官有力有干,供其役使剥削。干一人输绢十八匹,“干身放之”。力以本州郡县所辖"白直"充任。干、力皆由朝廷随时下令给予，无固定数字①。

北周官制仿效周代建职，置三公三孤，以为"论道"之官。次置六卿，以分掌政务。三公九命，三孤八命，六卿七命，上大夫六命，中大夫五命，下大夫四命，上士三命，中士二命，下士一命。关于北周官俸，《隋书》卷二七《百官志》中指出：下士年俸为一百二十五石，中士以上至上大夫，各加一倍，上大夫为四千石。接着便说："卿二分，孤三分，公四分，各益其一。公因盈数为一万石。"这段文字的内容，乃是指按上大夫年俸两分后的二千石，卿二分即四千石，加一分为六千石；孤三分即六千石，加一分为八千石；公四分即八千石，加一分为万石②。这就正合古人定官俸，官品越高官俸越优的基本原则。

北周各命内秩阶，"其九（命）秩一百二十石，八（命）秩至七（命）秩，每二秩六分而下各去其一，二（命）秩一（命）秩俱为四十石"。这是指正九命秩阶为一百二十石，八命、七命秩阶一百石，六命、五命秩阶八十石、四命、三命秩阶六十石，二命、一命秩阶四十石。这就像北齐官俸各品根据事繁、平、闲分别升降秩阶一样。

《资治通鉴》卷一七八《隋纪》开皇十四年（594 年）六月

---

① 以上均见《隋书》卷二七《百官志》中。

② 参考王仲荦《北周六典》卷三《地官府》第八《司禄上士》条，中华书局 1979 年版。

隋代职分田下胡注说："职分田起于后周,顷亩以品为差,下至隋、唐,代有增减。"①胡氏指出北周官员也有职分田,当有所本,但实际情况不明。

上面是北周官员年俸的基数,每年实际年俸,要根据农业生产收成好坏而定。"亩至四釜为上年,上年颁其正。三釜为中年,中年颁其半。二釜为下年,下年颁其一。无年为凶荒,不颁禄。"上年指大丰收年,那是极少数,下年为减产年和凶年,均应是少数。农业收成不好不坏的中年应占大多数,因而北周官俸以农业生产收成中等年成为准计算,较为适宜。官俸既然以最高官俸之半为准,同命秩阶也相应以半数为准②。北周最高官俸和最低官俸是绝对准确的,两者相差为七十九倍,其差额过大,主要由于各命之间相差太大所形成,与其他各代官俸相比,似有不合理处③。但北周按年成好坏给官俸,把官俸高低同生产好坏结合起来,同时外官继承北魏"州郡县官依户给俸"④的原则,以民户多少定品级,这样可促使官员关心生产和民户生活的安定,显然是有积极意义的。

---

① 《资治通鉴》卷一七八《隋纪》开皇十四年六月条。这里所谓"职分田起于后周",指隋周制度渊源而论,职分田实际上起于西晋。
② 以上均见《隋书》卷二七《百官志》中。
③ 王利器《颜氏家训集解》卷第二《风操》第六《近在议曹》条载:北周灭齐后议俸禄时,有人"意嫌所议过厚",而且所谓"过厚"似与"关中旧意"即北周官俸相联。可见时人已认为北周高级官员官俸过厚。
④ 《魏书》卷七《高祖纪》下。

北周官俸尚有疑点,如北周斗称"于古三而为一"①,以此计算,高级官员年俸比其他各代要高出两倍左右,似乎不合情理。如果官俸斗量与当时各代斗量相同,那么下级官员年俸又过低,不能维持生计,不合"禄以代耕"的原则,这有待进一步探索。

北齐官俸表

官品	年俸 (帛以匹计)	折合为米 (帛一匹 合四斛)	事力年俸 (帛以匹计)	折合为米 (帛一匹 合四斛)	总年俸 (米以斛计)
一	800	3200	472	1888	5088
从一	700	2800	413	1652	4452
二	600	2400	354	1416	3816
从二	500	2000	295	1180	3180
三	400	1600	236	944	2544
从三	300	1200	177	708	1908
四	240	960	142	568	1528
从四	200	800	118	472	1272
五	160	640	94	376	1016
从五	120	480	71	284	764
六	100	400	59	236	633
从六	80	320	47	188	508
七	60	240	35	140	380
从七	40	160	44	176	336
八	36	144	21	84	228
从八	32	128	19	76	204
九	28	112	17	68	180
从九	24	96	14	56	152

---

① 《左传》定公八年《正义》。

北齐外官年俸表

官名	官阶		年俸 （帛以匹计）	折合为米 （帛一匹合四斛）	备 注
刺史	三品	上上	800	3200	刺史、守令有干、力，由朝廷下令乃给。刺史、守令"行兼者，不给干"
		上中	750	3000	
		上下	700	2800	
	从三品	中上	600	2400	
		中中	550	2200	
		中下	500	2000	
	四品	下上	400	1600	
		下中	350	1400	
		下下	300	1200	
太守	从三品	上上	500	2000	
		上中	450	1800	
		上下	400	1600	
	从四品	中上	360	1440	
		中中	330	1320	
		中下	300	1200	
	从五品	下上	260	1040	
		下中	240	960	
		下下	220	880	
县令	六品	上上	150	600	
		上中	140	560	
		上下	130	520	
	七品	中上	100	400	
		中中	95	380	
		中下	90	360	
	八品	下上	70	280	
		下中	60	240	
		下下	50	200	

北周官俸表

官名	官命	年俸 （米以石计）	同命秩阶 （米以石计）	备注
三公	正九命	5000	60	北周官俸"亩至四釜为上年,上年颁其正。三釜为中年,中年颁其半。二釜为下年,下年颁其一。无年为凶荒,不颁禄。"此表以中年为准制成。
三孤	正八命	4000	50	
六卿	正七命	3000	50	
上大夫	正六命	2000	40	
中大夫	正五命	1000	40	
下大夫	正四命	500	30	
上士	正三命	250	30	
中士	正二命	125	20	
下士	正一命	63	20	

(四)魏晋南北朝官俸的特点

在封建社会里,官员俸禄来源于封建政权征收农民的租税,因而官俸实质上是地主阶级对农民剩余劳动产品的分割和占有,是封建剥削的一部分。官员俸禄的多寡,基本上取决于本人对地主阶级事业贡献的大小。一般说来,官员官阶的高低,同本人对本阶级的贡献是成正比的。因此,古人制定官俸的原则,首先是官阶越高,官俸越厚。各代最高官俸到最低官俸之间分若干阶梯,各阶梯之间的官俸差额,也是阶梯越高,其官俸差额越大。北周官俸制比较特殊,几乎每个官阶为一阶梯,但官阶越高其差额越大,却是同其他各代一致的。另外,每个阶梯之内各官阶官俸之差相等。汉、唐间全国汉族统一政权的官俸制,最高官俸为最低官俸的十八倍至二十三倍之间。如两汉最高官俸约为最低官俸的二十二倍,西晋为十八倍,隋代为十八倍,唐初为二十三倍。北朝为少数民族建立的政权,上述比例较大些,北魏、北齐为三十三倍,北周为七十九倍。这个时期官俸和官员生活水平的关系如何呢? 如以五口之家加上两个仆人共七口计,每人日食米五升,一年当食米一百二十六斛。古人计富裕之家生计除食外,"衣倍之,吉凶之礼再倍之"①。共三倍应为米三百七十八斛。这个数字还不到两晋南朝一品官俸的十二分之一,北魏一品官俸的十三分之一,北齐一品官俸的十三分之一②,北周正九命官俸的三十七分之一③。高级官员的生活,显然极为富裕。以各代中级官员五品、正五品、正五命官俸来看,以五口之家加上仆役一人共六口计,每年食米一百零八斛,三倍应为米三百二十四斛。两晋南朝中级官员年俸约为全家一年生计的五点四倍,北魏约为三倍,北齐也约为三倍,北周约为九倍。中级官员的生活,也比较富裕。以最低官员九品、从九品、正九命官俸来

---

① 《新唐书》卷五五《食货志》。
② 《左传》定公八年《正义》云:"魏、齐斗称于古二而为一"。但我们以南朝米价折合北朝帛价,故仍同于当时各代斗量。
③ 《左传》定公八年《正义》云:"周、隋斗称于古三而为一"。参考《隋书》卷二四《食货志》。

看，按农民中等之家生计算，穿、用为吃的三分之二①，一年共为一百五十斛，两晋南朝最低官俸维持一家生活有余，魏、齐也能维持一家生计，北周维持一家生活略嫌不足。基本上符合古人制俸禄"足以代耕"②的原则。当然，各级官员多是大大小小的封建地主，拥有多少不等的土地剥削农民，因而他们的生活，特别是高级官员的生活，实际上比我们计算的要丰裕得多。

关于官俸的内容，西汉官俸为谷，东汉半钱半谷，官俸比较单一。魏晋南北朝官俸趋向复杂化。两晋南朝官俸有米、有绢、有绵、有菜田（后称公田）、有劳动人手（两晋给田驺，南朝"给见役"）。北魏官俸有帛，有职分公田，有干、力，还另给官员酒、肉、食禀之类。北齐官俸为谷、绢、钱三类，并给事力役使。总之，这个时期官俸中，吃、穿、用、仆役，几乎全包括在内。特别是官俸内含土地和劳动力，说明封建制剥削形式渗入官俸之内。这种官俸制内含的变化，开唐代官俸的先例，唐初官俸有年俸和职分田，后又增加食料、杂用、仆人用费等等③。当时官俸主要是米、帛等食物，表明自然经济占绝对优势，商品货币经济萎缩，不像东汉特别是唐代那样，钱在官俸中占有重要地位。

---

① 《汉书》卷二四上《食货志》第四上。按李悝计农夫五口之家，每年食九十斛，衣和杂用六十斛，占三分之二。
② 《晋书》卷七〇《应詹传》。此本《孟子·万章》下。
③ 《新唐书》卷五五《食货志》；《唐会要》卷九一《内外官料钱》上。

这个时期因战乱纷繁,农民经常大量流亡,国家租税收入不稳定,财政常处于窘迫状态,因而官员的官俸收入具有不稳定性。如西晋愍帝时"百官饥乏,采稆自存"①。东晋成帝时"朝廷空罄,百官无禄,惟资江州运漕。"②东晋末年因政局动乱,减百官俸禄之半。宋武帝即位之初复东晋官俸后③,文帝元嘉二十七年(450年)大举北伐,又减百官俸禄三分之一④。直到孝武帝大明六年(462年),恢复百官俸禄⑤。刘宋前废帝永光元年(465年),因内乱及连年大旱,减州郡县官员俸禄之半⑥。宋明帝泰始(465—471年)末年,"时经略淮、泗,军旅不息,荒弊积久,府藏空竭。内外百官,并日断禄俸"⑦。至齐武帝永明元年(483年)下诏:"因区宇宁晏,复百官俸禄。"⑧北魏前期约一百年无官俸,官员廉者贫困樵采自给⑨,贪者借商贾取利⑩,或交结盗魁分赃⑪。太和八年(484年)班百官俸禄制,迁都洛阳后因长期对南战争,军费开支很大,减

---

① 《晋书》卷六〇《索靖传附绲传》。
② 《晋书》卷八一《刘胤传》。
③ 《宋书》卷三《武帝纪》下。
④ 《宋书》卷五《文帝纪》。
⑤ 《宋书》卷六《孝武帝纪》。
⑥ 《宋书》卷七《前废帝纪》。
⑦ 《宋书》卷八《明帝纪》;《魏书》卷九七《岛夷刘彧传》。
⑧ 《南齐书》卷三《武帝纪》。
⑨ 《魏书》卷四八《高允传》。
⑩ 《魏书》卷五《高宗纪》和平二年。
⑪ 《魏书》卷二四《崔玄伯传附宽传》。

百官俸禄四分之一。魏孝明帝(516—528 年在位)时于忠当政,才恢复所减官俸①。魏末孝庄帝以后,因国用不足,"百官绝禄"②。北齐河清四年(565 年)二月,因严重灾荒,"减百官食禀各有差"③。由此看来,两晋南北朝的官俸,同当时经济、政治、军事形势紧密相关,凡遇较大的政治动乱,南北战争,人民起义,特大灾荒,国家财政困难,从而在不同程度上减少甚至断绝俸禄。

魏晋以降是门阀政治,高门士族享有各种封建特权,也反映在官俸上,高官厚禄以及皇帝恩赏,主要是士族即五品以上官员所享受,其中三品以上尤为突出。从封建特权这一点讲,恩赏在官员的收入中不容忽视。当时人将俸禄和恩赏二者并列,如所谓"禄赐如前"④,"禄赐班礼"⑤,"禄赐俸秩"⑥,"禄赐与卿同"⑦,"禄赐所供"⑧,"禄赐散之九族"⑨等等,显示着皇帝对官员的恩赏,与俸禄同等重要。兹略举数人为例,以窥一斑。西晋王浚平吴后,赏赐绢万匹,钱三十万⑩。刘宋始兴

① 《魏书》卷三一《于栗䃄传附忠传》。
② 《北史》卷七《齐本纪》中文宣帝天保元年。
③ 《北齐书》卷七《武成纪》。
④ 《晋书》卷三三《王祥传》。
⑤ 《晋书》卷四一《李熹传》。
⑥ 《晋书》卷四三《山涛传》。
⑦ 《晋书》卷三三《王祥传附览传》。
⑧ 《晋书》卷三三《郑冲传》。
⑨ 《晋书》卷四一《魏舒传》。
⑩ 《晋书》卷四二《王浚传》。

郡公沈庆之致仕后,每月赐钱十万,米百斛,并赏给卫史、恤吏共一百人①。北魏政权迁洛前处于奴隶制向封建制转变时期,经过封建化后奴隶制遗风犹存,因而赏赐始终盛行。太和八年(484年)以前无官俸,经常大量赏赐官僚。杨椿在诫子书中曾说:"我家入魏之始,即为上客,给田宅,赐奴婢、马牛羊,遂成富室。"②太和八年班俸禄后,恩赏仍很丰厚。大鸿胪游明根前后共赏赐钱十万,帛二千八百匹,谷二千斛,安车軥帐被褥锦袍等物,并为之造房宅③。太和十八年(494年)韩显宗曾说:"在朝诸贵,受禄不轻⋯⋯而复厚赉屡加,动以千计。"④神龟(518—519年)、正光(520—524年)之际"府藏盈溢",灵太后令公卿百官"任力负物而取之"⑤。北周大司空尉迟纲赐帛千段,谷六千斛,钱二十万⑥。如果统一以米六十钱一斛,绢一匹合米四斛计,王浚赏赐的钱绢两项总数,相当于本人一品九年零四个月的官俸。沈庆之每月赐给的钱米数,约为本人一品每月官俸的四点四倍。游明根赏赐的钱、帛、谷三项,合绢三千七百一十七匹,约为本人三品五年半官

① 《宋书》卷七七《沈庆之传》。
② 《魏书》卷五八《杨播传附椿传》。
③ 《魏书》卷五五《游明根传》。
④ 《魏书》卷六〇《韩麒麟传附显宗传》。
⑤ 《魏书》卷一一〇《食货志》。
⑥ 《周书》卷二〇《尉迟纲传》。参考《北周六典》卷二《天官府第七》《玉府上士》条。按北周赏赐布帛有称匹,有称段,段合丈不明,现姑以一段为一匹计。

俸。尉迟纲赏赐的钱、帛、谷三项,合本人正九命两年零两个月的官俸有余。像这类三品以上官员受重赏,在当时是比较普遍的现象,足见恩赏在高级官员收入中占有特殊地位。这不仅在于满足高门士族的封建经济特权,而且皇帝借此加强对臣僚在经济和政治上的严密控制,驱使臣下为其效忠,使君臣之间蒙上一层封建社会普遍存在的浓厚的封建依附关系的色彩。

(原刊于《中国经济史研究》1986 年第 4 期)

两晋南北朝官员致仕刍议

两晋南北朝时期，封建政权对于官员的选拔、任免、考核和致仕养老，大体上都有一定的制度。这里，仅就官员的致仕养老问题，试作三点浅略的探讨。

（一）官员致仕养老的年限

两晋南北朝时期，官员"致仕"、"致事"、"辞事"、"逊位"、"告老"、"乞骸骨"、"悬车"[①]等等，都是指辞去政事，告老还乡之意。《礼记·曲礼》下称："大夫七十而致事"。郑玄注："致其所掌之事于君而告老"。当时官员致仕的年限，习

---

① 《汉书》七一《薛广德传》：广德致仕，被赐安车驷马，"悬其安车传子孙"。师古注："悬其所赐安车以示荣也。致仕、悬车，盖也古法。"后以"悬车"典故为致仕之意。

惯上沿袭此古制。即所谓:"七十之年,礼典所遗"①;"七十致仕,典礼所称"②。因此,当时官场舆论认为,官员年至七十,就应当致仕,所以不少官员确是年七十致仕的。如西晋太康(280—289年)初,尚书左仆射刘毅"年七十,告老"③,武帝许之。咸宁元年(275年)宗正卿王览"上疏乞骸骨,诏听之"④。咸宁四年(278年)览卒,年七十三,致仕时年七十。东晋明帝永昌元年(322年),尚书纪瞻第一次致仕⑤。太宁二年(324年)卒,年七十二,致仕时七十岁。义熙十二年(416年),领军将军孔秀恭致仕。刘宋永初三年(422年)卒,年七十六,致仕时年七十⑥。

南朝刘宋永初三年,太常卿臧焘致仕,同年卒,年七十⑦。元嘉元年(424年),国子祭酒范秦致仕。五年(428年)卒,年七十四,致仕时年七十⑧。元嘉十五年(438年),太常卿傅隆致仕。二十八年(451年)卒,年八十三,致仕时年七十⑨。太初元年(453年),秘书监颜延之"致事"。孝建三年(456年)

---

① 《晋书》卷六八《纪瞻传》。
② 《魏书》卷五五《游明根传》。
③ 《晋书》卷四五《刘毅传》。
④ 《晋书》卷三三《王祥附弟览传》。
⑤ 《晋书》卷六八《纪瞻传》。按瞻久疾,以七十之年请致仕,以"疾免",实为致仕性质。
⑥ 《宋书》卷五四《孔季恭传》。
⑦ 《宋书》卷五五《臧焘传》。
⑧ 《宋书》卷六〇《范泰传》。
⑨ 《宋书》卷五五《傅隆传》。

卒,年七十三,致仕时年七十①。孝建二年(455 年),沈庆之"年满七十,固请辞事,上嘉其意,许之。"②

南齐永明七年(489 年),御史中丞沈渊"表百官年登七十,皆令致仕,并穷困私门。"建武元年(494 年),下诏:"日者百司耆齿,许以自陈,东西二省,犹沾微俸,辞事私庭,荣禄兼谢,兴言爱老,实有矜怀。自缙绅年及(指七十岁),可一遵永明七年以前铨叙之科。"③当时致仕官员多为士族官僚,皆在缙绅之例。这道诏书实际上取消了永明七年百官年七十致仕的规定。梁天监二年(503 年),侍中夏侯详"抗表致仕"。天监六年(507 年)卒,年七十四,致仕时七十岁④。

北魏政权由于受汉族封建文化的影响,在孝文常改制以前,官员致仕已经存在⑤。太和十六年(492 年),游明根致仕时,孝文帝下诏明确指出,依据先秦礼典,七十岁为致仕年限⑥。正光四年(523 年)七月,魏廷下诏:"见在朝官,依令合

① 《宋书》卷七三《颜延之传》。
② 《宋书》卷七七《沈庆之传》。按庆之景和元年赐死,年八十。七十致仕,应在孝建二年。
③ 《南齐书》卷六《明帝纪》。按诏书有"永明七年以前"云云。《武帝纪》:永明七年正月下诏:"诸大夫年秩隆重,禄力殊薄,岂所谓下车惟旧,趋桥敬老。可增俸,详给见役。"百官多以大夫荣誉职致仕,显然此诏当为百官致仕而发,由此可知沈渊上表当在永明七年。
④ 《梁书》卷一〇《夏侯详传》。
⑤ 《北史》卷二七《寇讚传》;《魏书》卷七四《尔朱荣传》,卷四下《世祖纪》下。
⑥ 《魏书》卷五五《游明根传》。

解者,可给本官半禄,以终其身。"①所谓"依令合解者",指依据诏令规定七十应解除职务的,一律给原官半禄致仕。诏书还规定:德行高尚,名望显重的大士族官僚,不在解任之例。此诏表明封建化后的北魏政权,同样沿袭了我国古代"七十致仕"的传统。

西魏大统十七年(551年),寇俦以年老"乞骸骨",宇文泰不允。俦遂"称疾笃,不复朝觐"②。北周保定三年(463年),俦卒,年八十二,表请致仕时年七十。保定二年(562年),太傅于谨"上表乞骸骨",翌年四月致仕。天和三年(568年)谨卒,年七十六,请求致仕时年七十③。

七十致仕的年限,只是沿袭先秦古制,并非当时封建王朝的正式规定,不具有法律依据。南齐和北魏政权虽曾规定官员七十致仕,但南齐很快就取消了,北魏也未真正推行(详后)。因此,当时官员致仕的年限,实际情况较为复杂。

有年不满七十致仕的。如刘宋元嘉十四年(437年),南琅邪太守裴松之致仕。元嘉二十八年(451年)卒,年八十,致仕时年六十六④。南齐建元二年(480年),虞玩之致仕,其

---

① 《魏书》卷九《肃宗纪》;《资治通鉴》卷一四九《梁纪》普通四年七月条。
② 《周书》卷三七《寇俦传》;《北史》卷二七《寇赞附俦传》。
③ 《周书》卷一五《于谨传》。又《乐逊传》:年七十上表致仕,"优诏不许"。
④ 《宋书》卷六四《裴松之传》。又《徐广传》:广致仕时年六十九。

《告退表》说:"(臣)年过六十,不为夭矣"①。当时官员年六十五至六十九逊位,一般称"年迫悬车"。如东晋太和二年(367年),尚书令、卫将军王述年六十五,上疏请求致仕,称"年迫悬车"。虞氏只说:"年过六十",当在六十五岁以下。即生于东晋义熙十一年(415年)以后,这同他说的"生于晋,长于宋,老于齐"②相合。北魏延兴四年(472年),太尉源贺"辞事"。太和三年(479年)卒,七十三岁,致仕时年六十八③。太和十八年(494年)左右,原西兖州刺史李茂"逊位"。景明三年(502年)卒,年七十一,致仕时年约六十三④。北周建德二年(573年),柱国阎庆"抗表致仕"。隋开皇二年(582年)卒,年七十七,致仕时六十八岁⑤。

有年过七十致仕的。西晋泰始三年(267年)九月,太保王祥致仕。明年卒,年八十五,致仕时年八十四⑥。咸宁三年(277年),大司马陈骞辞位。太康二年(281年)卒,年八十一,致仕时七十七岁⑦。太康七年(286年),司徒魏舒致仕。

---

① 《南齐书》卷三四《虞玩之传》。
② 《南齐书》卷三四《虞玩之传》。
③ 《魏书》卷四一《源贺传》、卷七《高祖纪》下。
④ 《魏书》卷三九《李宝附茂传》。
⑤ 《周书》卷二〇《阎庆传》。
⑥ 《晋书》卷三三《王祥传》。按何曾泰始三年为太保,故知祥此年致仕。
⑦ 《晋书》卷三五《陈骞传》。按本传元康二年当为太康二年,此从本纪。

太熙元年(290 年)卒,年八十二,致仕时七十八岁①。北魏始光四年(427 年)前后,长信卿罗结归老,年一百一十②。太和十六年(492 年),司徒尉元、大鸿胪游明根致仕,元年八十③,明根年七十四④。永安二年(529 年),司徒杨椿致仕。普泰元年(531 年)遇害,年七十七,致仕时七十五岁⑤。东魏时,赵颖为乐陵太守,年八十致仕⑥。北周建德六年(577 年),并州刺史王士良,年七十七后致仕⑦。宣政元年(578 年),熊安生拜露门学博士、下大夫,年八十余致仕⑧。同年,华州刺史姚增坦,年八十致仕⑨。

有致仕后复起用的。西晋刘寔致仕五年后,复授太尉,永嘉三年(公元 309 年),寔第二次致仕⑩。刘毅致仕后,司徒举毅为青州大中正,"尚书以毅悬车致仕,不宜劳以碎务"。陈留相孙尹上表说:魏舒、严询与毅"年齿相近",前者为司徒,后者为司隶校尉,"主者不以为剧。毅但以知一州,便谓不宜

---

① 《晋书》卷四一《魏舒传》。按《通鉴》卷八一,魏舒致仕在太康七年。

② 《魏书》卷四四《罗结传》。

③ 《魏书》卷五〇《尉元传》。

④ 《魏书》卷五五《游明根传》。

⑤ 《魏书》卷五八《杨椿传》。

⑥ 《北齐书》卷四六《苏琼传》。

⑦ 《周书》卷三六《王士良传》。

⑧ 《周书》卷四五《熊安生传》。

⑨ 《周书》卷四七《姚僧垣传》。按年过七十岁致仕者较多,不详列。

⑩ 《晋书》卷四一《刘寔传》。

累以碎事，于毅太优，询、舒太劣。若以前听致仕，不宜复与迁授位者，故光禄大夫郑袤为司空是也"①。孙尹的上表指明，西晋官员年过七十可继续为官，以及即便致仕后仍可起用。因此，尽管尚书反对，刘毅还是由致仕而起任青州大中正。东晋义熙十二年（416 年），领军将军孔季恭致仕。同年刘裕北伐又起用其为太尉军谘祭酒、后将军，从平关、洛②。

南朝刘宋元嘉元年（424 年），国子祭酒范泰致仕，三年（426 年）复起为侍中、国子祭酒③。元嘉二十九年（452 年）五月，尚书令何尚之致仕，六月复起任尚书令④。孝建二年（455 年），镇北大将军沈庆之致仕后，孝武帝派何尚之劝其复职。庆之讥笑说："沈公不效何公，去而复还也"⑤。但到大明三年（459 年），孝武帝复起用庆之为使持节，都督南兖、徐、兖三州诸军事、骠骑将军、南兖州刺史。梁天监二年（503 年），夏侯详致仕，三年（504 年）复起任使持节、车骑将军、湘州刺史⑥。北周保定三年（563 年），于谨致仕。天和二年（567 年）又授雍州牧⑦。天和三年（568 年），凤州刺史韩褒致仕，

① 《晋书》卷四五《刘毅传》。
② 《宋书》卷五四《孔季恭传》。
③ 《宋书》卷六〇《范泰传》。
④ 《宋书》卷六六《何尚之传》。
⑤ 《宋书》卷六六《何尚之传》。
⑥ 《梁书》卷一〇《夏侯详传》。
⑦ 《周书》卷一五《于谨传》。

五年（570 年）复起为少保①。

有年过七十终身为官的。西晋何曾历任侍中、太尉、太保、司徒、太傅等显职，年八十卒于太宰位②。山涛历任尚书仆射、右仆射、侍中、吏部尚书，年七十九，卒于司徒位③。东晋陶侃历摄重任，咸和九年（334 年）卒于使持节、侍中、太尉、都督荆、江、雍、梁、交、广、益、宁八州诸军事，荆江二州刺史位，年七十六④。刘宋泰始三年（467 年），顾觊之卒于湘州刺史位，年七十六⑤。王琨刘宋时历任内外要职，萧齐建元四年（482 年）卒于侍中位，年八十四⑥。梁普通元年（520 年），护军将军韦睿迁侍中、车骑将军，以疾未拜卒，年七十九⑦。袁昂历任御史中丞，吏部尚书，左民尚书，右、左仆射，尚书令，中书监，侍中等显职，大同六年（540）卒于司空位，年八十⑧。

北魏太和十一年（487 年），高允卒于尚书、散骑常侍、光禄大夫位，年九十八⑨。北周天和四年（569 年），陕州总管长

---

① 《周书》卷三七《韩褒传》。
② 《晋书》卷三三《何曾传》。
③ 《晋书》卷四三《山涛传》。
④ 《晋书》卷六六《陶侃传》。按侃卒年本传为咸和七年，误，此从成帝纪。
⑤ 《宋书》卷八一《顾觊之传》。
⑥ 《南齐书》卷三二《王琨传》。
⑦ 《梁书》卷一二《韦睿传》。
⑧ 《梁书》卷三一《袁昂传》。
⑨ 《魏书》卷四八《高允传》。

孙俭,进夏州总管,未到任病卒,年七十八①。北齐天统三年(567年),斛律金卒于左丞相位,年八十②。

综合上述五方面的事例,我们可以看出,除沿袭古典七十致仕外,由于没有明确的致仕年限的法律规定,因而出现官员致仕迟早以及皇帝是否准许其致仕的差异。这首先取决于官员本人的态度。前面列举的各种类型的致仕官员,全部都是自己主动提出,有的上表数次或十数次,有的干脆称老疾不起,才被封建朝廷准许致仕的。这些官员之所以这样做,是因为当时社会舆论认为年老告退,符合儒家礼教,是一种高尚行为。所谓"七十致仕,亦所以优异旧德,厉廉高之风"③;"位隆固辞,贤者达节"④。皇帝准许官员致仕,乃是"成人之美","遂其雅志"⑤。其次,取决于最高封建统治者政治军事斗争的需要,官员本人的德才名望和身体健康诸条件。如晋武帝代魏以及统一全国后,需要重用一批元老旧臣,以笼络人心,稳定政局,治理政务。像王祥、陈骞、刘寔、何曾、山涛等所

① 按《周书》卷二六《长孙俭传》所记时、事有误。此据《文苑英华》卷九〇五,庾信《拓跋俭碑》记俭死于天和四年,年七十八。
② 《北齐书》卷一七《斛律金传》。按年过七十终身未致仕者较多,不详列。
③ 《晋书》卷四一《刘寔传》。
④ 《魏书》卷五五《游明根传》。
⑤ 《晋书》卷三三《何曾传》、卷三三《郑冲传》、卷四三《山涛传》、卷四一《魏舒传》。

谓"国之硕老,邦之宗模"①,晋武帝要凭赖他们"以隆政道",
"以穆风俗"②,辅佐咨询。元嘉之治的名臣何尚之年虽七十,
因其"体独充壮",当时"朝贤无多"③,宋廷不能不重用他。
名将沈庆之长于军事指挥,要靠他镇压刘诞的反叛。北魏高
允,才学渊博,历官五帝,被称为"儒宗元老,朝望旧德"④。北
周于谨长于军事谋略,为北周政权的建立和巩固作出了重大
贡献。上述诸人,德才兼优,名望高重,具有丰富的政治军事
斗争经验,晋武、宋文、宋孝武、魏孝文、周武诸帝在治理封建
国家,平定内乱中,必须依靠他们,所以这些官员屡表辞位,有
的年过七十才被准允,有的致仕后又复起用,有的则年过七十
终身不许致仕。

(二)官员致仕后的俸禄恩赏待遇

两晋南北朝官员致仕后的俸禄恩赏,各代都没有规定统
一的制度。但仔细考察起来,似乎也有一些成规可寻。根据
各级官品致仕后的不同情况,可分为下列五类:

第一,一品官员位秩尊崇,致仕后俸禄和恩赏特别丰厚。

西晋太保(一品、上公)王祥致仕,"诏听以睢陵公就第,

---

① 《晋书》卷四一《刘寔传》。
② 《晋书》卷三三《王祥传》、卷四三《山涛传》。
③ 《宋书》卷六六《何尚之传》。
④ 《魏书》卷四八《高允传》。

位同(太)保(太)傅,在三司(太尉、司徒、司空)之右,禄赐如前"①。公爵食邑应为一千八百户。致仕后位同于太保,所以"禄赐如前",即保持原太保俸禄。恩赐安车驷马②,第一区,钱百万,绢五百匹,床帐簟褥。以舍人六人为睢陵公舍人,置官骑二十人。祥卒,赐东园秘器,朝服一具,衣一袭,钱三十万,布帛百匹。咸宁初,又赐其家绢三百匹③。太傅(一品、上公)郑冲致仕,诏"以寿光公就第,位同保傅,在三司之右","禄赐所供,策命仪制,一如旧典而有加焉。"冲公爵禄赐和太傅官俸,皆与王祥同,故其禄俸恩赏与王祥相等④。陈骞以太尉(一品)转大司马(一品、八公之一),请求致仕。晋廷不许,优赐亲兵百人,厨田十顷,厨园五十亩,厨士十人。骞固请辞位,"许之,位同保傅,在三司之上,赐以几杖,不朝,安车驷马,以高平公还第。"⑤骞原为大司马,虽位列八公,品秩第一,但同"秩增三司"的太保、太傅上公相比,秩低一阶。他致仕后享受公爵和上公禄俸,比致仕前进秩一阶⑥。司空(一品)

---

① 《晋书》卷三三《王祥传》。
② 按古高官致仕,多赐安车用一马,礼尊者则用四马。
③ 《晋书》卷三三《王祥传》。按东园,署名,属少府。秘器,指棺材。
④ 《晋书》卷三三《郑冲传》按本传公爵封邑漏记。
⑤ 《晋书》卷三五《陈骞传》。
⑥ 《晋书》卷二四《职官志》:太宰(太师避晋讳改)、太傅、太保为上公,"秩增三司",太尉、司徒、司空为三公或称三司,比上公秩低一阶。大司马位在三司上;大将军在三司上或下,不定。以上共为一品八公。

卫瑾致仕,诏"进位太保,以(菑阳)公就第。给亲兵百人,置长史、司马、从事中郎掾属;及大车、官骑、麾盖、鼓吹诸威仪,一如旧典。给厨田十顷,园五十亩,钱百万,绢五百匹;床帐簟褥,主者务令优备。"①太保上公比司空秩优进一阶,瑾致仕后享受公爵和上公禄俸。太傅刘寔第一次致仕,以侯就第,赐安车驷马,钱百万。怀帝即位,复授太尉,再次致仕时,诏"以侯就第,位居三司之上,秩禄准旧",给宅一区②。保持侯爵和第一次致仕前上公、太傅禄俸。司徒(一品)魏舒致仕时,"以剧阳子就第,位同三司,禄赐如前。……赐钱百万,床帐簟褥自副。以舍人四人为剧阳子舍人,置官骑十人。"③致仕后享受子爵和原司徒禄俸。北魏司徒、山阳郡开国公尉元致仕,诏"给上公之禄"。上公比原司徒秩进一阶,享受开国郡公爵(食邑六百户)和上公禄俸。元卒,赐布帛彩物二千匹,温明秘器,朝衣一袭,并为营造坟墓。葬以殊礼,赐帛一千匹④。

一品最高官员致仕的七人中,王祥、郑冲两人已为上公,秩阶无法再升,故恩赐从丰。陈骞、卫瑾、尉元三人秩进一阶,俸禄比致仕前增加,刘寔、魏舒两人禄秩不升不降,保持原俸禄。

第二,二、三品官员多带加官致仕,一般品秩优升一级,俸

① 《晋书》卷三六《卫瑾传》。
② 《晋书》卷四一《刘寔传》。
③ 《晋书》卷四一《魏舒传》。
④ 《魏书》卷五〇《尉元传》。

禄增加，或保持原俸禄。

西晋郑袤在曹魏时为太常卿（三品），封安城侯，食邑一千户。晋武帝即位，以光禄大夫（三品）晋爵为密陵侯。泰始中，拜司空，坚决请求辞让，"见许，以侯就第，拜仪同三司（一品），置舍人官骑，赐床帐簟褥，钱五十万。"①袤似未就司空位，原为光禄大夫，致仕时品秩优升二级，食侯爵和一品禄俸。李熹原封祁侯，食邑漏记。本为尚书仆射（三品）、特进（二品）、光禄大夫（三品）。他致仕时晋廷下诏："其因光禄大夫之号，改假金紫，置官骑十人，赐钱五十万，禄赐班礼，一如三司（一品），门施行马。"后又赐绢百匹②。熹以二品致仕，虽未带加官，但禄赐"一如三司"，品秩优升一级，食侯爵和一品禄俸。太仆（三品、六卿之首）、甘露亭侯羊琇致仕时，"拜特进（二品），加散骑常侍（三品）"③。比致仕前优升一级，享受二品和加官三品的官俸。

东晋纪瞻为领军将军、散骑常侍（皆三品）、临湘县侯，致仕时下诏："其以为骠骑将军（二品），常侍如故。服物制度，一按旧典。"④品秩优进一级，享受二品和三品官俸。华表原为太常卿（三品）、观阳伯，以太中大夫（四品）致仕，赐钱二十

---

① 《晋书》卷四四《郑袤传》。
② 《晋书》卷四一《李熹传》。
③ 《晋书》卷九三《羊琇传》。
④ 《晋书》卷六八《纪瞻传》。

万，"床帐褥席禄赐与卿（三品）同，门施行马"①。保持原品秩，享受三品官俸和伯爵封邑。刘宋尚书仆射（三品）王敬弘致仕，授侍中（三品）、特进（二品）、左光禄大夫（二品），给亲信二十人。敬弘"让侍中、特进，求减亲信之半，不许"②。致仕后品秩优升一级，享受三品和两个二品官俸。孔季恭原为领军将军、散骑常侍（皆三品），"致仕，拜金紫光禄大夫（二品）、常侍如故"③。品秩优升一级，享受二品和加官三品官俸。范泰原领国子祭酒（三品）、加特进（二品），致仕时解除国子祭酒，带加官致仕，享受二品官俸④。梁代右光禄大夫、侍中夏侯详致仕，解侍中（三品）、进位特进（二品），食奉城县公封邑二千户，并享受右光禄大夫、特进两个二品官俸⑤。

北魏冀州刺史，高平王王琚致仕，诏拜"散骑常侍（二品下）养老于家。前后赐以车马衣服杂物不可称计"⑥。王琚是异姓王，致仕当在太和十六年（492 年）前，王为虚封，以散骑常侍官俸养老。游明根致仕，诏"食元卿之俸"。他原为大鸿胪（三品）、新泰伯，前者为六卿之一，后者为散伯。元卿为六

---

① 《晋书》卷四四《华表传》。
② 《宋书》卷六六《王敬弘传》。按敬弘致仕带加官较多，意在特予尊崇，望其复起用。
③ 《宋书》卷五四《孔季恭传》。
④ 《宋书》卷六〇《范泰传》。
⑤ 《梁书》卷一〇《夏侯详传》。
⑥ 《魏书》卷九四《阉官·卫琚传》。按太和中定百官令；司州刺史二品中，冀州刺史当在其下。

卿之首，品级虽同，俸阶当有增，所以专指"食元卿之俸"。明根致仕后享受元卿官俸，"供食之味，太官就第月送之"。恩赐青纱单衣、被褥、锦袍等物，及布帛一千匹，谷一千斛，安车一乘，马二匹和幄帐等物。后车驾幸邺，又赐帛五百匹，谷五百斛。敕太官备送珍馐。后车驾再幸邺，再赐谷帛如前，并为之造第。明根卒，魏廷遣使吊祭，赐钱十万，绢三百匹，布二百匹①。

以上二、三品官员致仕共十一人，其中郑羲致仕后品秩优升二级，羊诱、纪瞻、孔季恭、王敬弘、夏侯详五人致仕后品秩优升一级，并都带加官。李憙、游明根、华表三人比较特殊，虽未带加官，但或"禄赐一如三司"，或"禄赐与卿伺"，或"食元卿之俸"，实际上等于带官致仕，而李憙、游明根两人品秩还优升一级（或一阶）。前八人致仕后七人俸禄都提高了，华表保持了原俸禄。王琚带加官，保持原俸。只有范泰虽带加官，但既未升级，又解除国子祭酒，俸禄下降了。

第三，三、四、五品官员单以各类大夫荣誉职致仕的。

西晋尚书仆射（三品）刘毅告老，"以光禄大夫（三品）归第，门施行马，复赐钱百万。"②王览原为宗正卿（三品）、即丘子（邑六百户），以太中大夫（四品）归老，赐钱二十万，床帐荐

---

① 《魏书》卷五五《游明根传》。
② 《晋书》卷四五《刘毅传》。按《通鉴》卷六九《魏纪》黄初二年十月条注："魏、晋之制，三公及位从公，门施行马。"即"一木横中，两木互穿，以施四角，施之于门，以为约禁也"。

褥等物。后转光禄大夫(三品),"门施行马"①。刘宋太常卿(三品)臧焘致仕,"拜光禄大夫,加金章紫绶(二品)"②。秘书监(三品)徐广致仕,拜中散大夫(五品),"赠赐甚厚"③。南琅邪太守(五品)裴松之,致仕时拜中散大夫(五品)④。太常卿(三品)傅隆致仕时拜光禄大夫(三品)⑤。萧齐永嘉太守(五品)范述曾告老,拜中散大夫(五品)。梁武帝即位,进太中大夫(四品),赐绢二十四匹⑥。梁都官尚书(十三班)萧介"致事",拜光禄大夫(十三班)⑦。

北魏光禄大夫、敦煌侯李茂"逊位",诏"食(光禄)大夫(三品)禄"⑧。太常卿高闾致仕时下诏:"听解宗伯,遂安车之礼","可光禄大夫、金章紫绶";"解宗伯",指解除太常卿(三品)位,以金紫光禄大夫(从二品)致仕。赐安车、几杖、舆马、缯彩、衣服、布帛等⑨。封回原为镇东将军(从二品)、冀州

---

① 《晋书》卷三三《王祥附览传》。
② 《宋书》卷五五《臧焘传》。
③ 《宋书》卷五五《徐广传》。
④ 《宋书》卷六四《裴松之传》。
⑤ 《宋书》卷五五《傅隆传》。
⑥ 《梁书》卷五三《范述曾传》。
⑦ 《梁书》卷四一《萧介传》。按梁天监七年易品为班,定十八班,以班多者为贵。
⑧ 《魏书》卷三九《李宝附李茂传》。
⑨ 《魏书》卷五四《高闾传》。

刺史、富城子，"逊职"时拜右光禄大夫（二品）①。崔秉原为骠骑大将军（从一品），仪同三司（从一品）、常侍（从三品）、左光禄大夫（二品），以左光禄大夫致仕②。邢子才为卫将军（二品）、国子祭酒（从三品），以母老辞位，"诏以光禄大夫归养私庭，所生（在）之处，给事力五人。"③东魏常景为仪同三司（从一品）、车骑将军（二品），辞官时诏"给右光禄（二品）事力终其身"④。给事力指国家给致仕者劳动人手，供其役使。

　　以上各类大夫致仕的十四人，他们虽仅带荣誉职致仕，但从品秩看，有四人优升一级，六人保持原品秩，三人品秩降一级，一人品秩降二级。从实际俸禄看，有三人因品秩优升一级增加了官俸，六人品秩不升不降，保持原官俸。其余五人中，徐广致仕后品秩降两级；封回品秩虽优升一级，致仕前任两职；崔秉致仕前任四职，致仕后品秩又降一级；邢子才品秩降一级，致仕前任两职；常景致仕前任两职，致仕后品秩也降一

① 《魏书》卷三二《封回传》。按北魏太和末百官令，刺史分上州三品，中州从三品，下州四品。
② 《魏书》卷四九《崔鉴附秉传》。
③ 范祥雍《洛阳伽蓝记校注》卷三《城南·景明寺》条。按《北齐书》卷三六《邢邵传》不载带光禄大夫位。邵时年四十余岁，以亲老归养，为特殊致仕性质。
④ 《北史》卷四二《常爽附景传》。

级。当时兼职事官是有官俸的①，因而这五人致仕后俸禄都降低了。

第四，单以各种爵位致仕的。

刘宋沈庆之致仕，以始兴郡公就第，食邑三千户，月给钱十万，米百斛，卫史五十人②。北魏太武帝始光（424—427年）时，罗结以屈蛇侯归第，侯爵虚封，无食邑。因"其先世领部落，为国附臣"，特赐给大宁东川以为居业，并为其筑城，号曰罗侯城③。致仕时被赐给大量土地，这显然是对少数民族酋帅的特殊待遇。瀛州刺史、安北将军（三品）张烈以清河县开国子归老，食邑二百户④。北周太傅（正九命）于谨以燕国公致仕，封邑万户。谨卒，遣使监护丧事，赐缯彩千段，粟、麦

----

① 《晋书》卷二四《职官志》：凡以特进或三品以上各级大夫为加官者，"唯食其禄赐"，不给"吏卒车服"，因本官已有吏卒车服。加官无具体职事，尚且有俸禄，兼职事官应当有俸。又《魏书》卷七《高祖纪》下："诏县令能静一县劫盗者，兼治二县，即食其禄。"北魏京官俸薄，故有带郡县官领兼职俸。参考钱大昕《廿二史考异》卷二八。北齐沿袭此制，见《魏书》一〇四《自序》。南朝梁代也是如此，见《通典》卷三五《职官》一七。北魏高阳王元雍身兼七职，"岁禄万余（四），粟至四万（斛）"（《魏书·高阳王雍传》）。这是兼官有俸最有力的证据，假如兼官无俸，元雍俸禄绝不会有如此之多。这里的兼官指一人身任数职，而非史籍中所记"兼官"、"长兼"乃指暂代行某官，未正式任命。
② 《宋书》卷七七《沈庆之传》。
③ 《魏书》卷四四《罗结传》。
④ 《魏书》卷七六《张烈传》。按北魏以封爵致仕的还有赞、源贺、毕众敬等人，但当时爵位虚封，官无俸。

五千斛①。少师(正八命)厍狄峙以安丰县公致仕,封邑二千户②。凤州刺史韩褒以公爵致仕,封邑不详③。并州刺史王士良致仕,享受广昌郡公爵禄④。柱国(正九命)阎庆以大安郡公致仕,封邑千户,赐布帛千段,供给医药。他致仕七年以后,又加拜上柱国(正九命)。此乃勋官,为荣誉职,加领正九命官俸⑤。太史中大夫(正五命)蒋升以高城县子致仕,封邑八百户。致仕时带定州刺史,不视事,加领其官俸⑥。医家姚僧垣原虚领华州刺史,他致仕后仍为周武帝和太子(宣帝)治病。宣帝即位,封僧垣长寿县公,食邑一千户⑦。北齐尚书右仆射(从二品)、特进(二品)许惇以万年县子致仕,"食下邳郡干"养老山⑧。

　　单以爵位致仕的十一人中,有七人致仕后只享受爵禄待遇,减去原官俸,俸禄比致仕前减低了。其余四人,一人解除刺史赐县公爵,一人赏赐大量土地,二人致仕后带加官领官俸,而且加官品秩均比原职要高,因而俸禄比致仕前有所增

---

① 《周书》卷一五《于谨传》。
② 《周书》卷三三《厍狄峙传》。
③ 《周书》卷三七《韩褒传》。
④ 《周书》卷三六《王士良传》。
⑤ 《周书》卷二〇《阎庆传》。参考王仲荦《北周六典》卷九,《勋官》第二十。
⑥ 《周书》卷四七《艺术·蒋升传》。
⑦ 《周书》卷四七《艺术·姚僧垣传》。
⑧ 《北齐书》卷四三《许惇传》。

加。这个时期,北魏太和十六年(492年)前和北齐有庶姓官员封王外,其余各代庶姓官员建置公、侯、伯、子、男五等封爵。北魏太和十八年(494年)后开国五等爵有食邑,其他各代五等爵都有多少不等的封邑。西晋江左诸国封主食封户租调的三分之一,东晋食九封之一,南朝大致沿袭东晋①;北魏太和十八年以后封爵食邑者,公食封户租税的三分之一,侯伯食四分之一,子男食五分之一②。北齐王食封户的三分之一,公以下各等爵,封主食封户租税的四分之一③。北周封爵虽有食邑户数,未给租税。勋臣则"别制邑户,听寄食他县"。国公、郡公真食户数,少者五百,多者不过一千④。

第五,其他辞去俸禄或俸禄不明者九人。

东晋光禄勋颜含年老逊位,加光禄大夫,含"固辞不受"⑤。此外,刘宋何尚之、颜延之,萧齐虞玩之,北魏末杨椿,东魏赵颖,北周樊深、熊安生等人,致仕后俸禄不详。北齐义州刺史羊烈致仕无俸禄,因北齐官员"非执事,不朝拜者,皆不给禄。"⑥至于北魏正光四年(523年)七月诏令:任满待迁

---

① 《晋书》卷一四《地理志》上《序》。《宋书》卷四〇《百官志》下。
② 《魏书》卷七《高祖纪》下。
③ 《隋书》卷二七《百官志》中。
④ 《周书》卷五《武帝纪》上。参考王仲荦《北周六典》卷八,《封爵》第十九。
⑤ 《晋书》卷八八《孝友·颜含传》。
⑥ 《隋书》卷二七《百官志》中。

官员年满七十者,以本官半禄致仕①,则是因为神龟二年(519年)羽林哗变之后,灵太后令武官依资入选,官员任缺者少,应选者多。吏部尚书崔亮曾说:"设令十人共一官,犹无官可授。"②魏廷企图使大批官员半禄致仕,以减少官员入选的压力。但诏书颁布半年后便爆发了人民起义,朝章混乱,恐未真正推行,所以在以后官员致仕中,不见有享受半禄致仕实例的记载③。不过,魏廷这道诏书却成为唐宋以后官员七十半禄致仕的先声。

在前面列举的致仕官员五十二人中,有四十三人致仕前后俸禄的增减,从其官职变化来判断是比较清楚的。其中增加或保持原俸禄的有三十人,约占百分之七十,俸禄降低的有十三人,约占百分之三十。综上所述,官员致仕后禄赐待遇具有下列特点:

首先,官员品位越高,致仕后俸禄恩赐也越丰厚。如一品诸公致仕,或以本封食公禄,或更拜上公,即保持其原俸禄,或比原俸禄要高。二、三品高官致仕,多拜仪同三司、特进等一、二品加官,有的优升一级,也多保持原俸禄,或比原俸禄增加。这两类官员致仕,恩赐大量的钱粮布帛和其他生活用品,以及

① 《魏书》卷九《肃宗纪》。
② 《魏书》卷六六《崔亮传》。
③ 《魏书》卷七七《辛雄传》:雄为《禄养论》说:"仲尼陈五孝,自天子至庶人无致仕之文……以为宜听禄养,不约其年。"书奏,肃宗纳之。此论作于正光末,或为反对正光四年官员七十半禄致仕而作。

吏卒、田驺、卫史、厨士、厨田、第宅。有的前后恩赐三四次,有的死后朝廷为其营建坟墓,监护丧事,或赏给子孙。在致仕官员恩赐见于记载的二十一人中,除一人五品外,全是三品以上的高官。

其次,内外三、四、五品官员,拜各类大夫荣誉职致仕的较多。两汉大夫掌议论,或为拜假喝赐之使,及监护丧事。魏晋以后各类大夫既成为养老官或加官,具有一种荣誉职的性质。尤其是左右、金紫、银青等光禄大夫,不复以为使命之官,多为"在朝显贵"加官,或为诸卿尹中朝大官养老官,因而品秩优崇,"以为礼赠之位"①。

再次,凡五品以上官员都有单以爵位致仕的。这些致仕官员享受封邑多者万户,或数千户,少者数百户。官员公侯伯子男五等爵位的高低,一般同其官品的高低相合。官品高的,所享封爵等级也高。在致仕官员五十一人中,共二十九人有爵位(其他致仕类型中有爵位的十八人)。其中除一人五品享受子爵,二人四品享受公爵外,其余二十六人都在三品以上,三品以上官员约占所有享受封爵官员的百分之九十。这

---

① 《晋书》卷二四《职官志》;《宋书》卷三九《百官志》上。按萧齐时任退为光禄卿,"就王晏(时执政)乞一片金(金紫光禄大夫),晏乃启转为金紫,不行"(《南齐书》卷一七《百官志》)。北魏袁翻上表"愿以安南(将军、三品)和(度支)尚书(三品)换一金紫(光禄大夫,从二品下)归老"(《魏书》卷六九《袁翻传》)。可见金紫光禄大夫品秩之尊崇,南北朝犹然。

说明封爵特权,主要也是三品以上大官僚所享受。

最后,本文所涉及的全部致仕官员,除熊安生一人在五品以下外,其余五十一人皆在五品或相当于五品以上。而且三品以上高级官员四十三人,约占致仕官员的百分之八十三。这些官员几乎全是文武清官,同致仕者多是门阀士族出身相吻合。显然,官员致仕受当时门阀政治的制约。同时也说明,只有地主阶级的上层集团,才享受有致仕后各种特殊待遇的权利。

这个时期六品以下低级官员致仕的记载极少,其具体情况不明了。萧齐永明(483—493年)时御史中丞上表说,百官年七十致仕后,"并穷困私门"。建元(479—482年)初下诏也承认:"(官员)辞事私庭,荣禄兼谢"①。这里虽泛指百官,但因旨在反对官员七十普遍致仕,可能主要反映的是六品以下低级官员致仕后的窘迫情况。因为他们官品低,一般既无封爵,又不能享受各种大夫荣誉职,而且土地资产较少,所以致仕后生活必然不如致仕前好些。

封建官员的爵禄官俸,乃是地主阶级内部分配农民剩余劳动产品的一种形式。文献记载中掌握内外军政大权的三品以上的高官,致仕的人数最多,俸禄恩赏也特别丰裕。这实际上表明,致仕官员对封建地主阶级政治统治贡献越大,其俸禄赏赐即分配到的剩余劳动产品也越多,显然这是符合地主阶

① 《南齐书》卷六《明帝纪》。

级的根本利益的。

关于这个时期官员的实际俸禄，两晋三品以上是比较清楚的。宋、齐、梁、陈四代可能沿袭两晋略有变化，北魏只考得一个概数，同时除北齐外各代同品内俸阶之差不详。前面所举四十二人致仕前后官俸增减的情况，只是根据其官职多少和官品高低的变化判断的。现将其中比较典型的二十七人致仕前后的官俸列表以供参考（如致仕前后皆为一品上公者，因上公俸阶不详，一律以一品官俸计）。

官员致仕前后官俸增减表（爵禄一般致仕前后不变）①

姓名	官品		致仕前年俸	致仕后年俸	致仕前后年俸增减	致仕前后恩赏	备注
	致仕前	致仕后					
王祥	一品上公	一品上公	米1800斛	米1800斛	保持原俸	第一区，钱一百三十万，绢八百匹，布百匹。	致仕前后皆以一品计。致仕时无莱田无绢绵。
郑冲	一品上公	一品上公	米1800斛	米1800斛	保持原俸	第一区，钱一百三十万，绢五百匹，布百匹。	同上
陈骞	一品	一品上公	米1800斛	一品上公俸	增加数不详	园田十顷，园田五十亩。	致仕时无莱田绢绵。
卫瓘	一品	一品上公	米3000斛	一品上公俸	增加数不详	园田十顷，园田五十亩，钱一百万，绢五百匹。	致仕时无莱田。一品绢三百匹，每匹合米四十斛。绢一律不计。

① 此表根据拙作《两晋北朝的官俸》制成。并参考张维训《北魏官俸制度的确立及其对鲜卑封建化的意义》，《中国社会经济史研究》1984年第3期。李文澜《两晋南朝禄田制度初探》，《武汉大学学报》1980年第4期。

续表

姓名	官品		致仕前年俸	致仕后年俸	致仕前后年俸增减	致仕前后恩赏	备注
	致仕前	致仕后					
刘寔	一品上公	一品上公	米4800斛	米4800斛	保持原俸	宅一区，钱百万。	一品菜田十顷，租率每亩以百分之五十至六十计，约为米1.8斛。绢同上。
魏舒	一品	一品	米3000斛	米3000斛	保持原俸	钱百万	致仕时无菜田。绢同上。
尉元	一品	一品上公	绢1300匹	一品上公俸	增加数不详	布帛彩物三千匹。	
郑袤	三品	一品	米1080斛	米1800斛	增加米720斛	绢布各百匹，钱八十万。	致仕时无菜田绢。
李憙	二品 两个三品	一品	米3600斛	米1800斛	减少米1800斛	绢百匹，钱五十万。	同上
羊琇	三品	三品	米2760斛	米6440斛	增加米3680斛	布百匹，钱三十万。	二品菜田八顷，绢二百匹；三品菜田六顷，绢一百五十匹。田租,绢合数同上。

姓名	官品		致仕前年俸	致仕后年俸	致仕前后年俸增减	致仕前后恩赏	备注
	致仕前	致仕后					
纪瞻	两个三品	二品	米5520斛	米6440斛	增加米920斛	无	菜田、绢数同上。
刘毅	三品	三品	米1680斛	米1680斛	保持原俸	钱百万	致仕时无菜田，绢数同上。
王览	三品	三品	米1080斛	米1080斛	保持原俸	钱二十万	致仕时无菜田绢绵
李茂	三品	三品	绢648匹	绢648匹	保持原俸	无	以太和末定百官品秩计。
王琚	三品	从三品	绢648匹	绢485匹	减少绢163匹	车马衣服杂物不可称计。	同上
游明根	三品	三品元卿	绢648匹	三品元卿俸	增加数不详	帛二千匹，谷二千斛。	
高闾	三品	从二品	绢648匹	绢811匹	增加绢163匹	缯彩布帛，数不详。	
封回	从二品 二品	二品	绢1459匹	绢974匹	减少绢485匹	无	

续表

| 姓 名 | 官品 | | 致仕前年俸 | 致仕后年俸 | 致仕前后年俸增减 | 致仕前后恩赏 | 备 注 |
	致仕前	致仕后					
崔 秉	两个从一品二品从三品	二品	绢 3733 匹	绢 974 匹	减少绢 2759 匹	无	
邢子才	二品从三品	三品	绢 1459 匹	绢 648 匹	减少绢 811 匹	无	
常 景	从一品二品	二品	绢 2111 匹	绢 974 匹	减少绢 1137 匹	无	
张 烈	三品四品	以爵归第	绢 1035 匹	无	减少绢 1035 匹	无	
于 谨	正九命	以爵归第	粟 5000 石	无	减少粟 5000 石	缯彩千段，粟麦五千石。	北周官俸以收成好坏分三等，此以中年收成计。
厍狄峙	正八命	以爵归第	粟 4000 石	无	减少粟 3500 石	无	同上
阎 庆	正九命	正九命	粟 5000 石	粟 5000 石	保持原棒	布帛千段	同上

姓 名	官 品		致仕前年俸	致仕后年俸	致仕前后年俸增减	致仕前后恩赏	备 注
	致仕前	致仕后					
蒋 升	正五命	正八命	粟 1000 石	粟 4000 石	增加粟 3000 石	无	同上
姚僧垣	正八命	正八命	粟 4000 石	粟 4000 石	致仕后封长寿县公，邑一千户，别食封户不详，俸禄当有增。	赐金带	同上

注：致仕前后官品有两个以上者为兼职。官俸米粟重斛同石。

（三）养老礼和"咨询"作用

封建地主阶级对于为本阶级建功立业的各类人材,在其致仕时优崇礼遇备加,重视利用他们长期积累的封建统治经验,为治理好封建国家,继续发挥作用。首先表现在官员致仕时举行的养老礼上。

我国古代官员致仕时举行养老礼,有着悠久的历史传统。据《礼记·文王世子》篇称:"适东序释奠于先老,遂设三老五更,群老之席位焉。"郑玄注"三老五更各一人,皆年老更事致仕者也,天子以父兄养之,示天下之孝悌也。"《孝经·援神契》篇说:"天子亲临辟雍,尊事三老,兄事五更。"《汉书》卷二二《礼乐志》载:"养三老五更于雍辟"。《续汉书》志卷四《礼仪》上《养老》条,便详细记述了养老礼的隆重仪式。致仕官员为什么称三老五更呢? 史称:"三老五更昔三代所尊也"①。又说:"三老,老人知天、地、人事者","五更,老人知五行更代之事者"②。显然,三老五更是一种尊称,指致仕官员有知识、有经验之意。东汉明帝永平二年(59 年)十月,"初行养老礼"。明帝下诏尊事三老李躬,兄事五更桓荣,"三老、五更皆

---

① 《通典》卷二〇《职官》二《三老五更》条。
② 《续汉书》志卷四《礼仪》上《养老》条注引宋均语。

以二千石禄养终厥身"①。

魏晋南北朝有的君主继承了这种养老仪礼。曹魏高贵乡公曾幸太学，以王祥为三老，郑小同为五更。王祥"南面几杖，以师道自居。天子北面乞言，祥陈明王圣帝君臣政化之要以训之，闻者莫不砥砺。"②晋武帝虽没有亲自尊拜三老五更，但在郑冲致仕时曾下诏说："古之哲王，钦祗国老，宪行乞言，以弥缝其缺。"③北魏太和十六年(492年)八月，尉元、游明根致仕，行养老礼。孝文帝下诏说："天子父事三老，兄事五更，所以明孝悌于万国，垂教本于天下。"并以尉、游二人为"希世之贤"，尉元年八十"处三老之重"，明根年七十四"充五更之选"。尉元、游明根先后讲述了儒家礼教"孝顺之道"。孝文帝回答说："今承三老明言，铭之于怀"④。

养老礼最隆重的，是北周保定三年(563年)四月于谨致仕。周武帝下诏说："树以元首，主乎教化，率民孝悌，置之仁寿。是以古先明后，咸若斯典，立三老五更，躬自袒割。朕以眇身，处兹南面，何敢遗此黄发，不加尊敬。太傅、燕国公谨，执德淳固，为国元老，馈以乞言，朝野所属。可为三老，有司具礼，择日以闻。"当举行养老礼时，周武帝亲临太学。三老太

---

① 《后汉书》卷二《孝明帝纪》、卷三七《桓荣传》。
② 《晋书》卷三三《王祥传》；《三国志·魏书》卷四《三少帝纪》。
③ 《晋书》卷三三《郑冲传》。
④ 《魏书》卷五〇《尉元传》、卷五五《游明根传》。按明根太和二十三年卒，年八十一。太和十六年致仕拜五更，时年七十四。

傅于谨入门,帝迎拜。三老答拜。有司设三老席于中楹,南
向。晋国公字文护升阶,设几于席。三老升席,南面而坐,以
师道自居。武帝升阶西面,跪向三老进馔。食毕,武帝又跪授
爵以酯,三老嗽口毕,乃起立于席后。武帝北面立而访道说:
"猥当天下重任,自惟不才,不知政治之要,公其诲之。"三老
回答说:"木受绳则正,后从谏则圣。自古明王圣主,皆虚心
纳谏,以知得失,天下乃安。唯陛下念之";"为国之本,在乎
忠信。是以古人云去食去兵,信不可失。国家兴废,莫不由
之。愿陛下守而勿失";"治国之道,必须有法。法者国之纲
纪。纲纪不可不正,所正在于赏罚。若有功必赏,有罪必罚,
则为善者日益,为恶者日止。若有功不赏,有罪不罚,则天下
善恶不分,下民无所措其手足矣";"言行者立身之基,言出行
随,诚宜相顾。愿陛下三思而言,九虑而行。若不思不虑,必
有过失。天子之过,事无大小,如日月之蚀,莫不知者,愿陛下
慎之。"①三老言毕,武帝再拜受诲。

　　这种封建礼仪自有其形式主义的一面,孝文、周武二帝特
重此制,似有以汉族封建礼仪掩盖其少数民族入主中原之意。
但有一点是共同的,即以一国君主之尊,向致仕官员跪拜,甚
至以师道或父兄事之,其中必包含有最高封建统治者颇为重
要的政治意图。首先,表明皇帝是圣君哲王,以身示范,钦年
敬德,尚老崇贤,用以教化臣民,使其自觉地遵循封建伦理纲

①　《周书》卷一五《于谨传》。

常。所谓"古之哲王莫不师其元臣，崇养老之教，训示四海，使少长有礼。"①再者，表明皇帝励精图治，重视本阶级中元老积累的知识和经验，亲自向他们"问道"，"乞言"，以便治理好封建国家。总之，举行养老礼的意义，一是"养老兴教"；一是"乞言纳诲"②，二者都在于维护封建统治的长治久安。虽说封建仪礼本质是为封建统治阶级服务的，但就其"师事元臣"，"养老乞言"来说，也不可否认其积极进步的一面。

关于官员致仕后的"咨询"作用，更值得注意。如王祥魏末为司隶校尉，高贵乡公曾以师事之。晋武帝即位，祥年已八十二，他以年老，"累乞逊位，帝不许"。御史中丞"以祥久疾，缺朝会礼"，请免祥官。晋武帝特下诏说；"太保元老高行，朕所毗倚以隆政道者也。前后逊位，不从所执，此非有司所得议也。"王祥"固乞骸骨"，武帝虽准其致仕，诏以国公留居京城，"大事皆咨访之"③。郑冲，曹魏时拜司空，并给高贵乡公讲授《尚书》。司马昭命贾充、羊祜等分定礼仪、律令，"皆先咨于冲，然后施行"。武帝即位，冲"表乞骸骨"。武帝优诏不许。当冲"抗表致仕"时，诏称"（冲）高让弥笃，至意难违"，准其致仕，"若朝有大政，皆就咨之"④。陈骞，咸宁初迁太尉，转大司马。屡以老疾，固请致仕。武帝许之，下诏说："骞履德论

① 《晋书》卷四一《刘寔传》引左丞刘坦上言。
② 《三国志·魏书》卷四《三少帝纪》。
③ 《晋书》卷三三《王祥传》。
④ 《晋书》卷三三《郑冲传》。

道,朕所咨询";"以其勋旧耆老,礼之甚重"①。刘寔第二次
致仕时,年已九十。怀帝下诏说:"国之大政,将就咨于君,副
朕意焉。"②北魏太武帝拓跋焘即位之初,罗结迁侍中、外都大
官,总三十六曹事。因其"忠慤,甚见信侍"。他一百一十岁
致仕后,魏廷"每有大事,驿马询访焉"③。源贺在文成帝、献
文帝两朝军政上多有建树,史称:"翼戴高宗(文成帝),庭抑
禅让(指拥立孝文帝),殆社稷之臣也。"④延兴四年(474 年),
贺上书"乞骸骨,至于在三,乃许之。朝有大议皆就咨访。"⑤
游明根,"参定律令,屡进谠言";"历官内外五十余年,处身以
仁和,接物以礼让,时论贵之。"⑥他致仕还乡后,"国有大事,
恒玺书访之"⑦。高闾,"博综经史,文才儁伟"⑧。宣武帝时,
闾"屡表逊位"⑨。帝许之,特"引见于东堂,赐以肴羞,访以
大政。"⑩魏末邢子才"博览坟籍,无不通晓"⑪;"吉凶礼仪,公

---

① 《晋书》卷三五《陈骞传》。
② 《晋书》卷四一《刘寔传》。
③ 《魏书》卷四四《罗结传》。
④ 《魏书》卷四一《源贺传》。
⑤ 《魏书》卷四一《源贺传》。
⑥ 《魏书》卷五五《游明根传》。
⑦ 《魏书》卷五五《游明根传》。
⑧ 《魏书》卷五四《高闾传》。
⑨ 《魏书》卷五四《高闾传》。
⑩ 《魏书》卷五四《高闾传》。
⑪ 《北史》卷四三《邢邵传》。

私咨禀,质疑去惑,为世指南。"①他以亲老致仕还乡,魏廷"令岁一入朝,以备顾问"②。北周于谨"有智谋,善于事上"③。当他致仕后,晋国公宇文护保定四年(564 年)东征,"以其宿将旧臣,犹请与同行,询访戎略。"④樊深,精通儒学,并习天文、算术、历法,"儒者推其博物"⑤。他致仕后,北周"朝廷有疑议,常召问焉"⑥。

　　所有这些事实表明,封建朝廷对功勋卓著和有真才实学的致仕官员非常尊崇,凡有军政大事常征求他们的意见,即所谓"咨访"、"咨询"、"顾问"、"召问"等等,让其在治理封建国家中继续发挥作用。如果把"咨询"的范围略加伸延,我们看到最高封建统治者对个别德才兼优的硕老重臣,始终不许致仕,采取减轻其繁锁政务的办法,同样起辅佐和咨询作用。兹举两人为例。西晋山涛"在事清明,雅操迈时"。文帝司马昭深为器重。武帝即位后太始中,以太常卿转吏部尚书,"前后选举,周遍内外,而并得其才"。帝对涛"礼秩崇重,时莫为比"。咸宁初,拜尚书仆射,加侍中,仍领吏部。涛辞以老疾,表章数十上,久不任职。左丞白褒弹劾。武帝下诏说:"白褒

①　《北史》卷四三《邢邵传》。
②　《北史》卷四三《邢邵传》。
③　《周书》卷一五《于谨传》。
④　《周书》卷一五《于谨传》。
⑤　《周书》卷四五《儒林·樊深传》。
⑥　《周书》卷四五《儒林·樊深传》。

朱大渭学术经典文集

奏君甚妄"，"君之明度，岂当介意邪！"涛复起视事。太康元年(280年)，涛年七十六，再上疏告退。武帝下诏；"天下事广，加吴土初平，凡百草创，当共尽意化之。"尚书令卫瓘劾"免涛官"。诏答瓘曰："涛以德素为朝之望，而常深退让，至于恳切。故比有诏，欲必夺其志，以匡辅不逮。主者既不思明诏旨，而反深加诋案，亏崇贤之风，以重吾不德，何以示远近邪！"后迁右仆射、侍中，掌选如故。涛以老疾固辞位。武帝手诏说："君以道德为世模表"，"吾将倚君以穆风俗，何乃欲舍远朝政，独高其志耶！……君不降志，朕不安席。"太康三年(282年)，拜涛司徒，固让。武帝断然下诏说："君当始终朝政，翼辅朕躬。"涛复表辞，又下诏说："君翼赞朝政，保乂皇家，匡佐之勋，朕所倚赖，司徒之职，实掌邦教，故用敬授，以答群望。"①司徒"所掌务烦"②，此为"敬授"，只掌"邦教"，起咨询作用，不理实际政务。北魏高允，"丰才博学、一代佳士"。他"历事五帝(太武、景穆、文成、献文、孝文)，出入三省(尚书、中书、秘书)，五十余年"。允居中书省，"据律评刑，三十余载，内外称平。"文成帝时若"事有不便，允辄求见，高宗知允意，遂屏左右以待之。礼敬甚重，晨入暮出，或积日居中，朝臣莫知所论。"帝谓群臣曰："如高允者，真忠臣矣。朕有是非，常正言面论，至朕所不乐闻者，皆侃侃言说，无所避就。朕

---

①　《晋书》卷四三《山涛传》。
②　《晋书》卷三三《何曾传》。

闻其过，而天下不知其谏，岂不忠乎！"文成帝和献文帝两朝军国书檄，多出高允手笔。允年八十九时，乞以老还乡，上表十余次，"卒不听许，遂以疾告归"。同年，诏以安东征允，并敕州郡发遣。允至，拜镇军大将军，领中书监。太和三年（479年），诏允议定律令。又诏："朝哺给膳，朔望致牛酒，衣服绵绢，每月送给（时百官无俸）。"文明太后、孝文帝礼敬允，常召见，命中黄门扶侍，"备几仗，问以政治"。太和十年（486年），允年九十七，加金紫光禄大夫，"朝之大议，皆咨访焉"①。像山涛、高允这样始终未致仕，君主对他们尊崇备至，年老后留作咨询的事例，其实在魏晋南北朝时期并不稀见。不过，他们在这方面较为典型，举此以见一斑。

最后应当指出，关于致仕或未致仕官员所起的咨询作用，乃是封建地主阶级安置元老重臣的一种有政治远见的措施，在两汉时似乎不曾有过，它在一定程度上能吸取本阶级先辈丰富的治国经验，保证政策的正确性和政权的稳定性。同时，致仕养老礼和咨询作用都说明最高封建统治集团对本阶级中贤能长者的爱护、尊敬和重用，从这个意义上说，地主阶级中的代表人物继承了中华民族敬老尊贤的优良历史传统，无疑这是具有进步作用的。

（原刊于《中国史研究》1987 年第 1 期）

---

① 《魏书》卷四八《高允传》。

《隆中对》与夷陵之战

　　蜀、吴夷陵之战，是三国形成中的三大战役之一。假如说官渡之战决定了北方的统一，赤壁之战形成了南北的对峙，那么夷陵之战便最后促成了天下三分的形势。这次战争也是我国战史上的一次名战。毛泽东在《论诗久战》和《中国革命战争的战略问题》中，都曾以古代著名战例论及。因此，无论就历史影响或战略指挥的角度说，夷陵之战都是值得重视的一次战役。

　　这里想集中说明三方面的问题：第一，这次战争的发生，从蜀、吴双方政略战略方针看其原因何在？人们向来以为《隆中对》完美无缺，夷陵之败同它无关，是刘备不听诸葛亮的劝阻，感情用事，"忿而伐吴"的说法是否符合历史真实？第二，蜀败吴胜在经济、政治、军事上的原因是什么？双方在战略指挥上的得失如何？第三，这次战役对三国特别是对吴、蜀产生的深远历史影响怎样？

（一）夷陵之战绝不是偶然事件，而是蜀、吴政略和战略方针相冲突的反映

"刘备无远识，关张短乾坤，自坏联吴策，统一志难伸。"①这首诗责备了刘备没有政治远见，不该发动夷陵之战，破坏了诸葛亮的联吴政策，以致统一大业不能完成。这代表了一种传统看法。南宋学者陈亮曾说："（关）羽既就戮，备不胜忿，遂大举以求复其仇；而不知魏者国家之深仇，非特一关羽之比，吴者一家之私忿，犹有唇齿之援也。"②明末清初学者王夫之指出："（刘备）即位三月，急举伐吴之师……而急修关羽之怨，淫兵以逞，岂祖宗百世之仇，不敌一将之私忿乎？"③现代也有这样的看法："刘备对于诸葛亮的联吴外交，始终不大重视"，"当荆州失守，关羽被害之后，他忿而伐吴。"④既然伐吴不应该，于是古今都有人为诸葛亮作辩解，甚至还作了他反对伐吴的种种猜测说："外结孙权，隆中之对早策及此矣，乃荆州之失，伐吴之举，顿与初策相左，当亦武侯所扼腕太息者也"⑤；以及刘备"拒绝诸葛亮的劝告"，大举伐吴"是他独断

① 长江《游成都武侯祠》，《光明日报》1960 年 5 月 28 日《东风》副刊。
② 《陈亮集》卷五，中华书局 1974 年版。
③ 王夫之《读通鉴论》卷十，中华书局 1975 年版。
④ 马植杰《诸葛亮》，上海人民出版社 1957 年版，第 21—22 页。
⑤ 《三国志旁证》卷一九，引黄恩彤语。

专行"的等等①。虽然也有人对这种看法发生过怀疑②，但还没有从蜀、吴两国的政略和战略全局来观察这次战争发生的真实原因，以及分辨有关的问题。

刘备是一个凭意气用事的人物吗？不是。当时的人对他才略的评价是相当高的。曹操说："今天下英雄惟使君（指刘备）与操耳，本初之徒不足数也"③；又说："夫刘备，人杰也"④。魏国名臣程昱说："刘备有雄才而甚得众心"⑤。贾诩说："刘备有雄才"⑥。刘晔指出："刘备，人杰也"⑦。鲁肃说："刘备天下枭雄"⑧。诸葛亮、法正一见刘备，即认为他堪称"明主"。这些评论并非过誉。赤壁战后，刘备为了取得整个荆州以及进一步巩固孙、刘联盟，他要亲见孙权。诸葛亮极力劝阻，但他以为"仲谋所防在北，当赖孤为援，故决意不疑。"⑨他见到孙权后，周瑜、吕范都主张拘留他，可是孙权终于听从

① 吕振羽《简明中国通史》，人民出版社1959年版，第320页；何干之《论三国时代刘孙联合抗曹的得失》，载《新建设》第3卷第4期。持有同样意见的人不少。
② 《资治通鉴》卷六九，《魏纪》黄初三年胡注；《三国志旁证》卷二三，引何焯语；吕思勉《三国史话》，开明书店版，第87—88页。
③ 《三国志·蜀书》卷二《先主传》。
④ 《三国志·魏书》卷一《武帝纪》。
⑤ 《三国志·魏书》卷一《武帝纪》。
⑥ 《三国志·魏书》卷一〇《贾诩传》。
⑦ 《三国志·魏书》卷一四《刘晔传》。
⑧ 《三国志·吴书》卷九《鲁肃传》。
⑨ 《三国志·蜀书》卷七《庞统传》注引《江表传》。

鲁肃的建议,把南郡划给他,以便扶植他的势力来减轻曹操的压力。建安十六年(211年)刘备入益州,在涪与刘璋相会,庞统、法正、张松都主张"于会所袭璋"①。刘备却认为"此大事也,不可仓卒"②,"初入他国,恩信未著"③。他一面"厚树恩德,以收众心"④,一面了解蜀中兵马粮草、关隘要害情况,当情况摸清,时机成熟后,才决意三路兵向成都。由此看来,刘备决策既精细果断,又持重稳妥。何况刘备伐吴时已是一个62岁的老政客,说他一怒而举国东征,未必可信。同时,他大举伐吴离关羽丧败已有一年半了,因而不能说是"忿兵"。

谈到联吴政策,也不能说刘备没有认识。他曾经吃尽了吕布、曹操东追西击的苦头,当他联吴破曹后,他的处境就大为改观。他知道曹操是主要的敌人,说:"今指与吾为水火者,曹操也。"⑤为了巩固孙刘联盟,建安十五年(210年)他曾冒险亲"至京(口)见权,绸缪恩纪"⑥。建安十七年(212年)十二月曹操伐孙权,刘备急忙写信给刘璋借兵马粮草说:"曹公征吴,吴忧危急,孙氏与孤本为唇齿。"⑦刘备向刘璋借兵马粮草的意图,虽带有欺骗性,但他所说"孙刘唇齿",确是实

① 《三国志·蜀书》卷二《先主传》。
② 《三国志·蜀书》卷二《先主传》。
③ 《三国志·蜀书》卷七《庞统传》。
④ 《三国志·蜀书》卷二《先主传》。
⑤ 《三国志·蜀书》卷七《庞统传》裴注引《九州春秋》。
⑥ 《三国志·蜀书》卷二《先主传》。
⑦ 《三国志·蜀书》卷二《先主传》。

情。其实，刘、孙唇齿的道理，孙权也是懂得的，所以从赤壁破曹起，尽管中间夹杂着荆州之争，但双方一直信使不绝。当刘备夷陵战败退驻白帝时，孙权立即遣太中大夫郑泉请和，刘备也派太中大夫宗玮使吴，两国又开始和好了。当时孙权还特别这样说过："近得玄德书，已深引咎，求复旧好。"①

那么，蜀国大举伐吴的原因究竟是什么？这就必须从蜀国的政略方针谈起。因为战争是政治的继续，战争是政治的另一种手段，战争是为政治目的服务的。早在建安十二年（207年）十一月，诸葛亮分析了曹、孙两大势力暂时不能消灭的形势后，便为刘备定下了如下的政略和战略方针：

> 荆州北据汉沔，利尽南海，东连吴、会，西通巴、蜀，此用武之国，而其主不能守，此殆天所以资将军，将军岂有意乎？益州险塞，沃野千里，天府之土，高祖因之以成帝业。刘璋暗弱，张鲁在北，民殷国富而不知存恤，智能之士，思得明君。将军既帝室之胄，信义著于四海，总揽英雄，思贤如渴；若跨有荆、益，保其岩阻，西和诸戎，南抚夷越，外结好孙权，内修政理，天下有变，则命一上将将荆州之军以向宛、洛，将军身率益州之众出于秦川，百姓孰敢不箪食壶浆以迎将军者乎？诚如是，则霸业可成，汉室可兴矣②。

---

① 《三国志·吴书》卷二《孙权传》裴注引《江表传》。
② 《三国志·蜀书》卷五《诸葛亮传》。

这一为人们千古赞赏的《隆中对》，其内容概括起来说，就是为了要达到恢复汉室、实现统一的最终政治目的，必须分两步走：第一步夺取荆、益二州为根据地，改革内政，外结孙吴，积蓄经济和军事实力；第二步待时机到来，一路从荆州向洛阳，一路从汉中出潼关，以钳形攻势争夺中原。从此，《隆中对》便成为刘备进行政治、军事斗争的指导思想。《隆中对》对当时天下形势和主、客观条件的分析，对打破割据势力最薄弱的环节和建立根据地的建议，以及对主要敌人和争取团结的对象的分辨等等，无疑都是正确的。但其中也有问题，那就是对于孙权方面也在积极准备实现统一的形势认识不足，从而对荆州与孙权的关系看得不透彻，以致把荆州作为蜀国实现统一的一个战略据点。荆州在吴国经济上和向外发展上至关重要，从地理形势上看，荆州在扬州上流，它关系到吴国的安危存亡，可以说没有荆州便没有吴国，所以孙吴势所必争①。吴国政略家鲁肃早在建安五年（200年）十月，比隆中对策还早七年向孙权进"鼎足江东"之策时便说："汉室不可复兴，曹操不可卒除"，唯有"剿除黄祖，进伐刘表，竟长江所极，据而有之，然后建号帝王以图天下。"② 建安十三年（208年），他又说：

---

① 参阅范文澜《中国通史简编》修订本第二编，人民出版社1958年版，第204页。

② 《三国志·吴书》卷九《鲁肃传》。

"夫荆楚与国邻接，水流顺北，外带江、汉，内阻山陵，有
金城之固，沃野万里，士民殷富，若据而有之，此帝王之资
也。"① 同年甘宁也向孙权说："南荆之地，山陵形便，江川
流通，诚是国之西势也。宁已观刘表，虑既不远，儿子又
劣，非能承业传基者也。至尊当早规之，不可后操。图之之
计，宜先取黄祖……一破祖军，鼓行而西，西据楚关，大势
弥广，即可渐规巴、蜀。"② 当孙、刘联军破曹后，周瑜曾
向孙权密献计说："今曹操新折衄，方忧在腹心，未能与将
军连兵相事也。乞与奋威（指孙坚季弟孙静子瑜）俱进取
蜀，得蜀而并张鲁，因留奋威固守其地，好与马超结援。瑜
还与将军据襄阳以蹙操，北方可图也。"③ 孙权本已同意这
一决策，但周瑜却病死在还江陵的途中。后来吕蒙也主张夺
取荆州，"全据长江"，派一支兵驻江陵，一支兵驻白帝，
他自己进据襄阳，以争中原④。在吕蒙夺取荆州前，孙权曾
与他讨论同曹操争夺徐州（治彭城，指今江苏北部和山东
南部地区）。吕蒙回答说："今操远在河北……徐土守兵，
闻不足言，往自可克。然地势陆通，骁骑所骋，至尊今日得
徐州，操后旬必来争，虽以七八万人守之，犹当怀忧。不如

---

① 《三国志·吴书》卷九《鲁肃传》。
② 《三国志·吴书》卷一〇《甘宁传》。
③ 《三国志·吴书》卷九《周瑜传》。
④ 《三国志·吴书》卷九《吕蒙传》。

取羽，全据长江，形势益张。权尤以其言为当。"① 由此可知，孙吴军政最高层主要决策人物，如周瑜、吕肃、甘宁、吕蒙等对吴国的军政发展，都主张由建业西上与蜀争夺荆州，而不是过长江北上与曹魏争夺徐州。这样说来，争夺荆州又是吴国政略和战略的基本方针。吴国后期名将陆逊及其子抗，仍坚持上述战略方针。吴凤凰三年（274年）陆抗卒前上疏说："臣父（逊）昔在西垂陈言，以为西陵国之西门，虽云易守，亦复易失！若有不守，非但失一郡，则荆州非吴有也。如其有虞，当倾国争之。"② 东晋何充在永和元年（345年）论荆州形势说："荆楚，国之西门，户口百万，北带强胡，西邻劲蜀，地势险阻，周旋万里；得人则中原可定，失人则社稷可忧，陆抗所谓'存则吴存，亡则吴亡'者也。"③ 这可以作为孙吴、东晋偏安江南政权领导层，对荆州重要战略地位的带总结性的看法。问题的关键就在这里，荆州既然是双方必争之地，总有一方胜利，一方失败。哪一方失败呢？无疑将是刘备方面。因为其一，"刘备取得益州以后，荆州成为孙权用全力来攻、刘备不能用全力来守

① 《三国志·吴书》卷九《吕蒙传》。
② 《三国志·吴书》卷一三《陆逊传附子抗传》。
③ 《晋书》卷七七《何充传》；《资治通鉴》卷九七《晋纪》穆帝永和元年。

的局面"①；其二，荆州作为一个战略据点，要北上宛、洛，就必须首先消灭曹操在襄、樊的驻军，完成夺取襄、樊的任务。这就是说，就连荆州驻军本身的主要锋芒，也只能针对曹魏，而不能针对孙吴。这种战略形势决定了蜀、吴在争夺荆州的斗争中，必然是吴国取得最后胜利。因此，刘备方面还有以庞统、法正为代表的与《隆中对》有所不同的另一派主张。早在建安十六年（211 年），当刘备想方设法企图占领整个荆州时，庞统却向刘备进策说："荆州荒残，人物殚尽，东有孙吴，北有曹氏，鼎足之计，难以得志。今益州国富民强，户口百万，四部兵马，所出必具，宝货无求于外，今可权借以定大事。"② 建安十六年（211 年）法正也向刘备说："资益州之殷富，凭天府之险阻，以此成业，犹反掌也。"③ 建安二十二年（217 年）他在劝刘备进取汉中时又说："今策渊、郃才略，不胜国之将帅，举众往讨，则必可克。克之之日，广农积谷，观衅伺隙，上可以倾覆寇敌，尊奖王室，中可以蚕食雍、凉，广拓境土，下可以固守要害，为持久之计。"④ 蜀汉章武元年（221 年）赵云在劝阻刘备东征时也说："当因众心，早图关中，居河、渭上流

---

① 范文澜《中国通史简编》修订本第二编，人民出版社 1958 年版，第 204 页。
② 《三国志·蜀书》卷七《庞统传》裴注引《九州春秋》。
③ 《三国志·蜀书》卷七《法正传》。
④ 《三国志·蜀书》卷七《法正传》。

以讨凶逆，关东义士必裹粮策马以迎王师。"① 两派主张的相同之点是都要凭借益州为根本，不同之点是诸葛亮兼顾荆州，以便夹攻中原，庞统等人看清了荆州是当时魏、蜀、吴矛盾焦点，是危险之地，因而每次规划总的方针时，从不提及荆州，甚至庞统连荆州在经济上的地位也加以否定，其着眼点是"蚕食雍、凉"，占领关中，出潼关以争天下。庞统等人的意见借鉴了历史经验，走的是秦、汉统一天下的老路。两派主张比较起来，很明显，仅从蜀、魏斗争看，似乎诸葛亮的方针高明，如果从刘、孙、曹三方全局看，特别是从刘、孙联合抗曹的基本政治军事形势看，不能不承认庞统一派的意见是唯一正确可行的。还应该看到，诸葛亮的方针本身包含着政略和战略部署的矛盾，因为外结孙权是其政略的组成部分，而把荆州作为一个战略据点，又必然和孙吴发生冲突。弄清了上面这些情况，再来看刘、孙长时期荆州之争的微妙关系，就不会感到困惑了。

孙、刘双方对荆州的经略，早已开始。孙吴方面，孙策、孙权都曾多次向荆州方面进攻。建安十三年（208 年）孙权派大军西击黄祖于夏口，黄祖败亡，虏其男女数万口。孙权正准备进攻荆州，恰好荆州军阀刘表死了，孙权立即派鲁肃出使荆州以"观变"。鲁肃昼夜兼行，"恐为操所

---

① 《三国志·蜀书》卷六《赵云传》裴注引《云别传》。

先"①。当时刘备、曹操都在觊觎荆州。通过建安十三年（208 年）冬，一场赤壁之战，荆州江南四郡落入刘备之手，孙权只得了江夏和南郡。当时曹操留有重兵驻在襄、樊，并于建安十四年（209 年）七月亲率水军入淮河，出淝水，屯合肥。建安十七年（212 年）十二月，曹操再行东征吴，孙权率 7 万人抵御，相持月余。由于赤壁战后一个时期来自曹操方面的威胁并未完全解除，孙权、鲁肃都曾有意扶植刘备的势力，以便共同对付曹操，所以孙、刘双方暂时放松了对荆州的争夺。当刘备在建安十九年（214 年）夺取益州后，随着他的势力的增长，特别是关羽进攻襄、樊的胜利进军，军威甚盛，过早地暴露了刘备集团的实力，使孙权感到来自长江上游的威胁逐渐明显，同时曹操已把主要矛头对准刘备，对孙权的压力有所减轻。于是形势的发展逐渐由主要是刘、孙联合抗曹的局面转化为主要是刘、孙争夺荆州的局面。刘备取益州后不久，孙权便公开提出索取荆州，并派吕蒙袭取了荆州的长沙、零陵、桂阳三郡。荆州既是刘备立国的两大战略据点之一，当然势在必争。所以他急忙从成都引大军 5 万赶到公安，命关羽率军为前锋争夺三郡。孙权也亲率大军上驻陆口，并遣鲁肃、甘宁、吕蒙等将 3 万人屯益阳以阻关羽。刘、孙大战迫在眉睫。碰巧这时曹操兵伐汉中，益州受到威胁，刘备被迫与孙权讲和，以湘水为界平分荆

---

① 《三国志·吴书》卷九《鲁肃传》。

州，江夏、长沙、桂阳属孙权，南郡、零陵、武陵归刘备。这次荆州之争，可以看做是夷陵之战的一个前奏。

刘备退兵后，曹操已取得汉中。蜀国臣僚杨洪说："汉中则益州咽喉，存亡之机会，若无汉中则无蜀矣"①；黄权也说："失汉中，则三巴不振，此为割蜀之股臂也。"② 所以刘备听从法正的意见，率诸将进兵汉中。这时军事形势又由刘、孙荆州之争转化为刘、曹汉中之争了。刘备夺取汉中后，关羽的荆州军也想乘机完成夺取襄、樊的任务。曹操方面早有人看出这步棋，如扬州刺史温恢对裴潜说："此间虽有贼（指孙权进军合肥），不足忧，而畏征南（曹仁为征南将军屯樊）方有变。今水生而子孝（曹仁字）悬军，无有远备。关羽骁锐，乘利而进，必将为患。"③ 果不出温恢所料，关羽很快率军北上襄、樊，大败曹军，许昌以南为之震动。曹操不惜抽调出汉中和合肥两方面的军队来援救襄、樊，并加强许昌的防御，甚至还想"徙都"以避其锋。从表面上看来，诸葛亮争夺中原的钳形战略是够厉害的，只是一次演习便收到成效。然而实际上却包含着严重的危机。因为刘备对曹操的斗争越是胜利，其势力越是增长，则曹操对孙权的威胁便相对减弱，孙、刘矛盾就越加上升。加之曹操

---

① 《三国志·蜀书》卷一一《杨洪传》。
② 《三国志·蜀书》卷一三《黄权传》。
③ 《三国志·魏书》卷一五《温恢传》。

怂恿孙权夺取荆州，所以形势又逐渐由曹、刘斗争转为刘、孙荆州之争。当关羽北上襄、樊时，吴将吕蒙、陆逊、全琮等都看出是夺取荆州的好机会，结果由吕蒙用奇兵夺取了荆州关羽的防地，进而击杀关羽，消灭了荆州军。关羽的丧败，除去前面说的主要原因外，关羽自己缺乏策略思想，刚愎自用，刘备、诸葛亮由于对刘、孙矛盾随着自己势力的增长而加剧的形势认识不足，以致在吕蒙袭击荆州时措手不及等等，也都是有关系的。

荆州军的垮台，对蜀国来说是很沉重的打击。严重的问题提上了日程，要不要继续贯彻《隆中对》两路夹攻中原的战略方针？如果回答是肯定的，就必须夺回荆州，否则，只有改变原来的战略方针。可是，蜀国基本战略方针的改变是不容易的，一来刘备为争夺荆州花的心血最多，受的损失最大；二来已经错过了争夺关陇的好机会；三来刘备、诸葛亮似乎还不曾觉察到自己的战略方针包含有错误因素。所以通过一年半的酝酿决策，最后还是大举伐吴，企图把已被孙权打碎的一支钳口重新配制起来。也就是说，刘备要坚持贯彻《隆中对》中的战略方针。但夺回荆州并非易事，因为荆州既然关系到吴国的安危，孙权必以全力来守。蜀国君臣在决策中显然有过激烈的斗争，"群臣多谏，一不从"①。在反对派中，黄权、赵云最坚决，所以他们虽是刘备最亲信、

① 《三国志·蜀书》卷七《法正传》。

最有才略的将领，却一个留守江州，一个被派驻江北以防魏军，不得参与伐吴。作为蜀国主要决策者的诸葛亮，对举国东征这件大事不表示态度是不可能的。从伐吴符合《隆中对》的既定方针看，从刘备能压倒反对派动员全蜀力量东征看，从史籍里不见有诸葛亮反对伐吴或修改既定方针的记载看，他应当是赞同伐吴的。试想，黄权、赵云反对伐吴尚且见于记载，如果诸葛亮也反对伐吴，那史家是会大书特书的。为什么夷陵败后，他忽然想起法正来？因为法正同他的战略主张有所不同，刘备又特别信任法正，而上一次促使刘、孙荆州之争转为刘、曹汉中之争，就是法正出的主意。所以诸葛亮说："法孝直若在，则能制主上，令不东行，就复东行，必不倾危矣！"① 这里前两句说明诸葛亮这时才对《隆中对》中的错误因素真正醒悟，并承认法正提出的路线是正确的；后两句则反映出他对夷陵之战失败，荆州彻底丧失，仍带有惋惜的余音，而且还有责怪刘备指挥失当，以致造成败局的意味。有人会问：伐吴不是同联吴政策发生矛盾吗？其实并不矛盾。外交政策是从属于整个政略方针的，联吴不过是实现统一的一种手段。从《隆中对》出发，如果不夺回两大战略据点之一的荆州，统一事业就无法完成，联吴就失去了应有的意义。正如夷陵之战以前，刘备既要联吴又长时期同吴进行荆州之争是一样的道理。如果硬说这是一

① 《三国志·蜀书》卷七《法正传》。

种矛盾的话，那么这就是《隆中对》本身包含的政略与战略布署相冲突的一种反映。

在隆中对策时，刘、孙矛盾和荆州之争还没有发展和暴露出来，因而诸葛亮料不及此，原不足怪。但经过第一次荆州之争，特别是有了关羽丧败的惨痛教训，刘备、诸葛亮仍然没有及时采取修正原来战略方针的措施，还要继续错走下去，把蜀军主力再次投向荆州战场，这就是严重的战略决策失误了。

（二）吴胜蜀败是由于吴国在经济、政治、军事上处于优势，以及吴军统帅陆逊的指挥正确

蜀汉章武元年（221年）七月，刘备率诸军伐吴。在次年闰七月的夷陵之战中，孙吴胜利了，蜀国失败了。战争的胜败，首先决定于作战双方在经济、政治、军事力量，外援以及战争的正义与否诸方面的条件。刘、孙之间的战争，双方都是为了巩固与扩大封建割据地域和进一步实现统一，因而无所谓哪方正义与不正义，过去人们常争论的刘备从孙吴方面借过荆州以及正统在蜀等等，实际上意义不大，可不必去管它。我们且看看在经济、政治、军事力量以及外援上，吴、蜀双方的条件如何。

先谈吴国。夷陵之战时，孙吴"已历三世"，离孙坚为长沙太守已有32年，离孙策夺取会稽等5郡已有25年，离

孙权开始执政也有 22 年了。当时孙吴据有扬、荆、交三州。荆、扬二州湖泊纵横，土地肥沃，物产丰富。东汉以来，南方落后的社会经济有一定的发展，人口增长很快①；加上东汉末年遭受战乱破坏较小，以及北方人民的大量南移，更促进了南方农业生产的迅速发展。鲁肃说："江东沃野万里，民富兵强"②；周瑜说："（江东六郡）铸山为铜，煮海为盐，境内富饶，人不思乱。"③ 荆州也是"沃野万里，士民殷富"④；"以田以渔，稯粟红腐，年谷丰夥。江湖之中，无劫掠之寇，沅湘之间，无攘窃之民。"⑤ 吴国赤乌五年（242年），有户约 52 万，男、女口约 230 万⑥。夷陵之战前后正是孙吴强盛时期，户、口当不少于 242 年。孙权凭借这些条件，又"善于任使"，"亲贤爱士"，尽力拉拢南北大地主中出类拔萃的人物，手下"异人辐辏，猛士如林"。《三国志·吴书》中除孙氏外，有专传的 59 人，其中北方籍的有25 人，南方籍的有 34 人，可见孙吴政权是得到南北大地主阶级的拥护的。同时，孙策、孙权都很重视争夺劳动人手，

---

① 据《汉书》卷二八《地理志》、《续汉书》志第二十二《郡国志》四，东汉时扬州、荆州人口分别从 320 和 350 多万增加到 430 和620 多万。

② 《三国志·吴书》卷九《鲁肃传》裴注引《吴书》。

③ 《三国志·吴书》卷九《周瑜传》裴注引《江表传》。

④ 《三国志·吴书》卷九《鲁肃传》。

⑤ 《全三国文》卷五六《刘镇南碑文》。

⑥ 《晋书》卷一四《地理志上·序》。

发展农业生产。夷陵之战前，吴国通过各种手段获得的劳动人手估计在 30 万人以上①。孙吴早就设置农官，有典农校尉、屯田都尉之类②。兵士屯田很普遍，民屯也仅次于魏。

孙吴前期颇能注意人民的疾苦。如孙策时"军士奉令，不敢掳略，鸡犬、菜茹，一无所犯。民乃大悦，竞以牛酒诣军。"③鲁肃"作军屯营，不失令行禁止，部界无废负，路无拾遗。"④吕蒙夺取荆州时，"约令军中，不得干历人家，有所求取。"⑤建安二十四年（219 年）大疫，孙权下令尽免荆州人民租税⑥。陆机说：孙吴政权"其求贤如不及，恤民如稚子"⑦。这在孙权前期，在一定程度上是反映了一些真实情况的。所以在夷陵之战前，孙吴内部阶级矛盾还不很尖锐。同时，孙权已对"不从命"的山越进行了多次征讨，问题虽不曾完全解决，但也不十分严重了，因而这次吴、蜀发生战争，也不见有山越起事。

孙权在外交上也善于利用魏、蜀的矛盾。在刘备征汉中前后，他曾配合刘备从合肥方面侧击曹操。但当他决计夺取

---

① 《三国志·吴书》卷一《孙策传》，卷二《孙权传》。
② 《三国会要》卷一九，中华书局 1956 年版。
③ 《三国志·吴书》卷一《孙策传》裴注引《江表传》。
④ 《三国志·吴书》卷九《吕蒙传》。
⑤ 《三国志·吴书》卷九《吕蒙传》。
⑥ 《三国志·吴书》卷二《孙权传》。
⑦ 《三国志·吴书》卷三《三嗣主传》裴注引陆机《辨亡论》。

荆州时，便立即与曹操书"乞以讨羽自效"①。接着，他夺得了荆州，于建安二十四年（219 年）十二月使校尉梁寓入贡，遣还被俘魏将朱光等，甚至上书向曹操称臣，劝其篡位。曹魏延康元年（220 年）七月，他又遣使奉献于即将代汉的曹丕。延康二年（221 年）八月，他向魏称臣，卑辞奉章，送还魏降将于禁等。不久，他受魏封为吴王，遣中大夫赵咨入谢。魏遣使求方物，群臣反对，孙权却以为"方有事于西北（指与刘备斗争），江表元元，恃主为命，非我爱子邪。彼所求者，于我瓦石耳，孤何惜焉!"② 他又向群臣解释受魏封王事说："孤以玄德方向西鄙……若不受其拜，是相折辱而趣其速发，便当与西俱至。二处受敌，于孤为剧，故自抑按，就其封王。低屈之趣，诸君似未之尽。"③从夺取荆州到夷陵之战前，吴、魏使臣来往频繁，这就使孙权在外交上处于主动，不仅没有北顾之忧，而且争得了外援以对付蜀国。魏国的刘晔就说过："权前袭杀关羽，取荆州四郡，备怒，必大兴师伐之。外有强寇，众心不安，又恐中国（指魏）承其衅而伐之，故委地求降，一以却中国之兵，二则假中国之援，以强其众而疑敌人。"④ 他主张乘机伐吴，"吴亡则蜀孤"。曹丕比他聪明，主张坐观成败。因为吴、

① 《三国志·吴书》卷二《孙权传》。
② 《三国志·吴书》卷二《孙权传》裴注引《江表传》。
③ 《三国志·吴书》卷二《孙权传》裴注引《江表传》。
④ 《三国志·魏书》卷一四《刘晔传》裴注引《傅子》。

蜀任何一方力量的削弱，对魏都是有利的；如果加兵于任何一方，吴、蜀都有妥协的可能，这对魏国反而不利。

以上是吴国方面的情况，而蜀国方面呢？夷陵之战时，刘备取益州只有 8 年，取汉中只有 3 年多。不过他所据有的益州和汉中也很富庶。益州沃野千里，天府之国，一向经济发达，东汉末年战乱较少。汉中也是"户出十万，财富土沃"①。蜀汉章武元年（221 年），蜀国有户 20 万，男女口 90 万②。刘备、诸葛亮凭借这些条件，在政治上有过一番革新。他们很重视调和外地军政人才和益州地主阶级之间的矛盾，收罗各种人才。刘备不仅重用从荆州带去的大批文武贤才，使处之要职，对益州地区刘璋部属，也选贤能而任使。史称："及董和、黄权、李严等本（刘）璋之所授用也，吴壹、费观等又璋之婚亲也，彭羕又璋之所排摈也，刘巴者宿昔之所忌恨也，（刘备）皆处之显任，尽其器能。有志之士，无不竞劝。"③ 同时诸葛亮又以"严刑峻法"，打击"专权自恣"的贪官污吏和地方豪强，这同曹操以"汉末政失于宽"，而"纠之以猛"④ 是一样的。

刘备取益州后，听从赵云的建议，把成都附近的一些荒

---

① 《三国志·魏书》卷八《张鲁传》。
② 《晋书》卷一四《地理志上·序》。
③ 《三国志·蜀书》卷二《先主传》。
④ 《三国志·魏书》卷一四《郭嘉传》裴注引《傅子》。

芜土地归还人民，"令安居复业，然后可役调"①。他还置司金中郎将，典作农、战之器，置司盐校尉，较盐、铁之利；又"铸直百钱，平诸物贾，令吏为官市"，数月之间，府库充实②，并且很注意节约物力。但蜀国究竟立国不久，根基不稳，"南中"少数民族问题也还没来得及解决。所以当刘备败归白帝重病后，汉嘉太守黄元就乘机叛乱，接着又有益州郡大姓雍闿、越嶲夷王高定元、牂牁太守朱褒等起兵，反抗蜀汉政权。

刘备、诸葛亮一贯坚持联吴以抗魏，这就不能利用魏、吴矛盾，击吴还得防魏，外交上处于被动，力量也势必分散。刘备率大军东征时，就不得不以黄权"督江北诸军以防魏"。蜀国本来需要联魏攻吴，但它是以拥汉反曹作为政治号召的，怎么能联魏攻吴呢？当时魏国君臣也曾经讨论是否趁机伐蜀，虽然结果只是表面上扬言出兵助吴，但刘备不能不分散兵力以防魏。这种外交形势对刘备倾全力以伐吴是很不利的。

总观上述吴、蜀双方的条件，据东汉末年地理沿革，吴据二州半，蜀据一州，吴国人口为蜀的两倍有余；虽然双方在政治上都有所革新，但吴立国已久，基础稳固，蜀立国较短，根基不稳；外交上吴处于主动，能全力以拒蜀，而蜀处

朱大渭学术经典文集

---

① 《三国志·蜀书》卷六《赵云传》裴注引《云别传》。
② 《三国志·蜀书》卷九《刘巴传》裴注引《零陵先贤传》。

于被动，要顾两头。更重要的，是孙权方面新取荆州，人心振奋，荆州的得失既关系吴国安危，所以上下齐心对外。而刘备方面关羽新丧，荆州军全军覆灭，元气大伤，对夺取荆州意见又不一致，所以人心不齐。因此，无论就哪方面看，孙吴都处于优势，具有胜利的条件。

但是，孙吴方面要把这种胜利的可能性变为现实性，还必须加上主观的努力，在战争中充分发挥统兵将领的主观能动性，正确地运用战略战术以指挥战争的进行。

蜀汉章武元年（221 年）七月，刘备统兵约七八万人东下①；孙权以镇西将军陆逊为大都督，统 5 万人扼守。战争开始时，蜀将吴班、冯习破吴将李异、刘阿等于巫县，节节胜利，入吴境五六百里。第二年正月，与吴军相持于夷陵。

---

① 《三国志·魏书》卷一四《刘晔传》裴注引《傅子》："权将陆议大败刘备，杀其兵八万余人，备仅以身免。"《三国志·吴书》卷二《吴主传》陆逊破刘备"临陈所斩及投兵降首数万人。刘备奔走，仅以身免。"又卷一三《陆逊传》：逊破备"四十余营"，"土崩瓦解，死者万数"。《资治通鉴》卷六九《魏纪》文帝黄初元年：刘备征吴，"进兵秭归，兵四万余人"。此据《魏书》卷二《文帝纪》注引王沈《魏书》载孙权上玉书："刘备支党四万人，马二三千匹，出秭归，请往扫扑，以克捷为效。""刘备支党"当为前锋部队。按第一次荆州之争，刘备取益州不久，未得汉中，刘备尚率 5 万人东下，加上关羽荆州军至少当有 7 万人。这次荆州之争，蜀已取汉中，荆州军又被消灭。而且孙权方面必倾全国兵力保荆州，刘备必以全国兵力争荆州，加上黄权所统江北诸军，当不下七八万人。

当时双方具体条件如下：一、刘备富有智谋，作战经验丰富，又连战皆捷，深入吴境，并将陆逊别军孙桓围困在夷道，士气很盛。二、蜀军七八万，比吴军 5 万力量强大。三、蜀军顺流向东，水陆并进，居高临下，利于进攻。四、刘备从佷山通武陵，使侍中马良"以金锦赐五溪诸蛮夷，授以官爵"，"五溪蛮夷咸相率响应"①，使吴国荆州湘水以西地区受到威胁。五、孙权提拔一个 39 岁的书生陆逊为统帅，他下面的将领多是元老功臣，或公室贵戚，开始时"各自矜恃，不相听从"②。六、但由于上述五个条件都对蜀军有利，因而产生了相反的条件；蜀军是骄兵，刘备不把陆逊放在眼里。七、地里形势也有对蜀军不利的一面。如黄权所说："吴人悍战，又水军顺流，进易退难。"③而且沿江立营，蜀军战线容易拉长，难于集中使用兵力，指挥也不灵便。

以上七个条件中，前五个都对蜀军有利，对吴军不利；而后两个条件虽对蜀军不利，对吴军有利，但开始时还不大发生作用。所以在战争第一阶段，蜀军处于优势和主动的地位。在这种情况下，蜀军应当速战速决；相反，吴军应当持久抗拒。可是孙吴方面大多数将领看不清形势的本质，沉不住气，片面地强调一些表面现象，以为趁蜀军立脚未稳，速

① 《三国志·蜀书》卷二《先主传》；《资治通鉴》卷六九《魏纪》文帝黄初三年。
② 《三国志·吴书》卷一三《陆逊传》。
③ 《三国志·蜀书》卷一三《黄权传》。

朱大渭学术经典文集

攻容易取胜。陆逊是一位明智的统帅，具有驾驭战争的非凡能力，他不为表面现象所迷惑，却镇定沉着地说："备举军东下，锐气始盛，且乘高守险，难可卒攻"；"备是猾虏，更尝事多，其军始集，思虑精专，未可干也。"① 他清楚地知道，要有把握地战胜蜀军，首先要退却、防御，创造和加深对自己有利的条件和对敌人不利的条件，逐渐使自己摆脱劣势，处于优势，然后侍机反攻。他主张"奖励将士，广施方略，以观其变。"②

陆逊从战争全局出发，第一个措施就是下令全军坚守夷陵阵地，绝对不许过早出击。原来"自三峡下夷陵，连山叠嶂，江行其中，回旋湍激。至西陵峡口，始漫为平流。夷陵正当峡口，故以为吴之关限。"③ 夷陵既为荆州西部屏障，所谓"夷陵要害，国之关限……失之非徒损一郡之地，荆州可忧。"④ 吴军坚守夷陵就能稳定战局，挫折蜀军锐气，再伺机破敌。刘备虽然想方设法引诱吴军，并死死围困吴军孙桓一部，想趋使陆逊分散兵力去救，陆逊却始终忍耐，坚守夷陵不动。同时，陆逊为加强内部的团结，对诸将说："刘备天下知名，曹操所惮，今在境界，此强对也。诸君并荷国恩，当相辑睦，共剪此虏，上报所受，而不相顺，非所

---

① 《三国志·吴书》卷一三《陆逊传》及裴注引《吴书》。
② 《三国志·吴书》卷一三《陆逊传》裴注引《吴书》。
③ 《资治通鉴》卷六九《魏纪》文帝黄初三年六月胡注。
④ 《三国志·吴书》卷一三《陆逊传》。

谓也。仆虽书生，受命主上。国家所以屈诸君使相承望者，以仆有尺寸可称，能忍辱负重故也。各在其事，岂复得辞！军令有常，不可犯矣。"① 大敌当前，他提醒大家，要团结一心，一致对外。这时候孙权也命步骘将交州兵士万余人出长沙，上驻益阳，以防备武陵"蛮夷"对陆逊的牵掣。

蜀军开始没有迅速夺取夷陵，是一个严重错误，南宋史家陈亮指出："使备能遣黄权率水军以为先驱，顺流而下，掩其未备，而备率步兵分进，疾趋夷陵"，两路夹攻，夷陵可取，"得夷陵则荆州可有"②。夷陵没有攻下，两军从正月相持到五月不得交锋，天气渐热。刘备只好作持久的打算，并且认为吴军习于水战，于是自己就"舍船就步"，傍岩依树立40余屯，连营七百余里。这样，蜀军恰好中了陆逊"以逸待劳"的圈套。刘备必败，已由此决定。曹丕闻蜀军"树栅连营七百余里，谓群臣曰：'备不晓兵，岂有七百里营可以拒敌者乎！'③ 陆逊在同年六月给孙权书说："臣初嫌之水陆并进，今反舍船就步，处处结营，察其布置，必无他变。伏愿至尊高枕，不以为念也。"④ 这时，蜀军兵力由于一部分围困孙桓，一部分又要防魏，能使用的主力人数最多也不过同吴军相等了。

---

① 《三国志·吴书》卷一三《陆逊传》。
② 《陈亮集》卷五，中华书局1974年版。
③ 《三国志·魏书》卷二《文帝纪》。
④ 《三国志·吴书》卷一三《陆逊传》。

经过半年多的相持，并由于吴军指挥上的得当，蜀军指挥上的失当，形势逐渐发生了变化。前述对吴不利的条件，或已不复存在，或已减弱；而且还产生了对吴军有利的新条件：一、蜀军深入吴境，时间长了，7万多人的军需物资供应问题就严重起来；二、蜀军久不得利，陷入了兵疲将老、进退维谷的境地；三、夏天蜀军以"树栅连营"，给吴军造成火攻的好机会。这样，吴军方面由劣势转向优势、由防御转为反攻的条件逐渐成熟。但吴军中有些将领对这些变化还没有看清楚，认为"攻备当在初，今乃令人五六百里，相衔持经七八月，其诸要害皆已固守，击之必无利矣。"① 陆逊告诉他们，蜀军"今住已久，不得我便，兵疲意沮，计不复生。犄角此寇，正在今日。"② 他准确地把握战机，决心采用火攻，统率全军，同时发动，结果破蜀军40余营，歼敌万数。刘备的舟船、器械、水步军资一时略尽，只好狼狈逃归白帝城，不久因气愤得病而死。

（三）长期荆州之争使蜀国消耗了军队的主力，失去了夺取关中的好机会，国势由极盛走向极衰

蜀国夷陵之战失败后，再也无力夺取荆州，以后50余

---

① 《三国志·吴书》卷一三《陆逊传》。
② 《三国志·吴书》卷一三《陆逊传》。

年三国鼎足而立的局面真正形成了。由于孙权最终取得了荆州，因而在以后的三国对峙中，吴国的国力居第二位，蜀国的国力最弱，以后魏、吴、蜀三国政治、军事形势的发展变化，都将受这种国力强弱的影响。

建安十七年（212年），孙权迁都秣陵，并筑石头城，改秣陵为建业①。孙权于蜀汉章武元年（221年）四月即刘备征吴（同年七月）前迁都武昌，筑武昌城，显然吴国意在全力经营荆州，以对付蜀国的东征。直到吴国黄龙元年（229年）九月，孙权才从武昌还都建业，在荆州建都整10年。这清楚地表明，孙吴前期主要动向是向西发展，争夺荆州。蜀国不改变把荆州作为战略据点之一的方针，两国长期争夺荆州是必然的。夷陵之战宣告了这一争夺的结束。后来蜀国廖立曾说：

　　昔先帝不取汉中，走与吴人争南三郡，卒以三郡与吴人，徒劳役吏士，无益而还。既亡汉中，使夏侯渊、张郃深入于巴，几丧一州。后至汉中，使关侯身死无子遗；上庸复败（指刘封、孟达事），徒失一方。……故前后数丧师众也②。这里廖立虽然没有从《隆中对》战

① 按此据《资治通鉴》卷六六《汉纪》献帝建安十七年九月。《三国志·吴书》卷二《吴主孙权传》，将权徙秣陵，筑石头城系于建安十六年。
② 《三国志·蜀书》卷一〇《廖立传》。

略方针包含错误因素的高度来认识，但他指出的蜀军不集中兵力争汉中，与吴人争夺荆州，致使魏军先得汉中而威胁益州，又使关羽丧命，荆州失守，确是蜀国战略方针的失误而造成的。

刘备为实现《隆中对》所提出的规划，在取得益州后的短短6年内，曾两次进兵荆州，一次北上阻击曹军进益州，一次进兵汉中，顾此失彼，疲于奔命。结果使蜀国的斗争锋芒主要不是针对曹魏而是针对孙吴，蜀军主力前后最少有10万以上消耗在荆州战场，关羽、马良、张南、冯习、傅彤、程畿、黄权、潘濬、糜芳、傅士仁、杜路、刘宁、庞林等将帅，或因荆州战事而死，或被迫投降吴、魏，以致蜀国一蹶不振。毛泽东对蜀国战略方针有过中肯的评论："其始误于隆中对，千里之遥而二分兵力。其终则关羽、刘备、诸葛三分兵力，安得不败。"① 这里主要是指《隆中对》把荆州作为蜀国争夺中原的战略据点，必然形成荆州和汉中"二分兵力"，犯了兵家最忌的不能集中兵力消灭敌人的错误，从而形成败局。不仅如此，由于长期在荆州方面纠缠，还失去了夺取关中的好机会。建安十三年（208年）赤壁战后，刘备为夺得整个荆州，长期在这方面周旋，到建安十六

① 《毛泽东读文史古籍批语集》，中央文献出版社1993年版，第106页。

年（211 年）底才进兵益州。他建安十九年（214 年）夺得益州后，又不立即北上攻取汉中和关、陇，建安二十年（215 年）夏天又回兵争夺荆州。正是在这一段相当长的时期内，曹操把主力放在进攻关中和汉中方面，建安二十年（215 年）五月彻底打败了马超、韩遂等的势力。刘备如果不是死死缠着荆州，那么他夺得益州的时间定会提前，随后主力北上，就会与曹操差不多同时争夺关中，自己的主力就不是与孙权而是与曹操针锋相对了。即使夺取益州的时间不提前，而在夺取益州后迅速北上，也可能先于曹操夺得汉中。当时关中诸将尚未全败，如果刘备以"甚得羌胡心"①的马超为先锋，继以大兵，并联合孙权在襄、樊或合肥方面出击，这样，自己主力始终集中，又有孙吴为援，使曹操在关中立脚未稳的情况下两面受敌，自己夺得关中的可能性是很大的。果真如此，三国的局面将会改观。但刘备久夺荆州，失去争夺关中的大好时机，夷陵一战蜀国主力丧尽，由极盛而衰。曹魏在关中立脚已稳，并且据有雍、凉两州，由长安和陇西两个据点对付汉中，魏延从子午谷进兵长安之策，在蜀国国势较弱的情况下又不可取，因而诸葛亮的长年北伐，以及姜维的数出陇西都不能有大的成就，也就是必然的了。

（原刊于《江汉学报》1962 年第 3 期）

---

① 《三国志·蜀书》卷六《马超传》。

千古名将独一人
——关羽人神辨析

一、关羽崇拜现象

关羽是我国历史上最为特殊的人物。他由生前一位将领、侯爵，死后逐步晋封为公、王、帝君、大帝，直到登峰造极作为"武庙"主神与孔子"文庙"并祀，而且受到儒、佛、道三教的尊崇。这个过程也就是关羽由人变为封建社会各阶层共同信仰的神的过程。据《荆门志》记载：湖北当阳县玉泉景德禅寺关羽庙"兴于（南朝）梁、陈间，盖始于智颛大师开山之时也。历隋至唐，咸祀事之。"唐代贞元十八年（802年），"荆南节度使江陵尹裴均，广其祠字，增于旧制"①。这是最早的关羽庙祭祀。唐代关羽作为名将，已进入"武庙"（当时主神为姜太公）陪祀。至北宋徽宗崇宁元年（1102年）始追封关羽为忠惠公，大观二年（1108年）又晋封为武安王。宣和五年（1123年），再加"义勇"二字，称义勇武安王。南宋建炎三年（1129年），改封为壮缪义勇武安王。孝宗淳熙十四年（1187年），更封为英济王。唐宋时期，儒、佛、道三教渗透圆融进一步发展，因而在最高封建统治者不断地追封关羽，以及民间关羽信仰逐步扩大时，关羽的神威相继渗入佛、道二教。据《历代神仙通鉴》卷一四载：唐高宗仪凤（676—478年）末年②，佛教禅宗派高僧神秀至当阳玉泉寺传教，由于关羽显灵而被"封为本寺伽蓝，自此各寺流传"，关羽成为佛教"护法伽蓝神"③。唐德宗贞元十八年（802年），大理寺官员董侹《重修玉泉关庙记》文，称关羽为"关帝"、"圣帝"，并言其在玉泉寺显神；又说："生为英贤，没为神明……邦之兴废，岁之丰荒，于是乎系。"④ 该文还记述了佛教高僧智颛

① 元胡琦《关王事迹》卷三《显烈庙记》。此书成于元至大元年（1309年）正月。胡氏记该庙于南朝始建，至元代多次重修详情，可信程度高。

② 据陈垣《释氏疑年录》，以神秀至当阳在唐高宗仪凤年间（676—678年）。

③ 《古今图书集成·神异典》卷三七《伽蓝辨》。

④ 《重修玉泉关庙记》，载《全唐文》卷六六四。

禅师，在玉泉寺借关羽神灵传播佛教①。北宋徽宗时
（1101—1125年），又出现了关羽为民斩妖除害，被封为道
教"崇宁真君"②。元代文宗天历元年（1328年），封关羽
为"显灵武安济王"。史称元代关羽"英灵义烈遍天下，故
在者庙祀，福善祸恶，神威赫然，人咸畏而敬之，而燕赵荆
楚为尤笃，郡国州县乡邑间并皆有庙……千载之下，景仰响
慕而犹若是。"③ 明朝从太祖洪武二十七年（1394年），敕
建庙于"金陵鸡笼山之阳"④，当永乐帝迁都北京后，又
"庙祭于京师"⑤。成化十三年（1477年），正式决定把地安
门西关帝庙作为太常寺官祭场所，除每年定期拜祭外，"又
定国有大灾则祭告"⑥。万历十八年（1590年），对关羽的
晋封由王提高到帝，称"协天护国忠义大帝"。万历二十三
年（1595年），又改封为"三界伏魔大帝、神威远镇天尊关

---

① 据汤用彤《隋唐佛教史稿》考释：智颉至玉泉寺讲经传教，在隋
   文帝开皇十四年（593年），所谓关羽显灵不知是否在此时。
② 参见王世贞《弇州续稿》和钱曾《续书敏求记》，所载大意同，
   唯时间有异，抑神灵类事本不确那。参考胡小伟《关帝崇拜的起
   源：一个文化现象的历史文化考索》，载《小说戏曲研究》第五
   集，台北联经出版事业公司，1995版。
③ 元郝经《郝文忠公集》卷三三《汉义勇武安王庙文》；《关侯事
   迹汇编》卷八《艺文》，宋超《义勇武安王庙记》）。
④ 《明史》卷五〇《礼志》四。
⑤ 《明史》卷五〇《礼志》四。
⑥ 沈榜《宛署杂记》卷一八"恩泽"、"祀祭"。

圣帝君"①。明代方孝孺《关王庙碑》文说："（关羽死）至今千余载，穷荒遐裔，小民稚子，皆知尊其名，畏其威，怀其烈不忘。"② 万历以后，关羽因晋封为帝，从而逐渐发展为以"官祠武庙"主神与孔子"文庙"并祀③。明末人刘侗说："其（关羽）祀于京畿也，鼓钟相闻，又岁有增焉，又月有增焉。"④ 据万历时人统计，仅宛平县属就有关帝庙51座。当时北京城内外分属于大兴、宛平两县。加上大兴县的关庙，明末北京城内外关帝庙总数"至少接近百所"⑤。

清朝统治者对关羽的崇拜，早从关外已经开始。崇德八年（1643年）便于盛京（今沈阳）建立关帝庙。皇太极还亲赐一块"义高千古"的匾额，定"岁时官给香烛"⑥。入关后，又沿袭了明代岁祭关庙之例。顺治九年（1652年）敕封关羽为"忠义神武关圣大帝"。雍正时，追封关羽父祖三代为公爵，命"天下府州县卫等文武守土官，春秋二祭

① 据郭松义《论明清时期的关羽崇拜》，《中国史研究》1990年第3期。案：《关圣帝君圣迹图志》卷三"封爵考"、同治《当阳县志》、嘉庆《枣强县志》，皆云万历十八年加封关羽帝号。
② 明方孝孺《逊志斋集》卷二二。
③ 据同治《桂阳直隶州志》卷一二《礼志·祠祀》；光绪《湘潭县志》卷七《祀典》。
④ 刘侗《帝京景物记略》卷三《关帝庙》。
⑤ 郭松义《论明清时期的关羽崇拜》，《中国史研究》1990年第3期。本文第一部分多参考此文。我对资料和史实作了补充和订正，并加入佛、道二教对关羽的尊崇。
⑥ 崇厚《盛京典制备考》卷二《庙寺》。

如文庙仪制，牲用太牢。"① 乾隆三十三年（1768 年），以"关帝历代尊崇，迨经国朝尤昭灵贶"，故又加封为"忠义神武灵佑关圣大帝"②。同时规定祭文由翰林院撰拟，祭品由太常寺备办，官建祠宇牌位座数由工部制造，还特准地安门外关帝庙正殿及大门瓦改用纯黄色琉璃，与孔庙相一致。嘉庆十九年（1814 年），清廷在平息京师和河南滑县两地天理教起义以后，即以"屡荷关帝灵爽翊卫"，加封"神勇"二字，"并颁滑县庙宇御书匾额曰佑民助顺"③。咸丰二年（1852 年）加"护国"，次年增"保民"，六年（1856 年）添"精诚"，七年（1857 年）再增"绥靖"。到光绪五年（1879 年），清政府对关羽的封号已加至 22 个字，合称："忠义神武灵佑神勇威显保民精诚绥靖翊赞宣德关圣大帝"④。据统计，清代有资料可查的 50 个府、州、县、乡共有 480 余处关帝庙宇⑤。台湾据 1930 年统计，关帝庙为 150 座。此外，直隶良乡又祀刘、关、张三人的三义庙 12 座，霸州三义庙 14 座，蓟州三义庙 3 座。光绪《怀来县志》称："其外各村堡（关帝）庙不俱载。"咸丰《固安县志》

---

① 萧奭《永宪录》续编，雍正六年二月甲午。
② 光绪《清会典事例》卷四三八《礼部》、《中祀》。
③ 《清仁宗实录》卷二八二，嘉庆十九年正月丙寅。
④ 《清宣宗实录》卷一三二，道光八年正月癸亥。
⑤ 郭松义《论明清时期的关羽崇拜》，《中国史研究》1990 年第 3 期。

说："（关庙）在村者不可胜数"。乾隆《宝鸡县志》称：甚至有"一村两（关帝）庙"。光绪《海门厅图志》云："民间私祀关帝庙处处有之"。光绪《兰溪县志》载：关帝庙"四乡多有"。乾隆《万全县志》称："民间设祀关庙者皆不备载"。光绪《长治县志》云："村镇关帝莫不崇奉"。光绪《长汀县志》称："关帝庙在各乡各坊者悉难尽数"。同治《祁阳县志》说："村镇之处，多祀关、岳二圣，或专或兼，祠宇未及悉登。"同治《桂阳直隶州志》说："民祀关帝庙，所在皆有之"。道光《澄江府志》云："各村落俱建（关帝庙）祀"。由此可见，关羽信仰已发展到县以下的村落镇堡，可以说，这是明清以来封建国家敕封人神中唯一的一位。应当指出，明后期至清代关羽崇拜的普及，《三国演义》在民间传播也起了一定作用。

清代边疆扩大，随着统治势力不断向边境推移，在蒙古、新疆、西藏及东北地区，也建立起一座座关帝庙。张鹏翮随内大臣索额图等经蒙古去俄罗斯议和时，沿途见归化城（今呼和浩特）有关帝庙。其日记说："故使远人知忠义也"①。据记载，在清代"蒙人于信仰喇嘛外，所最尊奉者厥惟关羽"②。西藏拉萨、日喀则、磨盘山（今古隆县属），以及川边的里塘、打箭炉（今康定）等地，亦于清初开始

---

① 张鹏翮《奉使俄罗斯日记》。
② 徐珂《清稗类钞》第八册，中华书局1986年版，第3566页。

逐渐建立起关帝庙。据说有的地方"鬼怪为害，人民不安"，后经"帝君显圣除之，人始蕃息，土民奉祀，称尊号曰革塞结波。"① 西藏"汉番僧俗奉祀（关帝）惟谨"，或"蕃人亦知敬畏"②。新疆地区，从清初开始，也建立起关庙。嘉庆初年，洪亮吉遭贬流放伊犁时，他从嘉峪关往西，直到惠远城（伊犁将军建牙地），"东西六千余里，所过镇堡城戍人户众多者，多仅百家，少则十家、六七家不等，然必有庙，庙必祀神武。庙两壁必绘二神，一署曰平，神武子也……一署周仓。"③ 清赵翼曾说："今且南极岭表，北极塞垣，凡妇女儿童，无有不震其威灵者。香火之盛，将与大地同不朽。"④

明清时期中国崇奉关羽，对其周边各国也有强烈的影响。万历二十年（1592年），明政权派军队到朝鲜援助抗倭作战，"见朝鲜遍祀关帝，诵述满其国中"⑤。越南、琉球等国也都立庙奉祀关羽。琉球国人程顺则撰《琉球国创建关帝庙记》中说："祝帝之意果何为也者，不知帝之正气可以塞天地，帝之大义可以贯古今，能使后之为臣子者靡不知有

---

① 《卫藏通志》卷六《寺庙》。
② 《卫藏通志》卷六《寺庙》；陈登龙《里塘志略》卷上《庙宇》。
③ 《更生斋文甲集》卷三《长流水关神武庙碑记》。
④ 赵翼《陔余丛考》卷三五《关壮缪》条。
⑤ 万立衡《关侯事迹汇编》卷二《祀宇》。

君父焉。"① 清代的册封使每到琉球，都要临庙祭奠。在越南，有的关帝庙还修得十分壮观。像南方边和镇关庙"在大铺州南三街之东，面瞰福江，庙宇宏丽，塑像高丈余"，是一处很有名的庙观②。李福清在《关羽肖相初谈》一文中指出，关羽崇拜，在国外日、韩、泰、越、印尼、菲、俄罗斯、捷克、西班牙、英国、荷兰等国家，均深受其影响③。

清代由于关羽崇拜的深入人心，道光二十二年（1842年）更出现了关帝降乩为经文，以教化百姓的《觉世真经》，其内容大体以儒家思想为主导，教人恪守伦理纲常，并以日常生活为例，要人诸恶莫做，众善奉行。最后以"关帝垂训"结尾："做好人，说好话，读好书，行好事。"④ 据民国初年在云南、福建先后刊刻印行的《洞冥宝记》和《蟠桃宴记》载，关帝已经当上天界最高职位的玉皇大帝⑤。至此，关羽的神威不仅及于儒、佛、道三教，也通于天、地、人三界。台湾地区近年来关羽崇拜有较大发展，1997年有关庙979座，在10年内约增加了一倍⑥。从

---

① 周煌《琉球国志》卷一五《艺文》。
② ［越］《嘉定通志》卷六。
③ ［俄］李福清《关羽肖相初谈》上、下，台北《历史博物馆馆刊》4：5，1994年10月；1995年4月。
④ 清代苏廷玉撰写，摹镌于泉州关岳庙，至今保存。
⑤ 此二书作者不详，由台北清正堂1980年重刊。转引自朱浤源《"关公"在政治思想上的地位》，打印稿。
⑥ 参考蔡相辉《台湾的关帝信仰及其教化功能》，打印稿。

最崇奉关帝的台北行天宫 2001 年出版的《演法说教度群生》看，则关帝的德行神威已明显地超越中国所有的古圣先贤。该书以关帝"八德全修"，从而为儒、释、道三教所共尊，儒家奉为"五文君"之一、"文衡圣帝"，佛教奉为"盖天古佛"，道教奉为"协天大帝"①。

综合上述，对关羽的崇拜，民间祭祀最早起源于南朝梁、陈，佛、道推崇则开始于唐宋时期。如以皇帝封敕和百姓祭祀相结合看，起源于北宋，发展于南宋和元代，封敕品级定型于明代，深入普及于清代。民国时期，关羽一跃而为天界玉皇大帝，成为神话系统的最高尊神。

在我国封建制度中后期，为什么上层统治者和老百姓都选中了关羽而不是别人作为崇拜的偶像。也就是说，唯独关羽以一名将领，而成为全国人民甚至域外信仰的尊神，可能有多种原因，但它同关羽在历史上的真实形象有无关系，关羽在历史上到底是怎样一个人呢？

二、关羽生平

《三国志·蜀书·关羽传》的字数，虽比同卷张飞（780 字）、马超（660 字）、黄忠（250 字）、赵云（370

---

① 参考蔡相辉《台湾的关帝信仰及其教化功能》，打印稿；施哲雄《从台北行天宫看关公在台湾民间社会的影响》，打印稿。

字）等传的字数要多，但也只有 950 个字，仍嫌太少，其许多重要史实不详，需要辨析钩沉，以便显示其生平业绩。

关羽是三国蜀汉一员主将，其生年不详。据《三国志·蜀书·先主传》记载：刘备卒于蜀汉章武三年（223年），年 63 岁，故当生于东汉延熹四年（161 年）。东汉中平元年（184 年），黄巾大起义，刘备在家乡涿县（今河北涿州）聚众起兵时 24 岁。关羽本河东解县（今山西解州）人，亡命涿县。他与张飞正于此时投靠刘备。史称张飞"少与关羽俱事先主。羽年长数岁，飞兄事之。"① 可知关羽比张飞年长，而关、张二人又"兄事刘备"②。古人相知，一般以年长为兄，年少为弟，而且关羽随刘备周旋，"稠人广坐，侍立终日"③。刘、关皆重儒家伦理，当时并非君臣，若非关羽小于刘备，上述情况似不合当时礼仪。古人以 20 岁成人加冠，称为"弱冠"④，以体未壮为弱，后沿称年少为弱冠，准此，20 岁以下皆可称年少。张飞投靠刘备并参战，当不会小于十七八岁。那么，关羽比张飞年长数岁，而又小于刘备，他投靠刘备时当在二十一二岁左右。若依 22 岁计算，关羽大约生于东汉延熹六年（163 年）左右，卒于

① 《三国志·蜀书》卷六《张飞传》。
② 韩康祖《关壮缪侯事迹》卷六《实录出处》上。
③ 《三国志·蜀书》卷六《关羽传》。
④ 据《礼记·曲礼上》："二十曰弱冠"。

建安二十四年（219 年）①。他随刘备征战约 35 年，卒时年约 57 岁。

刘、关、张三人，关系不同寻常。据史载，刘备"于乡里合徒众，而羽与张飞为之御侮"；又说：刘备"与二人寝则同床，恩若兄弟"。关羽离曹营奔刘备时说："吾受刘将军厚恩，誓以共死，不可背之。"② 关羽身亡后，魏国君臣曾料刘备是否为关羽报仇而伐吴？刘晔曾说："关羽与备，义为君臣，恩犹父子。"③ 由上可知，刘、关、张三人的关系，如同父子兄弟之情深义笃。

东汉中平元年（184 年），刘备在涿县起兵后，从校尉邹靖讨黄巾有功，除安喜尉。关羽为刘备属下，时年约 22 岁。初平年间（190—193 年），在镇压黄巾大起义中，关东诸将"务相兼并，以自强大"④。初平二年（191 年），河北公孙瓒派田楷率刘备攻占青州有功，以刘备为平原相（职同太守）。关羽为备别部司马，统部曲，时年约 29 岁。兴平元年（194 年），曹操攻徐州牧陶谦，刘备救谦，谦益以四千兵，刘备遂去田楷归谦，谦表为豫州刺史，屯小沛

---

① 参考《关壮缪侯事迹》卷二《考证》。又《三国志旁证》卷二三引冯景《关侯祖墓碑记》云：羽生于桓帝延熹三年六月二十四日。据此，则关羽比刘备大一岁，比张飞年长七岁，似不合情理，且此说不知何据。

② 以上见《三国志·蜀书》卷六《关羽传》。

③ 《三国志·魏书》卷一四《刘晔传》。

④ 《资治通鉴》卷六〇《汉纪》卷五二，献帝初平二年。

（今江苏沛县）。同年十二月，陶谦病笃，谓别驾糜竺曰：
"非刘备不能安此州也"①。谦卒，竺率州人迎刘备领徐州。
关羽为其部属，时年约32岁。

建安元年（196年）夏，袁术攻刘备争徐州，备使司马
张飞守下邳（徐州治所），自率关羽等拒术。备败，降于吕
布，布以备为豫州刺史。同年冬，袁术遣步骑三万再攻备，
布救备。稍后，备势力强大，布反攻备，备败走归曹操，操
以为豫州牧。建安三年（198年）十二月，刘备从曹操破擒
吕布后还许昌。曹操拜刘备为左将军，又拜关羽、张飞皆为
中郎将②。关羽时年约36岁。建安四年（199年），刘备离
曹操东走，袭杀操徐州刺史车胄。《三国志·蜀书·关羽
传》记：刘备使关羽守徐州州治下邳，行太守事。刘备为
豫州刺史，领兵还驻小沛。王忱《魏书》则说刘备以关羽
领徐州刺史③。刘备曾先后领徐、豫二州牧，极欲控制此二
州，此时既杀徐州刺史车胄，以关羽为徐州刺史，因驻徐州
治所下邳，兼行下邳太守事，以便控制徐州，这种可能性较
大。关羽时年约37岁。

建安五年（200年）正月，曹操东征刘备，备败投袁
绍。操军攻破下邳，俘关羽。同年四月，曹操与袁绍相持于

---

① 《三国志·蜀书》卷二《先主传》。
② 《华阳国志》卷六《刘先主传》；《太平御览》卷二四一《职官》
　"中郎将"条。
③ 《三国志·蜀书》卷六《关羽传》注引《魏书》。

官渡。绍遣大将颜良攻东郡太守刘延于白马，操遣张辽、关羽为先锋击良，羽斩良于万军之中。关羽时年约 38 岁。此后不久，关羽从曹营投奔刘备。同年秋，刘备以袁绍非霸业之主，阴欲离去，假以南联刘表为名至汝南。曹操遣大将蔡阳击备，为刘备、关羽等所杀。

建安六年（201 年）秋，曹操击败袁绍主力后，亲率大军攻刘备于汝南。关羽随刘备南下，依荆州刺史刘表。刘表"益其（备）兵，使屯新野"①。关羽随刘备至新野，时年约 39 岁。建安七年（202 年）秋冬之际，刘表派刘备北上略地，关羽随军至南阳郡叶县曹操所辖地。曹操派大将夏侯惇、于禁拒刘备军。备与关羽等佯退设伏，大败曹军。关羽时年约 40 岁。

建安十二年（207 年）冬，刘备三顾茅庐，诸葛亮隆中对策，为刘备制定了以荆、益二州为根据地，建立蜀国，内修政理，南抚夷越，东联孙权，待机从荆、益两地北伐中原，以实现统一的政略和战略方针。关羽时年约 45 岁。

建安十三年（208 年）八月，曹操率大军南征刘表。刘备由樊城南下，别遣关羽率水军万余人，乘舟船百余艘，原准备在南郡治所江陵（今湖北江陵县）会师。曹操以"江陵有军实，恐先主据之"②，率轻骑五千日夜急追，并先占

---

① 《三国志·蜀书》卷二《先主传》。
② 《三国志·蜀书》卷二《先主传》。

领江陵。关羽只好率军济沔水与刘备军合，恰遇刘琦（表长子）军万余人，同至江夏郡治所夏口（今湖北武汉市）。同年冬，经赤壁之战后曹操败回北方，临行派乐进守襄阳，曹仁、徐晃守江陵。刘备与周瑜"围曹仁于江陵，别遣关羽绝北道"①，以阻击襄阳南下援军。曹操汝南太守李通救仁，在江陵北面与关羽军大战。李通"下马拔鹿角（古时一种防御工事，把树枝削尖半埋地下，以阻止敌人进攻）入围，且战且前，以迎仁军"②。同年十二月，刘备占有荆州江南武陵、长沙、桂阳、零陵四郡。以关羽为荡寇将军，领襄阳太守，屯驻江北。东汉时襄阳为县，属南郡。当时襄阳为曹军占有，刘备新置襄阳郡使关羽遥领，这种安排显然预示着关羽将在荆州担当向北发展的重任。此时关羽年约46岁。

建安十四年（209年）十二月，曹仁从江陵退守樊城。孙权以周瑜领南郡太守，据江陵。建安十五年冬，孙权以南郡资刘备，与其共拒曹操。刘备驻江陵，为关羽向北发展创造了必要的条件。建安十五年（210年）至十六年（211年）冬，关羽向北徇地，曾先后与曹操所派守将乐进、文聘等战于寻口（今湖北锺祥市西南）、荆城（今湖北锺祥市汉水西岸），又与徐晃、满宠等战于汉津（今湖北汉水西沙

朱大渭学术经典文集

————————

① 《三国志·魏书》卷一八《李通传》。
② 《三国志·魏书》卷一八《李通传》。

洋市)①。

建安十六年（211 年）十二月，刘备留诸葛亮、关羽、赵云守荆州，自率步卒数万人益州。关羽时年约 49 岁。建安十七年（212 年）十二月，关羽向北扩地，与曹操襄阳守将乐进大战于青泥②。据韩康祖考证认为，以当时军事形势看，青泥不应在襄阳城西北 30 里之青泥河③，而实际上在今湖北钟祥市南，此处距江陵约 110 公里，距襄阳约 90 公里。此说当是④。此时关羽约 50 岁。这段时间关羽趁诸葛亮、张飞、赵云在荆州，自己向北扩地，后来北伐时，在襄阳、樊城之南未遇抵抗，可见其辖地向北有较大扩展。

建安十九年（214 年）夏，刘备在益州长期攻雒城不下。诸葛亮留关羽守荆州，偕同张飞、赵云等率兵进益州。至此，关羽全权都督荆州军政事。由此知关羽在蜀汉政权中的重要地位。关羽时年约 51 岁。建安二十年（215 年），孙权以刘备已取益州，欲图荆州，遂擅署长沙、零陵、桂阳三郡长吏。关羽将其长吏尽逐走。权派吕蒙督二万余人取三郡。刘备率军五万至公安，遣关羽率三万军人益阳（今湖

---

① 《三国志·魏书》卷一七《乐进传》、《徐晃传》、卷一八《文聘传》。

② 《三国志·蜀书》卷二《先主传》。

③ 《太平寰宇记》卷一四四及《方舆纪要》卷七九皆云青泥在襄阳城西北三十里之青泥河或青泥池。

④ 韩康祖《关壮缪侯事迹》卷三《释地上》"青泥"条。本文凡公里计算，以《中国历史地图集》第三册所绘有关地图比例尺计。

南益阳市）争南三郡。孙权进驻陆口，为诸军节度，使鲁肃将万人屯益阳拒羽，并召吕蒙急还助肃。此时曹操兵伐汉中，刘备惧益州有失，与孙权和好。双方以湘水为界，长沙、江夏、桂阳属孙权；南郡、零陵、武陵属刘备。关羽时年约53岁。经过此次孙权争夺荆州，关羽深知以荆州为战略基地向北发展的艰巨性，从而用三四年时间，一方面，加强荆州东部防御，建筑江陵南城①；另一方面，大量积聚军资战具，制造舟船，大练水军，以便待机沿汉水北伐。据《吴录》记载："南郡（江陵）城中失火，颇焚烧军器"②。吕蒙偷袭江陵，史言"孙权袭取羽辎重"③；又说："羽（江陵）府藏财宝，皆封闭以待权至。"④ 前此，文聘曾"攻羽辎重于汉津，烧其船于荆城"⑤。所有这些表明，关羽在北伐前曾在军用物资上做了大量准备工作，故四万余大军北伐近五个月而军需不乏。

建安二十二年（217 年）十二月，曹操在邺，其丞相长史王必典兵督许中事。史称："时关羽强盛，京兆金祎见汉祚将移，乃与少府耿纪、司直韦晃、太医令吉本……等谋杀

① 《舆地纪胜》卷六四、卷二七；《水经注》卷三四《江水》。
② 《三国志·吴书》卷九《吕蒙传》注引《吴录》。
③ 《三国志·魏书》卷二三《赵俨传》。
④ 《三国志·吴书》卷九《吕蒙传》。
⑤ 《三国志·魏书》卷一八《文聘传》。

必，挟天子（汉献帝）以攻魏，南引关羽为援。"① 建安二十三年（218 年）十月，曹魏南阳郡守将侯音率吏民共反，执太守东里衮，"与关羽连和"②。关羽时年约 56 岁。

建安二十四年（219 年）五月，刘备占领汉中，接着派孟达、刘封等占领房陵、上庸、西城三郡，欲从西北沿汉水向东南直达荆州。同年七月，刘备称汉中王，拜羽为前将军，假节钺。关羽为配合刘备占领汉中后的战略部署，即打通汉中沿汉水与荆州相连，留南郡太守麋芳守江陵，将军士仁守公安以防吴，亲率大军北上攻取襄阳、樊城，以完成将来从宛、洛争夺中原的战略准备工作。曹操亲驻摩陂指挥，前后共遣二十余军（每军约五千人）助曹仁守樊城，当各路魏军齐集与关羽军一场大战后，关羽军主动从樊城稍退，但水军犹据汉水。

十月末，正当关羽军与曹仁、徐晃军激战之际，吴国违盟，孙权与吕蒙等密谋，乘关羽主力军北上，偷袭公安，将军士仁降。至江陵，麋芳降。关羽闻南郡失守，率轻骑南还。孙权以吕蒙为南郡太守，以陆逊为宜都太守（刘备以西陵即夷陵立）。十一月，蜀汉宜都太守樊友弃郡走，陆逊击降诸城长吏及蛮夷君长。权以逊为平西将军，屯夷陵，守

---

① 《三国志·魏书》卷一《武帝纪》注引《三辅决录注》。《资治通鉴》卷五八《汉纪》六〇，建安二十二年。
② 《三国志·魏书》卷一《武帝纪》注引《曹瞒传》。

峡口以备蜀军。关羽至麦械（离江陵约 40 公里），权先使朱然、潘璋断羽归路。十二月，关羽于襄阳临沮县章乡（今湖北荆门市西）① 被擒杀。时年约 57 岁。至此，蜀汉荆州军覆灭，荆州三郡归孙吴所占领。

蜀汉后主景耀三年（260 年），追谥关羽为壮缪侯，"时以为荣"②。据明代程明政考证，古缪和穆通用，"壮缪"类同岳飞"武穆"；又云："考谥法，布德执义曰穆"③。

三、名将风采

魏文帝君臣皆称关羽为蜀国"名将"④。这种赞誉符合历史真实吗？回答应当是肯定的。曹操最著名的谋士郭嘉称："张飞、关羽者，皆万人之敌也。"⑤ 魏国名臣程昱也说："关羽、张飞皆万人之敌"⑥。《三国志》作者陈寿云：关羽、张飞"皆万人之敌，为世虎臣"⑦。当时人常称誉武将"为万人之敌"，谋臣为"万人之英"⑧。这里"万人"

---

① 《水经注》卷三二《漳水》条。
② 《三国志·蜀书》卷六《赵云传》。
③ 参考《三国志旁证》卷二三。
④ 《三国志·魏书》卷一四《刘晔传》。
⑤ 《三国志·魏书》卷一四《郭嘉传》注引《傅子》。
⑥ 《三国志·魏书》卷一四《程昱传》。
⑦ 《三国志·蜀书》卷六《关羽传》、《张飞传》评论。
⑧ 《三国志·吴书》卷九《周瑜传》注引《江表传》。

乃多的概数，武将言其武勇胆识、武艺超群；谋臣则言其立国安邦，文武谋略在众人之上。曹魏谋臣刘晔更说："关羽、张飞勇冠三军。"① 孙吴名臣周瑜称关羽"皆熊虎之将"②。吕蒙数称："关羽骁雄"③；"关羽素勇猛，既难为敌"④。陆逊称关羽为"当世雄杰"；关羽有"骁气"⑤。这里所谓"熊虎"，虎为百兽之王，熊乃兽中之凶猛者，以此喻关羽乃武将中之佼佼者。如曹操猛将许褚，被誉为"虎侯"，其所属勇士，称为"虎士"⑥。孙权称其名将周泰"战如熊虎，不惜身躯"⑦，也属此意。所谓"雄杰"、"骁雄"、"骁气"，都是指关羽具有名将的骁勇英气和风度。总之，上述诸人对关羽的各种称道，表明在关羽身上体现了名将所应该具有的骁勇非凡、武艺绝伦、所向无敌的英雄气概和素质。史载：关羽曾为流矢中其左臂，后虽痊愈，但每至阴雨，骨常疼痛。医曰："矢镞有毒，毒入于骨，当破臂作创，刮骨去毒，然后此患乃除耳。"关羽决然伸臂"令医劈之"。当时羽"适请诸将饮食相对，臂血流离，盈于盘器，

---

① 《三国志·魏书》卷一四《刘晔传》。
② 《三国志·吴书》卷九《周瑜传》。
③ 《三国志·吴书》卷九《吕蒙传》。
④ 《三国志·吴书》卷一三《陆逊传》。
⑤ 《三国志·吴书》卷一三《陆逊传》。
⑥ 《三国志·魏书》卷一八《许褚传》。
⑦ 《三国志·吴书》卷九《周泰传》。

而羽割炙引酒，言笑自若"①。此事从忍受肉体痛苦的角度，表现出关羽作为名将的坚毅性格和神勇雄风。

关羽的名将风采，集中表现在他同袁绍大将颜良的一次战斗中。建安五年（200年）四月，北方两大军事集团袁绍与曹操在逐鹿中原时，相持于官渡（今河南中牟县东北）。袁绍遣大将颜良攻曹操东郡太守刘延于白马（今河南滑县东）。曹操派张辽、关羽为先锋，阻击颜良军。据《三国志·蜀书·关羽传》记载：关羽"望见（颜）良麾盖（指大将征战所乘戎车，设幢麾张盖），策马刺良于万众之中，斩其首还，（袁）绍诸将莫能当者，遂解白马之围。"陈寿这段有声有色的记载，将袁曹两军主将对阵时，关羽所表现的雄杰、虎威、骁勇的名将风采形象，活灵活现在读者面前。关羽刺良斩其首，良及其卫士绝不会束手待毙，必作拼死反击，羽如何将其制服而斩之，陈氏虽未及详，但可以想象，其场面必威武雄壮而惊险万分。关羽"刺良"，显然是用长戟或长矛，斩其首是用大刀②。长戟、长矛、大刀乃是当时武将和兵士常用的武器。张飞也用长矛杀敌。曹操骁将典韦临战，"但持长矛撩戟"，或"好持大双戟与长刀"③。公孙瓒战斗，"自持两刃矛"杀敌。三国稍后，前赵时陇上

①　《三国志·蜀书》卷六《关羽传》。
②　《三国志·吴书》卷九《鲁肃传》记肃与羽为荆州两人争论时，羽气愤"操刀起谓曰……"。
③　《三国志·魏书》卷一八《典韦传》。

285

朱大渭学术经典文集

勇士陈安每战"左手奋七尺大刀，右手执丈八蛇矛，近交则刀矛俱发，远则左右驰射而走"①。后赵将领冉闵"攻战无前"，临战"乘赤马朱龙，左杖双刃矛，右执钩戟。"②

关羽在万众敌军之中，斩上将之首，如此英姿潇洒，从容不迫，以致在后世武将中传为佳话，多以关羽为榜样。如东晋刘遐"忠勇果毅"，"值天下大乱，遐为坞主，每击贼，率壮士临坚摧锋，冀方比之张飞、关羽"③。南朝刘宋名将檀道济，"威名甚重"，其部属参军薛彤、高进之二人，"勇力过人"，"身经百战"，"时以比关羽、张飞"④。刘宋孝建元年（454 年）正月，豫州刺史鲁爽反叛，名将薛安都奉命征爽。临战，安都"跃马大呼，直往刺之，应手倒……爽世枭猛，咸云万人敌，安都单骑直人斩之而返，时人皆云关羽斩颜良不是过也"⑤。南朝陈太建五年（573 年），陈明彻率大军北伐，攻北齐秦郡（今江苏六合县）。北齐派大将尉破胡率大军十万增援，其前锋兵精，"有西域胡，妙于弓矢，弦无虚发，众军惮之"。明彻谓名将萧摩柯曰："若殪此胡，则彼军夺气，君有关、张之名，可斩颜良矣。"摩柯

_____

① 《晋书》卷一〇三《刘曜载记》。
② 《晋书》卷一〇七《石季龙载记》下附《冉闵传》。
③ 《晋书》卷八一《刘遐传》。
④ 《宋书》卷四三《檀道济传》。
⑤ 《南史》卷四〇《薛安都传》。按《太平御览·兵部》引曰："……不是过也"当是。

饮酒毕，骑马冲齐军，西域胡"挺身出阵前十余步，彀弓未发，摩柯遥掷锐铣（小矟），正中其额，应手而仆。又斩齐军前锋大力十余人，齐军退走"①。北魏杨大眼、崔延伯"为诸将之冠"，号称"国之名将"。大眼身为将帅，常身先士卒，"冲突坚陈，出入不疑，当其锋者，莫不摧拉"，"当世推其骁果，皆以为关、张弗之过也"②。崔延伯"志尚雄勇"，"胆气绝人"，当其击败秦州义军后，统帅萧宝夤曰："崔公，古之关、张也。"③魏晋南北朝时期，类似上述将领共有 15 人。他们意气风发，勇猛异常，武艺过人，时人以名将关羽相类，表明关羽战斗作风对后世的影响，以及后世武将对关羽的崇拜。

关羽并非只有一般名将英勇战斗的作风，以及武艺超群的素质，而且具有指挥大型战役的能力。此点，试以关羽的北伐为例证。关羽在全面负责荆州军政事宜后，为了待机北伐，经过周密考虑，做了三方面的准备工作。第一，为了防备吴国进攻，大筑江陵城，将其建成内外套城，形成坚固的两道防线④。第二，除积聚粮食军用物资外，大造舟船，操练水军，以便北伐时利用汉水，步、骑、水军联合作战，以

---

① 《南史》卷六七《萧摩柯传》。
② 《魏书》卷七三《杨大眼传》。
③ 《魏书》卷七三《崔延伯传》。
④ 参考拙作《魏晋南北朝时期的套城》，载《六朝史论》，中华书局 1998 年版。

加强战斗威力。第三，联合魏境反曹势力，作为内应，以便北伐时扩大声势。如建安二十二年（217年），对许昌少府耿纪起兵的援助；建安二十三年（218年），与南阳守将侯音起兵的联合，皆属此类。

建安二十四年（219年）七月，关羽临北伐前，除增兵加强公安、江陵的防备外，又在公安、江陵附近沿江置"屯候"①，以便随时侦察吴军动向。实际上，对吴国形成沿江屯候、公安、江陵内外套城等四道防线。而且江陵距樊城前线只有180公里，当时轻骑一日一夜行300里，只需一天多就能赶回。在关羽看来，对吴国的防范，可说是万无一失了。

关于北伐战略战术部署，可以分为五点：第一，这次北伐的战略目标，乃是夺取曹魏在荆州北部的两个军事据点襄阳、樊城，此地为南北交通枢纽，占领后以便作为将来北上宛、洛的基地；第二，襄阳在汉水与清水合流处的北面，樊城在襄阳沿汉水上溯的9公里处，两城皆依傍汉水，故决定秋季雨水季节北伐，可以充分利用汉水发挥水师的优势；第三，集中优势兵力围歼襄、樊守军，尤其是曹仁在樊城的主力守军；第四，致函汉水上游的刘封、孟达，请其派兵从西北面支援，使樊城两面受敌；第五，派小股游军北进，威胁许昌，以动摇襄、樊守军。

---

① 《三国志·吴书》卷九《吕蒙传》。

战争开始后，关羽以迅雷不及掩耳之势，亲率大军围曹仁于樊城。曹操先派汝南太守满宠援助曹仁，又遣于禁等七军助仁。八月，暴雨，汉水平地涨数丈，于禁七军和曹仁别部庞德军被水淹没，于禁、庞德避水登高堤上。关羽利用强大"舟兵"，乘大船攻击，四面放箭，战斗异常激烈，从早晨战至日中，于禁势穷投降，庞德被俘杀，共俘曹军三万余人①。关羽消灭了于禁援军后，围樊城数重，内外断绝，樊城粮食将尽，危在旦夕。又遣别将围曹仁别帅吕常于襄阳，以阻止其援救樊城，并迫使曹魏荆州刺史胡修、南乡太守傅方投降。

关羽先派游军北上颍川郡郏县（今河南郏县）地区活动，此地离曹魏都城许昌（今河南许昌市东）约 75 公里，当时轻骑兵一日便能到达。于是，北方震动，"自许（昌）以南，百姓扰扰"②。十月，弘农郡陆浑县（今河南嵩县北，离洛阳约 60 公里）民孙狼以吏民反役"作乱，杀县主簿，南附关羽。"羽"授狼印，给兵，还为寇盗，自许昌以南，往往遥应羽，羽威震华夏。"③ 曹操"以汉帝在许，近

---

① 《三国志·吴书》卷二《吴主传》。
② 《三国志·魏书》卷二六《满宠传》。
③ 《三国志·魏书》卷一一《管宁传》附《胡招传》。《资治通鉴》卷六八，《汉纪》卷六〇，建安二十四年十月。

贼"①，"议徙许都以避其锐"②。经蒋济等相劝，暂止。据
《魏横海将军吕君碑文》云："关羽荡摇边鄙，虐刘民人，
而洪水播溢，泛没樊城，平原十刃，外渎潜通，猛将骁骑，
载沈载浮。于是不逞作慝，群凶鼎沸，或保城而叛，或率众
负旌，自即敌门。中人以下，并生异心。"③北方形势如此
严峻，可知曹操既欲徙都，又欲亲征，缘由在此。曹操急派
徐晃督大军助仁，以解樊围；又派赵俨以议郎参曹仁军事。
关羽派别军屯樊城之北五里的偃城④，以阻击徐晃援军。徐
晃因"所将多新卒，以羽难与争锋"⑤，遂前至离偃城西北
十里的阳陵陂屯营，犹豫不进⑥。曹操又派将军徐商、吕建
等助晃⑦。此时，曹魏群情汹汹，皆以为曹操如不亲征，曹
仁、徐晃等必败。曹操自洛阳南下，欲亲征关羽，驻军摩陂
（在郏县东南）。此处为关羽游军活动地，距许昌45公里⑧。
曹操驻此，实际上一则为镇慑北方，捍卫都城安全；再则遥
控襄、樊前线战事。曹操驻军摩陂后，又接连遣殷署、朱盖

---

① 《三国志·魏书》卷一四《蒋济传》。
② 《三国志·蜀书》卷六《关羽传》。
③ 《三国志集解》卷三六《关羽传》注引。
④ 《三国志·魏书》卷一七《徐晃传》。据《读史方舆纪要》卷七
　九云偃城在樊城之北五里。
⑤ 《三国志·魏书》卷一七《徐晃传》。
⑥ 韩康祖《关壮缪侯事迹》卷四《释地下》"阳陵陂"条。
⑦ 《三国志·魏书》卷一七《徐晃传》。
⑧ 参考《中国历史地图集》第三册《豫州》，中国地图出版社1975
　年版。

等十二军诣晃助阵。仍恐徐晃等军为关羽所破，又密令驻守在居巢（今安徽铜城县南）防吴的张辽军，以及兖州刺史裴潜、豫州刺史吕贡等率军赶救曹仁。^① 当多路援军陆续前至，在樊城北双方一场大战后，军事形势逐渐向对关羽军不利的方向发展。关羽当机立断，决定有计划地主动撤退。先从偃城退至樊城北面的围头、四冢屯营，然后又利用汉水舟船撤樊城围，退至襄阳。正当此时，江陵、公安失守。

在近五个月北伐战争中，关羽按照预定谋略，利用汉水以步、骑、水师联合作战，重点围困襄、樊，阻击援军，并派游军北上，联合反曹势力，从而使北伐军一直处于主动地位。曹操先后派满宠、于禁、徐晃、赵俨、徐商、吕建、殷署、朱盖、张辽、裴潜、吕贡等共 11 人（将领 7 人，参军 1 人，刺史 2 人，太守 1 人），其中除张辽、裴潜、吕贡等军因关羽撤围未到樊城外，其余 8 人都参加了樊城战役。于禁七军被关羽所俘三万余人^②，加上死亡逃散的，当不下四万人，每军在五千人以上。徐晃同夏侯渊以重兵守汉中，夏侯渊战亡后，徐晃率重兵屯宛，当不下万人。殷署、朱盖等 12 军，殷署一军为五千人^③，其余 11 军仍以每军五千人计，徐晃、殷署、朱盖等军共约七万人。曹仁、吕常所领樊城、

① 《三国志·魏书》卷一七《张辽传》、卷一五《温恢传》、卷二三《裴潜传》。

② 《三国志·吴书》卷二《吴主传》。

③ 《三国志·魏书》卷二三《赵俨传》。

襄阳守军，当不下一万人。曹魏方面，最后阶段守军和援军，总共大约有八万余人。关羽荆州军大约总数五万人①，除留守后方外，北伐主力军约有四万余人。以此前后对抗曹军 12 万，中期以后对抗曹军八万余人。在战斗中，俘降其将领 1 人，刺史、太守各 1 人，俘杀其将领 1 人，消灭曹军主力近四万人。而关羽荆州军无论进攻或撤退，都按预定谋略进行，井然有序，无重大伤亡。应该说，其战绩是显著的。

就北伐整体战局而论，这不是一次寻常的战役，因为曹操亲至摩陂坐镇指挥，调兵遣将，同关羽交锋的将领如曹仁、于禁、庞德、徐晃等都是其手下第一流名将。而且关羽又是在刘封、孟达等援军不到，以寡敌众，孤军奋战的形势下指挥的这场战役。尽管如此，关羽面对强敌，无所畏惧，既按预先谋略，并发挥其随机应变的指挥能力。在北伐战争发展的三个阶段：消灭主力援军时，充分运用水军的优势，"以舟兵尽虏（于）禁等步骑三万"，如无强大水军，不仅不能全歼于禁援军，己军也将被淹没②；围城阻援时派出游军北扰，并利用北方反曹势力；在战局趋向不利时，又主动

① 据《三国志·吴书》卷二《吴主传》、卷一〇《甘宁传》：建安二十年刘备使关羽率荆州军三万人驻益阳拒鲁肃，当时北面肯定还留有军队以防魏军，而且经过四年的扩展才进行北伐，增至五万人，当不为过。

② 《三国志·吴书》卷二《吴主传》。

撤退，因而关羽始终把握着战争的主动权，从而取得了一定的战绩。所有这些表明，关羽不但具有真刀真枪实战的非凡本领，而且是一位具有指挥大型战争能力的名将。

关于关羽的败亡，元代郝经曾咏诗说："关羽祠前重回首，荆州底事到今争。"① 这里"底事"当指吴、蜀荆州借还之争，以及关羽由威镇华夏而顷刻败亡原因的众说纷纭。前者姑且不论，而关羽败亡原因，我认为主要有五点：其一，在襄、樊遭遇强敌，加之曹操亲自遥控指挥，不能尽快结束战斗；其二，后方孙权违盟，亲率超一流统帅吕、陆二人乘机偷袭；其三，关羽矜骄凌人，对吴斗争策略不灵活，江陵失火烧军器，又严责糜芳，使其临阵投敌；其四，刘封、孟达不和，未派援军相助；其五，在五个月长期北伐中，前有强敌，后遇偷袭，刘备、诸葛亮竟然始终未发一兵一卒相助。此点千载为人所不解。黄恩彤云："蜀之君臣，但喜其（羽）胜，不虞其败。"吕蒙、陆逊"用奇兵而蜀不防"。曹操前后共遣于禁、徐晃等二十余军以救樊城，"而蜀不闻遣将，增一旅以援羽……岂非失事机也哉。"② 姚范也说：吕蒙"袭江陵"，陆逊"守峡口以备蜀，而蜀人（指刘备、诸葛亮）当时之疏忽如此。吴人之眈眈于荆州，而忌关羽之成功，不待智者而知，而当时（蜀君臣）若付之

① 元·郝经《曹南道中憩关羽祠》，载《郝文忠公集》卷一五。
② 《三国志集解·关羽传》引黄恩彤论。

度外……蜀之谋士，当不若如是之疏，陈氏（寿）或不能详耳。"[1] 黄、姚二人都认为，关羽失败主要责任在刘备、诸葛亮不派援兵。此说赞同者颇多。其实，这是表层原因，还有更深层的缘由。

《隆中对》把荆州作为蜀国北伐中原的一个战略据点，忽视了"荆州在扬州上游，关系吴国的安危，孙权对荆州是势所必争的，否则便不能有吴国。"[2] 刘备、诸葛亮在夷陵之战以前，对此始终无深刻认识，从而反复同吴国争夺荆州，把蜀军主力十余万消耗在荆州战场，刘备、关羽也为此丧命。故蜀国庞统、法正、赵云，皆主张放弃荆州，集中主力北上争夺雍、凉和关中，并有吴国为援，如此蜀国政治军事形势当会改观。既然刘备、诸葛亮未觉察其战略计划的错误，所以对吴国必全力争夺荆州，毫无思想准备。他们把蜀汉两大战略据点之一的荆州重任，只交给关羽一人担当，以一人之智力，如何能对付魏、吴两大敌对强国。而且，在关羽北伐紧要关头，又不给予一兵一卒支援。所有这一切，皆源于《隆中对》所包含的错误因素，未据政治形势发展而加以修改。明乎此，再看前述关羽败亡的五条原因中，最重要的是第五条。另外，第一、二、四、五条，皆属客观因

---

[1] 《三国志集解·关羽传》引姚范论。

[2] 范文澜《中国通史简编》（修订本）第二册，人民出版社1964年版。

素，而非关羽的主观力量所能克服。因此，我认为荆州的失守，主要责任不在关羽，而是蜀国战略方针失误造成的。关羽虽负有一定责任，但其忠于职守，以身殉国。北魏孝文帝也曾表彰"关羽殉节之忠"①，因而似无可非议②。

四、人格魅力

刘、关、张三人情同父子兄弟，并"誓以共死"，后来诸葛亮又加入这个特殊集团。当时人论及蜀汉兴亡时，总是以这四人为代表。他们的出身和开始所走的道路，虽说不尽相同，秉性也各有别，但在人生和政治道路上却走到了一起，这到底是什么原因呢？俗话说："物以类聚，人以群分。"可以说，他们是一批在汉末战乱当头，忧国忘家，拯济苍生的仁人志士③。也就是说，他们是一批共赴国难的同道者。这个"道"就是削平群雄，平息战乱，重建统一繁荣的国家政权，使人民得以安居乐业。正是这个崇高的政治目标，使他们聚结在一起，虽饱经风雨，而牢不可破。因此，从这个生死与共的集团行为出发，并结合关羽的个人言

---

① 《南齐书》卷三〇《曹虎传》。
② 关于蜀汉荆州失守一系列问题，拙作《隆中对与夷陵之战》一文已有详论可参考。此文载《六朝史论》，中华书局 1998 年版。
③ 参考《三国志·魏书》卷七《吕布传》附《陈登传》；《三国志·蜀书》卷二《先主传》。

行，才能对其人格魅力有深切的认识。

刘备的文武才略，当时人评价极高。曹操说"夫刘备，人杰也"①；又说："今天下英雄惟使君（指备）与操耳，本初（袁绍）之徒不足数也"②。程昱也说："刘备有雄才，而甚得众心"③。周瑜、鲁肃皆认为刘备"天下枭雄"④。广陵太守陈登称：刘备"雄姿杰出，有王霸之略"⑤。当时群雄逐鹿中原，刘备在他们心目中声望颇高，且深受尊祟。兴平元年（194 年），徐州牧陶谦病笃，谓别驾麋竺曰："非刘备不能安此州也"⑥。谦卒，刘备推让袁术。广陵太守陈登曰："公路（术）骄豪，非治乱之主，今欲为使君合步骑十万，上可以匡主济民，成五霸之业，下可以割地守境，书功于竹帛。"⑦ 北海相孔融也劝备说："袁公路岂忧国忘家者邪？……今日之事，百姓与能，天与不取，悔不可追。"⑧ 可见他们都认为刘备忧国忘家，乃治乱之主。陈登等遣使告袁绍云："州将殂陨，生民无主……辄共奉故平原相刘备府

---

① 《三国志·魏书》卷一《武帝纪》。
② 《三国志·蜀书》卷二《先主传》。
③ 《三国志·蜀书》卷二《先主传》。
④ 《三国志·吴书》卷九《周瑜、鲁肃传》。
⑤ 《华阳国志》卷六《刘先主传》；《三国志·魏书》卷二二《陈矫传》。
⑥ 《三国志·蜀书》卷二《先主传》。
⑦ 《三国志·蜀书》卷二《先主传》。
⑧ 《三国志·蜀书》卷二《先主传》。

君以为宗主，永使百姓知有依归。"① 袁绍答曰："刘玄德弘雅有信义，今徐州乐戴之，诚副所望也。"② 刘备助曹操败亡吕布后，曹操表刘备为左将军，"礼之愈重，出则同舆，坐则同席"③。建安四年（199 年），当刘备离曹营依袁绍时，绍亲自去邺二百里，迎接刘备。史载："备归绍，绍父子倾心敬重"④。建安六年（201 年），刘备归刘表，"表自郊迎，以上宾礼待之"⑤。这些霸主何以如此敬重刘备？我想除了他的才略外，其躬行仁义，为人心所归，应该是一个重要原因。刘备少时师事同郡大儒卢植。植少与郑玄同师通儒马融。当时人曾说："卢植名著海内，学为儒宗，士之楷模，国之桢干也。"⑥ 范晔在《后汉书·卢植传》赞曰："风霜以别草木之性，危乱而见贞良之节，则卢公之心可知矣……君子之于忠义，造次必于是，颠沛必于是也。"这是说，卢植身处乱世，无论遇到何种情况，都不违背忠义。卢植不仅品学兼优，而且"深达政宜"，"才兼文武"⑦。他先后任太守、侍中、尚书、北中郎将等军政要职，业绩卓著。刘备有幸在少年时代投身到卢植这样一位品、学、才气俱臻

① 《三国志·蜀书》卷二《先主传》注引《献帝春秋》。
② 《三国志·蜀书》卷二《先主传》注引《献帝春秋》。
③ 《三国志·蜀书》卷二《先主传》。
④ 《三国志·蜀书》卷二《先主传》注引《魏书》。
⑤ 《三国志·蜀书》卷二《先主传》。
⑥ 《后汉书》卷六四《卢植传》。
⑦ 《后汉书》卷六四《卢植传》。

上乘的名师门下，所受儒家思想熏陶教诲，对其一生影响不可低估。① 刘备后来在领豫州和徐州牧时，"周旋陈元方、郑康成间，每见启告，治乱之道悉矣。"② 刘埙《隐居通议》卷二四称："此数语甚伟，非唯可见先主君臣论治之懿，亦因是知先主与元方、康成周旋，固有得于儒学之论，岂止专于武略而已哉。"③ 元方父陈寔及弟季方，皆有盛名。陈寔"德冠当时"。陈登曾说："夫闺门雍穆，有德有行，吾敬陈元方父子。"④ 郑康成"经传洽熟，称为纯儒"⑤。他整理儒家著作，"括囊大典，纲罗众家，删裁繁诬，刊改漏失，自是学者略知所归。"⑥ 郑康成在诫子书中反复强调："勖求君子之道"，"以近有德"；"显誉成于僚友，德行立于己志"⑦孔融深敬康成，称其为"仁德之正号"⑧。通过卢、陈、郑三大名儒的教诲，使得儒家思想仁爱、忠义、德

---

① 参考潘民中《〈刘备"周旋陈元方、郑康成"事考〉补正》，见《许昌师专学报》第 19 卷第 6 期。

② 《三国志·蜀书》卷三《后主传》注引《华阳国志》。

③ 《隐居通议》见《四库全书·子部》杂家类；《古今图书集成》，第 212 至 215 册。

④ 《华阳国志》卷六《刘先主传》；《三国志·魏书》卷二二《陈矫传》，前书说："陈元方父子"。后书则言："陈元方兄弟"，皆通。似前者更准确。

⑤ 《后汉书》卷三五《郑玄传》。

⑥ 《后汉书》卷三五《郑玄传》。

⑦ 《后汉书》卷三五《郑玄传》。

⑧ 《后汉书》卷三五《郑玄传》。

行等，对刘备一生影响颇深。

　　建安十三年（208 年），曹操征荆州，刘备南撤，操急迫。荆州人众投刘备者十余万，辎重拖累，日行十余里，或劝曰：宜避开人众，"速行保江陵"。刘备说："夫济大事，以人为本，今人归吾，吾何忍弃去。"① 习凿齿评论说："先主虽颠沛险难，而信义愈明，势逼事危而言不失道。追景升（刘表）之顾，则情感三军，恋赴义之士，则甘与同败，观其所以结物情者，岂徒投醪抚寒含蓼问疾而已哉！其终济大事，不亦宜乎！"② 蜀汉章武三年（223 年）四月，刘备病笃，遗诏后主："勿以恶小而为之，勿以善小而不为。惟贤惟德，能服于人。汝父德薄，勿效之。"又呼鲁王与语："吾亡之后，汝兄弟父事丞相，令卿与丞相共事而已。"③ 这个遗诏古往今来，不知打动过多少人的心弦，而为之掩卷叹息。刘备以帝王之至尊，临终弥留之际，对继位者，对亲人，对大臣，对国家，一字不沾权势利欲，而是谆谆教诫其崇善、弃恶、尚贤、明德，而且自谦自责，而心神如此坦然安详，若非有儒家正面文化素质的最高修养，是绝对做不到的。刘备临终遗诏所反映的崇高思想境界，在我国两千多年封建社会的众多帝王中，只有他一人。所以陈寿高度评价

---

① 《三国志·蜀书》卷二《先主传》。
② 《三国志·蜀书》卷二《先主传》注引。
③ 《三国志·蜀书》卷五《诸葛亮传》注引《先主遗诏》。

说："先主之弘毅宽厚，知人待士，盖有高祖（刘邦）之风，英雄之器焉。及其举国托孤于诸葛亮，而心神无贰，诚君臣之至公，古今之盛轨也。"①

关于蜀国贤相诸葛亮，乃是儒家"修身、齐家、治国、平天下"价值取向的忠实执行者。大家公认，他一生的言行，"在封建制时代，道德标准是很高的"②。唐代革新家、名相裴度曾说："尝读旧史，详求往哲"，有的人忠于君主，而无开国才略；有的人品德高尚，而无治世法术，这四者兼备的，唯有诸葛亮一人③。我曾将诸葛亮一生的言行功业，归结为三点：修身养德，尽忠为国，虚心纳谏，廉洁奉公，严明法纪，一身正气的典范精神；忠顺勤劳，尽职尽责，自强不息，百折不挠的进取精神；为实现国家民族统一、国富民安的远大理想，"鞠躬尽力，死而后已"，为国家民族利益而奋斗终生的献身精神④。诸葛亮崇高的精神风貌，有一种凛然不可侵犯的正气，其立身行事及宏文雅论，包含着正心、立身、待人、治国、治军、用兵、明法等丰富深邃的内涵，其中感人至深者，莫过于他对国家、对君主、对家人、对同僚、对下属、对百姓，所表现出来的那种浓厚的人情味

---

① 《三国志·蜀书》卷二《先主传》评论。
② 范文澜《中国通史简编》（修订本）第二编，人民出版社1965年版。
③ 《唐文粹》卷五五上《蜀丞相诸葛武侯祠堂碑铭并序》。
④ 拙著《武侯春秋》第11章《修身养德》，团结出版社1998年版。

和博大的爱心。正是其博雅深切的爱心，给人们心灵深处以极大的撞击和感召力。

唐太宗称道陈寿对诸葛亮为政的评论："开诚心，布公道；尽忠益时者，虽仇必赏，犯法怠慢者虽亲必罚。"① 他总结诸葛亮治国八字诀："忠诚、无私、平直、大信"②，要大臣们学习并身体力行。北宋改革家王安石特别讴歌诸葛亮励精图治、自强不息的品格，以寄托其富国强兵的政治理想③。大文豪苏轼称诸葛亮为"万乘之师"④。南宋爱国诗人陆游赞扬诸葛亮"精忠大义"，"千载如生"⑤。朱熹"每酒酣，多朗诵《出师表》，或书之以赠友人。"⑥ 民族英雄文天祥《怀孔明诗》云："至今出师表，读之泪沾胸。汉贼明大义，赤心贯苍穹。"⑦ 元代诗人萨都刺歌颂诸葛亮《出师表》所体现的"忠贞大义，与日月同辉"⑧。清朝康熙帝曾说："诸葛亮云'鞠躬尽瘁，死而后已'。为人臣者，惟诸葛亮能如此耳。"⑨ 在封建制时代，有读《出师表》不流

---

① 《三国志·蜀书》卷五《诸葛亮传评论》评论。
② 《贞观政要》卷五。
③ 参考王安石《游褒禅山记》。
④ 《苏文忠公诗编注集成》卷二。
⑤ 《剑南诗稿》卷六、卷二八。
⑥ 《王鲁斋文集》卷一三《跋朱子所书〈出师表〉》。
⑦ 《文山先生全集》卷一四。
⑧ 《萨天锡集外诗》。
⑨ 康熙朝《清实录》第二〇〇卷。

泪者非忠臣的说法。实际上，这表明《出师表》所反映的忠于国家民族的精神，与历代爱国志士在思想情操上是一脉相通的。

如果说诸葛亮是蜀汉高层领导集团中文班领头人，那么，关羽就是这个集团中武班领头人。《三国志·蜀书·关羽传》注引《江表传》称："羽好《（春秋）左氏传》，讽诵略皆上口。"这条记载又见《吴书·鲁肃传》注引《江表传》，此乃吕蒙向鲁肃所说："斯人（羽）长而好学，读《左传》略皆上口。"可见其真实可信。《三国志旁证》卷二三引朱旦《关侯祖墓碑记》云：羽祖石盘父道远，三世皆习《春秋》。此说见于碑刻，当有所据。因关羽家世传《春秋》学，羽年少习之，故年长犹能背诵，也足见其对《春秋》研读谙熟。《春秋》是一部编年体史书，相传孔子据鲁史修订而成。所记起鲁隐公元年，迄鲁哀公十四年，凡12公242年。《春秋》事简洁，深寓儒家伦理道德褒贬。故《孟子·滕文公下》说："孔子成春秋，而乱臣贼子惧。"《春秋》为经，其传有左氏、公羊、谷梁三家。《左氏传》详于史实，公羊、谷梁二传以释义例。关羽从小受儒家思想熏陶，因而在立身处事道德规范上，同刘备、诸葛亮可算同道中人。刘备甚有知人之明，他之所以特别看重关羽，深知其德才兼备，后来将留守荆州以及北伐的重任交给他，其原因也在于此。

关羽追随刘备约35年，先为兄弟，后为君臣。刘备在取益州之前的 31 年的斗争生涯中，从县尉小吏到郡国相、州牧，颠沛流离，几起几落，曾先后投靠过割据势力公孙瓒、陶谦、吕布、曹操、袁绍、刘表。他多次被敌军打败，甚至两次连妻子家属也被俘。当时群雄逐鹿，不少谋士、武将依据各霸主地盘势力大小，离散组合不常。而关羽对待刘备，不管其处于何种情况，都衷心拥戴，矢志不渝，这在战乱时各种势力盛衰莫测的形势下，是难能可贵的。这既说明二人相知甚深，情操政见相侔，又表现出关羽对刘备所具有的一种纯真的人间情义。

建安五年（200 年）正月，刘备为曹操所败，奔袁绍。操军攻破下邳，俘关羽，"拜为偏将军，礼之甚厚"①。同年四月，关羽斩颜良，解白马之围，曹操表封羽为汉寿亭侯。曹操素"壮羽为人"，深加宠爱，"暗察其心神无久留之意"，特示张辽："卿试以情问之。"当辽问羽时，羽叹曰："吾极知曹公待我厚，然吾受刘将军厚恩，誓以共死，不可背之。吾终不留，吾要当立效以报曹公乃去。"② 张辽将此意禀告曹操，操曰："事君不忘其本，天下义士也。"③ 关羽斩颜良后，曹操知其必去，特"重加赏赐"，意欲挽留。关羽毅然"尽封其所赐，拜书告辞，而奔先主于袁军。"④ 曹

---

① 《三国志·蜀书》卷六《关羽传》。
② 以上见《三国志·蜀书》卷六《关羽传》。
③ 《三国志·蜀书》卷六《关羽传》注引《傅子》。
④ 以上见《三国志·蜀书》卷六《关羽传》。

操部属"欲追之"，曹操制止说："彼各为其主，勿追也。"① 这段记载内涵丰富，发人深思，历来为人们所赞叹不绝。总其缘由：

其一，当时刘备大败后，军队离散，寄人篱下。而曹操为中原两大霸主之一，且即将统一中原。他对关羽又封官拜爵，赏赐有加，而关羽仍离曹归刘，说明他不为高官厚爵所诱，更显其对刘备的忠义，可贯苍穹。其二，绝不因其对刘备的忠义弥笃，便置曹操的厚爱于不顾，决心要报效而后去，并说到做到。这又表明他不是专注忠义于一人，而是以忠义为立身行事的根本。所以十六国西凉（400—420年）主李暠在《述志赋》小说："咏群豪之高轨，嘉关、张之飘杰，誓报曹而归刘，何义勇之超出。"② 宋代唐庚说："关羽为曹公所厚，而终不忘其君，可以贤矣。然战国之士亦能之。"至于关羽"必欲立效以报曹公，然后封还所赐，拜书告辞而去，进退去就，雍容可观"，这是"战国之士"所做不到的③。其三，关羽对张辽讲明其心迹，以示不欺，诚心感人。这便是吕蒙称赞关羽的"斯人长而好学，梗亮有雄气"④，即具有光明磊落的英雄气概。其四，他特将曹操给

① 见《三国志·蜀书》卷六《关羽传》。
② 《晋书》卷八七《凉武昭王李玄盛传》。
③ 唐庚《论去曹》，见《三国杂事》卷七下至卷八上。
④ 《三国志·吴书》卷九《吕蒙传》注引《江表传》。

予的一切"重赏封还"，分文不取，"拜书告辞"①。不为名利动心，不为封爵萦情，这又表明关羽为追求既定的志向，视名利如粪土的高贵品质。其五，曹操以明主的胸怀，为关羽忠义所感，让其离去，以成人之美。故裴松之评论说："曹公知羽不留，而心嘉其志，去不遣追，以成其义，自非有王霸之度，孰能至于此乎。"② 这里我们深切地体验到，关羽这位历史上的英雄人物所具有的政坛风云之气和人间情义的完美结合，实在是感人至深。

唐礼部尚书虞世南颂关羽："利不动，爵不萦，威不屈，害不折，心耿耿，义烈烈，伟丈夫，真豪杰，纲常备，古今绝。"③ 明代程敏政《读将鉴博议》引戴溪言：关羽"古今称之者，以其忠义大节，足以仰高于后也"④。元代郝经《汉义勇武安王庙碑》文指出："昭烈始终守一仁，武安王始终守一义"，而诸葛亮则始终守一忠。刘备取蜀时，曹操丞相掾赵戬认为难以成功。征士傅干曰："刘备宽仁有度，能得人死力。诸葛亮达治知变，正而有谋，而为之相；张飞、关羽勇而有义，皆万人之敌，而为之将。此三人者，皆人杰也。以备之略，三杰佐之，何为不济也。"⑤ 这里指

---

① 《三国志·蜀书》卷六《关羽传》。
② 《三国志·蜀书》卷六《关羽传》注引。
③ 《武安王集》下《艺文》卷二引《乌磁鼎铭》。
④ 《篁墩程先生文集》卷五八《杂著》。
⑤ 《三国志·蜀书》卷二《先主传》注引《傅子》。

出刘备"宽仁",关、张"勇义",诸葛亮"正而有谋",正者指儒家臣子之"正道",自然是指忠。蜀汉君主、文武领班者三人所守仁、忠、义,可以说是儒家思想和品德情操的核心。[①] 仁者,讲仁政,使人民生活幸福;讲博爱,也就是今天人们常讲的爱心;忠者,指对君主、国家、民族忠诚。古代君主和国家是一个概念,所谓"朕即国家",故当时臣僚常把君主称国家。[②] 忠于君主、国家,实质上就是爱国主义思想。义者,讲正义,讲信义,讲情义,指维护公正合理的事,指在人际关系上不背信弃义,指一种人间真情。刘备甘愿与十万投靠他的普通百姓,同生死,共休戚,表现其崇高的博爱精神。诸葛亮"鞠躬尽瘁,死而后已",忠贯日月,关羽义薄云天。仁爱、忠诚、信义这三者,在封建制时代,虽说具有不同的阶级内涵,但从整个国家民族的利益讲,它又具有共同性和普遍意义。在我国社会历史发展中,上述蜀汉最高领导层三个代表人物,其立身处事既符合我国主体文化儒家的政治理想和道德规范,又基本上体现了我国优秀传统文化中的一部分。正由于此,在现实生活中,我们

---

① 刘备、诸葛亮用兵治国则兼用儒、法、兵三家,刘备因受儒家思想影响较深,故曾因拘泥于某些儒家思想,在政治军事斗争中失去一些良机,此属另一问题,此不赘。

② 《资治通鉴》卷六二《汉纪》卷五四献帝建安二年:曹操答孔融曰:"此国家之意。"胡三省注:"国家,谓(献)帝也。"按《三国志·魏书》卷一八《庞德传》、《魏书》卷四八《高允传》皆有类似记载。

还常常称赞仁爱、仁慈、博爱、爱心；忠于党，忠于国家民族，忠于事业；忠义可嘉、见义勇为、仗义执言、义不容辞、大义凛然、义无反顾、仁至义尽等合理正确的行为准则。虽然时代不同，其含义也有别，但历史文化不能割断，新旧历史文化之间有一种继承和发展的关系。没有继承就没有发展，新历史新文化是在旧历史旧文化的基础上创新的，即所谓推陈出新。关羽长期以来，被封建统治者、志士仁人、普通老百姓所讴歌、崇拜，并祀为神灵，深究缘由尽在于其人格魅力高尚和具有名将雄风。

我国在宋元以后封建制后期，国内民族矛盾和阶级矛盾以及同外国侵略者的斗争，逐渐趋向激烈的形势下，无论封建统治者或广大人民群众，都需要一种"超人间的力量"来保卫国家的统一、社会的安宁、人民的生存。

马克思主义认为，在人类社会历史发展进程中，当科学尚不发达时，人们存在着软弱的一面，当人力无法克服自然力或社会矛盾时，必然要"用想象和借助想象以征服自然力，支配自然力"①，这时人们便造就了神这种"超人间的力量的形式"②，以作为精神上的支撑和安慰。关羽这位在众多武将中，其忠义至醇、神勇超人、武艺绝伦、光明磊落

---

① 《马克思恩格斯选集》第二卷，人民出版社，北京，第二版，第29页。

② 《马克思恩格斯选集》第三卷，人民出版社，北京，第二版，第667页。

等具有突出优势，因而被庙堂和民间选中了作为一种超人间力量的神灵，而加以顶礼膜拜。同时，忠义、护国、神勇、灵佑、保民、绥靖、伏魔、宣德等一顶顶桂冠，不断地加在他的头上。北宋以后，历代文人学士的关庙碑文和诗词，都是集中歌颂其忠义神勇，保国佑民，以及抗御外侮，躯散邪恶。即所谓：关羽"亘万古而为神"①，"佑我皇明，亿万年祗"②，"旌善诛恶康黎元"③，"镇抚海滋，再战歼倭"④，"佑民福国"⑤，等等。以此作为保卫国家民族，以及维护人民利益的一种支撑力和精神安慰。

关羽最先因其神勇和"忠义"精神，符合中华优秀传统文化，而受到儒家的推崇。继而佛、道以三教圆融为契机，借关羽在统治者和人民中的广泛影响而传教，使得关羽以历史上的真实英雄崇拜，转而为儒、佛、道所并尊，并在历史发展形势趋动下逐渐被人造就为神的最高主宰。这里从一个侧面，反映了中华传统文化中人神关系的某些底蕴，给予人们研究和认识有关领域以深刻的启示。

（原刊于《关羽、关公和公圣》社会科学文献出版社 2002 年版）

---

① 明王世贞《弇州山人四部稿》卷一〇二《汉寿亭关壮缪侯赞》。
② 《牧斋初学集》卷八二。
③ 《逊志斋集》卷二二。
④ 《牧斋初学集》卷二七。
⑤ 清·梁宝臣编《武圣关壮缪遗迹图志》。

儒家民族观与十六国北朝
民族融合及其历史影响

一、关于儒家民族观

我国自先秦到明清，周边及北方南下的少数民族与华夏和汉族的同化与融合，对我国古代政治、经济、文化的发展，影响颇为深巨。因而古代先哲对此给予极大的关注，其中尤以儒家为显著。关于儒家民族思想，不少史家多强调其"夷夏之防"、"尊王攘夷"之说。其实，这是儒家针对华夷矛盾尖锐时，夷狄侵扰中夏的现实提出的。我们应当对儒家民族思想体系作全面的理解，尤其是要揭示其积极进步的一面，以利于借鉴弘扬优秀传统文化。康有为在《论语·八佾》注中阐述孔子的夷夏观时曾说："故夷狄而有德，则中国也；中国而无德，则夷狄也。"他在《论语·子罕》注中又说："其始夷夏之分，不过文明野蛮之别。故《春秋》之义，晋伐鲜虞则夷之，楚人入陈则中国之，不以地别，但以德别，若经圣化，则野蛮进而文明矣。"康氏对孔子夷夏关系说的诠释，深得其底蕴。《春秋公羊传》把古史分为三个发展阶段，各个阶段的夷夏关系也不同。据乱世，"内其国而外诸夏"；升平世，"内诸夏而外夷狄"；太平世，"夷狄进至于爵，天下远近大小若一"。① 这是说，夷夏处于平等地位，其地域可以相互转化。故国学大师章太炎指出："春秋之义，无论同姓之鲁、卫，异姓之齐、宋，非种之楚、越，中国可以退为夷狄，夷狄可以进为中国，专以礼教为标准，而无有亲疏之别。"② 其实，孔子民族思想是有其历史渊源的。《尚书·尧典》指出："克明俊德，以亲九族，九族既睦，平章百姓，百姓昭明，协和万邦。"这里所谓的"万邦"，乃指包含夏夷在内的各类部族缄邦。所谓"协和"者，是指夏夷诸邦，应平等和睦相处。这里的始语"克明俊德"句，至关重要。只有才德高尚的贤明之人，才能使九族亲睦，百姓昭明，从而成为"协和万邦"的首领。此处以才德"协和万邦"，与《春秋》大义以礼义别夷、夏相

---

① 《春秋公羊传》隐公元年何休《解诂》。先秦儒家常把历史分为三个发展阶段，以立论其礼乐兴衰，德政兴废，以及夷夏关系等见解。

② 章太炎《中华民国解》，见《章太炎文集》（四），上海人民出版社 1985 年版。

合。在此原则上，处理民族关系当然反对相互欺凌攻伐。所以《春秋谷梁传》说："中国与夷狄不言战"[①]；"中国不侵伐夷狄"[②]。《春秋左氏传》则言："裔不谋夏，夷不乱华。"[③] 这都是指以"礼"、"德"为处理民族关系的准则。到了战国时代，长期战乱纷争，人民普遍要求统一。儒家为适应时代的要求，在《春秋》大一统思想指导下，站在历史进程的制高点，对华夷关系发展变化作出了带本质性的总结。这就是孟子说的："吾闻用夏变夷者，未闻变于夷者也。"[④] 孟子这个精辟的科学结论，是根据历史真实得出的。他认为：夏禹"东夷之人也"，文王"西夷之人也。地之相去也，千有余里，世之相后也，千有余岁。得志行乎中国，若合符节。先圣后圣，其揆一也。"[⑤] 这里指出，夏禹和文王虽地处相隔很远，历史时代前后相去甚久，又都出自夷族，但他们治理中国的法度是相同的，意指用华夏文化治理国家，因而都成为华夏文化的开创者。在孟子看来，无论禹或文王，都是把东夷、西夷文化最终变为华夏文化，他们也就成为华夏族的圣人，此即"先圣后圣"之谓。孟子根据夷夏关系发展的历史实际，所提出的"用夏变夷"，"未闻

---

① 《春秋谷梁传》成公十二年。
② 《春秋谷梁传》襄公三十年。
③ 《春秋左氏传》定公十年。
④ 杨伯峻《孟子详注·滕文公上》，中华书局2000年版。
⑤ 杨伯峻《孟子详注·离娄下》，中华书局2000年版。

变于夷"的科学论断，实质上是指文化相对落后的民族，被文化相对先进的民族所"同化"，而不是相反，这是历史发展的必然。我认为，先秦儒家思想的核心有五个支撑点：一是"仁爱"、"仁政"、"礼乐"；二是人性善及修身养性；三是"君子敬而无失，与人恭而有礼，四海之内，皆兄弟也"①；四是文化传承的教育思想"有教无类"；五是《春秋》大一统理论。儒家民族思想理论体系，正是从其学说思想核心出发形成的。"仁"者爱人，"仁政"爱民，夷狄也是人和民，当然在被爱之列。夷狄既是人，性必善，通过教育和修身提高其善行。他们文化虽相对落后一些，但通过德政"礼、乐"教化，完全可以提高为华夏文化。既然夷夏是兄弟，当然要平等互助，团结和睦。尤其要实现《春秋》大一统天下观，就必须用华夏文化影响、提高夷狄文化，使相互交融，以实现"夷夏一家，天下一统"。可以说，这是儒家民族观的最终理想。由此，我们发现就儒家整体民族理论而言，其积极进步的一面是主要的，其消极落后的一面是次要的②。以孔孟为代表的儒家民族理论体系核心，或者说其内在联系在于，民族文化差异可以趋同，这就是通过民族平等、仁爱、仁政、修身，以及实施"礼、德"

---

① 杨伯峻《论语详注·颜渊》，中华书局 2000 年版。
② 关于儒家民族观落后的一面，历代都有儒生坚持并发挥，而且颇有影响，此不赘述。

教化来实现，其结果华夏相对先进的文化"同化"夷狄相对落后的文化，即孟子说的"用夏变夷"，以达到儒家理想的华夷文化一体，天下一统的大同世界①。

关于民族融合的理论，人们最熟悉马克思和恩格斯的著名论断。马克思在《不列颠在印度统治的未来结果》一文中指出："相继征服过印度的阿拉伯人、土耳其人、鞑靼人和莫卧儿人，不久就被当地居民同化了。野蛮的征服者总是被那些他们所征服的民族的较高文明所征服，这是一条永恒的历史规律。"② 恩格斯在《反杜林论》中进一步指出："每一次由比较野蛮的民族所进行的征服……在绝大多数情况下，都不得不适应征服后存在的比较高的"经济情况"；他们为被征服者所同化，而且大部分甚至还不得不采用被征服者的语言。"③ 这里，马克思所讲的"较高文明"，恩格斯更明确地用比较高的"经济情况"来代替，因为文明或文化决定于经济发展状况。如果将孟子的民族融合观，同马克思、恩格斯提升的民族斗争和融合理论相对照，我们发现，儒家"用夏变夷"、"未闻变于夷"，也即在民族关系

① 缪钺师在《略谈五胡十六国与北朝时期的民族关系》（载《魏晋南北朝史研究》，四川省社会科学院出版社 1986 年版）一文中，首先提出孔子辩证的夷夏观，以后学者多从此说。
② 《马克思恩格斯选集》第二卷，人民出版社 1972 年版，第 70 页。
③ 恩格斯《反杜林论》第二编《政治经济学·暴力论》，载《马克思恩格斯选集》第三卷，人民出版社 1972 年版，第 222 页。

中，总是先进民族文化"同化"后进民族文化的观点，同马克思、恩格斯关于人类民族同化的"永恒的历史规律"，其内涵颇为相似。只不过前者是自发地对历史现象客观的叙述，后者是以唯物论观点自觉地对历史发展规律的升华，而且前者主要是从我国国内民族融合中得出的，后者则是从世界范围内外部民族入侵别的民族被同化而得出的普遍规律。

我们知道，儒家思想是中华文化的主干，尤其是属于政治思想的民族理论更是如此。它给以后开明的政治家和哲人以深远影响，为其实行民族平等，以及"用夏变夷"的民族政策，或论述有关民族问题，提供了重要的理论依据，有的甚至自觉地作为"用汉变夷"的指导思想。西汉《淮南子·时则训》继承儒家思想，提山了我国古代"五位一体"的民族关系模式，其"中央之极"为黄帝"所司"，其余四方祖先都是华夏族的创始人古帝。同书《俶真训》篇还说："四夷"与华夏族皆一家兄弟，所谓"万物一圈也"①。经过魏晋南北朝民族大融合后，隋、唐新的大一统帝国，实际上是"五胡"血统与文化因子渗入后的新汉族政权，其最高统治者回顾历史，面对现实，不得不弘扬儒家积极进步的民族观。如唐太宗曾说："夷狄亦人耳，其性与中华不殊。

---

① 《汉书·艺文志》将《淮南子》列入"杂家"。北大教授刘文典作《淮南鸿烈集解》，其《自序》说"太史公谓'因阴阳之大顺，采儒墨之善，撮名法之要'者也"。此说符合《淮南子》实际内容。

人主患德泽不加，不必猜忌异类。盖德泽洽，四夷可使如一家。"① 在这里唐太宗强调了三点：夷狄同华夏族一样，都是人，其性"不殊"；夷狄同华夏族如一家，应团结平等，不分贵贱；最重要的是为政"德泽洽"，即对夷狄应实施"德政"，夷狄自然就会归依而逐渐趋向中华文化。由此可知，唐太宗深得儒家进步民族观之精髓，而且真正付诸实践，并收到显著成效。《元史》卷一《世祖纪》赞说："世祖度量弘广，知人善任使，信用儒术，用能以夏变夷，立经陈纪，所以为一代之制者，规模宏远矣。"元世祖"用夏变夷"的民族观，当受大儒理学家郝经的影响。郝经说："圣人有云：夷而进于中国，则中国之，苟有善者，与之可也，从之可也。"② 又说："天之所与，不在于地，而在于人；不在于人，而在于道。"③ 他有句名言："能行中国之道，则中国之主也"④。这里的"中国之道"，乃指以儒家思想为主体的中华文化。在郝经看来，凡能用夏变夷，推行儒家纲纪礼义的少数民族君主，都是与尧、舜、文、武齐名的圣王。如北魏孝文帝能推行汉化，即是"用夏变夷之圣主"⑤。又如金源（完颜）氏"一用宋辽制度"，使国家"法制修明，

① 《资治通鉴》卷一九七，《唐纪》贞观十八年。
② 《郝文忠公全集·立政议》。
③ 《郝文忠公全集·时务》。
④ 《郝文忠公全集·与宋两淮置署使书》。
⑤ 《郝文忠公全集·班师议》。

风俗完厚"，天下之人至今称其为"圣君"①。郝经为元翰林院侍读学士，曾出使南宋被囚多年。他立论虽然站在元蒙立场上，但其主旨符合儒家民族思想，即少数民族只要接受汉文化，用德政统治天下，就可以为中国之主。这就符合孟子说的"先圣后圣，其揆一也"的见解。明太祖朱元璋说："朕既为天下主，华夷之间，姓氏虽异，抚字如一。"② 又说："蒙古色目，虽非华夏族类，然同生天地之间，有能知礼义，愿为臣民，与中华之人抚养无界。"③ 明成祖朱棣也说："为君奉天爱人为本。朕临御以来，视民如子，内安诸夏，外抚四夷，一视同仁，咸期坐燧。"④ 他们都以"君主华夷"的"天下主"自命，都坚持在儒家仁爱礼义纲常原则下各民族平等团结。清代前期各帝宣称："天下一统，华夷一家"。康熙帝曾说："寰中皆赤子，域外尽苍生"，"中外一体，爱养无殊"⑤；"视满汉如一体，遇文武无轻重。"⑥ 雍正帝指出："中国的疆土开拓广远，乃中国之大幸，何得尚有华夷中外之分理。"⑦ 并进一步分析说："中外，地所画之境也；上下，天所定之分也。我朝……统一中国，君临天

---

① 《郝文忠公全集·立政义》。
② 《明太祖实录》卷五三，洪武三年六月条。
③ 《明太祖实录》卷二六，吴元年十月条。
④ 邓士龙辑《国朝典故·北征记》。
⑤ 《八旗通志》初集卷六六。
⑥ 《清圣祖实录》卷二五。
⑦ 《清世宗实录》卷八三。

下，所承之统，尧、舜以来中外一家之统也；所用之人，大
小文武中外一家之人也；所行之政，礼乐征伐中外一家之政
也。孟子曰'舜东夷之人也，文王西夷之人也。'舜古之帝
王，而孟子以为夷。文王周室受命之祖，孟子为周之臣子，
亦以文王为夷。然则夷之字义，不过方域之名。自古圣贤，
不以为讳明矣。"① 不管清代真正实行的民族政策如何，但
表面上仍以继承尧、舜正统自居，并在儒家学说"礼乐征
伐"，"忠孝仁义"旗帜下，赞同"天下一统，上下一体，
华夷一家"的儒家民族观念。②

综上可以看出，无论儒家民族思想，或马、恩关于民族
融合的"永恒的历史规律"，其关键皆在于人类先进文化推
进民族融合进程的不可抗拒性，即在民族关系发展进程中，
文化相对后进的民族必然被文化相对先进的民族所"同
化"。尤其在一个国家之内的民族关系，更是如此。这就显
示了一个民族文化的至关重要性，尤其是优秀文化对该民族
历史发展的巨大作用，从而文化自然成为民族区分带有普遍
性的标志。基于此，章太炎在解释"中华"时说："中华之
名词，不仅非一地域之国名，亦且非一血统之种名。"又
说："故欲知中华民族为何等民族，则于其命名之顷而已含
定义于其中。以西人学说拟之，实采合于文化说，而背于血

朱大渭学术经典文集

---

① 《八旗通志》初集卷六八。
② 《八旗通志》初集卷六八。

统说。"他认为"中华"乃自古以来许多种族长期形成的，它重视文化之同，而无视血统之异。① 这里实际上已指出，我国古代民族的区分，重文化而轻血统。陈寅恪先生从1940年起在其论著中先后三次强调此点。其实先秦儒家民族理论，已包含有重文化轻血统之意蕴，而且此观念为推进民族融合的积极因素。陈氏既将其揭示，又认为此点乃"治中古史之最要关键"②，而且将此观点与儒家"有教无类"说相联系，其意义何在？陈氏本人从文化底蕴上深受儒家民族观影响，而他多年留学国外，又受资产阶级民主思想的启示，因而陈氏所论民族区分，既抓住先进文化作为主要依据，同时又强调汉化、胡化之别。而北朝历史汉化为主流，因而陈氏所论之精要是指一个民族文化的极端重要性，尤其是先进文化在民族融合及历史发展中的主导作用。可以认为，这是对儒家民族理论与中古史结合的进一步深化。明乎此，我国中古史一系列极为纷繁复杂的民族关系问题，均可得到合乎历史实际的解释。在我国历代民族关系中，汉胡统治者比较自觉地实践儒家民族理论并收到实际成效的，当以十六国北朝至唐初最为显著③。

---

① 章太炎《中华民国解》，见《章太炎全集》（四），上海人民出版社1985年版。
② 陈寅恪《唐代政治史述论稿》，上海古籍出版社1978年版。
③ 参考周伟洲《儒家思想与中国传统民族观》，见《民族研究》1995年第6期。

二、十六国北朝民族融合（汉化）的必然性和复杂性

儒家积极进步的民族观，乃源于对客观历史进程的准确把握和精深揭示。揆诸史实，不难发现，我国先秦至中古时期的历史进程，其总趋势同儒家关于民族融合的结论基本相吻合。在十六国北朝近三百年间，我国北方六个主要民族（汉族加五胡）前后建立起约21个政权，战乱频仍，人民大批死亡流散，社会长期动荡不安。各类社会矛盾错综复杂，既有南北政权之间的矛盾，又有北方各族政权之间及其与广大人民群众之间的矛盾，还有汉族与各个少数民族之间以及各少数民族彼此之间的矛盾。从前秦以后，各主要政权内部在实行汉化中，还存在主变派与守旧派之间的矛盾。当时民族矛盾和斗争虽异常激烈，但社会主要矛盾，应是文化水平相对较高人口居多的汉族广大人民群众与人口较少、生产方式接近的五胡游牧民族统治者之间的矛盾；同时在文化上，则表现为相对先进的汉族农耕文化与相对落后的"五胡"游牧文化之间的矛盾；在社会经济形态上，则表现为封建制农业经济与氏族制末期或奴隶制初期游牧经济之间的矛盾。在这种政治、经济、文化矛盾斗争错综复杂的形势下，必须解决主要矛盾，其他矛盾才有可能逐步或者解决或者得到缓和。如何解决主要矛盾呢？只有用孟子说的"用

夏变夷"的方针政策，使各少数民族汉化，在接受汉化的同时进入汉族农业封建生产方式体系中，使得以汉族文化为主的各民族在政治、经济、文化上得到共同的发展和提高，这是当时历史发展的必然趋势①。

十六国北朝各类政权，实际上是以一个少数民族的上层分子为主而包含汉族士人在内的多民族骨干参与组成的联合政权（前凉、西凉为汉族上层所建），其统治下的人民，也是以汉族为主包含文明程度参差不齐的各少数民族在内。也就是说，十六国北朝各个政权，乃是由多民族多元化所组成的混合体政权。以北朝为例，北朝四史所记当时在历史舞台上的人物共计7188位，其中汉族4941人，约占总人数的68.72%，鲜卑族人物1737人，约占19.10%，匈奴人物215人，约占3.10%，其余氐、羌、羯、蛮、柔然、吐谷浑、杂胡和西域人共计1080人，约占9.08%②。由此可见，北朝五个政权（北魏、东魏、西魏、北齐、北周），除包含六个主要民族人物外，还包含有其他国内外少数民族人物在内。根据初步考察，十六国北朝融入汉族的少数民族族别有10多个，人口总数约有11 361千人（详后）。按北魏熙平元年（516年）国家领民最多时为32 327千人计，少数民族参

---

① 参考童超《论十六国时期的"变夷从夏"及其历史意义》，载《魏晋南北朝史研究》，湖北人民出版社1996年版。

② 此条资料，为孔毅同志撰写北朝历史人物辞条时所提供。

加汉化的人口数约占国家领民的35%。如此众多的民族和人口要实现汉化，也即要彻底改变其原有的政治、经济、文化状况、各民族传统习惯势力的阻挠，其斗争的激烈程度和复杂局面可想而知。再加之多民族多元化所组成的政权，各族文化相异所出现的竞争和碰撞，由此而产生的民族融合和文化相互渗透的历史机遇，以强大的历史合力推动着各个民族、各个家族及其相关的政治军事集团及其代表人物，在奋力抗争或合作的对立统一中求生存、创事功。随着民族大融合在政治舞台上所表现出来的勃勃生机，相应的出现了开放融合型文化学术交流的宽松环境，促使人们思想开阔，学风自由，并激励学术创新。这些都有利于在以汉族文化为主的前提下，各民族文化兼容并蓄，取长补短，优胜劣汰，从而各族人民共同肩负起创造新汉族文化的历史重任。

　　无论当时民族斗争和融合如何复杂，它必然受着马克思、恩格斯所揭示的民族融合发展进程的"永恒的历史规律"的制约。除了十六国初期后赵末石氏最高统治者的残酷压迫所引起的短期的民族仇杀外，从前秦到隋统一民族融合最后完成的长时期中，除六镇地区和北齐局部及短暂地出现过胡化逆流外，再没有大范围内或长时期内形成逆历史潮流而动的民族对抗或仇杀现象。实际上，当时我国北方各主要政权的最高统治者皆自觉不自觉地向着儒家民族观所指引的民族融合方向前进。早在十六国初期，巴賨李雄在益州建立成（汉），汉族士人阁式仿汉制定朝仪百官以及各种封建制度。李雄又"兴学校，置史官，听览之暇，手不释卷。"①
后赵石勒称王后，建社稷，立宗庙，起明堂、辟雍，司礼乐
威仪。并署汉族士人为经学祭酒、律学祭酒、史学祭酒，以
吸取汉族封建政权的礼乐法制。石勒"亲临大小学，考诸
学生经义，尤高者赏帛有差"；又"典定九流，始立秀、孝
试经之制"；命郡国"立学官，每郡置博士祭酒二人，弟子
百五十人，三考修成，显升台府"②。这是用儒学为后赵培
养人才。十六国中后期，各少数民族政权更是重用汉族士
人，不同程度地吸取封建统治的政治、经济、文化制度，尤
其重视"汉化"的指导思想儒学。如前燕鲜卑慕容氏各代
君主都注重儒学教育，慕容廆"览政之暇，亲临听之（儒
生讲学）。于是路有颂声，礼让兴矣"③。慕容皝"赐其大
臣子弟为官学生者号高门生，立东庠于旧宫……皝雅好文
籍，勤于讲授，学徒甚盛，至千余人。"又"亲临东庠考试
学生，其通经秀异者，擢充近侍。"④ 后秦姚兴，尊崇儒学，
"于是学者咸劝，儒风盛焉。"又"兴律学于长安……其通
明者还之郡县，论决刑狱。"⑤ 十六国南凉河西鲜卑秃发氏
乌孤、利鹿孤、傉檀三主都谙习汉文化，利鹿孤采祠部郎中

① 《晋书》卷一二一《李雄载记》。
② 《晋书》卷一〇五《石勒载记》下。
③ 《晋书》卷一〇八《慕容廆载记》。
④ 《晋书》卷一〇九《慕容皝载记》。
⑤ 《晋书》卷一一七《姚兴载记》。

史皓建议："建学校，开庠序，选耆德硕儒以训胄子。"① 后秦尚书郎汉族士人韦宗使南凉，傉檀与宗"论六国纵横之规，三家战争之略，远言天命废兴，近陈人事成败，机变无穷，辞致清辩"。韦宗出而叹曰："命世大才，经纶名教者，不必华宗夏士……《五经》之外，冠冕之表，复自有人。车骑（指傉檀）神机秀发，信一代之伟人。"② 在韦宗看来，像傉檀这样汉化较深的少数民族杰出人物，同汉族士人一样可以发扬汉文化精义，这在当时胡汉矛盾异常激烈的氛围下，乃是符合汉化历史潮流的振聋发聩之音。北凉匈奴卢水胡沮渠氏，继前凉、南凉在河西保存了汉文化传统，儒学和其他学术思想昌盛。北凉政权与南朝刘宋政权常有文化交往，并曾互相赠书③。北魏前期，崔浩、高允等曾助拓跋焘实行汉化并卓有成效。崔浩被诛并牵连许多汉族士人，也只是汉化历史潮流中的一小股漩涡逆流而已。崔浩死后，北魏仍继续实行汉化政策，为孝文帝全面汉化打下了基础。

如果我们对十六国北朝民族融合进程作深层次考察，则可以发现，它始终受相对先进民族的文化（汉文化）"同化"相对后进民族文化的历史规律所制约，即先进民族文化从各方面无形中对后进民族文化有一种强大的无法抗拒的

朱大渭学术经典文集

---

① 《晋书》卷一二六《秃发利鹿孤载记》。
② 《晋书》卷一二六《秃发傉檀载记》。
③ 《宋书》卷九八《大且渠蒙逊传》。

冲击力和吸引力。这是人类在历史长河中，总是不断地追求物质上和精神上高水平的生存欲望所决定的，它是不以人们的主观意志为转移的。当然，这里还包含着以先进生产力为代表的封建制生产方式，必然代替以落后生产力为代表的奴隶制生产方式的历史必然性。实际上这种必然性，也是在人们追求高水平的生存欲望的推动下完成的。

历史上任何理论和政策，必须要有人去实践，才能发挥作用，具有实际意义。所以上述历史必然性，又从另一方面，即人才的角度表现出来。任何一个非常时代，必然造就一批非常人才。在十六国北朝民族斗争和融合的风云际会中，一批少数民族英明君主和汉族杰出士人，以政治家锐敏的洞察力，把握时代前进的脉搏，认清历史发展的潮流，以比较自觉的行动，去实践儒家"用夏变夷"的民族融合理论。但对这种历史发展趋势，汉族一般士人和广大人民群众有一个认识过程。后赵初，张宾说："（石勒）神骑所经……衣冠之士靡不变节，未有能以大义进退者。"① 所谓"大义"乃指狭隘的汉民族大义、气节、正统而言。张宾所说反映了一些有识之士的行为，但有所夸大。如西晋东莱太守赵彭固守臣节，拒不应石勒征召。再如晋尚书刘翰被石勒命为宁朔将军、行幽州刺史。当石勒返回襄国后，刘翰叛勒

① 《晋书》卷一〇四《石勒载记》上。

而投段匹磾①。河间邢晞，石勒"累征不至，亦聚众数百以叛"②。前燕高瞻"以华夷之异，有怀介然"③，他拒绝入仕前燕，忧惧而死。有的高门表面上虽入仕少数民族政权，但为形势所迫，并非内心所愿。如清河崔悦、颍川荀绰，河东裴宪，北地傅畅"并沦陷非所，虽俱显于石氏，恒以为辱"。范阳高门卢谌"才高行洁，为一时所推"，入仕石赵为侍中、中书监。史称"谌每谓诸子曰'吾身没之后，但称晋司空从事中郎耳'。"④ 卢谌身在后赵，而心向东晋，实际上代表了十六国北魏前期少数民族政权中一部分汉族士人的复杂心态，即为官北方政权．却仍以南方政权为正统。后赵末东宫谪卒高力督梁犊起义"自称晋征东大将军"⑤。东晋永和六年（350 年），石虎养孙汉人冉闵灭石氏后曾说："吾属故晋人也，今晋室犹存……奉表迎晋天子还都洛阳。"⑥ 闵后虽建魏国，又上书东晋说："胡逆乱中原，今已诛之，若能共讨者，可遣军来也。"⑦ 原晋散骑常侍辛谧"有高名，历刘、石之世，征辟皆不就"。谧遗闵书曰："宜

---

① 《晋书》卷一〇四《石勒载记》上。
② 《晋书》卷一〇四《石勒载记》上。
③ 《晋书》卷一〇八《慕容廆载记》附《高瞻传》。
④ 以上见《晋书》卷四四《卢钦附谌传》。
⑤ 《晋书》卷一〇五《石勒载记》下。
⑥ 《资治通鉴》卷九八，《晋纪》永和六年。
⑦ 《晋书》卷一〇七《石季龙载记》附《冉闵传》。

因兹大捷，归身晋朝。"① 同年十一月，前秦苻健起兵入长安，"以民心思晋"，遣使向东晋献捷，"于是秦、雍夷夏皆附之"。胡注云："夷夏皆附健，以其归晋也。"② 东晋永和十年（354 年），桓温北伐前秦至灞上，父老持牛酒劳军，说："不图今日得睹官军"③。再如王猛孙王镇恶随叔父王曜归晋，后为刘宋名将④。王仲德祖宏事石虎，父苗事苻坚，皆为二千石。仲德决意南归，为刘宋名将⑤。京兆杜坦、骥兄弟，避乱河西，苻坚平凉州，随父还关中。刘裕征后秦，二人随裕南归，入仕刘宋⑥。魏郡申恬，其曾祖钟为石虎司徒。刘裕灭南燕，恬随父寅等南归，"并以干用见知"⑦。河东薛安都，世为强族，同姓 3000 家，父广为宗豪。刘宋元嘉二十三年（446 年），其宗人薛永宗应盖吴起义，魏主征永宗，安都先据弘农郡，魏太平真君六年（445 年）弃郡归宋⑧。盖吴起义后，部众 10 余万，于元嘉二十二年（445 年）、二十三年（446 年）两次上表尊宋文帝为主，称：

①《资治通鉴》卷九八，《晋纪》永和六年。
②《资治通鉴》卷九八，《晋纪》永和六年。
③《晋书》卷九八《桓温传》。
④《宋书》卷四五《王镇恶传》。
⑤《宋书》卷四六《王仲德传》。
⑥《宋书》卷六五《杜坦传》。
⑦《宋书》卷六五《申恬传》。
⑧《宋书》卷八八《薛安都传》。

"阖境颙颙，仰望皇泽"①。扶风鲁爽、秀兄弟，为魏主拓跋焘重用，爽为宁南将军，秀中书郎，二人于刘宋元嘉二十八年（451年）率部曲6800余人归宋。文帝委以边陲重任②。北魏太和十七年（493年），北地民支酉起义，遣使告萧齐梁州刺史阴智伯。秦州民王广起兵响应支酉，攻执刺史刘藻。秦雍间七州民皆响震（七州指雍、岐、秦、南秦、泾、邠、华），众至10余万，各夺堡壁以待齐救③。上述汉族上层拒绝入仕少数民族政权或南归，主要反映了当时突出的民族矛盾。汉族人民群众欢迎东晋北伐军，或真心拥奉刘宋、萧齐政权，则反映了民族和阶级的双重矛盾，因为他们身受民族阶级的双重压迫。这两类情况又反映了汉化未进入中期以前，北方汉族人民仍以东晋南朝政权为正朔所归。不过，上述事例从北魏孝文帝（471—499年）全面推行汉化后就比较少见了，这说明汉化向深入发展后，民族矛盾和阶级矛盾都有所缓和。我们在指出汉化总趋势时，揭示其另一方面，有利于认识民族融合的复杂性和阶段性。

如果我们对十六国北朝民族融合进程的三个发展阶段，如早期的秦王苻坚与王猛，中期的北魏孝文帝与李冲、王肃，晚期的北周文（追谥）、武二帝与苏绰、卢辩等竭力推

---

① 《宋书》卷九五《索虏传》。
② 《宋书》卷七四《鲁爽传》。
③ 《资治通鉴》卷一三八，《齐纪》永明十一年。

进民族融合的三个具有代表性的君臣集体作综合考察，尽管他们所处时代先后不同，民族类别不同，民族融合发展程度有别，政治经济形势存在着差异，因而在汉化进程中各具特色，以往学者对此研究成就卓著。但他们在各方面又存在着诸多相同点，或相似之处，我们称之为趋同性。这是由马、恩所示"永恒的历史规律"的制约，以及儒家"用夏变夷"理论也即汉化的指引，加之三个领导汉化集体自觉行为等三条所决定的。可以说，这些趋同性是他们汉化之所以成功不可缺少的。或者说乃是其汉化成功在有关历史人物和历史事件上的合乎逻辑的反映。三帝急切谋求全国统一，乃是汉化深入发展的一种必然要求。我们认为，上述三次汉化所包容的特殊性和趋同性，既有区别又有联系，我们在研究其汉化的特殊性时，若能进一步研究分析趋同性的内容和特征，不仅可以扩展十六国北朝民族融合的研究领域，而且可以加深对中古最典型的一次民族融合规律的认识，从而受到应有的启迪。

三、十六国北朝民族融合（汉化）的趋同性

上述三个领导集体人物的文化素养、治国才能、民族观、品格，以及他们所进行的民族融合（汉化）政策和内容及其相关方面，究竟有哪些趋同性呢？

第一，秦王苻坚、魏孝文帝、北周文、武二帝，他们天

资聪慧，汉文化水平颇高，因而深明汉文化优秀传统内涵，及其对本民族文化素质提高的重要性，从而能准确地掌握汉化的指导思想。

苻坚 8 岁便主动"请师就家学"①，成年之后，"博学多才艺，有经济大志，要结英豪，以图纬世之宜。"② 陈寅恪先生曾说：氐人"汉文化水准之高，在五胡中，鲜能与比"③。苻坚乃是氐人苻氏家族中汉文化水平最高的人物。他对汉族历史典籍十分熟悉，每与群臣论对，常随口引用历史典故，并深得其意蕴。他经学造诣很深，曾巡视太学，问难五经，博士多不能对。史称其"雅量瑰姿，变夷从夏……遵明王之德教，阐先圣之儒风，抚育黎元，忧勤庶政"，"隽贤效足，杞梓呈才，文武兼施，德刑具举"，"虽五胡之盛，莫之比也"④。

孝文帝（元宏）在四帝中汉文化素养最高，据《魏书·高祖纪》载："雅好读书，手不释卷。《五经》之义，览之便讲，学不师受，探其精奥。史传百家，无不该涉。善谈《庄》、《老》，尤精释义。才藻富赡，好为文章，诗赋铭颂，任兴而作。有大文笔，马上口授，及其成也，不改一

---

① 《晋书》卷一一三《苻坚载记》。
② 《晋书》卷一一三《苻坚载记》。
③ 万绳楠整理《陈寅恪魏晋南北朝史讲演录》，黄山书社 1987 年版，第 104 页。
④ 《晋书》卷一一五《苻登载记》后"史臣曰"。

字。自太和十年（486 年）已后诏册，皆帝之文也。自余文章，百有余篇。"史称其"雄才大略……经纬天地"，"听览政事，莫不从善如流。哀矜百姓，恒思所以济益"，"爱奇好士，隅如饥渴"①。

周文帝（宇文泰）长处戎陈之间，无缘系统学习汉文化，但"轻财好施，以交贤士大夫"②。他行原州事时，"法令齐肃，赏罚严明"，"抚以恩信，民皆悦服"③。史称其"知人善任使，从谏如流，崇尚儒术，明达政事，恩信被物，能驾驭英豪"④。可见周文帝汉文化根基虽不太深，但对儒家治国要旨，识见明睿。

周武帝（宇文邕）"幼而孝敬，聪敏有器质"，周文帝深异之，曰："成吾志者，必此儿也。"⑤ 武帝生于西魏大统八年（542 年），从小有条件系统学习汉文化，由于天资颇高，不但精于儒学，还通佛、道经义。曾两次集百僚或沙门、道士等，亲讲《礼记》。他先后七次召集群臣及沙门、道士等"论难"三教先后，"以儒教为先，道教为次，佛教为后"⑥。史称其"克己励精，听览不怠"，"修富民之政，

---

① 以上见《魏书》卷七《高祖纪》下。
② 《周书》卷一《文帝纪》上。
③ 《周书》卷一《文帝纪》上。
④ 《周书》卷二《文帝纪》下。
⑤ 《周书》卷五《武帝纪》上。
⑥ 《周书》卷五《武帝纪》上。参考汤用彤《汉魏两晋南北朝佛教史》，中华书局 1983 年版。

务强兵之术","劳谦接下，自强不息。以海内未康，锐情教习。"①

以上四帝，皆崇尚儒家，有较高的汉文化素养，又各自称是远古有扈氏②（苻坚）、黄帝（鲜卑拓跋氏）、炎帝神农氏（宇文氏）之后，皆为华夏族苗裔。他们一旦登上皇位，君临天下，必然对儒学宏义包括进步民族观心领神会，并付诸实践。

第二，四帝进步的民族平等和睦思想。苻坚提出："黎元（汉人）应抚，夷狄应和，方将混六合以一家，同有形于赤子。"③匈奴左贤王卫辰降，坚许其徙于内地。云中护军贾雍遣将袭之，并纵兵掠夺。苻坚怒曰："朕方修魏绛和戎之术，不可以小利而忘大信……所获资产，其悉以归之"。又"遣使（与卫辰）修和，示以信义"④。魏孝文帝曾言："凡为人君，患于不均，不能推诚御物，苟能均诚，胡越之人亦可亲如兄弟。"⑤周文帝曾向贺拔岳献策说："今移军近陇，扼其要害，示之以威，服之以德，即可收其（指夏州、灵州、河西少数民族人民）士马，以实吾军。西

① 《周书》卷六《武帝纪》。
② 有扈氏为夏代国名，在今陕西鄠县北。夏帝启灭之，子孙以国为姓。参阅《尚书·甘誓》。
③ 《晋书》卷一一三《苻坚载记》上。
④ 《晋书》卷一一三《苻坚载记》上。
⑤ 《魏书》卷七《高祖纪》下。

辑氏羌，北抚沙塞，还军长安，匡辅魏室，此桓文举也。"①
这是说，要以德政和协西部氏羌，安抚北面突厥等少数民
族。贺拔岳死后，他自己在建立西魏政权过程中，正是这样
做的。周武帝也说："怀远以德，处邻以义"，从而达到
"八绒共贯，六合同风"②。这是指以德义怀来边远四方夷
人，使得举国共贯同风，汉夷混如一家。

四位明君都主张各民族亲如兄弟，团结平等，和睦相
处，消除彼此敌对和歧视，在实行"德政"的原则下，逐
步推进以汉文化为主的民族融合（汉化）进程。他们既具
有较高的汉文化素养，又主张各民族平等团结，这是实行汉
化的首要条件。

第三，秦王、魏孝文、周武三帝在推进民族融合（汉
化）过程中，都具有实行方针政策的坚定性。其中最重要
的是所谓"大义灭亲"③，严惩保守顽固势力对汉化的阻扰。
如苻坚不顾宗室贵戚群起反对，坚决助王猛在数旬之间，诛
杀苻氏贵戚二十余人，其中包括苻坚堂舅、苻健妻弟强德等
人在内。孝文帝在迁都洛阳实行汉化的关键时刻，尚书左仆
射穆泰与恒州刺史陆睿联合乐陵王思誉、安陵侯元隆、阳平
侯贺头等一大批王公重臣谋反，反对迁都汉化。孝文帝当机

---

① 《周书）卷一《文帝纪》上。
② 《周书》卷六《武帝纪》下。
③ 《魏书》卷二二《废太子恂传》。

立断，命元澄以迅雷不及掩耳之势，彻底摧毁了这个牵连宗室重臣100余人的反汉化守旧势力集团。甚至皇太子恂反对迁都汉化，孝文帝以"古人有言，大义灭亲……此小儿今日不灭，乃国家之大祸"①，乃赐恂以死。周武帝诛除皇叔晋荡公宇文护，以表面上看，乃为了亲政掌握实权，实际上也是为了彻底推行民族融合（汉化）政策。因为宇文护"寡于学术，昵近群小"，不仅废弑君主，专制朝政，"威福在己"，"兼诸子贪残，僚属纵逸，恃护威势，莫不蠹政害民"。这样的执政者不可能实行民族融合（汉化）的德政。所以周武帝在诛宇文护诏书中说：护执政时"贿货公行，民不见德"，从此"朝政维新，兆民更始"②。三帝实行汉化的坚定决心，以及能应付在汉化中出现的复杂局面，也是保证汉化成功的必要条件。汉化是内容丰富的政治、经济、文化革新，古代和近代这类革新由于领导者不坚定，或难以应付旧势力破坏的复杂局面而失败的例子不少见。

第四，关于四帝实行汉化的辅臣，各有一个在政治上有较高水平的群体，其中以前秦王猛、北魏李冲、王肃、北周苏绰、卢辩等五位汉族士人为代表，除王猛外，其他四人皆出身高门。他们不但汉文化素养高，而且为识时务之俊杰。前秦王猛出身寒士，从其"宰宁国以礼，治乱世以法"及

---

① 《魏书》卷二二《废太子恂传》。
② 以上见《周书》卷一一《晋荡公宇文护传》。

文韬武略看，他深明儒、法、兵家治国安邦之术。猛"怀佐世之志，希龙颜之主，敛翼待时，候风云而后动"①。他"崇尚儒术"，更易于接受儒家进步民族观，以澄清天下为己任，显然具有儒家经世致用"治国平天下"的人生价值取向。

北魏李冲深通儒家礼典，及治国要旨，且识鉴甚高。太和十年（公元486年）以后，"议礼律令，润饰辞旨，刊定轻重，高祖虽自下笔，无不访（冲）决焉。"②北京平城宫殿、明堂、雍辟，以及洛都营建，冲皆据儒家典制给予规范③。王肃为琅邪王氏名相王导之后，"少而聪辩，涉猎经史"，长于《周礼》、《易经》。其父及兄弟并为萧齐武帝所害，他于永明十一年（太和十七年，493年）奔魏。孝文帝"虚襟待之，与其论为国之道，肃陈说治乱，音韵雅畅，深会帝旨"④。正值孝文帝迁都汉化之时，礼乐朝仪，皆深仰于肃⑤。

苏绰"少好学，博览群书"，"有王佐之才"。周文帝问以"治道"，绰"指陈帝王之道，兼述申韩之要"。文帝

---

① 《晋书》卷一一四《苻坚载记》下附《王猛传》。

② 《魏书》卷五三《李冲传》。

③ 《魏书》卷五三《李冲传》。

④ 《魏书》卷六三《王肃传》。

⑤ 《资治通鉴》卷一三八《齐纪》永明十一年十月："时魏主方议兴礼，变华风，凡威仪文物，多肃所定。"

"整衣危坐，不觉膝之前席"。即拜绰大行台左丞，"参典机密"。绰制《六条诏书》，不仅显示其汉文化水平高，而且对两汉以来德法治国之道作了全面深刻的总结和阐述，乃中古治国之宏论。周文帝甚重之，"常置诸座右。又令百司习诵之。其牧守令长，非通六条及计账者，不得居官"①。卢辩家"累世儒学"。辩"少好学，博通经籍"，注《大戴礼》。文帝以辩"有儒术，甚礼之，朝廷大议，常召以顾问"。"魏太子及诸王等，皆行束修之礼，受业于辩"②。五位辅臣不仅汉文化水平高，而且深明德、法治国之道，能掌握中央封建专制集权政体的典制，故能助君主制定出汉化的正确方针政策。

第五，王、李、王、苏、卢等五位汉化辅助大臣，均非一般儒生俗士。他们深刻认识到身处非常时代，必须从儒家进步民族观出发，站在整个中华民族和全国求统一、求富强的立场，摒弃儒家"夷夏之防"，以及狭隘的汉民族大义、气节、正统之类违时的落后观念，故能认清十六国北朝历史发展的主流，辅佐少数民族英明君主，坚定不移地实行儒家"用夏变夷"的方针政策，以促进在以汉族文化为主的前提下各民族融为一体，使北方政局趋于稳定，社会经济恢复发展，人民生活安定，综合国力加强，最终实现全国的统一。

---

① 以上见《周书》卷二三《苏绰传》。
② 以上见《周书》卷二四《卢辩传》。

其实，三个领导集体的明君贤宰，都能清醒地认识到，当时实行汉化乃历史发展的必然之势。《晋书》作者指出苻坚、王猛"变夷从夏"①。魏初崔浩讲的"变风易俗，化洽四海"②。孝文帝太和八年（384 年）诏："故变时俗，远遵古典"③。周文帝"恒以反风俗，复古始为心"④。周武帝反复强调的"朝政维新"，都是以不同提法，表明"用夏变夷"的一个思想。北魏太和十九年（495 年），孝文帝引群臣谓曰："卿等欲朕远追商、周，为欲不及汉、晋耶？咸阳王（元）禧对曰：'群臣愿陛下度越前王耳。'帝曰：'然则当变易风俗，当因循守故邪？'对曰：'愿圣政日新。'帝曰：'为止于一身，为欲传之子孙邪？'对曰：'愿传之百代。'帝曰：'然则必当改作，卿等不得违也。'对曰：'上令下行，其谁敢违。'帝曰：'夫名不正，言不顺，则礼乐不可兴。'"⑤ 这则"断诸北语"前的君臣对话中，帝问"为止于身，为欲传之子孙邪？"及对"愿传之百代"句，最为关键。这是孝文帝在警示群臣，汉化是决定北魏长治久安及兴亡之大事。实际上，它代表着十六国北朝少数民族英明君主

① 《晋书》卷一一五《苻登载记》"史臣曰"。
② 《魏书》卷三五《崔浩传》。
③ 《魏书》卷七《高祖纪》上。
④ 《周书》卷二《文帝纪》下。
⑤ 《资治通鉴》卷一四〇，《齐纪》建明二年。参考《魏书》卷二一《咸阳王禧传》。

的共识。北魏初，李孝伯之父李善少治郑氏《礼》、《左氏春秋》，后为州主簿，常叹曰："梁叔敬有云：'州郡之职，徒劳人耳。'道之不行，身之忧也。"[①] 这里的"道"，是指以儒家思想为主的汉文化，实乃指"用夏变夷"。李善所言，典型地反映了汉族士人有识之士，希望辅助夷族君主实行"王道"，以变夷俗的一种强烈的忧患意识[②]。上述君臣对当时形势的清醒认识，乃是其自觉地实行汉化的前提。

第六，君臣关系的典范。苻坚、孝文帝、周文、武二帝及其主要辅臣三个实行汉化的集体，可称明君贤宰。君主文韬武略，运筹帷幄于上，宰辅尽心尽力，日夜操劳，躬行"王政"于下。君臣相知无间，他们共同为了一个崇高的理想"用夏变夷"，同心协力，把全部心血都献给了推进民族融化（汉化）的事业，因而保证了汉化的成功。

王猛与苻坚"一见便若平生，语及废兴大事，异符同契，若玄德之遇孔明也"[③]。猛"谨重严毅，气度雄远"，深被重用。平前燕后，人为丞相、中书监、尚书令、太子太傅、司隶校尉，加都督中外诸军事。一人兼任六个显赫要职，当时少有。猛表让久之。苻坚曰："卿昔螭蟠布衣，朕龙潜弱冠。属世事纷纭，厉士之际，颠覆厥德。朕奇卿于暂

---

① 《魏书》卷五三《李孝伯传》。
② 参考孔毅《北魏前期北方世族"以夏变夷"的历程》，《中国史研究》1998 年第 2 期。
③ 《晋书》卷一一四《苻坚载记》下附《王猛传》。

见，拟卿为卧龙（指诸葛亮），卿亦异朕于一言，回《考
磐》之雅志，岂不精契神交，千载之会，虽傅岩入梦，姜
公悟兆，今古一时，亦不殊也。"①　猛乃受命。苻坚常敕其
太子宏、长乐公丕曰："汝事王公，如事我也。"《资治通
鉴·胡注》称："史言苻坚王猛君臣相与之至，所以猛得展
其才。"②　王猛"寝疾，坚亲祈南北郊、宗庙、社稷，分遣
侍臣祷河岳诸祀，靡不周备"。猛卒，"坚哭之恸。比敛，
三临，谓太子宏曰：'天不欲使吾平一六合邪！何夺吾景略
之速'"③。李冲历中书令、吏部尚书、尚书仆射等要职。他
除为实行均田创立三长制外，"改制百司，开建五等，以冲
参定典式。"④　史称其"竭忠奉上，知无不尽，出入忧勤，
形于颜色。虽旧臣戚辅，莫能逮之，无不服其明断慎密而归
心焉，于是天下翕然，及殊方听望，咸宗寄之。"孝文帝
"亦深相杖信，亲故弥甚，君臣之间，情义莫二。"孝文帝
在南征途中知冲卒，"发声悲泣，不能自胜"⑤。王肃归魏
后，孝文帝引见，"肃陈说治乱……高祖嗟纳之，促席移
景，不觉坐之疲淹也"；"器重礼遇日有加焉，亲贵旧臣莫
能间也。或屏左右相对谈说，至夜分不罢。肃亦尽忠输诚，

---

① 《晋书》卷一一四《苻坚载记》下附《王猛传》。
② 《资治通鉴》卷一〇三《晋纪》咸安元年。
③ 《晋书》卷一一四《苻坚载记》下附《王猛传》。
④ 《魏书》卷五三《李冲传》。
⑤ 《魏书》卷五三《李冲传》。

无所隐避，自谓君臣之际，犹玄德之遇孔明也。"① 肃先效力边陲。孝文帝手诏曰："不见君子，中心如醉，一日三岁，我劳如何！"② 寻被征入朝。孝文帝临崩，遗诏以肃为尚书令，与咸阳王禧等同辅朝政，身居六辅第二位。宰辅宗室诸王"敬而昵之，称为和睦"③。在六位辅政大臣中，又晋升宋弁为吏部尚书列第四位。宋弁"精于吏治"，曾"定四海士族，弁专参铨量之后，事多称旨。"宋弁也是"劬劳王事，夙夜在公，恩遇之甚，辈流莫及，名重朝野，亚于李冲"④。孝文帝遗诏选辅，实含以王肃、宋弁等辅助宣武帝继续实行汉化之良苦用心。

苏绰深被周文帝重用，授大行台度支尚书、兼司农卿。绰"以四海未平，常以天下为己任"。周文帝"推心委任，而无间言。太祖或出游，常预署空纸以授绰，若须有处分，则随事施行，及还，启之而已。"⑤ 周文帝曾说："（苏）尚书平生为事，妻子兄弟不知者，吾皆知之。惟尔知吾心，吾知尔意。"可见其二人情义之深笃。绰卒，文帝曰："方欲共定天下，不幸遂舍我去，奈何！""因举声恸哭，不觉失

---

① 《魏书》卷六三《王肃传》。
② 《魏书》卷六三《王肃传》。
③ 《魏书》卷六三《王肃传》。
④ 以上见《魏书》卷六三《宋弁传》。
⑤ 《周书》卷二三《苏绰传》。

戹于手。"①

上述典范的君臣关系，在汉族封建政权君臣中是比较少见的。考其原因，几位少数民族君主汉文化水平高，其本性淳朴、恪守君道，少染汉族君主权术阴谋之恶习；而汉族士人则深明臣节，以及辅佐少数民族君主复杂艰难而慎于行。《春秋公羊传》说："君敬臣，则臣自重，君爱臣，则臣自尽。"② 君臣相互敬爱忠诚，自然情义至深。但最根本的有两点：一是他们对当时"用夏变夷"历史潮流的共识；一是为实行"中国之道"，最终实现儒家"夷汉一家，天下一统"的最高理想，把他们紧紧地连在一起。实际上，他们之间有一种家国兴亡，荣辱与共的利害关系。

第七，共同高扬民族融合（汉化）的三面旗帜，以证明自己所行的"中国之道"。

其一，大力兴办学校教育，崇尚儒学，特别尊祀孔子。因为他们深知"考九流之殿最，校四代之兴衰，正君臣，明贵贱，美教化，移风俗，莫尚于儒。"③ 当东晋南朝玄风弥漫之际，十六国北朝则儒风雄劲，各自形成鲜明的特色，这是南北朝政治形势和文化差异所决定的。

其二，礼教为先，制礼作乐。尤其是孝文帝、周武帝考

---

① 《周书》卷二三《苏绰传》。
② 《春秋公羊传》隐公元年。
③ 《周书》卷四五《儒林传·论》。

订五礼，推演雅乐。他们明白："《六经》之道同归，而礼乐之用为急，治身者斯须忘礼，则暴嫚入之矣。为国者一朝失礼，则荒乱及之矣。"① 所以苻坚、孝文帝、周武帝施行礼乐教化，祀天地，祭先圣先贤，崇祖先（包括行养老礼)，祀百神等礼乐活动之频繁虔诚，没有一个汉族君主能与之匹对。这是因为"礼乐"为儒家思想之核心，必然为汉化深入后之所重。

其三，德刑并举，德治为先。尤其是孝文帝重视援《经》入律，反酷刑而合《经》义。《论语·为政》篇中认为："为政以德，譬如北辰，居其所而众星拱之。"但儒家并不完全反对"法治"，只不过强调以"礼、德"教化引导，使人民从思想意识上改恶从善，而不一味施以严刑峻法②。

四帝五臣高扬三面旗帜的内涵，在很多方面甚至超过汉族封建政权的君臣。这主要因为少数民族君主入主中国，虽在理论上行中国之道应为中国之主，而实际上一般不为"正朔"所归，故他们特别重视上述三点，意欲证明其所实

---

① 《汉书》卷二二《礼乐志》。

② 参考黄烈《中国古代民族史研究》，人民出版社 1987 年版，第 146—154 页；周伟洲《后赵国史》，山西人民出版社 1986 年版；白翠琴《魏晋南北朝民族史》第二、六章，四川民族出版社 1996 年版；王永平《十六国北朝改革的启示》第二、四、五章，南京大学出版社 2000 年版。

行的是"中国之道"，从而争取民心所向，以争夺正统的旗帜。

第八，苻坚、孝文帝、周武帝都狂热地谋求全国统一，企盼为正朔所归，做一位"后圣"。尤其是苻坚欲实现全国统一的行为，简直使人不可理解。实际上，前秦、北魏中期统一条件，无论从北方民族融合、经济发展（均田制施行不久）、综合国力、人心背向以及南方政权的衰落等诸方面看，都不够成熟。而这些客观形势，以苻坚、孝文帝之英明，不难明白。而且苻坚灭东晋，不仅氐、汉大臣（包括王猛生前）一致反对，甚至连太子宏、少子诜和名僧道安也竭力劝阻①。他们反对和劝阻的理由，可谓论述充分，道理至明。苻融甚至说："吴（指东晋）之不可伐昭然，虚劳大举，必无功而反。臣之所忧，非此而已。"他进一步指出苻坚重用鲜卑首领和羌酋后说："臣恐（南伐）非但无成，亦大势去矣。"② 苻坚一直从谏如流，为什么有关国家存亡的意见，反而听不进呢？他曾说："每思天下未一，未尝不临食辍"，"江东未平，寝不暇旦"③。可见他为了实现天下统一，已达到废寝忘食的地步。

孝文帝曾多次向群臣表达其欲统一全国的宏图远志。迁

---

① 《晋书》卷一一四《苻坚载记》。

② 《晋书》卷一一四《苻坚载记》下附《苻融传》。

③ 《晋书》卷一一四《苻坚载记》下。

都洛阳后，紧接着从太和十八年（494 年）十二月到太和二十三年（499 年）年三月约五年内，三次率大军南征，不幸卒于最后一次南征途中。在临死遗诏中还念念不忘说："迁都嵩极，定鼎河瀍，庶南荡瓯吴（指萧齐），复礼万国，以仰光七庙，俯济苍生。困穷早灭，不永乃志。"①

周武帝建德六年（577 年）灭北齐统一北方后，紧接着宣政元年（578 年）五月，匆忙挥师北伐，欲平定突厥解除后顾之忧后立即南征。不幸暴疾卒于北伐途中。周武帝遗诏中也是以未实现统一全国为念："将欲包举六合，混同文轨。今遘疾大渐，气力稍微，有志不申，以此叹息。"② 史臣评曰："破齐之后，遂欲穷兵极武，平突厥，定江南，一二年间，必使天下一统，此其志也。"③ 可见孝文、周武二帝，皆以统一全国壮志未酬为遗恨。

三帝如此热衷于实现全国统一，到底是什么原因和心态促使其这样做？我以为除了苻坚因统一北方，西定巴蜀，有数胜而骄的因素外，三帝都急切地期望尽快统一全国，主要为实现儒家民族观"汉夷一家，天下一统"的大同世界，以完成儒家民族理论体系所可述的全过程，从而做孟子所褒奖的一位"后圣"。因为只有实现大一统的君主，才能真正

---

① 《魏书》卷七《高祖纪》下。
② 《周书》卷六《武帝纪》下。
③ 《周书》卷六《武帝纪》下。

为"正朔"所归，成为彪炳史册的明君圣主。如苻坚一再宣称："但思混一六合，以济苍生"；"朕忝荷大业，巨责攸归，岂敢优游卒岁，不建大同之业。"① 当苻融劝阻其南征，举出"且国家戎族也，正朔会不归人"② 时，苻坚回答说："帝王数岂有常哉，惟德之所授耳！汝所以不如吾者，正病此不达变通运。"③ 苻坚不正面回答"正朔"问题，他从儒家"行中国之道"，即为正朔所归的大义出发进行反驳。他认为只要实行德政，完成统一天下大业，正朔自然所归。朱熹在回答苻坚欲灭晋，可命将提师，何故亲率举国之师南征时说："他（苻坚）是急要做正统，恐后世以其非正统，故急欲亡晋。"④ 陈寅恪也指出："（前）秦、（北）魏俱欲以魏晋以来之汉化笼罩全部复杂民族，故不得不亟于南侵，非取得神州文化正统所在之江东而代之不可。"⑤ 又说：淝水战前"中原衣冠多随东晋渡江，汉人正统似在南方，如果不攻取东晋南朝，就不能自居于汉人正统的地位……苻坚所以坚持南伐，原因在此。"⑥ 就连后赵石勒统一北方后，也因"吴、蜀未平，书轨不一，司马家犹不绝于丹杨，恐后

---

① 《晋书》卷一一四《苻坚载记》下。
② 《晋书》卷一一四《苻坚载记》下附《苻融传》。
③ 《晋书》卷一一四《苻坚载记》下附《苻融传》。
④ 《朱子语类》卷一三六《历代三》，中华书局1986年版。
⑤ 陈寅恪《唐代政治史述论稿》，三联书店1957年版，第15页。
⑥ 万绳楠整理《陈寅恪魏晋南北朝讲演录》，第230页。

人将以吾为不应符箓（指非正统）"，故"每一思之，神色不悦"①。符坚的固执南征行为，最典型地反映了孝文帝、周武帝、石勒等少数民族帝王欲实现全国统一而居于正统地位的急切心态。

第九，九位君臣为实现汉化伟业，自强不息，及其献身精神和人格魅力。前述君臣九人，除卢辩生卒年不详外，符坚28岁即秦王位，卒时48岁。王猛33岁参与前秦最高决策，卒时51岁。魏孝文帝以太和九年（485年）亲政计，年19岁，卒时33岁。李冲以37岁建议立三长制计，卒时年49岁。王肃30岁入魏，参与最高决策，卒时38岁。周文帝魏永熙三年（534年）掌握贺拔岳军团时，年30岁，卒时52岁。周武帝18岁即位，卒时36岁。苏绰大统元年（535年）以大行台左丞参与最高决策，年37岁，卒时49岁。四位君主掌握最高行政权时的年龄跨度在19至29岁之间，平均年龄为27岁。四位辅臣参加最高决策时的年龄跨度在30至37岁之间，平均年龄为34岁。这个统计数表明，八位君臣参与重大决策或建立主要功业的年龄，基本上属于中青年时期，这是人一生中精力最旺盛最富朝气的时期，也是在政治上锐进创新的最佳年龄期。

符坚虽然由于多种原因最后国破身亡，但他在即位后短短十几年内，兴办学校教育，制礼作乐，劝课农桑，兴修水

----

① 《晋书》卷一〇六《石勒载记》。

利，推广区田法，减轻赋役，和睦夷汉关系，而且王猛执政，讲究实效，前秦国内经济恢复发展，出现了一派歌舞升平的景象，这在当时北方乱世是极其不易的①。王猛"夙夜匪懈，忧勤万机"；"军国内外万机之务，事无巨细，莫不归之"②。他实际上因政务劳累过度而卒。

孝文帝从太和九年（485年）与文明冯太后一起实行均田制后，仅在14年内，改革官制，制礼作乐，德刑并举，迁都，禁止胡语、胡服，改鲜卑复姓为汉姓，三次南征，以及经常与群臣议政，不断地亲自审狱，巡察民情等等。程树德曾说："魏律系孝文自下笔，此前古未有之例。"③ 他勤于王政，几乎忘记了个人的一切。他对国事勤奋程度，以及所创造的辉煌业绩，在封建君主中是少见的。他实际上也是为实现汉化和统一，劳累过度，仅33岁便英年早逝。李冲"勤志强力，孜孜无怠，旦理文籍，兼营匠制，几案盈积，剖断在手，终不劳厌也"。史称其"竭忠奉上，知无不尽，出入忧勤，形于颜色"。他由于忧勤国事，"年未四十，而鬓发斑白"④。其表面上虽卒于暴怒，实际上也是长期过劳所致。故孝文帝在南征途中，得知冲卒，悲恸不已。王肃内则考订五礼，新作雅乐；外则"悉心抚接，远近归怀，附

① 参考蒋福亚《前秦史》第三章，北京师范学院出版社1993年版。
② 《晋书》卷一一四《符坚载记》下附《王猛传》。
③ 程树德《九朝律考）卷一五《魏律考》卷上。
④ 以上传《魏书》卷五三《李冲传》。

者如市，以诚绥纳，咸得其心"①。他也是内外劳于国事，而英年早逝。宣武帝诏曰："肃诚义结于二世，英惠符于李（冲）、杜（预）……其令葬于冲、预两坟之间，使之神游相得也。"②

周文帝在执政的约20年间，建立西魏政权，继续实行均田制，创建府兵制，与东魏两雄相争，多次击败高欢军，"南清江汉，西举巴蜀"③，行《周礼》，建六官，使西魏与东魏相比，由弱变强。周文帝在八人中卒年最大，也只有52岁。苏绰尝谓："治国之道，当爱民如父，训民如严师。每与公卿议论，自昼达夜，事无巨细，若指诸掌。积思劳倦，遂成气疾"而终④。周武帝与孝文帝相类似，在位短短18年，继续推行均田制，制礼作乐，整顿吏治，减轻赋役，灭北齐统一北方。他先后五次下诏赦免奴婢和杂户，从局部赦免到全境赦免，奴婢杂户成为自由民或佃户，提高了生产积极性。他下令灭佛，使北周境内100万僧尼还俗为民。上述两项措施，极大地促进了北周社会经济的发展。他在位期间，勤劳国事的品格，同魏孝文帝相似。周武帝卒于平突厥征途中，年仅36岁，显然也是因操劳军政，英年早逝。

秦王苻坚、魏孝文帝、北周文、武二帝，不但雄才大

---

① 《魏书》卷六三《王肃传》。
② 《魏书》卷六三《王肃传》。
③ 《周书》卷二《文帝纪》下。
④ 《周书》卷二三《苏绰传》。

略，有驾驭英豪的才能和魄力，而又能克己正人，勤政爱民，任贤选能，从善如流，节俭御物，体验民情，这些作为君主最难全面做到的，他们都做到了（苻坚后期稍差）。而五位辅宰，不仅有治国才略，而且励精图治，孜孜不倦，忠于君主，忧勤王政，廉洁奉公，为国事"鞠躬尽瘁，死而后已"，这些是宰臣难于全面做到的，他们都做到了。在上述君臣九人身上体现了中华民族自强不息、革故鼎新、勇于奉献、洁身自好的优秀精神和品格。他们同其他有关人物一起创造了中古汉族与"五胡"民族融合最后完成的丰功伟绩，为唐代盛世的出现奠定了坚实基础，永远值得人们称颂。

四、十六国北朝民族融合的深远影响

关于民族融合对历史发展进程的影响，首先应当考察被融进汉族的各少数民族族别和总人口数。一般说来，如果族别愈杂，人口数愈多，则在与汉族融合中，所产生的新基因必然多，因而其历史影响也愈大。经考察，十六国北朝融入汉族的族别，除所谓匈奴、氐、羌、羯、鲜卑"五胡"外，还有乌桓、柔然、高车、蛮、獠、蜀、稽胡等共 10 多个。这 10 个少数民族融入汉族的总人口数，据初步考证统计共有 11 361 980 人之多。从族别和总人口数而论，十六国北朝民族大融合的规模，可能是空前绝后的。正如唐长孺所论：

"五胡的割据政权与拓跋氏的占领北中国造成的后果之一，是汉族与边境各族的融合……直到北魏后期，通过北镇起义，鲜卑化的各族人民才与汉族作进一步的融合，也就是说汉族的较高级文化在此期间战胜了一切。"①

在隋唐时期，十六国北朝各少数民族113 619 80人融入汉族后，其所占比重是相当大的。唐永徽三年（652年，贞观后仅3年）国家领有民户380万②，唐代每户约6人，则为2280万人口，少数民族融入汉族人口数约占总人口数的50%。如以神龙元年（705年，距唐建国已86年）全国领民户615万，口3714万计③，则少数民族融入汉族的人口数接近总人口数的31%。如此众多的少数民族人口融入汉族中，无论对汉民族本身的繁衍或是汉文化的发展来说，都被输入了大量的新基因，从而汉族人民在衣、食、住、行、语言、文字及文化娱乐等各方面更加丰富多彩④。而且根据人类优生学原理，汉族与10余个少数民族在血缘上的混合，给先秦以来古老汉民族注入了大量的新鲜血液，各游牧民族质朴、强悍、大漠豪情的本性被融入汉族人体中，使得雄武性与汉族温良恭俭让相结合，刚柔相济互补，从而带来了新汉族人体素质基因的提高，以及人们创新思维模式活力的加

---

① 唐长孺《魏晋南北朝史论丛》，三联书店1953年版，第446页。
② 《资治通鉴》卷一九九，《唐纪》永徽三年。
③ 《资治通鉴》卷二〇八，《唐纪》神龙元年。
④ 参考白翠琴《魏晋南北朝民族史》第十三章。

强。李唐大帝国封建政治、经济、文化的高度繁荣，正是在十六国北朝民族大融合给汉民族和汉文化注入了大量新基因的基础上而出现的。

首先，隋、唐两朝皇室均属于汉胡混血统。隋唐建国者杨、李二氏是鲜卑化汉人，其母、妻为汉化屠各人或鲜卑人。如隋文帝杨坚独孤皇后（隋炀帝母），唐高祖母元贞皇后，唐代宗独孤皇后，皆属匈奴别部屠各人①。唐高祖窦皇后（太宗母）、唐太宗长孙皇后（高宗母）、唐睿宗窦皇后（玄宗母）皆鲜卑人。唐开国之君高祖及贞观、开元盛世之主太宗、玄宗三人，皆为汉族与屠各和鲜卑族婚配的混血儿。故《朱子语类》称："唐源流出于夷狄，故闺门失礼之事，不以为异。"② 陈寅恪又说："李唐皇室者唐代（近）三百年统治之中心也，自高祖、太宗创业至高宗统御之前期，其将相文武大臣大抵承西魏、北周及隋以来之世业，即宇文泰'关中本位政策'下所结集团体之后裔也。"③ 这就是说，北朝民族大融合后出现的汉胡双血统李唐皇室，及其所承袭统率的西魏、北周、隋政权最高统治层汉胡后裔集团，乃是缔造李唐帝国和开创唐初盛世的核心力量。对此应予以特别重视，因为后面所论各点，与此密切相关。

---

① 陈连庆《中国古代少数民族姓氏研究》，吉林文史出版社 1993 年版，第 52 页。
② 《朱子语类》卷一三六《历代六》。
③ 陈寅恪《唐代政治史述论稿》，三联书店 1957 年版，第 18 页。

第二，李唐皇室既"源流出于夷狄"，又继承北朝民族融合之政策（详后），故有唐一代大量重用各少数民族出身的人才。同时被融入汉族的各族优秀人物在汉文化孕育下，也自觉地奋起登上历史舞台，因而在唐政权政治、军事、文化领域中，少数民族出身的骨干人物为数不少。那么，唐朝立国278年中，在政治、军事、文化等各领域内少数民族出身的宰相、三公三师（以政军功业得此最高荣誉职）、名将、文化名人大约有多少呢？

少数民族出身的宰相约有29人：

宇文士及相高祖，宇文节相高宗，宇文融相玄宗。宇文氏为匈奴人①。

窦盛相高祖，窦抗相高祖，窦德玄相高宗，窦怀贞相中宗、睿宗，窦参相德宗，窦易直相穆宗、敬宗。窦氏为鲜卑人②。

长孙无忌相太宗、高宗。长孙氏为鲜卑拓跋部人③。

于志宁相太宗、高宗，于𬱟相宪宗，于琮相懿宗。于氏

---

① 《新唐书》卷七一下《宰相世系一》下。
② 《新唐书》卷七一下《宰相世系一》下与《周书》卷三〇《窦炽传》对窦氏族源二说各异，显为依托。即使属实，窦氏世为鲜卑没属回部落大人，从窦武难至孝文帝汉化约320余年，已完全鲜卑化。依陈寅恪所论当时"种族之分多系于其人之文化，而不在其所承之血统"，则窦氏也应为鲜卑人。
③ 《新唐书》卷七二上《宰相世系二》上。

为鲜卑拓跋部人①。

王硅相太宗，王涯相宪宗、文宗。王氏为乌桓人②。

阎立本相高宗。阎氏为鲜卑人③。

欧阳通相武周。欧阳氏为俚人④。

房融相武周，房琯相肃宗。房氏为高车人⑤。

薛振相高宗，薛稷相中宗、睿宗，薛讷相玄宗。薛氏为蜀人⑥。

---

① 《新唐书》卷七二下《宰相世系二》下。按《魏书》卷三一《于栗䃅传》及（周书）卷一五《于谨传》（此二人为志宁先祖）皆无从东海迁代事，显为依托。故《通鉴》卷二三七《唐纪》元和二年宪宗朝翰林学士李绛说："（于）頔，虏姓。"且胡注详述其"虏姓"之由。

② 参考马长寿《乌桓与鲜卑》，上海人民出版社1962版，第110、169页；陈连庆《中国古代少数民族姓氏研究》，第147页。

③ 《新唐书》卷七三下《宰相世系表三》下称：其先世为汉人，阎昌奔代王猗卢，世为北魏诸曹大人。但《周书》卷二〇《阎庆传》（庆为立本祖父）无此条，当为依托。唐代少数民族名人比其北朝先世，好依托出身，此乃两个时代政治形势使然。

④ 《新唐书》卷七四下《宰相世系表四》下。参考陈寅恪《魏书司马睿传江东民族条笺证及推论》，载《金明馆丛稿初编》，上海古籍出版社1980年版。按欧阳氏出自始兴，当为俚人，陈氏以为南蛮耳。

⑤ 《新唐书》卷七一下《宰相世系一》下。参考马长寿《乌桓与鲜卑》，第110页；陈连庆《中国古代少数民族姓氏研究》，第190页。

⑥ 《新唐书》卷七三下《宰相世系三》下。参考陈寅恪《魏书司马睿传江东民族条笺证及推论》，载《金明馆丛稿初编》，上海古籍出版社1980年版。

豆卢钦望相武周、中宗。豆卢氏为鲜卑慕容部人①。

源乾曜相玄宗。源氏为鲜卑拓跋部人②。

浑瑊相德宗。浑氏为匈奴人③。

元载相代宗，元稹相穆宗。元氏为鲜卑拓跋部人④。

白敏中相宣宗。白氏为龟兹人⑤。

刘崇望相昭宗。刘氏为匈奴人⑥。

独狐损相昭宗。独孤氏匈奴别部屠各人⑦。

三公三师出身少数民族的约有9人：

李抱真，安息人，赐姓李。检校司空、平章事、义阳王⑧。

李抱玉，安息人，赐姓李。守司徒、平章事、凉国昭武王⑨。

李光弼，契丹人。太尉兼侍中，临淮武穆王⑩。

———————

① 《新唐书》卷七四下《宰相世系四》下。

② 《新唐书》卷七五上《宰相世系五》上。

③ 《新唐书》卷七五下《宰相世系五》下。

④ 《新唐书》卷七五下《宰相世系五》下。按马长寿《乌桓与鲜卑》（第111页），认为元载亦鲜卑拓跋部人。

⑤ 《新唐书》卷七五下《宰相世系五》下。

⑥ 《新唐书》卷七一上《宰相世系一》上。

⑦ 陈连庆《中国古代少数民族姓氏研究》。按《周书》卷一六《独孤信传》无《新唐书·宰相世系五》独孤氏先世依托条。

⑧ 《新唐书》卷七五下《宰相世系五》下。

⑨ 《新唐书》卷七五下《宰相世系五》下。

⑩ 《新唐书》卷七五下《宰相世系五》下。

李师古，高丽人。检校司徒、兼侍中①。

李正己，高丽人。守司空、饶阳郡王②。

李光颜，河曲稽阿跃胡，赐姓李。守司空兼侍中③。

李宝臣，北狄，奚族，赐姓李。守司空、清河郡王④。

王思礼，高丽人。司空、霍国武烈公⑤。

王镕，安东阿布思族。太尉、中书令⑥。

李克用，沙陀部落，赐姓李。守太师、中书令、晋王⑦。

著名将领出身少数民族的共约有32人：

尉迟敬德，于阗人，兴唐名将，累军功先后授右武侯大将军、泾州道行军总管⑧。

屈突通，库莫奚人⑨。兴唐名将，以军功先后为秦王行军元帅长史、陕东道大行台、镇东都督⑩。

丘行恭，鲜卑拓跋部人。兴唐名将，以军功先后授左卫

_____

① 《新唐书》卷七五下《宰相世系五》下。
② 《新唐书》卷七五下《宰相世系五》下。
③ 《新唐书》卷七五下《宰相世系五》下。
④ 《新唐书》卷七五下《宰相世系五》下。
⑤ 《新唐书》卷七五下《宰相世系五》下。
⑥ 《新唐书》卷七五下《宰相世系五》下。
⑦ 《新唐书》卷七五下《宰相世系五》下。
⑧ 《新唐书》卷八九《尉迟敬德传》。参考陈连庆《中国古代少数民族姓氏研究》。
⑨ 参考陈连庆《中国少数民族姓氏研究》，第368—369页。
⑩ 《新唐书》卷八九《屈突通传》。

将军，左武侯将军、大将军①。

李密，鲜卑慕容部人。隋末瓦岗起义军首领，"才兼文武"，多次指挥农民军重要战役。后降唐②。

窦轨，鲜卑拓跋部人。兴唐名将，累军功为秦州总管、右卫大将军③。

窦抗（轨从兄），鲜卑拓跋部人。兴唐名将，以军功为左武侯大将军④。

史大奈，西突厥特勒人。兴唐名将。以军功累迁右武卫大将军、检校丰州都督、窦国公。⑤

薛仁贵，蜀人。太宗、高宗朝名将，以军功累迁右领军中郎将、检校安东都护、右领军卫将军⑥。

阿史那社尔，西突厥人。太宗朝名将，以军功累迁崑丘道行军大总管、左卫大将军⑦。

执失思力，突厥人。太宗朝名将，先后授右领军将军、胜州都督⑧。

---

① 《新唐书》卷九〇《丘行恭传》。按本传称河南洛阳人，后徙家鄜。
② 《新唐书》卷八四《李密传》。参考陈连庆《中国古代少数民族姓氏研究》，第70页。
③ 《新唐书》卷九五《窦轨传》。
④ 《新唐书》卷九五《窦轨传》。
⑤ 《新唐书》卷一一〇《史大奈传》。
⑥ 《新唐书》卷一一一《薛仁贵传》，卷七三《宰相世系三》下。
⑦ 《新唐书》卷一一〇《阿史那社尔传》。
⑧ 《新唐书》卷一一〇《执失思力传》。

契苾何力，铁勒（高车）人①。太宗朝名将，以军功先后授辽东行军大总管、镇东大将军、行左卫大将军②。

泉男生，高丽盖苏文之子。高宗朝内附，授平壤道行军大总管。以征平壤功授右卫大将军、卞国公③。

黑齿常之，百济人。高宗、武周朝名将，以军功先后授左武卫将军、河源道经略大使、燕然道大总管④。

李谨行，靺鞨人。高宗朝将领，以军功迁营州都督、积石道经营大使⑤。

李多祚，靺鞨人。武周、中宗朝名将，以军功累迁右鹰扬大将军、右羽林大将军，领北门卫兵 30 年。助张柬之诛二张，扶中宗复位⑥。

薛讷（仁贵子），蜀人。武周、玄宗朝名将，以军功授检校左卫大将军、左羽林大将军、凉州镇军大总管⑦。

论弓仁，吐蕃人。玄宗朝名将，以军功授左骁卫大将军、朔方副大使⑧。

李光弼，契丹人。玄宗、肃宗朝名将，以平史思明之

① 陈连庆《中国古代少数民族姓氏研究》，第 193 页。
② 《新唐书》卷一一〇《契苾何力传》。
③ 《新唐书》卷一一〇《泉男生传》。
④ 《新唐书》卷一一〇《黑齿常之传》。
⑤ 《新唐书》卷一一〇《李谨行传》。
⑥ 《新唐书》卷一一〇《李多祚传》。
⑦ 《新唐书》卷一一〇《薛仁贵传附薛讷传》。
⑧ 《新唐书》卷一一〇《论弓仁传》。

乱，先后授范阳节度使、知诸道节度行营事、天下兵马副元帅、河南副元帅、知河南、荆南等五道节度行营事。战功为中兴第一①。

论惟贞（弓仁孙），吐蕃人。玄宗朝名将。以军功先后授领军卫大将军、英武军使。李光弼病，表以惟贞自代②。

浑瑊，铁勒（高车）人。玄、肃、代、德四朝名将。从郭子仪、李光弼平安史之乱，时称"良将"。郭子仪上朝，留知邠、宁、庆兵马后务。平朱泚之乱，德宗"用汉（高祖）拜韩信故事"，三为行营副元帅③。

哥舒翰，突厥人。玄宗朝名将。以军功先后授右武卫将军、河西节度使、太子先锋兵马大元帅④。

高仙芝，高丽人。玄宗朝名将。以军功先后授四镇都知兵马使、左金吾大将军、荣王元帅之副⑤。

白元光，突厥人。玄宗朝名将。为李光弼骑兵主将，兼朔方先锋。平安史之乱"功居多"⑥。

王思礼，高丽人。玄宗、肃宗朝名将。先为哥舒翰骑兵主将。以军功累迁关内行营节度使，河西、陇右、伊西行营

① 《新唐书》卷一三六《李光弼传》。
② 《新唐书》卷一一〇《论弓仁传附惟贞传》。
③ 《新唐书》卷一五五《浑瑊传》。
④ 《新唐书》卷一三五《哥舒翰传》。
⑤ 《新唐书》卷一三五《高仙芝传》。
⑥ 《新唐书》卷一三六《白元光传》。

兵马使，迁兵部尚书①。

李抱玉，安息人。玄、肃、代三朝名将。为李光弼"爱将"，以军功累迁三节度、三副元帅，曾兼兵部尚书②。

张忠孝，北狄奚人。玄、肃、代三朝称"贤将"。以军功先后授左金吾卫将军、成德军节度使、定州节度使③。

尚可孤，匈奴宇文氏之别部。代宗、德宗朝将领。以军功先后授神策大将军，京畿、渭南、商州等节度招讨使④。

李元谅，安息人。代、德二宗朝称"良将"。以军功授镇国军节度使，加检校尚书左仆射⑤。

李抱真（抱玉从父弟），安息人。德宗朝将领。以军功授昭义节度使、检校兵部尚书⑥。

于頔，鲜卑拓跋部人。德宗朝将领。以军功升任山南东道节度使，累迁检校尚书右仆射、同中书门下平章事⑦。

李光颜，河曲阿跌胡人。宪、穆、敬三朝名将。以军功先后授忠武军节度使，义成、河东等节度使，同中书门下平章事⑧。

① 《新唐书》卷一四七《王思礼传》。
② 《新唐书》卷一三八《李抱玉传》。
③ 《新唐书》卷一四八《张忠孝传》。
④ 《新唐书》卷五一〇《尚可孤传》。
⑤ 《新唐书》卷一五六《李元谅传》。
⑥ 《新唐书》卷一三八《李抱玉传附抱真传》。
⑦ 《新唐书》卷一七二《于頔传》。
⑧ 《新唐书》卷一七一《李光颜传》。

李克用，沙陀人。僖宗朝名将。屡破黄巢，收复京城。

文化名人少数民族出身的约有22人：

窦威，鲜卑拓跋部人，礼典学家。高祖以其"多识礼典"，令"裁定制度"①。

长孙无忌，鲜卑拓跋部人。著名律学家，主撰《唐律疏议》。

谢偃，敕勒人②。贞观初，偃应诏对策高第，为弘文馆直学士。偃长于赋，李百药工于诗，故时称"李诗谢辞"③。

欧阳询，俚人④。贞观初弘文馆学士，儒学书法家⑤。

欧阳通（询子），俚人，高宗朝儒学书法家，父子齐名，号"大小欧阳体"，名过褚遂良⑥。

阎立本，鲜卑人。唐初名画家，长于人物画⑦。

于志宁，鲜卑拓跋部人。太宗、高宗朝典礼学家。凡唐

① 《新唐书》卷九五《窦威传》。
② 偃本姓"直勒氏"，其祖仕北齐改姓谢。按敕勒族有高车氏、敕勒氏、幼力氏。"直勒"当为"敕勒"之别译或音同异书。参考陈连庆《中国古代少数民族姓氏研究》，第188—198页。
③ 《新唐书》卷二〇一《文艺上·谢偃传》。
④ 参考陈寅恪《魏书司马睿传记江东民族条笺证及推论》，载《金明馆丛稿初编》，上海古籍出版社1980年版。
⑤ 《新唐书》卷一九八《欧阳询传》。
⑥ 《新唐书》卷一九八《欧阳询传附通传》。
⑦ 《新唐书》卷一〇〇《阎立本传》。

初"格式、律令、礼典，皆与论撰"，并监修国史①。

于休烈（志宁曾孙），鲜卑拓跋部人。开元初进士及第，史学家。肃宗朝迁太常少卿，"知礼仪事，兼修国史"②。

尉迟乙僧，于阗人。太宗、高宗朝名画家。长于人物花鸟画。吴道子深受其影响③。

白居易，龟兹人。德宗贞元（785—804年）中擢进士，翰林学士。诗与元稹、刘禹锡齐名④。

刘禹锡，匈奴别部屠各人。宪宗朝进士及第，登博学宏辞科。工诗文，尤精于诗，称"诗豪"⑤。

元行冲，鲜卑拓跋部人。玄宗朝进士，儒学家，弘文馆学士。"博学通故训"，作《孝经义疏》⑥。

李白，西域胡人。玄宗朝大诗人，被誉为"诗仙"⑦。

---

① 《新唐书》卷一〇四《于志宁传》。
② 《新唐书》卷一〇四《于志宁传附休烈传》。
③ 参考张彦远《历代名画记》；陈连庆：《中国古代少数民族姓氏研究》，第368—369页。
④ 《新唐书》卷一一九《白居易传》。按《北齐书》卷四〇《白建传》（建为居易先祖）无《新唐书》卷七五下《宰相世系五》下白氏条先世依托文。参考陈寅恪《元白诗笺证稿》，上海古籍出版社，1978年版，第308页。
⑤ 《新唐书》卷一六八《刘禹锡传》。
⑥ 《新唐书》卷二〇〇《儒学下·元行冲传》。
⑦ 《新唐书》卷二〇二《文艺中·李白传》。参考陈寅恪《李白氏族之疑问》，载《金明馆丛稿初编》，上海古籍出版社1980年版。

康洽，西域胡人。玄宗朝名诗人，"工乐府诗篇"。玄宗尝"叹美其诗"①。

元稹，鲜卑拓跋部人。宪宗朝大诗人。稹与白居易齐名，其诗号为"元和体"②。

纂毋潜，匈奴人。开元十四年（726年）进士，诗人，与王维、孟浩然相唱和③。

元结，鲜卑拓跋部人。天宝进士，文学家，变"排偶绮靡"之习。有《次山集》传世④。

独孤及，匈奴别部屠各人。天宝末"以道举高第"，为太学博士。文学家，为文"彰明善恶，长于议论"⑤。

贺兰进明，匈奴人。诗人，选入《唐才子传》⑥。

啖助，氐族人。肃宗朝经学家，其著作录为《春秋集注总例》，"考三家短长，缝綻漏阙"⑦。

---

① 《唐才子传》卷四《康洽传》。参考陈寅恪《书〈唐才子传〉康洽传后》，载《金明馆丛稿初编》，上海古籍出版社1980年版。

② 《新唐书》卷一七四《元稹传》。参考陈寅恪《元白诗笺证稿》，上海古籍出版社1978年版，第308页。

③ 元·辛文房《唐才子传》卷二《纂毋潜传》。参考陈连庆《中国古代少数民族姓氏研究》，第33页。

④ 《新唐书》卷一四三《元结传》。

⑤ 《新唐书》卷一六二《独孤及传》。

⑥ 元·辛文房《唐才子传》卷二《贺兰进明传》。按贺兰氏为匈奴大姓，进明先世不知名，又无郡望，当为匈奴人。

⑦ 《新唐书》卷二〇〇《儒学下·啖助传》。

鲍防，柔然人。代宗朝进士，诗人。被选入《唐才子传》①。

窦叔向，鲜卑人。诗人，收入《唐才子传》，被誉为"一流才子"②。

以上少数民族出身的宰相、三公三师、名将、文化名人共有93人次，内有11人兼属两类，故实际人数为82人。他们中不少人在各自领域皆属于顶尖人物，为盛唐政治、军事、经济、文化建树卓著。显然，这是北朝至唐初民族大融合的直接结果。不仅如此，唐初受北朝民族融合的影响，更大批地重用胡人。仅贞观四年（630年）五月东突厥灭亡后，除擢用可汗为都督外，其部落酋长至者"皆拜将军、中郎将，布列朝廷，五品以上百余人，殆与朝士相半"③。其他尚书、宿卫将领、都督、刺史为少数民族出身者，更屈指难计。故胡三省在《通鉴》注评"夷夏之分"论者说："自隋以后，名称扬于时者，代北之子孙（指少数民族后

① 《新唐书》卷一五九《鲍防传》；孙映逵校注《唐才子传》卷三《鲍防传》，中国社会科学出版社1991年版。按史称防襄阳人，但《鲍防碑》作"洛阳人"。鲍氏先世不知名，籍贯改洛阳为襄阳，当为柔然俟力伐氏，孝文帝汉化改姓鲍，并迁洛阳。

② 《新唐书》卷七一下《宰相世系一》下；孙映逵《唐才子传校注》卷四《窦叔向传》。陈连庆《中国古代少数民族姓氏研究》，第192页。

③ 《贞观政要》卷九《安边篇》。《资治通鉴》卷一九三，《唐纪》贞观四年。

裔）十居六七矣。氏族之辨（指华夷姓氏之分），果何益哉。"① 胡氏所论要旨，蕴含着盛唐历史是汉胡人民融合为一体后共同创造的，没有必要也不可能将其强行分开。

第三，李唐建国紧接北朝民族大融合完成后的初期，故能实行最开明的民族政策，使唐初民族融合仍在沿着北朝以来的形势发展。唐太宗在理论和实践上最彻底地实行了儒家进步的民族平等团结政策。贞观四年（630年），东突厥灭亡，在处置10余万突厥人时，太宗坚决摒弃所谓"戎狄人面兽心……不可留之中国"的违时主张，而从温彦博议："圣人之道，故曰'有教无类'……收处内地，将教以礼法，职以农耕"，使其与汉族融合成为国家编户齐民②。贞观十八年（644年），突厥10余万人内附，"请处于胜、夏之间"。群臣皆反对，认为将远征高丽，恐突厥为患。太宗却毅然从其请，并说："夷狄亦人耳，其情与中夏不殊，人主患德泽不加，不必猜忌异类。盖德泽洽，则四海可使如一家。"③ 贞观二十一年（647年）三月，太宗向侍臣说："朕于戎狄所以能取古人所不能取，臣古人所不能臣者，皆顺众

朱大渭学术经典文集

① 《资治通鉴》卷一〇八，《晋纪》太元二十一年七月胡注。
② 《新唐书》卷二一五《突厥传上》。《资治通鉴》卷一九七，《唐纪》贞观四年。按，后因突利可汗弟作乱，太宗曾将这部分突厥人北徙，但其总的民族观未受影响。
③ 《资治通鉴》卷一九七，《唐纪》贞观十八年。

人之所欲故也。"① 这里所谓"顺众人之所欲",乃指顺从胡汉人民的心愿,也即华夷一家,平等团结。贞观时期大约有300余万少数民族内附②,唐政权都给予丰厚赏赐,以利其提高生活和发展生产。这就是史家所称颂的太宗对各少数民族"施行仁义","绥之以德,使穷发之地尽为编户"③。贞观二十一年(公元647年)五月,太宗在总结其一生治道时特问群臣:"自古帝王虽平定中夏,不能服戎狄。朕才不逮古人而成功过之,自不谕其故,诸公各率意以实言之。"群臣皆美言称颂。太宗曰:"不然。朕所以能及此者,止五事耳。"太宗所列五事中,除前四条皆为选贤任能原则外,最后一条特别强调"自古皆贵中华,贱夷狄,朕独爱之如一,故其种落皆依朕如父母……朕所以成今日之功也。"④ 正是太宗真正实行华夷平等一家的政策,并继续推进民族融合的进程,因而唐前期作为统一王朝,在民族关系上取得了前所未有的成功。

第四,我国中古历史经过一次重要的汉胡民族大融合后,汉族机体内被输入了大量新鲜血液,从而出现了新的生

---

① 《资治通鉴》卷一九八,《唐纪》贞观二十一年。
② 此处少数民族内附数,据《资治通鉴》逐年所载的统计,实际不止此数。
③ 《新唐书》卷九七《魏征传》;《资治通鉴》卷九八,《唐纪》贞观二十二年。
④ 《资治通鉴》卷一九八,《唐纪》贞观二十一年。

机和活力，这集中体现在唐前期以汉胡混血儿君主太宗、玄宗为首包括汉胡优秀人物（即胡氏所指"名称扬于时者"）在内的两个杰出的君臣领导集团的宏伟建树之中。其中尤以贞观盛世更为重要，因为它为大唐近三百年历史打下了坚实基础。唐太宗具有鲜卑族淳朴、豪爽及大漠雄风的秉性，又深受十八学士的长期熏陶，深刻领悟儒学及其修、齐、治、平的价值取向，加之天赋资质甚高，从而形成雄才大略，满腹经纶，宽厚仁爱，谦虚谨慎，豁达率真等理智与人性高度结合的王者风范和君子作风，使他在施展其高超的政治军事才能时，能高瞻远瞩，总结历史经验，深刻认识历代兴亡之真谛，从而励精图治，把选才、纳谏、明法、节俭、爱民作为治国五大要务。他在位的 23 年内，所任用的贤相、名将、廉吏、文化巨匠足有 50 余人之多，皆属于第一流人才。尤其在虚心纳谏上，更是历代帝王所不逮。太宗曾说仅魏征一人，"前后所谏二百余事，皆称朕意"①。他经常奖励"百官上封事，极言朕过"。据史载，当时群臣争谏"面折廷争"，使太宗"不得举手"②。唐太宗作为具有绝对权威的封建君主，由于他深刻认识到唐政权与人民的关系像舟和水，把唐王朝长治久安与人民的安居乐业完全统一起来，从而形成了一般帝王很难具有的为国为民的宽广胸怀和容人雅

① 王贵标点《贞观政要》卷二《任贤第三》，第 37 页。
② 《新唐书》卷一〇〇《宇文士及传》。

量。太宗真心用贤和纳谏，保证其所施行的政治、军事、经济、文化各类政策方针的正确性。因而唐前期总的说来，政治较开明，封建专制氛围较为宽松，这有利于君臣上下一心，励精图治。唐初继承并发展北周府兵制，武功最盛，疆域扩展。史称："唐之德大矣，际天所覆，悉臣而属之。薄海内外，无不州县，遂尊天子（太宗）曰'天可汗'。三代（指夏、商、周）以来未有以过之。"① 唐廷又将北周均田制施行于全国，轻徭薄赋，奖励农桑，从而唐建国仅十多年后（贞观四年），经济繁荣，"天下大稔，流散者咸归乡里，米斗不过三四钱，经岁断死刑才二十九人。东至于海，南极五岭，皆外户不闭，行旅不赍粮，取给于道路焉"②。同时，唐初的对外开放政策，带来了文化的繁荣昌盛。贞观十四年（640 年），太宗大征天下名儒为学官，长安国子监增筑学舍1200 间，生徒 3000 余人。"于是四方学者云集京师，乃至高丽、百济、新罗、高昌、吐蕃诸酋长亦遣子弟请入国学，升讲筵者至八千余人。"③ 当时，京城长安成为亚洲文化的中心。

我们认为，我国中古历史发展的三要素，即汉胡民族大融合、中外（西域和印度）文化交流及儒佛道三教圆融、

① 《新唐书》卷二一九《北狄传·赞曰》。

② 《资治通鉴》卷一九三，《唐纪》贞观四年。

③ 《新唐书》卷一六八《刘禹锡传》；《资治通鉴》卷一九五，《唐纪》贞观十四年。

北人南徙及经济重心之南移（唐中期完成），其中第一条应为核心，因为由第一条而引发其他两条，可见十六国北朝民族大融合影响之深巨①。

（原刊于《中国史研究》2004 年第 2 期）

---

① 本文蒙周伟洲先生专函指点，深表谢忱。

南朝少数民族概况
及其与汉族的融合

魏晋南北朝是我国历史上民族大融合时期，南朝（420—589 年）是这个时期中南方民族斗争和融合的重要发展阶段，蛮、僚、俚三大支少数民族中的大部分同汉族的融合，基本上是在这时完成的。再加上当时北方流民的大量南迁，使得南方的开发和社会经济的发展，在进入隋唐以后开始了一个新时期。那么，南朝少数民族的概况如何？它们同封建政权的关系怎样？又通过一些什么途径和斗争实现与汉族融合的呢？

（一）南朝少数民族的概况

南朝境内的少数民族，统称为蛮，细分起来名目繁多，

有蛮、僚、俚、蜑、巴、蜀、越、谿等各种名称①。因为
蛮、夷、僚有时用作南方少数民族的泛称，所以在梁、益和
广、越地区，又有蛮僚、蛮夷、夷僚或蛮俚、俚僚等混杂的
称呼。在这些少数民族中，蛮、僚、俚三大支居地较广，人
数众多，在经济文化上具有本民族的特点，同封建政权的关
系较为密切，其大部分同汉族的融合也主要是在这段时间内
完成的，因而在南朝的历史地位颇为重要。其他的少数民
族，或在史籍中偶尔一见，或人数极少，或活动情况不明，
或根本不具备一个单一的少数民族的条件，或融合还在南朝
以后，在南朝历史上不占重要地位。所以一般认为南朝的民
族斗争和融合，主要就是汉人和蛮、僚、俚族的斗争和融
合②，这是符合当时的历史实际的。因此，这里首先对蛮、
僚、俚三族的分布地区、人口和社会经济结构，作一些粗略
的分析。

南朝蛮、僚、俚族居住的区域，根据文献记载，是比较
清楚的。蛮族作为一支少数民族的专称，其居住地区"在
江淮之间，依托险阻，部落滋蔓，布于数州，东连寿春
（今安徽寿县），西通上洛（今陕西商县），北接汝颍（今河
南境），往往有焉。……自刘（渊）石（勒）乱后，诸蛮无

---

① 《魏书》卷九六《司马睿传》；《隋书》卷八二《南蛮传》。
② 参阅何兹全《魏晋南北朝史略》，上海人民出版社1958年版，第
149页。

所忌惮，故其族类渐得北迁，陆浑（河南嵩县东北）以南，满于山谷"①；"蛮，种类繁多……咸依山谷，布荆、湘、雍、郢、司等五州界"②。从南朝蛮族的全部活动考察，这些记载虽大致符合蛮族聚居地区，但不够完全，还应包括豫、南豫、江三州在内。尽管宋、齐两代豫、南豫两州境域有所变化，然而这两州内一直都有蛮人居住，则是确定无疑的③。此外，刘宋永初二年（421年）有"南康（郡）揭阳蛮反"④，属江州；萧齐永明二年（484年）有"江州蛮动"⑤，指江州寻阳蛮；刘宋大明八年（464年）在江州南新蔡郡以蛮民立阳唐左县，可见江州也有蛮民居住。所以蛮族居住地区最广，实际上遍及南朝荆、湘、雍、郢、司、豫、南豫、江等八州地界。

僚族居住地区，"自汉中达于邛笮川洞之间，所在皆有。种类甚多，散居山谷"⑥；"李势时，诸僚始出巴西、渠川、广汉、阳安、资中、犍为、梓潼，布在山谷"⑦；"自巴

① 《魏书》卷一〇一《蛮传》。
② 《南齐书》卷五八《蛮传》。
③ 参考周一良《南朝境内之各种人及政府对待之政策》第41—42页，载《魏晋南北朝史论集》，中华书局1963年版。
④ 《宋书》卷三《武帝纪》下。
⑤ 《南齐书》卷三〇《曹虎传》。
⑥ 《魏书》卷一〇一《僚传》。
⑦ 《通典》卷一八七《边防典》《南蛮》上《僚》条。

至犍为、樟潼，布满山谷"①。这些记载说明，僚族居住在长江上游的益州和梁州的西北部，即今四川和陕西南部。应当注意，梁、益地区的僚人，在史籍中有称为"蛮僚"、"夷僚"或"蛮蜑"的，其蛮、夷、蜑都是泛称，而僚是这支少数民族的专称②。

关于俚人，史称："广州诸山并俚僚，种类繁炽"③；广州"滨际海隅，委输交部，虽民户不多，而俚僚猥杂"④。宋末割交、广三郡并合浦以北地立越州，"威服俚僚"⑤。梁益地区的僚为少数民族的专称，这里"俚僚"联称的"僚"是一种泛称，实际上指的是俚人⑥。可见俚族主要聚居在岭南的广州、越州，即今广东和湖南南部、广西东南部。以上三支少数民族聚居地，从今天行政区域来看，东起安徽，西北达陕西，南到广州，西极四川，其中包括湖北、湖南、河南、江西、广西等地界。除东边沿海数州和西南宁州外，涉及南朝大部分地区。

---

① 刘琳《华阳国志校注》卷九《李势传》，巴蜀书社1984年版。
② 参考陈寅恪《魏书司马睿传江东民族条释证及推论》，载《金明馆丛稿初编》，上海古籍出版社1980年版。
③ 《宋书》卷九七《南夷传》《林邑国》条。
④ 《南齐书》卷一四《州郡志》上，《广州》条。
⑤ 《南齐书》卷一四《州郡志》上，《越州》条。
⑥ 同注②。按《梁书》卷三二《兰钦传》和《南史》卷五一《萧劢传》，都称"俚帅陈文徹"。而《南史》卷六六《欧阳颎传》和《陈书》卷九《欧阳颎传》，却称陈文徹为"夷僚"，可见广、越等州夷僚是泛称，实指俚人。

蛮、僚、俚三族人口多少，无从统计。不过，从一些具体数字中可以推测其梗概。以蛮族来说，刘宋泰豫元年（472 年），蛮酋桓诞率沔水以北滍叶以南大阳蛮，一次降附北魏的有 7 万余户①（这部分蛮人在梁普通二年又由桓诞之子叔兴率其部分"南叛"②）；从萧齐初年至梁普通初年，先后零散降附北魏的蛮民约有 9 万余户③（其中有的随后又归附南朝）④。这两项共为 16 万户，每户以五口计（当时南方平均每户为五至六口），共为 80 万人。另外，萧齐时雍州宁蛮府管理下的蛮民，据估计约为 34 万人左右⑤。加上沈庆之讨蛮，俘虏蛮民共 20 多万，总共在 140 万人左右。北齐时豫州（相当刘宋时豫州部分地区）境内，所谓"蛮多华少"，蛮民输租赋的有"数万户"⑥。荆、益二州之间，"有冉氏、向氏者，陬落尤盛，余则大者万家，小者千户，更相崇僭，称王侯"⑦。以上关于蛮人户口的具体数字，都是指一个地区或一部分蛮人而言。实际上，蛮人是南朝少数

---

① 《魏书》卷四五《韦珍传》。按卷一〇一《蛮传》为 8 万余落，恐不实。

② 《魏书》卷一〇一《蛮传》。

③ 《魏书》卷一〇一《蛮传》。

④ 《北史》卷九五《蛮传》；《魏书》卷六一《田益宗传》，卷六六《李崇传》，卷四五《韦彧传》。

⑤ 参阅何兹全《魏晋南北朝史略》，上海人民出版社 1958 年版，第 150 页。

⑥ 《北齐书》卷四一《元景安》。

⑦ 《魏书》卷一〇一《蛮传》。

民族中人口最多的。所以沈约竟说：刘宋王朝镇压蛮人"系颈囚俘，盖以数百万计"①。

关于僚族的人口数，益州部分的僚人，"布在山谷，十余万落"②；梁州部分的僚人，据北魏曾一度占有梁州后，所置隆城镇统率"北僚"有 20 万户③。姑且以一落为一户计（实际上一落比一户人数可能要多），僚人共为 30 万户，150 万人。俚人人口数，仅东汉末年一次"内属"广州的就有 10 万余口④。因此，就我们所知道的蛮、僚、俚三族人口的一部分（远非全部），共计在 300 万人左右。刘宋大明八年（464 年），有户 94 万余，据《宋书·州郡志》，大明八年口数（极少数州郡有户无口的，以每户五口计，极个别郡县无户口数除外）为 546 万余，这算是南朝国家掌握的最多人口数字。而三支少数民族的部分人口数，占南朝国家掌握的总人口的一半以上。由此可见，少数民族人民对于南朝封建政权在政治和经济上，显然占有重要的地位。

关于蛮、僚、俚族的社会经济结构和文化习俗等特点，除僚族比较清楚外，蛮俚的情况史籍记叙甚少。蛮族原先大约住在今湖南、湖北境，后来由于"部落滋蔓"，乘西晋末年战乱后，汉族人民流徙，汉族政府统治力量削弱的机会，

---

① 《宋书》卷九七《夷蛮传·史臣曰》。
② 《晋书》卷一二一《李势载记》。
③ 《魏书》卷一〇一《獠传》。
④ 《后汉书》卷八六《南蛮传》。

便向长江以北的淮水、汝水、沔水流域迁移而扩展到东晋南朝统辖区域的腹心地带，同封建政权和汉族的关系较为密切，从而使东汉以来蛮人和汉人的融合过程加快。历经魏晋以后，有相当多的蛮人与汉人杂居，有的已编入郡县行政系统。到了南朝初年，除了偏僻地区深山密林之中的部分外，多数蛮人已同汉人融合较深。但是，在宋、齐时期蛮人还保存着一些文化习俗特点，如"言语不一"，指有本民族的语言，又懂汉族语言。"衣布徒跣，或椎髻，或剪发。兵器以金银为饰，虎皮衣楯，便弩射，皆暴悍。"① 显然这些同汉族文化仍有所区别，所以史称桓玄之子桓诞"年数岁，流窜大阳蛮中，遂习其俗。"② 如果从社会经济结构来看，由于受汉族封建经济的影响，至少在邻近汉人地区的蛮人，已经从奴隶制进入了封建社会，这从下列事实可以作出推断：

第一，从生产力发展水平来看。荆州南蛮府"资费"，每岁有钱、布、绵、绢、米等，同汉人州郡征收的赋税完全相同。因为"宋氏以来，州郡秩俸及杂供给，多随土所出"③。可见蛮人农业方面生产米谷，手工业方面生产布绢，都同汉人一样。就是说，蛮族生产部门和生产技术的水平，是和汉人相近似的。此外，蛮民属郡县的每户输谷，所谓

① 《南齐书》卷五八《蛮传》。
② 《魏书》卷一〇一《蛮传》。按桓诞是否为桓玄之子，待考。
③ 《南齐书》卷二二《豫章文献王嶷传》。

"蛮田大稔，积谷重岩"①，以及南朝封建地方官吏特地与蛮民"交易器仗"②，这些都说明蛮民农业和手工业生产是发达的。

第二，南朝蛮民逐渐归州郡县统辖，变为封建国家政权的编户齐民，服役纳赋。赋役本身就是封建性质的剥削方式。所以进入封建政权的统辖，实质上就是纳入封建生产方式的范畴。不仅如此，作为一家一户的个体小生产者的蛮民，同汉族编户贫民一样，随时都可以作为地主经济依附农民的补充者。

第三，蛮民部落已逐渐解体，大多以户为单位。蛮族统治者本身已采取部曲制的剥削方式。据《三国志·吴书·朱然传》裴注引《襄阳记》载：早在曹"魏时，蛮王梅敷兄弟三人，（有）部曲万余家"。晋宋时蛮人部落大量解体，蛮族酋帅部曲尤多。如刘宋末以功封为征虏将军的蛮帅田益宗，有部曲4千余户。刘宋时，南新蔡郡蛮帅田彦生有部曲6千余人，梁代沔东太守蛮帅田清喜，定州刺史蛮帅田超秀等，都有大批部曲③。南朝部曲的成分虽然比较复杂，但其中有相当一部分与主人的关系是典型的封建依附剥削关系，其身份地位，与佃客相近，世代依附主人，一般平时为主人

---

① 《宋书》卷七七《沈庆之传》。
② 《南齐书》卷四〇《鱼腹侯子响传》。
③ 《魏书》卷一〇一《蛮传》；《宋书》卷七七《沈庆之传》。

种田，战时为主人打仗。蛮族首领拥有大批的部曲，显然是受汉族地主部曲制封建生产关系的影响，这是可以肯定的。而且蛮族中的大姓田氏、向氏、冉氏、樊氏、梅氏，在政治经济特权上都是世袭的，其中有的还有封地，食邑多的达3000户①，这也属于封建的剥削关系。

第四，东晋时，孙惠攻杀安丰太守何锐后"奔入蛮中。寻病卒……丧还乡里。"② 王含叛乱失败后，"（邓）嶽与周抚俱奔蛮王向蚕。后遇赦，与抚俱出。"③ 杨佺期失败身亡，其"弟思平、从弟尚保、孜敬，俱逃于蛮。刘裕起义，始归国，历位州郡。"④ 刘宋时，汉族农民因赋役严重多逃亡到蛮族地区⑤，也有汉人行商入蛮的。而且蛮区可以自由进出，如张敬儿之弟恭儿，逃入蛮中，"后首出"⑥。随郡人双泰真逃亡，"单身走入蛮"，因其母受累，"乃出自归"⑦。假如蛮族不是封建社会，而是奴隶社会，则压迫剥削更加残酷，汉族农民不可能为避赋役向蛮区逃亡，封建统治者也不可能在蛮区出入自由，这是很明显的道理。

僚族在李成政权统治益州以前，深居山险，少与汉人交

① 《宋书》卷九七《豫州蛮传》。
② 《晋书》七一《孙惠传》。
③ 《晋书》卷八一《邓嶽传》。
④ 《晋书》卷八四《杨佺期传》。
⑤ 《宋书》卷九七《荆雍州蛮传》。
⑥ 《南齐书》卷二五《张敬儿传》；
⑦ 《宋书》卷七四《沈攸之传》。

往，所以其社会经济和文化习俗，比蛮族较为落后。李成统治后期，僚人才繁殖起来，逐渐向平地移居。他们在农业生产方面能种植稻米，手工业生产"能为细布，色至鲜净"。"依树积木，以居其上"。"略无氏族之别。又无名字，所生男女，唯以长幼次第呼之"。以"长者为王"，"父死则子继，若中国之贵族也"①。"喜则群聚，怒则相杀，虽父子兄弟，亦手刃之"②。"亲戚比邻，指授相卖，被卖者号哭不服，逃窜避之，乃将买人捕逐，指若亡叛，获便缚之。但经被缚者，即服为贱隶，不敢称良矣"。大狗一头，买一生口③。这些资料说明，晋宋时期僚族仍是奴隶制社会。有长者为王，是世袭的，如汉人贵族，有"贱隶"与"良人"之分，买卖奴隶之风盛行，杀人不偿命等等，无一不是奴隶制社会的特征。但东晋以后僚人"与夏人参居者，颇输租赋"④，所以南朝僚族的社会经济状况也在开始向封建制转化。

关于俚人，东汉灵帝建宁三年（170年），郁林太守谷永"以恩信招降乌浒人十余万内属"⑤。这部分合浦乌浒人，

---

① 《魏书》卷一〇一《獠传》。
② 《周书》卷四九《獠传》。
③ 《魏书》卷一〇一《獠传》。
④ 《魏书》卷一〇一《獠传》。
⑤ 《后汉书》卷八六《南蛮传》。

又称"合浦蛮里"①。据史籍记载，内徙广州的蛮人，一般别称为俚人，南朝时期岭南内徙的少数民族，专称为俚人。虽然刘宋时俚人"皆巢居鸟语"②，仍保存有本民族的语言和生活习俗，但早在东汉时代，封建官吏已"教其耕稼，制为冠履，初设媒娉，始知姻娶，建立学校，导之礼义"③。加上汉末以至东晋，中原汉人纷纷避乱交广地带，以及东汉以降常徙罪人于岭南地区，使俚人长期受汉族文化的熏陶，有的成为郡县编户，汉族农民不堪封建政权的压迫剥削，也有逃入俚区的④。俚人长期在汉族社会经济文化的影响下，已经进入了封建社会。

综上所述，南朝各少数民族虽然不同程度地保存着本民族的文化习俗，但有的已进入封建社会，同汉族融合较深，有的正迅速地向封建制转化，同汉族逐渐融合，各少数民族人民与汉族人民之间在经济文化上，有着密切的不可分割的联系。当时蛮、僚、俚三族居住的地区，既当南朝的腹心地带，又北接北魏，南通南海诸国，因而对封建国家政权内部的安定和向外发展上，都是不可忽视的。而且，少数民族人口众多，对封建政权征收赋役，提供人力物力等同样具有重要的意义。局处南方的汉族中央封建王朝，特别是南朝时

---

① 《后汉书》卷八六《南蛮传》。
② 《宋书》卷九二《徐豁传》。
③ 《后汉书》卷八六《南蛮传》。
④ 《宋书》卷九二《徐豁传》。

期，土宇日蹙，人口日少，为了巩固和发展统治区域，增加
物质财富，扩大劳动人手，必然把统治的魔爪伸向少数民族
地区，以加强对少数民族的统治。因此，我们还必须阐明封
建政权对待少数民族的政策问题。

二、南朝封建政权对待少数民族的政策

南朝封建政权对待少数民族的政策，是由它的阶级地位
所决定的。封建政权是维护地主阶级的统治，对农民实行阶
级压迫的工具；这种民族内部的阶级对立表现在民族关系
上，必然是实行民族压迫和歧视，实际上这是通过民族形式
表现出来的阶级压迫。马克思和恩格斯曾经指出："人对人
的剥削一消灭，民族对民族的剥削就会随之消灭。民族内部
的阶级对立一消失，民族之间的敌对关系就会随之消失。"①
这就是说，有阶级压迫必然就有民族压迫，民族压迫是剥削
制度的产物。封建地主阶级从其政治统治和经济剥削的需要
出发，必然是大汉族主义，对少数民族进行残酷地镇压，疯
狂地屠杀和掠夺，实行民族压迫和歧视政策。这种政策归纳
起来可分为三点：第一，争取少数民族归降，纳入封建政权
州郡县统辖，直接征收赋役；第二，敕封少数民族首领，以

---

① 《马克思恩格斯选集》第1卷，人民出版社1972年版，第270
页。

便征收"租赕";第三,用兵讨伐,以武力直接俘虏"生口"和搜刮少数民族的钱财。如果从统治少数民族的方式上说,与上述政策相适应,大体上有三种类型:第一,把与汉人杂居的少数民族编入州郡县地方政权直接统辖,与汉人编户齐民完全一样。像"蛮民顺附者",僚人"与夏人参居者",都输赋税①,以及始兴郡课银的俚民,都属于这一类。第二,设置左郡左县集中治理归降的少数民族,他们既保持着少数民族聚居(有少数还保存着部落组织)和文化习俗的特点,又逐步地变为郡县编户齐民。左郡县官吏有的用汉人,有的委派少数民族首领充任。南朝时期左郡县的大量建立,表明封建统治者由东晋时的"羁縻而已,未能制服其民"②,发展为对少数民族直接进行统治。第三,采取"以夷治夷"的方针,敕封少数民族首领统治少数民族人民。宋、齐、梁三代都曾封敕少数民族酋帅为王、侯、将军、刺史、太守等爵位和官职,其中封蛮族首领较多,有的"酋豪世袭,事炳前叶"③,朝代更替,封爵和官职不变。

为了适应后两种统治方法,刘宋沿袭两晋设南蛮和宁蛮校尉,分治长江南北的蛮人,并新置安蛮校尉,治豫州蛮

---

① 《宋书》卷九七《荆雍州蛮传》;《魏书》卷一〇一《獠传》。
② 《魏书》卷九六《司马睿传》。
③ 《南齐书》卷五八《蛮传》。

人①，置三巴校尉，治荆、益地界的蛮僚②。萧齐时立平蛮校尉，专管梁、益二州僚人③。广州西南二江，俚人居多，刘宋设西江督护，后又置南江督护，以统摄俚人。还有镇蛮、安远等护军，一般加给庐江、晋熙、西阳、武陵等太守内史，因为这些郡都是蛮民聚居地区④。

南朝政府设置这些管理少数民族的政权和官吏，归根到底是为了对少数民族人民加深经济剥削。关于对少数民族的压榨，不能仅从赋税看，必须对赋税、徭役特别是战争掠夺，进行全面的分析，才能看出封建统治者对少数民族人民压迫剥削的全貌。西晋初年"制户调之式……夷人输賨布，户一匹，远者或一丈"；"远夷不课田者输义米，户三斛，远者五斗，极远者输算钱，人二十八文"⑤。刘宋时，"蛮民顺附者，一户输谷数斛，其余无杂调"⑥。可是，元嘉二十二年（445年），沈亮为南阳太守，"边蛮畏服，皆纳赋调"⑦。从"赋调"看，似乎除了田赋外，还有绢、绵、丝等杂调，因为南朝"赋调"联称，一般是指田赋和杂调。

---

① 《宋书》卷七二《南平王铄传》。
② 《宋书》卷八《明帝纪》；《南齐书》卷一五《州郡志》下《巴州》条。
③ 《南齐书》卷一六《百官志》。
④ 《宋书》卷四〇《百官志》。
⑤ 《晋书》卷二六《食货志》。
⑥ 《宋书》卷九七《荆雍州蛮传》。
⑦ 《宋书》卷一〇〇《自序传》。

史称："蛮无徭役"①，其实并不尽然。如元嘉十八年（441年），荆州天门郡溇中县"徭赋过重，蛮不堪命"②。这是荆州地区蛮民服徭役的明确记载。早在东汉安帝时，五溪澧中蛮"以郡县徭税失平"，发动起事③。湘州有"莫徭蛮"，"自云其先祖有功常免徭役，故以为名"④。免除徭役既为特殊情况，那么一般蛮民应当是有徭役的。有的蛮人村落用人丁数命名，很可能与服役有关，因为蛮民纳赋是以户为单位，和人丁毫无关系。东晋末年刘裕讨司马休之，"时贼党郭亮之招集蛮、晋，屯据武陵"⑤。刘宋末沈攸之叛乱围郢城，豫州刺史刘怀珍"遣建宁太守张谟、游击将军裴仲穆统蛮、汉军万人出西阳，破贼前锋公孙方平军数千人，收其器甲"⑥。齐建元时北上黄蛮文勉德"寇汶阳"，荆州刺史萧子良遣兵讨伐，勉德请降，"收其部落，使戍汶阳郡所治城子"。永明时安隆内史王僧旭，遣人助八百丁村蛮伐千二百丁村蛮⑦。梁中大通时任思祖"率马步三万，兼发边蛮，

---

① 《宋书》卷九七《荆雍州蛮传》。
② 《宋书》卷九七《荆雍州蛮传》。
③ 《后汉书》卷八六《南蛮传》。
④ 《隋书》卷三一《地理志》下。
⑤ 《南史》卷五七《沈约传》。
⑥ 《南齐书》卷二七《刘怀珍传》。
⑦ 《南齐书》卷五八《蛮传》。

围逼（东魏）下淺戍"①。这些蛮民屯据、戍守和征伐，显然是服兵役的性质。北魏末贺拔胜为荆州刺史，其军司史宁"因抚慰蛮左，翕然降附，遂税得马一千五百匹供军。"② 北齐武平（570—575年）末年，豫州刺史元景安"招慰生蛮输租赋者数万户"③。北周占领蛮人地区后，明确记载蛮人也是要服役纳赋的④。

俚人在始兴中宿县的"课银，一子丁输南称半两。寻此县自不出银，又俚民……不闲货易之宜，每至买银，为损已甚。又称两受人，易生奸巧，山俚愚怯，不辨自申，官所课甚轻，民以所输为剧。"⑤ 俚民买银纳赋，官吏盘剥，奸商牟利，痛苦难言。所以徐豁主张："计丁课米，公私兼利"。南朝僚人"与夏人参居者，颇输租赋"⑥。僚人和俚人是否服徭役，不见于记载。只是北周占领梁、益二州后，僚人与汉人杂居者，既有赋税又要服徭役。

关于少数民族的服役问题，应当注意到征伐少数民族中所俘"生口"的处理。沈庆之伐蛮，"前后所获蛮，并移京

①《北齐书》卷二二《李愍传》。又卷三二《陆法和传》也记有蛮人服兵役。
②《周书》卷二八《史宁传》。
③《北齐书》卷四一《元景安传》。
④《周书》卷三五《薛慎传》，卷三七《郭彦传》。
⑤《宋书》卷九二《徐豁传》。
⑥《魏书》卷一〇一《獠传》。

朱大渭学术经典文集

邑，以为营户"①。仅沈庆之一人，共俘虏蛮人"生口"20余万，可见蛮人营户是相当多的。营户就是兵户，兵户世代为兵，终身服役，除打仗外，还要为封建统治者戍守、种田（政府公田）、运输、修建等。刘宋王朝一面多次赦免汉人兵户，一面又将少数民族人民大批地变为营户，显示出对少数民族人民的歧视和残酷压榨。宋孝武帝大明五年（461年）下诏："外戚尊属……可各给蛮户三，以供洒扫。"②这些供贵族官僚役使的蛮户，当然也是俘虏来的。南朝封建地方官吏征伐少数民族所俘"生口"，送交封建王朝，本为常制。如元嘉二十七年（450年），臧质伐蛮，"纳面首生口，不以送台，免官"③。梁代萧劢征伐俚人"所获生口"，"悉送还台"④；陈代华皎为湘州刺史，"征川洞，多致铜鼓及生口，并送都下"⑤。征伐僚人不见有生俘事例，但在北周夺取梁、益二州之后，每年征伐僚人，"获其口以充贱隶……后有商旅往来者，亦资以为货，公卿逮于民庶之家，

① 《宋书》卷七七《沈庆之传》。
② 《宋书》卷四一《文帝袁皇后传》。
③ 《宋书》卷七四《臧质传》。
④ 《南史》卷五一《萧劢传》。
⑤ 《南史》卷六八《华皎传》。按南朝历代生俘少数民族"生口"送交中央王朝的记载较多，但在本纪中反映此事的只有一次，即元嘉二十二年"移一万四千余口于京师"（《宋书》卷五《文帝纪》），不能以此怀疑上述记载。

有獠口者多矣。"① 如果说，把蛮民变为营户，还是为封建政权服役的性质，那么，南朝赏赐蛮户，北周获獠人"以充贱隶"，以及商贾买卖獠人，就是直接把少数民族人民变为奴婢，进行更加野蛮残暴的压迫和剥削了。

南朝封建政权对少数民族的压榨，更主要地是在"讨伐不宾"的名义下，对其逞凶肆虐，巧取豪夺，极尽其肆意搜刮之能事。如沈庆之前后伐蛮18年，仅元嘉二十六年（449年）冬到二十七年（450年）春，征伐沔北诸山蛮，便斩首3千级，俘生蛮2万8千余口，降蛮2万5千口，夺取牛马700余头，米粟9万余斛②。刘宋末沈攸之为荆州刺史，"为政刻暴"，"赋敛严苦，征发无度"，曾多次伐蛮，"蹙迫群蛮，骚扰山谷"。泰豫元年（472年），"责赕，伐荆州界内诸蛮，遂及五溪，禁断鱼盐。"③ 这次大举伐蛮，纯粹是为了向蛮人敲诈勒索。所谓"责赕"，《通鉴》胡注引何承天《纂文》："赕，蛮夷赎罪货也。"④ 究竟赎什么罪呢？少数民族"不宾附"封建统治，不愿受封建统治者的剥削，就是犯罪，封建统治者就可以兴师问罪。攸之"责赕千万"，酉溪蛮酋田头拟只"输五百万"，结果被迫"发

---

① 《周书》卷四九《獠传》。
② 《宋书》卷七七《沈庆之传》。
③ 《宋书》卷七四《沈攸之传》；《南齐书》卷二二《豫章文献王嶷传》。
④ 《资治通鉴》卷一三三《宋纪》一五，明帝泰豫元年。

气"而死①。

对于僚人，刘宋泰始三年（467 年），垣闳为益州刺史，贪污狼藉，"凡蛮夷（指僚人）不受鞭罚，输财赎罪，谓之赎，时人谓闳为被赎刺史"。垣闳从僚人手中剥夺了大量的钱财，他回到京城时，"蜀还之资，亦数千金（一金合一万钱）"。梁天监四年（505 年）到普通四年（523 年），张齐在益州先后 18 年，"讨击蛮獠，身无宁岁"。仅天监十年（511 年）他镇压巴西郡汉僚人民的一次联合起事后，"上夷獠义租，得米二十万斛"②。《太平寰宇记·剑南东道·普州》条："梁普通（520—526 年）中，益州刺史临汝侯（萧猷）赐郡獠金券镂，书其文云：'今为汝置普慈郡，可率属子弟奉官租，以时输送。'"又《太平寰宇记·剑南西道·邛州》条："梁益州刺史萧范于浦水口立垒栅为城，以税生獠。"大同三年（537 年），萧纪为益州刺史，开发犍柯、越嶲僚区，榨取僚人，"贡献方物，十倍前人"③。梁武帝时代，梁、益二州，"岁岁伐獠，以自裨润，公私颇藉为利"④。

---

① 《南齐书》卷二二《豫章文献王嶷传》。

② 以上见《南史》卷二五《垣闳传》，《梁书》卷一七《张齐传》。

③ 《南史》卷五三《萧纪传》；王国维《水经注校》卷二〇《漾水注》，上海人民出版社 1984 年版；《南齐书》卷一五《州郡志》下《益州》条。

④ 《魏书》卷一〇一《獠传》。

征伐俚人，主要在梁、陈两代。梁中大通（529—534年）时，萧劢为广州刺史，"征讨（俚人）所获生口宝物，军赏之外，悉送还台"。萧劢每年多次向朝廷贡献，"军国所须，相继不绝"。梁武帝深有感慨地说："朝廷便是更有（再有一个）广州"①。大同（535—545年）初年，衡州（梁天监六年分湘、广二州置）刺史兰钦南征俚人，擒俚帅陈文彻，"所获不可胜计，献大铜鼓，累代所无。"②从梁承圣元年（552年）到陈天嘉四年（563年），共11年，欧阳頠先后任东衡州（梁元帝分衡州始兴郡立）刺史、衡州刺史、广州刺史，他长期征伐俚人，盘剥钱财无数。史载："时頠合门显贵，威振南土，又多致铜鼓生口，献奉珍异，前后委积，颇有助军国。"③陈太建四年（572年），陈叔陵迁都督湘、衡、桂、武四州诸军事、湘州刺史。他十分残暴，贪婪无厌，征伐俚人"所得皆入己，丝毫不以赏赐。征求役使，无有纪极"④。太建十二年（580年），广州刺史马靖"甲兵精练，每年深入俚洞，又数有战功，朝廷颇生异议"。所谓"异议"，指他征伐俚人所得财物，不向朝廷纳献，疑其有野心，陈宣帝专派萧引去监视马靖，并以

---

①　《南史》卷五一《萧劢传》。
②　《南史》卷六六《欧阳頠传》。
③　《南史》卷六六《欧阳頠传》。
④　《陈书》卷三六《始兴王叔陵传》。

"收督赊物"① 为名。

南朝的历史充满了封建政权对少数民族的征讨和掠夺，战争是政治的继续，在这里表现得最为清楚。南朝从元嘉末年开始，对内对外战乱纷繁，官场贪污腐败成风，财政开支日益增加。正如刘宋末虞玩之所说："民荒财单，不及曩日，而国度弘费，四倍元嘉。"② 南朝所辖区域逐渐缩小，人民逃亡极端严重，更加影响封建王朝的财政收入，因而入不敷出的现象异常严重。如元嘉二十七年（450 年）北伐，由于军用不足，甚至向扬、南徐、南兖、江四州富民和寺院地主借其资财的四分之一，规定"事息即还"③。又"以军兴，减百官俸三分之一"④。刘宋末以后，更是"军旅不息，荒弊积久，府藏空竭。内外百官，并断禄俸"⑤。因此，南朝封建政权企图压榨少数民族，来填补财政上的不足。加上南朝士族集团极端腐朽没落，官吏徇私舞弊之风特盛，以及方镇带兵专行征讨，贪功徼利，从而使元嘉以后对少数民族的征伐和掠夺越来越变本加厉。从元嘉后期到齐末，主要是征伐蛮人，仅沈庆之一次伐蛮得米 9 万余斛，沈攸之一次"责赊"钱 1 千万，这个数字相当于南蛮府全年资费米的十

---

① 《陈书》卷二一《萧引传》。
② 《宋书》卷九《后废帝纪》。
③ 《资治通鉴》卷一二五《宋纪》七，文帝元嘉二十七年。
④ 《宋书》卷五《文帝纪》。
⑤ 《宋书》卷八《明帝纪》。

倍，钱的三倍多，可见是相当巨大的。关于征伐僚人，虽从宋末开始，而集中在梁武帝统治的中期，伐僚所得钱财，"公私颇藉为利"，显然对梁王朝的财政收入是大有裨益的。关于梁末陈初征伐俚人，掠夺"不可胜计"，"军国所须，相继不绝"，"前后委积，有助军国"，足见从俚人剥夺的钱财，在梁、陈国家财政收入上，占有显著地位。所以《隋书·食货志》在讲到南朝封建王朝的财政收入时说："诸蛮陬俚洞，沾沐王化者，各随轻重收其赆物，以裨国用。又岭外酋帅，因生口、翡翠、明珠、犀象之饶，雄于乡曲者，朝廷多因而署之，以收其利。"从梁末开始，南朝失去梁、益二州，所辖区域更小，因而对南方俚人地区的开发，尤为重视。如广州俚人聚居的"西南二江，川源深远……卷握之资，富兼十世。"① 梁末陈霸先为西江督护、高要太守，他依靠西南二江俚人的人力物力，起兵 5 万，参加平定侯景之乱这支队伍成为他建立陈王朝的军事基础②。

上述事实足以说明，蛮、僚、俚三族人民对于南朝封建政权在经济、政治、军事上关系极大，在提供人力、物力上都占有重要的地位。而封建政权和地方官吏对他们进行长期残暴的征伐，其根本原因也在于此。

① 《南齐书》卷一四《州郡志》上《广州》条。
② 《梁书》卷四五《王僧辩传》，《陈书》卷一《高祖纪》上。

三、南朝少数民族人民反抗封建统治的斗争

南朝封建政权对少数民族实行压榨、征服、屠杀和掠夺的政策，显然是反动落后的，对民族融合和民族发展起着破坏和阻碍作用，它必然要遭到少数民族人民的坚决反抗。列宁曾经指出："反对一切民族压迫是绝对正确的。拥护一切民族发展，拥护一般'民族文化'是绝对不正确的。"[1] 因此，南朝少数民族人民为了反抗封建统治所进行的英勇顽强的反抗斗争，完全是正义的和进步的。南朝封建政权和少数民族的关系史，从一个方面来说，就是压迫歧视和反压迫反歧视激烈斗争的历史。少数民族的反抗斗争，概括说来主要有两种形式：比较普遍的低级的形式，是不服从封建政权的统治，不向封建统治者服役纳赋或纳贡，即史不绝书的所谓"多不宾服"，"恃险不宾"。然而，就是这种低级斗争，也不免经常受到血腥地镇压，即所谓"讨伐不宾"。少数民族人民被逼得无法继续生存下去的时候，只有挺而走险，举行武装暴动，以反抗封建统治者的压迫和歧视。少数民族人民这种正义的行动，常被封建史家诬蔑为"天性暴乱"[2]，

---

[1] 《列宁全集》第 20 卷，人民出版社 1984 年版，第 18 页。
[2] 《周书》卷四九《蛮传》。

"皆暴悍好寇贼"①，这种历史的颠倒，必须重新颠倒过来。

从刘宋永初二年（421年）江州南康揭阳蛮起事，到陈祯明三年（589年）东衡州"群俚"起事，其间各少数民族的起事斗争，风起云涌，前赴后继。在南朝169年中，这种起事斗争共发生约64次，其中蛮民43次，僚民4次，俚人18次。梁代"岁岁伐僚"，其中必有僚民起事，由于资料缺乏，所以记载僚人起事最少。少数民族起事不仅次数多，地域广，有的起事规模大，多次形成反抗高潮，而且还发生了少数民族人民与汉族人民联合反抗封建统治的斗争。

先以蛮族为例。刘宋元嘉五年（428年），张邵为雍州刺史、宁蛮校尉，"营私蓄取，赃货二百四十五万"，对蛮民压迫深重。丹、浙二川蛮民举行起事，张邵施展奸计，招诱蛮族首领"因大会诛之，悉掩其徒党"。于是，激起群蛮进行更大规模的起事，"所在并起，水陆断绝"，进行了长时期的反抗斗争②。元嘉十八年（441年），荆州天门郡溇中县蛮民不堪赋役的严重剥削，在田向求的领导下，攻破溇中县。荆州刺史刘义季派兵"征讨"，残酷地将这次起事镇压下去，并"获生口"500余人③。元嘉后期，蛮民起事形成第一次高潮。元嘉十九年（442年），善于"抚民"的雍

---

① 《南齐书》卷五八《蛮传》。
② 《宋书》卷四六《张邵传》。
③ 《宋书》卷九七《荆雍州蛮传》。

州刺史、宁蛮校尉刘道产死去，蛮民唯恐受新派来的官吏的残酷压迫，一时骚动起来。刘宋王朝不是派人安抚，而是采取高压手段，派征西司马朱修之前去镇压，并以建威将军沈庆之"率众助修之"。以致激起蛮民大规模起事，进行了长达八年之久的反抗斗争。当朱修之被蛮民打败，"失律下狱"后，沈庆之"专军进讨"。他首先击败缘沔诸蛮，"擒生口七千人"。进兵湖阳，"又获万余口"。沈庆之的疯狂镇压，并没有使蛮族人民屈服。元嘉二十二年（445年）春，刘骏为雍州刺史、宁蛮校尉，雍州群蛮再次起事，反对刘宋王朝新派来的官吏，"时蛮寇大甚，水陆梗碍"。刘骏被阻大堤，不能到任。又派沈庆之率军"掩讨，大破之，降者二万口"。同年夏秋之间，刘骏到达襄阳（雍州治所），驿道诸蛮继续进行反抗，再次派沈庆之会同王方回率领的台军，共同"平定诸山（蛮），获七万余口"。雍州郧山蛮最强盛，晋末雍州刺史鲁宗之屡次进攻，不能取胜。沈庆之乘胜"剪定之，擒三万余口"①。

　　雍州蛮民既没有被斩净杀绝，也未曾被封建统治者的反动淫威所吓倒。镇压愈凶，反抗愈烈。元嘉二十六年（449年）冬，沔北诸山蛮民，举行了更大规模的起事斗争。沈庆之率名将柳元景、宗悫等数万人，分八道进兵镇压。官军自冬围攻至春，并以蛮民所积谷为军粮。蛮民被困日久，粮

---

① 　以上均见《宋书》卷七七《沈庆之传》；卷九七《荆雍州蛮传》。

食为官军夺取，有的山险为官军所据，因而"诸蛮震扰"，官军乘势进攻，蛮民"奔溃"。不久，南新郡蛮帅田彦生率部曲6千余人"反叛"，围攻郡城。沈庆之遣柳元景、宗悫等率5千人赴救。田彦生退据白杨山，元景等追至山下，宗悫率军先登，"大破之，威镇诸山，群蛮皆稽颡。"随即筑纳降、受俘二城于白楚，以镇戍蛮人①。

同年夏天，幸诸山蛮人为了防止官军进逼，凭险筑城。沈庆之率军进攻，蛮人依山固守，庆之久攻不下，适逢"暑雨方盛"，山险路泞，只得置东冈、蜀山、宜民、西柴、黄徽、上荚等六戍后，率军退还。蛮民被围日久，食尽饥馑，"自后稍出归降"②。

元嘉二十九年（452年）冬天，豫州蛮民大举起事。开始，新蔡蛮2千余人破大雷戍，西阳五水蛮民，群起响应，"自淮、汝至于江沔，咸罹其患"③。值得注意的是，这次起事还有汉人参加。史称："司马黑石在蛮中，共为寇盗"；"司马黑石、庐江叛吏夏侯方进在西阳五水，诳动群蛮。"④又说："淮上亡命司马黑石推立夏侯方进为主，改姓李名

---

① 以上均见《宋书》卷七七《沈庆之传》。
② 《宋书》卷七七《沈庆之传》。
③ 《宋书》卷七七《沈庆之传》。
④ 《宋书》卷七七《沈庆之传》。

弘，以惑众。"① 魏晋南北朝时期借道教发动的农民起义，常以李弘作为农民领袖的通称②。夏侯方进等参加蛮人起事后，改姓名为李弘作号召，可见这是一次汉蛮人民的联合起事。起事之初，沈庆之督江、荆、雍、豫四州诸军"进讨"，恰遇宋文帝被其子刘劭杀死，沈庆之受命退军。直到孝建二年（455 年）四月，这次起事才被豫州刺史王玄谟镇压下去③。

到了大明（457—464 年）时代，蛮民起事斗争形成第二次高潮。大明四年（460 年），郢州西阳五水蛮"复为寇"，大明中，"桂阳蛮反，杀荔令晏珍之"。大明末，荆州巴东、建平、宜都三郡蛮，郢州天门郡蛮同时起事，虽派官军镇压，"终不能禁，荆州为之虚敝"④。泰豫元年（472 年），荆州刺史、南蛮校尉沈攸之，阴谋起兵反叛，横征暴敛，充实仓廪府库。他讨伐荆州界内诸蛮，蛮王田头拟被迫"发气"而死后，其弟娄侯篡立，其子田都逃入僚中。引起群蛮起事，围攻武陵郡城。武陵内史萧嶷派兵击败蛮民，杀

① 《宋书》卷七六《王玄漠传》；张忱石点校《建康实录》卷一三《孝武帝纪》，中华书局 1986 年版。
② 参阅汤用彤《康复札记》，载《新建设》1961 年第 6 期。
③ 同注①。又《宋书》卷九七《豫州蛮传》说：王玄谟遣人"慰劳诸蛮，使缚送亡命，蛮乃智执黑石、安阳二人送诣玄谟，世祖使于寿阳斩之。"
④ 《宋书》卷九七《荆雍州蛮传》。

娄侯，立田都，"蛮众乃安"①。萧齐建元元年（479 年），武陵酉溪蛮田思飘再次起事，内史王文和带兵镇压，深入蛮境，蛮民断其粮道，官军处于险境。荆、湘二州刺史萧嶷派兵援救，思飘中箭阵亡，蛮民以城降②。萧齐永明（483—493 年）时代，蛮民起事形成了第三次高潮。永明初年，巴建蛮向宗头与黔阳蛮田豆渠等 5 千余人起事，并筑砦以阻止官军进攻。永明二年（484 年），江州蛮起事。永明三年（485 年），湘川蛮陈双、李答起事，并围攻郡城，湘州刺史吕安国带兵"讨伐"，不能取胜。四年（486 年），派柳世隆为湘州刺史，督众军"伐蛮"，才将这次起事镇压下去③。梁代大通时（527—528 年），荆雍二州边界地区，"蛮左数反"。蛮族首领"山帅"文道期率众起事，"积为边患"。陈太建十年（578 年），合州（梁武帝以南豫州部分地区置）庐江蛮起事，进攻枞阳，最后被刺史鲁广达镇压下去④。

早从刘宋末年开始，僚人便进行反抗斗争。如泰始（465—471 年）末年，梁州三巴郡人民"扰乱"，太守张澹弃郡城逃跑。汉中地区的僚人乘机发动起事，历史上称为"五獠乱汉中"。刘宋王朝以李安民为都督讨蜀军事、辅师将军，进兵梁州。他平定三巴郡"扰乱"后，回师将汉中

---

① 《南齐书》卷二二《豫章文献王嶷传》。
② 《南齐书》卷五八《蛮传》。
③ 《南齐书》卷五八《蛮传》。
④ 以上见《陈书》卷一一《淳于量传》；卷五《宣帝纪》。

僚人起事镇压下去①。萧齐永明二年（484 年），陈显达为
益州刺史，益州山区僚人经常发生暴动，打到益州城门下，
故"州城北门常闭不开"②。大度村僚人反抗最为强烈，前
后刺史都"不能制"。陈显达遣使"责其租赆，獠帅曰：
'两眼刺史（显达曾左目中箭，讥笑他为一眼）尚不敢调
我'，遂杀其使"。陈显达恼羞成怒，"声将出猎，夜往袭
之"，对僚人进行了血腥地大屠杀，"男女无少长皆斩
之"③。萧梁天监十年（511 年），益州巴西郡人姚景和"聚
合蛮蜑，抄断江路，攻破金井。"巴西太守张齐带大兵镇
压。巴西郡为僚人聚居地区④，又说张齐"征伐獠人"，
"既为物情所附，蛮獠亦不敢犯"。姚景和称为"郡人"，应
是汉人，他所领导的"蛮蜑"，当是指僚族人民，因而这是
一次汉僚人民的联合起义。张齐与汉僚人民大战于平昌，结
果景和失败，起事被镇压下去⑤。大同（535—545 年）初，
萧范为益州刺史，益州"山谷夷獠不宾附者"，委侯瑱为
将，带兵长期"征伐"⑥。史载：梁武帝时代（502—548 年

----

① 《南齐书》卷二七《李安民传》。
② 《南史》卷四三《萧鉴传》。
③ 《南齐书》卷二六《陈显达传》。
④ 《魏书》卷六五《邢峦传》说："西巴广袤一千，户余四万，若
彼立州，镇摄华獠，则大帖民情。"
⑤ 《梁书》卷一七《张齐传》。
⑥ 《陈书》卷九《侯瑱传》。

在位），梁、益二州"岁岁伐獠"。① 张齐在蜀18年，"讨击蛮獠，身无宁岁"②，充分说明獠人进行了长期英勇顽强的反抗斗争。

俚人起事，也是从刘宋末年开始的。史称：广州诸山多俚人，"前后屡为侵暴，历世患苦之"。大明四年（460年），刘宋王朝派龙骧将军武期和费沈二人"率众南伐"，俚人坚持反抗斗争，费沈等因未能取胜，便将原先归降的高兴太守俚帅陈檀杀害，费沈"下狱死"。大明（457—464年）中，"临贺蛮反"，杀开建令邢伯儿③。临贺郡在湘州南部属岭南地区，接近广州，后属衡州，是俚人聚居区域，所谓"临贺蛮反"，是指临贺郡俚人起事。泰始四年（468年），广州刺史羊希派晋康太守刘思道带兵"伐俚"，被俚人打败，宋廷派龙骧将军陈伯绍率大军镇压俚人④。刘宋末立越州"威镇俚獠"。越州刺史"常事戎马，唯以贬伐为务"⑤。齐代始兴郡"边带蛮俚，尤多盗贼"，历任"皆以兵刃自卫"⑥。这些刺史、内史，"常事戎马"，"以兵刃自卫"，显示俚族人民长期坚持反抗斗争。梁天监元年（502

---

① 《魏书》卷一〇一《獠传》。
② 《梁书》卷一七《张齐传》。
③ 《宋书》卷九七《夷蛮传》《林邑国》条；《荆雍州蛮》条。
④ 《宋书》卷五四《羊希传》。
⑤ 《南齐书》卷一四《州郡志》上《越州》条。
⑥ 《梁书》卷一三《范云传》。

年），郁林郡俚人暴动，太守荀斐率兵镇压，中箭身亡①。
中大通（529—534 年）时，衡州发生一次大规模的汉俚人
民联合起事。首先，桂阳、阳山、始兴三郡俚人发动起事，
被兰钦都督衡州三郡兵镇压下去。接着，桂阳汉人严容领导
汉俚人民举事反抗，一时"南中（指岭南地区）五郡诸洞
反"②，将衡州刺史元庆和围困。庆和遣使告急，兰钦亲自
带兵救援，严容战败，"诸洞"起事都被镇压下去③。

到梁代后期大同（535—545 年）时代，俚人起事形成
波澜壮阔的反抗斗争。广州南部滨海，"俚人不宾，多为海
暴"。广州刺史萧劢长期"征讨"俚人，不能取得胜利④。
大同初年，西江俚帅陈文彻领导俚人起事，进攻高要郡。这
次起事规模较大，被衡州刺史兰钦镇压下去⑤。大同时代，
广州俚人反抗，沈恪"常领兵讨伐（广州）俚洞"，胡颖
"出番禺征讨俚洞"⑥。大同中，广州南江俚人举行起事，周
文育、杜僧明等人，"累征俚獠，所在有功"⑦。紧接着，湘
州南部和衡州地区 50 余洞俚人联合起事，衡州刺史韦粲派

————————

① 《梁书》卷四七《荀匠传》。
② 《南史》卷六一《兰钦传》。
③ 《梁书》卷三二《兰钦传》。
④ 《南史》卷五一《萧劢传》。
⑤ 《梁书》卷三二《兰钦传》。
⑥ 《陈书》卷十二《沈恪传》，《胡颖传》。
⑦ 《陈书》卷八《周文育传》，《杜僧明传》。

临贺内史欧阳颁为都督，进攻俚人，"悉皆平殄"①。陈太建（569—582 年）末期，广州刺史马靖"深入俚洞"，长期镇压俚族人民的反抗②。直到祯明三年（589 年），东衡州"群俚反叛"，共推汉人耿询为主，这是南朝最后一次汉俚人民反抗封建统治的起事斗争。陈朝灭亡之后，这次起事才被隋柱国王世积镇压下去③。

总的说来，南朝蛮族起事，虽从东晋到陈末，绵延约二百年，但集中发生在刘宋元嘉后期到齐末，其间经过三次起事高潮。僚人起事贯穿齐、梁两代，而在梁武帝中期形成高潮。俚人起事，在梁、陈二代都比较频繁，而在梁武帝末大同时代形成高潮。应当指出，这些起事斗争发展的三个阶段，同上述封建统治者对少数民族的征服和掠夺的三个时期，完全相吻合，这绝非偶合，它深刻地反映了少数民族人民的反抗斗争，是由封建统治者的征服和掠夺所引起的。

少数民族人民的起事斗争，就其主要方面来说，是正义的和进步的，带有农民起义的性质，它是当时农民反抗地主阶级斗争的重要组成部分。因为这种反抗斗争，是由地主阶级及其国家政权所实行的民族歧视和压迫的结果。但是，它同封建制度下农民反抗地主阶级的革命战争又有所区别。这

---

① 《陈书》卷九《欧阳颁传》。
② 《陈书》卷二一《萧引传》。
③ 《北史》卷八九《耿询传》。

种区别主要表现在：当时各少数民族同汉族还未完全融合，因为民族界限的存在，封建统治者对少数民族人民的剥削是以民族压迫的形式出现的，各少数民族也是以反对民族压迫的形式反抗封建统治者。因此，一方面，不仅少数民族的下层群众参加了，而且上层分子也参加了，每次起事大都是上层首领领导的，这些上层分子同样是压迫者、剥削者，他们在起事中往往利用下层人民的反抗情绪，达到其"略财据土"①的政治和经济目的。另一方面，起事斗争既然是以民族斗争的形式出现，因而民族感情和共同的民族心理状态必然起作用。所以在起事中，有"抄掠平民"②，"虏略百姓"③，"驱略降户"④的现象，即对汉族广大人民群众进行野蛮的烧杀抢劫，这种现象有时还是很严重的。如刘宋末年，巴东、建平、宜都、天门四郡蛮民起事后，在少数民族上层分子的煽动下，把矛头指向汉族人民，致使"诸郡民户流散，百不存一……荆州为之虚敝。"⑤由于少数民族毕竟居于被统治民族的地位，其广大人民群众和上层分子都受到封建王朝和地方官吏不同程度的压迫和歧视，所以在绝大多数的起事中，其斗争锋芒主要地还是针对地主阶级及其国家政

---

① 《宋书》卷九七《夷蛮传·史臣曰》。
② 《南齐书》卷二二《豫章文献王嶷传》。
③ 《宋书》卷九七《荆雍州蛮传》。
④ 《宋书》卷七七《沈庆之传》。
⑤ 《宋书》卷九七《荆雍州蛮传》。

权，围攻州郡县城，杀死郡县官吏，而对汉族人民则基本上是友好的。不仅如此，蛮、僚、俚各族人民有时还同汉族人民一起团结战斗，共同反抗封建统治者。

沈约在评论刘宋王朝征讨蛮人时，曾说："自元嘉将半……命将出师，恣行诛讨，自江汉以北，庐江以南，搜山荡谷，穷兵黩武，系颈囚俘，盖以数百万计。至于孩年齐齿，执讯所遗，将卒申好杀之愤，干戈穷酸惨之用，虽云积怨，为报亦甚。"① 虽然沈约掩盖了对蛮族压迫剥削的实质，认为先由蛮族"积怨"，然后刘宋王朝才进行报复，完全颠倒了是非，但他所揭露的封建统治者征伐蛮人的残暴情景，实际上是整个南朝封建政权镇压各少数民族人民的一幅逼真的写照。南朝封建政权与少数民族之间的关系，当时比较有政治远见的封建官吏也能看清楚。如刘宋泰始初年，孙谦为巴东、建平二郡太守，这二郡蛮人居多，历来反抗最为激烈，因而敕令孙谦募 1 千兵自随。孙谦说："蛮夷不宾，盖待之失节耳。何烦兵役，以为国费。"② 所谓"待之失节"，是指封建官吏对待蛮人逞凶肆虐，不稍加节制，因而引起蛮民的反抗。其实，不只南朝如此，历代皆然。比如，东汉末年板楯蛮起事，汉灵帝问征讨方略，汉中计吏程包说："（蛮人）本无恶心，长吏乡亭更赋至重，仆役筹楚，过于

① 《宋书》卷九七《夷蛮传·史臣曰》。
② 《梁书》卷五三《孙谦传》。

朱大渭学术经典文集

奴虏，亦有嫁妻卖子，或乃至自颈割……阙庭悠远，不能自闻。含怨呼天，叩心穷谷。愁苦赋役，困罹酷刑。故邑落相聚，以致叛戾。"① 程包不但生动而深刻地揭露了东汉末年板楯蛮起事的原因，而且比较真切地反映了南朝及历代少数民族反抗封建统治斗争的带有普遍性的根源。

四、南朝少数民族与汉族的融合以及南方的开发

列宁曾经指出："无产阶级不能赞同任何巩固民族主义的做法，相反地，它赞同一切帮助消除民族差别、打破民族壁垒的东西，赞同一切促使各民族之间的联系日益紧密和促使各民族融合的东西。"② 列宁在这里讲的是对待"一切"和"任何"民族关系的问题，因而这是我们对待古代民族关系的一个根本观点。因此，在揭露南朝封建统治者对少数民族的压迫和歧视，以及少数民族人民反抗斗争的同时，我们必须看到，南朝少数民族与汉族之间消除民族隔阂，互相接近，彼此友好，以及促进融合的一面。在封建制时代，这种接近和融合，是通过各种渠道进行的，这个过程是漫长而复杂的，既通过友好交往的形式，又通过汉族封建官吏所推行的比较进步的民族政策的形式，还通过充满民族斗争的形式，但

① 《后汉书》卷八六《南蛮西南夷列传·板楯蛮夷》。
② 《列宁全集》第20卷，人民出版社1984年版，第18—19页。

总的说来，民族融合是一个不可抗拒的日益加速的过程。

长期以来，南朝蛮、僚、俚族人民同汉族人民在经济文化上，交往频繁，有着不可分割的紧密的联系。除汉族劳动人民为逃避赋役逃亡蛮、俚地区外，早在东晋陶侃为武昌太守时，"立夷市于郡东，大收其利"①。刘宋时有的汉人"商行入蛮"②，封建统治者也"遣使与蛮中交关"③，或"以锦袍绛袄"与"蛮交易器仗"④，互通有无。蛮族人民也常在汉族地区买米盐等生活必需品。汉族人民与少数民族人民互相交往，必然使生产技术和文化习俗，彼此交流和促进，从而加深民族之间的融合。特别是汉族劳动人民与蛮、僚、俚各族人民在共同反抗封建统治的斗争中，由于阶级利益的一致，团结战斗，相互了解，最能加深思想感情的接近，心理状态的勾通，从而使民族界限逐渐消失，推进了民族融合的进程。

由于汉族经济文化当时居于先进地位，加以各民族之间关系日趋密切，所以有的少数民族人民是愿意在汉族中央政权统辖之下接受汉族文化的。如西晋太康七年（286 年），东晋隆安五年(401 年)，刘宋元嘉十二年(435 年)，大明元年

---

① 《晋书》卷六六《陶侃传》。
② 《南齐书》卷二五《张敬儿传》。
③ 《南齐书》卷二五《张敬儿传》。
④ 《南齐书》卷四〇《鱼腹侯子响传》。

(457 年)和大明中,先后有蛮、僚、俚人自愿"归化"①,编入州郡县系统。这种情况,自然会加快民族融合的进程。

这里应当指出,一些有政治远见、比较廉洁奉公的地方官吏,对少数民族所采取的进步政策,对于民族融合起了积极的作用。如元嘉七年至十九年(430—442 年),刘道产为雍州刺史、宁蛮校尉,"善抚诸蛮,前后不附官者,莫不顺服,皆引出平土","缘沔为村落,户口殷盛"②,"百姓乐业,民户丰赡"③。泰始时,派孙谦为巴东、建平二郡太守,此地蛮人较多,历任"以威力镇之"。孙谦不带兵卒,"至郡布恩惠之化,蛮僚怀之,竞饷金宝。谦慰喻而遣,一无所纳。及掠得生口,皆放还家"。所以"郡境翕然,威信大著"④。又如齐永明时,萧鉴为益州刺史,"在蜀积年,未尝有营造,资用一岁不满三万(当时贵族官僚一日资费常过一万钱)",减轻对人民的压迫剥削,"戎夷(指僚人)慕义,自是清谧";宥赦劫帅,"巴西蛮夷(指僚人)凶恶,皆望风降附"⑤。再如梁大同九年(543 年),张缵为湘州刺

---

① 《宋书》卷三八《州郡志》广州条,卷三七七《州郡志》荆州条,卷六《孝武帝纪》,卷九七《夷蛮传》林邑国条。
② 《宋书》卷九七《荆雍州蛮传》,卷七七《柳元景传》。
③ 《宋书》卷六五《刘道产传》。
④ 《梁书》卷五三《孙谦传》。
⑤ 《南史》卷四三《萧鉴传》。按《南齐书》卷二六《陈显达传》:前面称"大度村獠",后面又称"山夷",可见"蛮夷"即指僚人。参见《魏书》卷六五《邢峦传》。

史，为政主张"省烦苛，务清静"，"解放老疾吏役，及关市戍逻先所防人，一皆省并"。湘州零陵、衡阳等郡"莫徭蛮"人，"依山险为居，历政不宾服，因此向化。……流人自归，户口增益十余万，州境大安。"① 陈太建八年（576年），沈君高为广州刺史，"岭南俚獠，世相攻伐"。君高是文官，不懂武事，"推心抚御，甚得民和"②。这些地方官吏对待少数民族的政策，一般有三个特点：不带兵，撤去"关市戍逻"，不采用武力镇压；"布恩惠"，"省烦苛"，减轻对少数民族人民的剥削，不俘虏其为"生口"；发展生产，"民户丰赡"。这些措施无非是减轻政治压迫和经济剥削，使少数民族人民生活比原来要好些。这样，他们非但不反抗，而且有的"向化"，有的从深山"出平土"居住，有的自愿"竞饷金宝"。甚至像刘道产死后，蛮民头戴丧帽，身系丧带，痛哭追送，表明他深得蛮民的欢心③。由此可见，个别封建统治者实行的减轻压迫歧视的民族政策，对于各族人民的接近和融合，是起了推动作用的。这也充分说

---

① 《梁书》卷三四《张缵传》。
② 《陈书》卷二三《沈君理传》。这类事例不少，参考《宋书》卷七六《朱惰之传》；《梁书》卷五〇《臧严传》；《南史》卷五一《萧景传》，卷六四《徐文盛传》。按北朝占领南朝蛮族聚居地区后，也有类似情况。见《魏书》卷四五《韦珍传》，《韦彧传》；《周书》卷二六《长孙俭传》，卷三五《薛慎传》，卷四五《乐逊传》。
③ 《宋书》卷六五《刘道产传》。

明，只要不是过分地进行压榨，各少数民族人民是愿意在汉族政权管辖下，同汉族人民共同生产生活，互相友好接近，从而加速民族融合并结成一个整体。

由于当时处在封建专制主义时代，地主阶级的统治，决定了民族融合在很大程度上还是通过征服和反征服来实现的，这是一个充满激烈的民族斗争的过程。封建统治者的掠夺、屠杀和生俘，对蛮族的社会生产力是极大的破坏，必然会加深民族仇恨，阻碍民族融合。蛮族人民奋起反抗，给予封建统治者以沉重打击，迫使其不得不采取以左郡左县的方法，像统治汉族劳动人民一样统治少数民族。左郡左县的成立是征服与反征服斗争的产物。在刘宋泰始时代，只有左郡11 个，左县 25 个①。到了齐末，时隔三十多年，少数民族左郡左县为 51 郡，145 县。其中除了以僚人建立的 5 郡 4县（多数僚郡无属县），俚人建立的 8 郡 23 县外，以蛮人建立的共有 38 郡，118 县②。这就说明，蛮族左郡左县主要是宋、齐时期建立的，同这时对蛮民的征服是相一致的。中央封建政权对待左郡左县少数民族人民的政策，基本上同对

① 《宋书》卷三五至三八《州郡志》。按荆州武陵郡及所属二县为晋安帝时以降蛮立；广州新会郡及所属六县为元嘉中"归化新民"立，当是俚人；越州新立六郡为泰始时西江督护陈伯绍"猎北地"置，所谓"穿山为城门，威服俚獠"（《南齐书》卷一四《州郡志》《越州》条），当是新开辟俚区而立。故均列入左郡左县内。

② 《南齐书》卷一四、一五《州郡志》。

待汉族劳动人民一样，这有利于少数民族人民同汉族人民的融合。可见封建统治者征服少数民族后所采取的某些措施，在客观上也具有促进民族融合的作用。左郡左县的建立，无论在民族融合上，还是对少数民族地区的开发上，都具有十分重要的意义。左郡左县一旦建立，意味着少数民族地区的土地和人民进入汉族中央政权统治之下，少数民族地区的生产关系和上层建筑都被纳入封建生产方式之中，其社会经济和文化习俗也必然逐步与汉人融合起来。梁末侯景之乱，"郡邑岩穴之长，村屯邬壁之豪"，乘机起兵并参与陈朝政权。陈寅恪先生指出，其中不少是少数民族酋帅，并认为这是"南朝民族及社会阶级之变动"的一件大事①。这正好说明，宋、齐、梁三代少数民族人民与汉族人民融合加深后，少数民族统治者与汉族地主阶级也必然结合起来。假如民族融合不深，民族界限严格，不可能出现这种现象。

《隋书》卷八二《南蛮传》说："南蛮杂种，与华人错居，曰蜒、曰獽、曰俚、曰獠、曰㐌，俱无君长，随山洞而居，古所谓百越也。"这是追溯南方各少数民族未同汉族融合以前的一般情况。接着又说："浸以微弱，稍属于中国，皆列为郡县，同之齐人，不复详载。"这是指通过南朝长期的民族斗争，基本上已同汉人融合起来的情况。《通典》卷

---

① 陈寅恪《魏书司马睿传江东民族条释证及推论》载《金明馆丛稿初编》，上海古籍出版社 1980 年版。

一八七《南蛮》上说："其獠，初，因蜀李势乱后，自蜀汉
山谷出，侵扰郡县。至梁时，州郡每岁伐獠以自利。及后周
平梁益，自尔遂同华人矣。"这是讲僚民同汉人融合的过
程。到了隋代，汉中地区"杂有獠户，富室者颇参夏人为
婚，衣服居处言语，殆与华不别"。原益州地区"又有
"獽、狿、蛮、賨，其居处风俗，衣服饮食，颇同于獠，而
亦与蜀人相类"①。原荆州和雍州地界"多杂蛮左，其与夏
人杂居者，则与诸华不别。"② 这里所谓"与诸华不别"，
"与蜀人相类"，都是指蛮、僚、俚族与汉族融合后，其政
治经济和文化习俗与汉族相同，没有什么区别了。当然，这
三族中也还有未与汉族融合的部分，如原荆雍地界的蛮人
"僻处山谷者"，直到隋代还是与汉人"言语不通，嗜好居
处全异"③。因此在隋唐时代，还能看到这三支少数民族的
未融合部分在活动着④。但蛮、僚、俚三族中的大部分在南
朝基本上已同汉族融合，当是无疑的。所以隋唐以后，反映
蛮、僚、俚族聚居地区的左郡左县取消了，敕封这三支少数
民族首领的制度废除了，从而像南朝专设统治他们的机构也
不复存在了。所有这一切，都是蛮、僚、俚三族中的大部分

① 《隋书》卷二九《地理志》上。
② 《隋书》卷三一《地理志》下。
③ 《隋书》卷三一《地理志》下。
④ 《周书》卷二八《陆腾传》；引日唐书》卷六七《李靖传》，卷一
　 九七《南蛮传》《南平獠》条。

同汉族融合后的必然结果。我国南方山区较多，深山老林的少部分蛮、俚、僚族，直到唐、宋时期，其活动仍见于史籍记载。

南朝境内州郡县增多，是从齐代开始，至梁代达到顶点。刘宋大明八年（464 年）有 22 州，274 郡，1299 县①。到萧齐建武元年（494 年），有 23 州，365 郡，1378 县②。增加 1 州，91 郡，79 县。到梁中大同元年（546 年），有 104 州，586 郡③，比齐末增加 81 州，221 郡，县虽不可考，从州郡剧增数可知县一定会增加不少。齐、梁两代所辖区域变化不大，而州郡县激增，固然同加强封建统治把州郡县划小等有关，但少数民族地区的开发，显然是其重要原因之一。如越州是宋末为了震慑俚人和开发俚区所建立的，开始时只有 8 郡 7 县，到齐末发展为 20 郡，55 县④。又如广州高凉郡俚人居多，萧劢为广州刺史时，当西江俚帅陈文彻起事被镇压后，"以南江危险（指俚人反抗），宜立重镇，乃表台于高凉郡立州。敕仍以为高州，以西江督护孙固（又作冏）为刺史"⑤。高州后发展为 5 郡。再如俚人聚居的苍梧郡，宋、梁、陈三代共增置 13 郡⑥。这些都是少数民族

① 《宋书》卷三五至三八《州郡志》。
② 《南齐书》卷一四、一五，《郡志》。
③ 参阅徐文范《东晋南北朝舆地表》有关梁代部分。
④ 《南齐书》卷一四《州郡志》上《越州》条。
⑤ 《南史》卷五一《萧劢传》。
⑥ 参阅徐文范《东晋南北朝舆地表》卷一〇、一二。

地区经过开发后，增设州郡县最典型的例证。

　　直至两晋，汉族和汉族文化在南方的发展，还只是限于长江流域的沿岸，以及从荆州南下，通过湘州（今湖南）逾五岭而至广州的交通线上，以及沿海以广州为重心的一些点线。除此以外的广大地区，都是文化上比汉族落后的少数民族居住着①。东晋时北方汉人大量南移，再经过宋、齐、梁、陈四代，汉人和少数民族融合后，才使南方的开发逐渐扩展开来。大体上，从长江中游向南，沿着湘州的湘水流域，江州的赣水流域，广州的郁水流域，向两岸地区伸延，开发到相当的深度，如湘州（今湖南）、广州（今广东、广西东南部），已经由点线联成面了。此外，如今天江西西南部（沿赣江流域），四川中部和北部（沿嘉陵江和岷江流域），以及长江以北的淮河、汉水流域，在当时都有不同程度的开发和扩展。在南朝长时期的民族斗争和民族融合中，勤劳勇敢的汉族和少数民族劳动人民，共同开发了我国南方富饶美丽的河山，为祖国历史的发展作出了贡献。

　　总之，南朝 169 年，是南方少数民族同汉族融合和对南方开发的重要时期，少数民族与汉族融合的过程，实际上也就是对南方开发的过程。因为少数民族同汉族融合后，少数民族地区的政治经济和文化，同时也起了相应的变化。在我

---

① 参阅何兹全《魏晋南北朝史略》，上海人民出版社 1958 年版，第148 至 149 页。

国封建制时代，每次民族大融合，必然会促进历史的巨大进步。通过魏晋南北朝的民族大融合，带来隋唐时期封建大帝国的兴盛，以及封建经济和文化的繁荣。其中南方民族大融合后，使得至少有数百万劳动力加入封建经济体系，以及少数民族居住的广大地区得到开发，这是隋唐以后我国古代经济重心开始由北向南转移的重要原因之一。

（原刊于《中国史研究》1980 年第 1 期）

北朝历代建置长城
及其军事战略地位

　　根据文献记载和实地勘查，我国古代共有二十余个朝代修筑长城，时间跨越两千余年，其长度超过 50000 公里，地域分布今十六个省市自治区①。长城工程极为浩大，雄伟壮观，横贯我国北部和西北边陲。长城是中华民族的象征，是我国五千年多民族国家历史文化发展的见证。长城在中国和世界文化史上，都具有重要地位。本文试对北朝历代建置长城的实况、其历史背景、军事战略地位等多方面进行探讨，庶几能力扩展长城史研究的某些领域。

---

① 参考文物编辑委员会编《中国长城遗迹调查报告集》，文物出版社 1981 年版。

一、北魏对长城的建置

北魏初期，即大约在登国（386—395 年）末至天兴（398—403 年）初年，北部柔然社崙部先后并敕勒和匈奴余部，逐渐强大起来①。从天兴五年（402 年）开始，屡犯北塞。北魏泰常七年（422 年）九月，"筑平城（京都）外郭，周回三十里"②。泰常八年（423 年）正月，"蠕蠕犯塞。二月，戊辰，筑长城于长川之南，起自赤城，西至五原，延袤二千余里，备置戍卫。"③ 这次所筑长城起点赤城，在今河北赤城县，这是清楚的，史无疑义。而终点五原所指何地，颇多争议。北魏时期有两个五原，其一为秦置九原郡，汉武帝更名五原郡治五原县④。其二为北魏末建义元年（528 年），分并州乡郡铜鞮县置五原县（治今山西沁县境）。第二个五原县，筑长城时尚未建置，且在平城正南约 400 公里处，显然绝不可能为长城的终点。因而北魏长城终点，只能是西汉五原郡治五原县地，即今内蒙古包头市西北约 20 余公里处。五原在阴山之南，黄河河套北岸中部，约当稍后所建怀朔镇与沃野镇之间。北魏天兴元年（398 年）

---

① 《魏书》卷一○三《蠕蠕（柔然）传》。
② 《魏书》卷二《太祖纪》。
③ 《魏书》卷三《太宗纪》。
④ 《续汉书》卷二三《郡国志》五。

七月，迁都平城。八月，魏主道武帝拓跋硅"命有司正封
畿"。《通鉴》此条胡《注》云："宋白曰：'魏道武都平
城，东至上谷军都关，西至（黄）河，南至中山隘门塞，
北至五原，地方千里，以为甸服'。"① 五原既为北魏京畿甸
服的西北终点，又是北魏初西北端军事上南北重要通道。故
魏主道武帝曾四次行幸五原，明元帝三次行幸五原，太武帝
四次行幸五原②。北魏登国六年（391 年）七月，铁弗卫辰
遣子直力鞮北上占领五原，出桐阳塞"侵及黑城"（今内蒙
古呼和浩特市西北）。九月，魏主珪"袭五原，屠之"。十
一月，珪征卫辰，"大破直力鞮于铁岐山（今内蒙古阳县西
北，即五原东北 20 余公里处），自五原金津（五原南黄河
渡口）南渡河。辛卯，次其所居悦跋城（今内蒙古伊金霍
洛旗西北），卫辰父子奔遁。"③ 登国九年（394 年）五月，
魏主珪"使东平公（拓跋）仪屯田于河（套）北五原，
（沿石门水）至于桐阳塞外。"④ 神䴥二年（429 年）十月：
"列置新民于漠南，东至濡源，西暨五原、阴山，竟三千
里。"⑤ 从上述史籍所载之五原方位考察，正符合两汉五原
故地，其处又为北魏西北境军事经济重地，故长城西段终点

① 《资治通鉴》卷一一〇《晋纪》隆安二年。
② 《魏书》卷二、卷三、卷四帝纪。
③ 《魏书》卷二《太祖纪》。
④ 《魏书》卷二《太祖纪》。
⑤ 《魏书》卷四《世祖纪》上。

必为河套北岸之五原无疑①。

这次所筑长城，其东头起点赤城在稍后所建六镇最东御夷镇（不属六镇之内，北魏太和中置②）正南约10公里处。而终点五原在怀朔镇与沃野镇之间。所谓"长川之南"，据《读史方舆纪要》卷四四《大同府·长川》条云："长川水即《汉志》于延水也。《水经注》：于延水出塞外柔玄镇西长川城南小山，东南流径且如故城（今内蒙古兴和县），亦谓之修水，下流径广宁县，注入桑干河。"可见长川水虽源于柔玄镇西，其流向偏六镇之东南。故"长川之南"，非指长川水之南，而是指长川城之南。这次长城应建筑在神䴥二年（429年）十月随着漠南牧场的建立而建置的六镇一线稍偏北。因为不仅长城起止点与六镇东西两端镇址接近，而且建置六镇在军事战略防御上，乃是对长城的一种补充和加强。此点后面将要详论。此次长城从东到西的走向为：起今河北赤城县，经今河北张北县、内蒙古呼和浩特市武川县，最后至内蒙古五原县，全长约750公里，约合1500华里。③

---

① 谭其骧主编《中国历史地图集》（地图出版社1982年版）第4册中北魏所有关于五原的标地，正是汉代五原旧址，当正确无误。

② 《水经注》卷一四《沽水》条。

③ 这里是从地图平面计算里数的，实际上长城多筑在崇山峻岭，或蜿蜒曲折，加之筑长城官吏有时谎报长度邀功，故其里数计算，容有伸缩，只能求其概数。本文所有长城建置里数，均据谭其骧主编《中国历史地图集》第4册和第5册中北魏、北齐、隋有关图版比例尺计算。

这次筑长城大工程，何人监筑不详。史载长孙翰于泰常五年（420年）至始光元年（424年）八月"率众镇北境，威名甚著，蠕蠕惮之。后为都督北部诸军事、平北将军……蠕蠕每犯塞，翰拒击有功。"①。泰常七年（422年）十月，明元帝拓跋嗣南巡，声援奚斤等攻占刘宋河南之地。十一月，太子拓跋焘"亲统六军出镇塞上"。直至泰常八年（423年）五月，明元帝北还经雁门时，拓跋焘才离开塞上率留台王公迎魏主②。泰常八年（423年）二月，筑长城时，长孙翰和太子焘二人皆率重兵驻漠南和塞上，翰驻漠南东段，焘驻漠南西段塞上，或为二人所统兵士所筑③。

北魏太平真君七年（446年）六月，"发司、幽、定、冀四州十万人（《通鉴》作"兵十万人"）筑畿上塞围，起上谷，西至于河，广袤皆千里。"④ 直到太平真君九年（448年）二月，"因山东民饥，启仓赈之。罢塞围作。"⑤ 共筑一年零九个月。这里"畿上塞围"四字费解，故论者对塞围起止走向颇多分歧，主要有两派意见：一说"围绕平城，

---

① 《魏书》卷二六《长孙翰传》。

② 《魏书》卷三《太宗纪》。

③ 艾冲《北朝诸国长城新考》肯定泰常八年二月筑长城，为太子焘所监筑，不知何据？此文载《长城国际学术研讨会论文集》，吉林人民出版社1995年版。

④ 《魏书》卷四《世祖纪》下；《资治通鉴》卷一二四《宋纪》元嘉二十三年，作"兵十万人"，当有据。

⑤ 《魏书》卷四《世祖纪》下。

直达黄河东岸，东西南北都约千里"①。一说"此城盖起居庸，南行至灵邱者为衺，又西历平刑、北楼、雁门、宁武、偏头诸关而至河曲者为广"，也即只筑平城东南一线②。我认为，"畿"指平城京畿地区，即《魏书》卷一一〇《食货志》所记迁都平城时所规划："东至代郡（指东代郡，即灵丘郡东北），西及善无，南至阴馆，北尽参合陂，皆定为畿内之田。"大体上即定都平城时所置之司州，以及迁都洛阳后所置恒州之辖境。"上"指从上谷开始，上谷在平城之正东，再向北绕平城北面向西，古人认为东北方为阳气所萌生，故称上③。"塞"，当然指所筑长城北塞。"围"者，指沿平城京畿范围，从东、北、西三面形成大半个包围圈。当我们彻底明白"畿上塞围"原意后，上述筑塞围全句也就容易理解了。上谷地处长城起点赤城之正南约六七十华里处，由此沿六镇之南六七十华里一线向西，至黄河河套处，再沿河套向南至并州州治晋阳西黄河岸。所谓"西至河"的"河"，既指北线"塞围"西向终点，又指西线"塞围"沿黄河而筑及其南北起止点。畿上塞围从东到西走向为：起

---

① 王国良《中国长城沿革考》第 4 篇，台北明文书局 1982 年版。李文信《中国北方长城沿革考》下，也持此说，见《社会科学辑刊》1979 年第 2 期。
② 寿鹏飞《历代长城新考》，台北明文书局 1982 年版。艾冲《北朝诸国长城新考》沿此说。
③ 参考《汉书》卷七五《翼奉传》云："上方之情，乐也。"注引孟康曰："上方谓北与东边，阳气所萌生，故为上。"

上谷居庸关（今北京市延庆县），向西经燕州广宁郡（治今河北涿鹿），沿于延水支流（今河北张家口市宣化县南洋河），再向西北经大宁郡（今河北怀安县），北至参合陂（今内蒙古凉城县东），绕京畿北部，向西北紧围盛乐旧京（今内蒙古和林格尔）①，再折向黄河河套东侧，沿黄河向南，至离石镇（今山西离石市，并州治所晋阳西）。这样，从东到西约900华里，再从北向南也约900华里，同2000里接近。《通鉴》改《魏书》"广袤皆千里"为"广纵千里"②，这里改变一字非常重要。因古"广"字，只能作东西向讲，而袤既可作南北向解，也可作横向讲。《通鉴》将"袤"改为"纵"，只能作南北向讲，则"广纵千里"，指明东西向和南北向各1000里，"皆"字为多余故删去。古史家记事，行文讲究准确、明白、简洁。如果东西南北皆筑塞围，据《魏书》惯例，应记为筑京畿塞围，不应加"上"字，也不宜用只作东西向和南北向讲的"广纵"，而应用"周回"多少里③。虽有"塞围"二字，但前面加了"上"字，胡氏此条注又改"袤"为"纵"，因而据全句文义，只

---

① 按北魏迁都洛阳前诸帝金陵在此，皇室每年前去祭拜。即便迁都洛阳后，皇室每年仍去拜祭，因而塞围应当包围它。

② 《资治通鉴》卷一二四《宋纪》元嘉二十三年二月。

③ 参考《魏书》卷三《太宗纪》泰常六年三月，"发京师六千人筑苑，起自旧苑，东包白登，周回三十余里。"泰常七年（422年）九月，"筑平城外郭，周回三十二里"。又泰常八年（423年）十月，"广（平城）西宫，起外垣墙，周回二十里"。

能作东、北、西大半围讲，而不能作全围讲。如只筑南边塞围，既不应称"畿上塞围"，又必有东南端走向地名。再者，如从上谷南下到灵丘郡，再向西至黄河，南北只有 160 公里，东西 240 公里，共约 400 公里，才 800 华里，这同史文所记广纵各千里，相差太远。而且这次发 10 万兵士筑塞围，其组织性强，又为壮劳动力，在一年零九个月里，绝不可能只筑 800 余里长城。应特别指出，筑畿上塞围时北魏统一北方已经八年，其战略方针对北方柔然严重打击后采取守势，主攻方向是针对南朝刘宋。就在筑塞围完工（太平真君九年二月）两年后，（太平真君十一年十二月）魏主率大军号称百万南伐，过刘宋六州之地，直抵长江北岸瓜步。当时南北双方势力相比，刘宋对北魏无任何威胁，因而绝不可能在京畿南部筑长城以自缚。而且在筑畿上塞围时，关中正发生以卢水胡盖吴为首包括氐、羌、屠各、蜀、汉各族在内的数十万人民大起义，并与南朝刘宋政权联合，整个关中震动①。太平真君七年（446 年）六月，魏廷发重兵屯驻长安附近"以备（盖吴）越逸"②。同月，发 10 万兵士筑"畿上塞围"。因此，筑畿上塞围，其东西走向乃针对北方柔然；其南北走向，又是针对关中盖吴起义，并隔断河西地区

① 参考张泽咸、朱大渭《魏晋南北朝农民战争史料汇编》下，中华书局 1982 年版。
② 《魏书》卷四《世祖纪》下。

敕勒和稽胡与关中的联系，以免受盖吴起义的影响，从而为保护京畿和主力南进在军事上和经济上都具有重要战略意义。此次筑畿上塞围既然是征发兵士，那么，监筑者当为四州统率军队之将领。

二、东魏北齐对长城的建置

东魏、北齐时期，在军事上主要是针对西魏、北周，但其北面除柔然、库莫奚外，契丹、突厥兴起，因而为了集中主力对付西魏、北周，便前后七次大筑长城，以防遏北方少数民族南侵。

东魏武定元年（543 年）十一月，丞相高欢"召夫五万于肆州（治今山西忻州市）北山筑城，西自马陵戍，东至土隥。四十日罢。"①《通鉴》则指明："丞相欢筑长城于肆州北山，西自马陵，东至土磴，四十日罢。"东端土隥，据宋王存《九域志》称："代州崞县有土磴塞"。《读史方舆纪要》卷四〇《山西·代州·崞县（治今山西原平市西北）》条云："土磴在县西北"。马陵戍，《通鉴》胡《注》云："马陵盖东魏置戍之地"，但不详其址。《读史方舆纪要》卷

---

① 《北齐书》卷二《神武纪》下、（北史）卷六（神武纪）及《魏书》卷一二《孝静纪》皆记于八月。《通鉴》卷一五八《梁纪》大同九年记于十一月，当有据。隥，《北史》卷六同。《九域志》："隥"作"磴"，《通鉴》同。

四〇《太原府·静乐县》条称："马陵戍在县北"，并指明为东魏武定元年筑长城之马陵戍。这次筑长城，其东西走向为：起今山西原平市北，止于今山西静乐县北，长约300华里，以作为高欢老巢晋阳西北面的屏障。

武定三年（545年）十月，高欢上言："幽、安、定三州北接奚、蠕蠕，请于险要修立城戍以防之，躬自临履，莫不严固。"[①] 幽州治今北京市南，定州治今河北定州市。安州，治广阳郡（今河北隆化县），天平（534—537年）中陷，东魏元象时（538年）寄治幽州北界（今北京市密云县东北)[②]。幽、定两州之北原有燕州，北魏末各族人民起义陷，东魏天平中（534—537年）领流民置，寄治幽州军都城[③]。故幽、定二州在东魏初，实际上连接北境少数民族区域。这次按照幽、安、定三州辖区，发其北境军民在险要处"修立城戍"。所谓"修"指修补原先守城，"立"乃是据需要新立守城，以阻遏胡寇。高欢亲自规划指挥，所筑城戍，据称严密坚固。

北齐天保三年（552年）十月，文宣帝高洋"自晋阳如

---

① 《北齐书》卷二《神武纪》下。
② 《魏书》卷一〇六《地形志》上，《安州》条。
③ 《魏书》卷一〇六《地形志》上，《东燕州》条。

离石，自黄栌岭起长城，北至社平戍，四百余里，置三十六戍。"① 胡《注》云："此长城盖起于唐石州，北抵武州之境"。唐代石州治今山西离石县。关于"武州之境"，据《读史方舆纪要》卷四二《永宁州·黄栌岭》条："社平（戍）……在今朔州之废武州界。"又同书卷四四《朔州·武州城》条云：该城在朔州西一百五十里，即古武州塞。汉置武州县治此城，属雁门郡。北魏武州县属代郡。辽重熙九年（1040 年）置武州治此，元因之。胡氏所谓"北抵武州"，当即指此武州。据此，知这次长城南起今山西离石县，沿吕梁山脉北至今山西朔州市西，南北长约 200 公里，正约合 400 华里。史称："天保初……显祖（文宣帝）亲御六军，北攘突厥，仍诏（阳）斐监筑长械。作罢，行南谯州事。"②《通鉴》于天保三年（552 年）正月，记齐主伐库莫奚后说：齐主"连年出塞"，攻伐北方各少数民族，但征突厥只有天保四年（553 年）十二月一次。因而文宣帝"北攘突厥"者，突厥或为各少数民族之泛称③。所以都水使者阳斐，应当是这次筑长城的监筑者。

---

① 《北齐书》卷四《文宣纪》，《北史》卷七《文宣纪》，《资治通鉴》卷一六四《梁纪》承圣元年。《北齐书》作"社干戍"，《北史》作"社于戍"，《通鉴》作"社平戍"，当为字形相似而异记。

② 《北齐书》卷四二《阳斐传》。

③ 《北齐书》卷四〇《唐邕传》云："显祖频年出塞，邕必陪从，专掌兵机。"

天保五年（554年）十二月，文宣帝"车驾北巡，至达速岭，亲览山川险要，将起长城。"① 《读史方舆纪要》卷四四《山西·大同府》条称："达速岭在府西北境。"北齐时恒州治今大同，可见文宣帝专至恒州西北部考察地形，做好筑长城的准备。天保六年（555年）三月，齐廷"发寡妇以配军士筑长城"②。配寡妇当为取悦兵士，激励其筑长城的积极性。这次筑长城的起止地和走向不明，张纂可能是这次筑长城的"监筑长城大使"。史载他与段韶于天保五年（554年）六月斩东方白额后，"授仪同三司，监筑长城大使，领步骑数千镇防北境。还，迁护军将军。"③ 天保六年（555年）六月，齐廷下诏："发夫一百八十万人筑长城，自幽州北夏口，西至恒外，九百余里。"④ 并命定州刺史、六军大都督高睿"领山东（太行山以东）兵数万监筑长城"⑤。《通鉴》此条胡《注》称："幽州夏口，盖居庸下口也。幽州军都县西北有居庸关。湿余水出上谷沮阳县之东，南流出关，谓之下口。'夏'当作'下'。"北齐这次大筑长城，发劳力之多乃是空前的，长城东西走向为：东起居庸关

---

① 《北齐书》卷四《文宣纪》，《北史》卷七《文宣纪》。

② 《北史》卷七《文宣纪》。

③ 《北齐书》卷二五《张纂传》。

④ 《北齐书》卷四《文宣纪》及《北史》卷七《文宣纪》皆记于十二月。《资治通鉴》卷一六六《梁纪》据《北齐书》卷一三《赵郡王睿传》记其"盛夏六月"监筑，故记于六月。

⑤ 《北齐书》卷一六《赵郡王琛传附睿传》。

（今北京市延庆县）向西经北燕州（治今河北涿鹿县），再向西至恒州（治今山西大同市）西北达速岭。全长约450公里，正约合900华里。从这次长城的走向看，大体沿北魏畿上塞围旧城遗址，而西段末端略往南收缩。

北齐天保七年（556年）十月，"发山东寡妇二千六百人以配军士"①。这又是在筑长城前对军士的一种奖励。十二月，"先是，自西河总秦戍筑长城东至于海，前后所筑东西三千余里，率十里一戍，其要害置州镇，凡二十五所。"②《通鉴》此条《考异》云："去年六月已云筑长城，而地名，长短不同，不知与此为一事为二事。《北齐书》、《北史》皆然。今两存之。"③《通鉴》此说一出，或云一事，或言二事，众说纷纭。其实，《通鉴》作者由于不明前段文字是对天保三年、六年、七年三次所筑长城的总结概述，从而产生疑窦。文中所指西河总秦戍，在今山西大同市西北境，与达速岭所处地址相近④。所谓"先是"指先前二次所筑，接着又讲"前后所筑，东西凡三千余里"，则除前两次所筑1300里外，其余1700余里为本年度所筑。如这样理解不误的话，则本年所筑长城，乃补筑从居庸关"东至于海"，以及恒州

① 《北齐书》卷四《文宣纪》。
② 《北齐书》卷四《文宣纪》；《北史》卷七《文宣纪》。
③ 《资治通鉴》卷一六六《梁纪》太平元年十二月。
④ 据《读史方舆纪要》卷四四《山西·大同府》条云：达速岭、总秦戍皆在府西北部，而总秦戍更偏西至黄河东岸。

西北至朔州西两段，从而将天保三年（552年）十月黄栌岭至社平戍段长城，及天保六年（555年）六月从居庸关至恒州等两段长城连接起来，并东延至渤海岸。这样，北齐天保时期三次所筑全部长城，从东向西走向为：起自渤海岸山海关，向西北至平州（治今河北卢龙县北）；再向西经居庸关，至北燕州（治今河北涿鹿县）北部（今河北张家口市南）；再折向西南至恒州西北达速岭（今山西大同市西北）；再南下至朔州社平戍（今山西朔州市西），经三堆戍（今山西静乐县）至黄栌岭，全长约1200公里，约合2400华里。若加上武定元年所筑长城300里，共约2700余里，略少于3000里。

有学者认为，北齐"西河总秦戍至海的长城，营造于天保五年（554年）至七年（556年），历时两年有余。"① 这个结论似无根据；恐与史实不合。首先，天保五年（554年）十二月，文宣帝至恒州达速岭考察地理形势，只说"将起长城"。实际上，正式筑长城，一次在天保六年（555年）六月，一次在天保七年（556年）十二月，史有明文记载。其次，赵郡王高睿为天保六年（555年）六月筑长城监筑使，长城筑完后，"睿于是亲帅所部，与之俱还"。天保"七年诏（睿）以本官都督沧、瀛、幽、安、平、东燕六州

朱大渭学术经典文集

---

① 艾冲《北朝诸国长城新考》，载《长城国际学术研讨会论文集》，吉林人民出版社1995年版。

诸军事、沧州刺史"①。可见天保六年（555 年）六月开始筑幽州居庸关至恒州段长城，大约半年完工后，监筑者高睿被调任沧州刺史。而且据史籍记载，卢询祖有才名，"天保末，以职出为筑长城子使"②。天保七年十二月所筑长城，必为八年完工，因而询祖应为这最后一次筑长城的监筑者。虽说天保末筑重城在最后，但"重城"在北齐史籍中不称长城。如卢询祖监筑重城，史籍不会称他为"筑长城子使"。而且"子使"一职，专指筑长城后在"缘边城守之地"管理屯田③，显然与重城无关。

北齐天保八年（557 年）十二月，"于长城内筑重（直龙翻）城，自库洛拔而东至于坞纥戍，凡四百里"④。坞纥戍在今山西灵丘西平型关东北⑤，论者认识较为一致。库洛拔，有说在今大同和右玉县之间⑥；也有说在今山西偏关和朔州市之间⑦。经仔细考察，后说接近历史真实。因为如果在大同和右玉之间，则在恒州西北，与天保六年（555 年）

① 《北齐书》卷一三《赵郡王琛传附睿传》。
② 《北齐书》卷二二《卢文伟传附孙询祖传》。
③ 《隋书》卷二四《食货志》。
④ 《北齐书》卷四《文宣纪》、《北史》卷七《文宣纪》同。按《资治通鉴》卷一六七《陈纪》永定元年"拔"作"枝"，"坞"作"鸡"。
⑤ 参考寿鹏飞《历代长城考》，台北明文书局 1982 年版。
⑥ 参考寿鹏飞《历代长城考》，台北明文书局 1982 年版。
⑦ 参考王国良《中国长城沿革考》，台北明文书局 1982 年版。

所筑长城西部起点一致，显然与"于长城内筑重城"不合。而且从恒州西北到灵丘西部，当为从西北到西南，又与"自库洛拔而东"有悖。同时从平型关东北至朔州市西，长约180公里，约合360华里，接近400里。再者，北齐为防御北方突厥、契丹新兴少数民族势力，"筑重城"于其老巢并、肆二州北部，这与北魏"筑畿上塞围"相似，为增加一道防线，保护晋阳，以遥控京都邺城，以便其主力对付北周。如果重城走向是从并、肆二州西北到东南，则其防御对象就不明确了。

北齐河清二年（563年）三月，齐廷诏司空斛律光"督步骑二万，筑勋掌城于轵关（今河南济源市西）；仍筑长城二百里，置十二戍。"① 轵关居洛阳西北，为晋、豫交通之要冲。从轵关向齐子岭至黄河北岸，筑长城二百里，为洛阳西北屏障，配合洛阳西南伐恶、新城、严城、河南等四城（天保五年八月筑）②，以御周师。

北齐河清三年（564年），斛律羡"转使持节，都督幽、定、平、南北营、东燕六州诸军事、幽州刺史。其年秋，突厥众十万，来寇州境，羡总率诸军御之……（约在天统二年），羡以北虏屡犯边，须备不虞，自库堆戍东拒于海，随

---

① 《北齐书》卷一七《斛律金传附光传》，《资治通鉴》卷一六九《陈纪》天嘉四年。《北齐书》卷七《武成纪》"诏斛律光督五营军士筑戍于轵关"。

② 《北齐书》卷四《文宣纪》。

山屈曲二千余里，其间二百里中，凡有险要斩山筑城，或断谷起障，并置戍逻五十余所。"① 库堆戍地名无考，从其官职所辖地区看，大约从幽州（治今北京市南）北部，经东燕州（寄置幽州军都城）至平州（治今河北迁安县），再至北营州（治今辽宁朝阳市）一线，从渝水（今锦州市东北）入海，在其险要处筑城起障，建立戍逻。这次绝非筑城障二千余里，而是巡察边防地带，爬山越岭二千余里，在其间险要处约二百里中筑城障，置戍逻，以加强北境的防御体系。东魏、北齐从武定元年（543 年）到河清二年（563 年），前后 20 年中共筑长城七次，北部边境从恒州西部达速岭至东头山海关，再加上内地的长城，共长约 3800 里。

北周静帝大象元年（579 年），突厥犯并州。六月，"发山东诸州民，修长城"②。《通鉴》胡《注》称："修齐所筑长城也。"③ 胡氏所言，应是可信的。

三、隋代对长城的建置

隋统一全国前，实际上经过近 400 年（西晋统一只有

---

① 《北齐书》卷一七《斛律金传附羡传》注（一三）。按羡筑北边城戍，当在天统元年（565 年）五月至三年（567 年）六月之间，而在天统二年（566 年）的可能性较大。
② 《周书》卷七《宣帝纪》。
③ 《资治通鉴》卷一七三《陈纪》太建十一年。

19 年便发生八王之乱）的分裂割据时期，因而其统一后亟须在政治、军事、经济上大力加强中央集权的创革。但当时北部东、西突厥实力正趋强盛，对隋政权形成严重威胁。因而隋代前后共七次新筑长城和修缮齐长城，以防止突厥对隋的侵犯。

隋开皇元年（公元581年）四月，"发稽胡修筑长城，二旬而罢"①。《资治通鉴》卷一七五《陈纪》说："时发稽胡筑长城，南汾州胡千余人，在途亡叛。"② 胡《注》称："按《隋纪》时修筑长城，二旬而罢。"胡氏心思缜密，特提示"修筑"。《说文》云："修，饰也。"即修饰整治齐长城，而非新筑，故时间特短。同年十二月，突厥沙钵略可汗与隋（北）营州（治今辽宁朝阳）刺史高宝宁"合兵为寇"。隋文帝"敕缘边修保障，峻长城"③。此事又见《隋书》卷八四《北狄·突厥传》："沙钵略勇而得众，北夷皆归附之……合（北）营州刺史高宝宁作乱，沙钵略与之合军攻陷临渝镇（今河北抚宁县东）。上（隋文帝）敕缘边修堡障，峻长城以备之。"所谓"峻长城"者，指对长城加高加固之意。上述前后"修筑长城"和"峻长城"的监筑者可能是卫玄。据《隋书》卷六三《卫玄传》称："及高祖（杨坚）受禅……未几，拜岚州刺史。会起长城之役，诏玄

---

① 《隋书》卷一《高祖纪》上。
② 《隋书》卷四七《韦冲传》。
③ 《隋书》卷三九《阴寿传》；《资治通鉴》卷一七五《陈纪》太建十三年。

监督之。"① 按岚州为隋楼烦郡地，治今山西静乐县西岚城②，此处正是稽胡集中聚居之地。

隋开皇五年（585 年）十二月，隋文帝命司农少卿崔仲方"发丁三万，于朔方、灵武筑长城，东至黄河，西拒绥州，南至勃出岭，绵亘七百里。"③ 朔方郡治今陕西横山县西，灵武郡治今宁夏灵武县南黄河东岸，勃出岭在今陕西绥德县北④。这段长城从西到东走向为：由宁夏灵武县至陕西横山县，再折向东南的绥德县，全长约 350 公里，约合 700 华里。关于史文中"东至黄河，西拒绥州（今陕西绥德县）"句，与地理方位不合。王国良先生认为应是"西至黄河，东距绥州"，东西两字为对调之误。此说似可讲通，故多从其说⑤。

在上述长城完工后，紧接着隋文帝"复令（崔）仲方发丁十五万，于朔方已东缘边险要筑数十城，以遏胡寇。"⑥这次筑城时间必在开皇六年（586 年），但何月不详。既以

---

① 《隋书》卷六三《卫玄传》。

② 按岚州一般认为唐武德六年（623 年）置，此处或史家误将州名提前耶。记此待考。

③ 《隋书》卷六〇《崔仲方传》。

④ 寿鹏飞《历代长城考》，台北明文书局 1982 年版。

⑤ 王国良《中国历代建置长城考》，台北明文书局 1982 年版。

⑥ 《隋书》卷六〇《崔仲方传》。按《资治通鉴》卷一七六《陈纪》至德四年（隋开皇六年）二月，记崔仲方于沿边险要筑城事，而否定《隋书》卷一《高祖纪》上开皇六年"二月，发丁男十一万修筑长城"事，恐有误。

上次所筑长城东头朔方郡为起点，如平行向东为离石郡，再向东为楼烦郡与太原郡之间，此处非"缘边险要"，更无"胡寇"可遏。故"朔方已东缘边险要"，或为"朔方东北缘边险要"的不准确句。故崔氏这次所筑数十城戍，当从朔方郡向东北经马邑郡（治今山西朔州市）西部，再沿黄河河套北上至定襄郡（治今内蒙古和林格尔北）。这次沿线所筑数十城，便将上两次所筑灵武至朔方段长城和恒州至山海关段长城连接起来，主要为遏制东突厥入侵。隋文帝又于开皇六年（586 年）及开皇七年（587 年）两年的二月，先后发丁男 11 万和 10 万余"修筑长城，二旬而罢。"[1] 这两次可能皆为农闲时，发丁修缮北齐所筑从恒州至山海关沿线长城。这时离北齐最后一次筑长城已整 30 年，有风化颓损者加以修缮，若被少数民族南下毁坏者给予补筑。既为修缮补筑，故无筑长城地名及其走向，而且两次时间都很短促。

隋炀帝大业三年（607 年）七月，"发丁男百余万筑长城，西距榆林，东至紫河，二旬（或作一旬）而罢"[2]。《资治通鉴》卷一八〇《隋纪》云："尚书左仆射苏威谏，上（炀帝）不听，筑之二旬而毕。"[3] 隋代榆林郡治所榆林县，在今内蒙古呼和浩特市托克托县南黄河南岸。紫河，据

---

① 《隋书》卷一《高祖纪》上。
② 《隋书》卷三《炀帝纪》上。《北史》卷八《炀帝纪》"一旬"作"二旬"，《资治通鉴》卷一八〇《隋纪》同《北史》。
③ 《隋书》卷四一《苏威传》。

《读史方舆纪要》卷四四《山西·大同府》条云："紫河在府西北塞外，隋大业三年发丁男百万筑长城……东至紫河"①。这段长城从榆林郡至大同市西北塞外，全长约250公里，约合500华里。这次所筑长城从走向地段看，大多沿袭北齐西段长城，再向西延伸。

隋大业四年（608年）七月，炀帝又"发丁男二十余万筑长城，自榆林谷而东"②。《资治通鉴》卷一八一《隋纪》："榆林谷而东"作"榆谷而东"。胡《注》云："此榆谷在榆林西"。据《读史方舆纪要》卷六四《陕西·西宁镇》条云："榆谷在卫（西宁镇明设卫所）西"。《水经注》："河水径西海郡南，又东径允川西，历大小榆谷北……隋大业四年（608年）筑长城，自榆谷而东，以御吐谷浑。"③今青海西宁土楼山，为隋代西端西平郡军事险要重地，故长城西端终点至此。这是隋代最后一次筑长城，从西到东走向为：起今青海西宁市西部榆谷，经西平郡治湟水（今甘肃乐都县）向东，再经武威郡会宁县（今甘肃永登

---

① 《资治通鉴》卷一八〇《隋纪》大业三年七月条胡《注》云："隋志：定襄郡大利有阴山，有紫河。"《通典》云："紫河发源朔州善阳县。金河上承紫河。"按大利县及金河上游紫河，皆离榆林太近，约50公里，而朔州善阳则在马邑郡南部，皆同当时边防军事形势不合，故不取。

② 《隋书》卷三《炀帝纪》上。

③ 参考王国维校《水经注》卷二《河水》。杜佑《通典》卷一七四《州郡》四，《兰州·五泉县》条认为榆谷在兰州五泉县。记此待考。

县）稍偏东北至黄河，沿河至灵武，与开皇五年所筑长城相接①。此最西段长城，全长约450公里，约合900华里。大业时先后两次所筑长城，以起部郎阎毗"性巧，谙练旧事"，总其事，即为总监②。又以工部尚书宇文恺"有巧思"，"诏恺规度之"③，即为技术指导。

至此，隋代从开皇元年（581年）到大业四年（608年）前后历27年，共七次新筑长城和修缮齐长城，新筑长城共约2100余里。如果加上北魏和东魏、北齐所筑长城7800余里，北朝历代共筑长城约9900余里。其中还有三次（北齐一次，隋二次）筑长城里数不明，未计入其内。

四、北朝建置长城相关诸问题

北朝历代建筑长城，从根本上说，乃是为了维护国家的独立，保护人民的生命财产以及发展经济、安定社会。因此，各代君主对筑长城十分重视，除每次正式下诏外，大都派丞相、尚书、左仆射，行台仆射、六州大都督，司农少卿、工部尚书及州刺史等重臣为监筑大使（在14位监筑者

---

① 关于北朝历代筑长城的走向，主要根据每次筑长城的起止地点，当时北方民族斗争的形势，以及筑长城的战略目标三点进行考察和判断的，这在后面第四、五两部分中还将涉及。

② 《隋书》卷六八《阎毗传》。

③ 《隋书》卷六八《宇文恺传》。

中，有 12 位官居三品以上）①，以期保证长城的工程质量，发挥应有的作用。关于北魏、北齐和隋三个时期所筑长城之间的关系，大体说来，北齐所筑北部恒州至居庸关长城，乃沿袭北魏畿上塞围路线，但北齐筑长城时离北魏筑畿上塞围已 110 余年，塞围多已破坏，基本上应为新筑。隋代一方面修缮这段北境主长城，另一方面又新筑西部紫河至榆林、朔方至灵武、灵武至榆谷等三段，从而使我国中古时期的长城，从青海西宁，经甘肃、宁夏回族自治区、内蒙古自治区、陕西、山西、河北、北京市至山海关，横贯西北和北方八省市自治区。其间从榆林郡至朔方约 500 余华里，虽未筑长城，但有崔仲方于开皇六年（586 年）所筑数十城戍，可资利用。可以说，北朝三代所筑之西北和北部长城，为长城建筑史上的一个重要阶段，大致为后来明代长城的建筑，在走向和方位上提供了借鉴。

我国历代筑长城的材料和技术，随着科学的进步而发展。北朝在长城建筑史上属于中期阶段，其筑城技术比早期似有较大的进步。北齐天保末，卢询祖为筑长城子使时，其《筑长城赋》曾说："板则紫柏，杵则木瓜，何斯材而斯用

---

① 北朝三代监筑长城使，君主一人，太子一人，王一人，丞相一人，三品以上 8 人，三品以下 2 人。其中隋代阎毗，监筑长城时为起部郎，从五品。但他此前为上仪同，车骑将军，皆在三品以上，因受废太子勇牵连，被贬后起用，为特例。

也。"① 卢氏的怀才不遇之叹，却透露出北朝筑长城时所采用的材料和技术。所谓"板"者，指用夹板夯土筑长城，"杵"者指夯土用的小杵。北齐斛律光曾监筑长城，史载其"少言刚急，严于御下……版筑之役，鞭挞人士，颇称其暴。"② 所谓"版筑之役"，也是指用夹板夯土筑长城。当时夯版筑城，其主要材料为粘土、沙子和石灰，偶尔也用石料。因这些材料随处可取，便于节省劳力和开支。南北朝烧砖虽不少见，但成本昂贵，很少用于大型建筑工程，就连暴君石虎大修邺城，也只是"饰表以砖"③，主体城墙仍以土、沙、石灰加以耐湿坚木作械柱筑成④。十六国北朝战乱频仍，由于战争的需要，大筑军事城防，因而筑城技术显著提高。如十六国大夏工程专家叱干阿利设计所筑之统万城，以铁锥刺土，检验是否牢固。经现代科学化验鉴定，统万城土主要成分是石英、粘土和碳酸钙。石英即沙粒，碳酸钙是石灰（氧化钙）吸收二氧化碳而成。粘土、沙、石灰加水混合成三合一。生石灰遇水，体积迅速膨胀，挤压沙土，使之紧密接合，其城垣夯土层至今仍能辨析，规整致密，有如石

435

---

① 《北齐书》卷二二《卢文伟传附询祖传》。
② 《北齐书》卷一七《斛律金传附光传》。
③ 王国维校《水经注》卷一〇《漳水·邺城》条。
④ 参考元·周密《癸辛杂识续集》上《黄芦城干》条。

砌砖叠一样周正，其坚"可以砺刀斧"①。当时以粘土、沙、石灰三种原料，用夯版筑城较为普遍。除统万城外，如汉魏及北魏所筑之洛阳城，后赵所筑之邺城，大夏所筑之延州丰林县城，北魏所筑六镇之一的怀朔镇城，大都同统万城建筑所用材料和技术相似。洛阳城"墙垣上的一排排的版筑夹棍眼的痕迹，至今仍清晰可见"②。丰林县城墙，"紧密如石，凿之则火出"③。怀朔镇城墙，也是"黄胶泥掺杂白色细沙，非常坚硬"④。由此可以推断，北朝各代长城既为重大军事工程，它同上述诸城又为同一时期所筑，有的还是筑城技术专家所"规度"，因而其筑城材料和质量，必然同上述各城相似或接近，这是可以肯定的。

北朝历代长城，工程如此浩大，其建筑者为两类人，即兵士和农民。北魏两次筑长城皆为兵士。第一次太子焘领六军驻漠南西部塞上，估计约为 5 万人；长孙翰长期率大军驻

---

① 陕西省文管会《统万城城址勘测记》，载《考古》1981 年第 3 期。《魏书》卷九五《铁弗刘虎附赫连昌传》。
② 中国科学院考古研究所等《汉魏洛阳城初步勘查》，载《考古》1973 年第 4 期。
③ 胡道静《梦溪笔谈校记》卷一一《官政》一，中华书局 1962 年版。
④ 内蒙古文物工作队：《内蒙古白灵淖城圐圙北魏古城遗址调查与试掘》，载《考古》1984 年第 2 期。

漠南东部防柔然，当不会少于5万人①。第二次发兵10万人，先后两次发兵20万人。东魏、北齐征兵士筑长城二次，发民工筑长城二次，另外三次发兵或发民不详，其数也无记载。东魏、北齐筑长城，据已知所发兵民共约为238万人。北周只有一次发山东民修筑长城，其民数和修缮里数皆不清楚。隋代新筑和修缮齐长城等共七次，全为发民（其中一次为发少数民族稽胡），除两次征发人数不明外，共征发民工为159万人。据北魏、东魏北齐、隋三个时代已知征发兵民数的11次筑长城，共征发兵民共约417万人。另有六次（东魏北齐三次，北周一次，隋二次），征发兵或民数不详，未计入其内。兵士筑长城，将领监督，军纪严明，自不待言。民工筑长城，监筑者大多率数千甚至数万兵士，监督很严，怠工或逃亡者要受到严惩。

北朝历代各类徭役征发繁多，且多为壮劳力，使生产力与土地分离，对生产发展和人民生命摧残极甚。如北魏各类杂役大都"役使兵力"，兵士"苦役百端……死于沟渎者常七八焉"②。像太平真君七年"筑畿上塞围"，征发10万兵士，役期长达一年零九个月，其死亡人数必不在少数。北齐

---

① 北魏初中军约有50万人；诸将出征时常在漠南驻重兵以防柔然南侵。始光元年（424年）十二月，长孙翰率骑兵5万从东道伐柔然，可能就是他原驻漠南的军队。见《魏书》卷四《世祖纪》四上，卷二六《长孙翰传》。

② 《魏书》卷六九《袁翻传》。

建国共 27 年，大兴各类土木工程，如筑长城、建晋阳宫院、起邺城三台和佛寺等约 27 次，平均每年有一次。其中除修筑长城征发民工 238 万人外，发工匠 30 余万修广邺城三台，工期之长近两年。北齐筑北部长城时，史载"役徒罢作（指筑长城完工），任其自返。丁壮之辈，各自先归，赢弱之徒，弃在山北，加以饥病，多致僵殒。"①。这仅是指长城完工后，役徒疲惫饥寒病倒者大多死亡的惨状。史载北齐时"百工困穷，无时休息"；"赋敛日重，徭役日繁，人力既殚，帑藏空竭。"②

隋统一全国至灭亡只有 29 年，修筑长城，起仁寿、江都等 10 余宫殿及行宫五十余所，建东都，城榆关，开漕运，造龙舟，掘山开渠等各类大型工程约 30 次，每年一次还要多。其征发民工有数可稽的，竟达 2613 万余人③。甚至"丁男不供，始以妇人从役"④。史称："长城御河，不计于人力，运驴武马，指期于百姓，天下死于役而家伤于财。"⑤又说："六军不息，百役繁兴，行者不归，居者失业。人饥

---

① 《北齐书》卷一三《赵郡王高琛传附睿传》。
② 《北齐书》卷八《幼主纪》。
③ 《隋书》卷三《炀帝纪》上，卷二四《食货志》皆记建东都，每月发 200 万人，十个月完工。共发 2000 万人。仅大业八年（612年）正月征高丽，兵士总人数为 113 万余人，"其馈运者倍之"，应为 220 万人，仅这两项共役使民工 2220 万人。
④ 《隋书》卷三《炀帝纪》上。
⑤ 《隋书》卷二四《食货志》。

相食，邑落为墟。"① 大业三年（公元607年）七月，"发丁男百余万筑长城……死者十五六。"② 《隋书》卷二四《食货志》也说："又兴众百万，北筑长城……死者太半。"这次筑长城，死亡人数竟有五六十万之多，两处记载相同，当不会有虚。北朝历代筑长城，大都在北部或西北山区，气候自然条件非常恶劣，风沙飞雪，酷热严寒，加之挖土凿石，劳动强度最大，因而对兵民的摧残最甚。隋开皇十三年（593年）二月，"造仁寿宫，役使严急，丁夫多死，疲顿颠仆，推填坑坎，覆以土石，因而筑为平地，死者以万数"③。又大业元年（605年）三月，开始营建东京，10个月才完工。这次营建"每月役丁二百万……役丁死者什四五，所司以车载死丁，东至成皋，北至河阳，相望于道"④。当时营建宫殿都城，皆在内地，其气候自然条件，役作强度，役徒生活条件，当优于长城之役，其役徒死亡惨状尚且如此，更可参证北朝历代长城之役给人民带来多么严重的灾难。可以说，长城以其雄伟壮观而作为世界著名历史文化遗产，虽是中华民族的骄傲，但它却是中国古代劳动人民用鲜血和生

---

① 《隋书》卷四《炀帝纪》下。

② 《隋书》卷三《炀帝纪》上。

③ 《隋书》卷二四《食货志》；《资治通鉴》卷一七八《隋纪》开皇十三年。

④ 《资治通鉴》卷一八〇《隋纪》大业元年；《隋书》卷二四《食货志》。

命换来的。

五、长城在军事战略战术上的重要性

人们都知道，中国古代北方少数民族南下的骑兵"长于野战，短于攻城"①。《孙子兵法》认为，用兵"攻城为最下之策，乃不得已而为之"②。长城就是在这种军事思想指导下修筑起来的，主要为军事防御工程。实际上，长城在军事上的地位极为重要，它起着防御和进攻两方面的作用。其防守警报系统，长城内外军需供应和屯田以及防御或必要时的进攻战术战略，都十分严密。如各段置戍逻所，烽燧台（有敌在夜间举烽火，白天起狼烟），长城防守驻军守关口险要，长城北常派候骑等密探少数民族军情，重兵分段驻扎在长城军事要道的南北等，都是驻守长城的军事常规举措。北魏筑长城后据军事防御体系需要，又沿长城南置六镇③，由镇将率兵把守，实际上长城和镇戍是防御和进攻的配套军

① 《魏书》卷五三《李孝伯传》。
② 《孙子今译·谋攻篇》第十五。这里的"城"或与长城有别，但从军事战术战略意义上讲，乃是一致的。
③ 据《魏书》卷二八《刘洁传》称：神䴥三年（430 年）漠南"敕勒新民以将吏（镇将官吏）侵夺，咸出怨言，期牛马饱草，当赴漠北"。这是筑长城第六年后的事。《资治通鉴》一二二《宋纪》元嘉十年胡《注》云："怀荒镇，魏降高车所置六镇之一也"。魏降高车在筑长城后五年。

事工程。以后北齐和隋筑长城大体也是如此。当国内有事，则对敌人采取守势；当内部无事军事力量强大时，北方少数民族南下，马背上一般最多只能带半月军粮，一旦粮尽疲弊退兵时，我军则可乘势追击，歼灭敌寇。更重要的是，可随时根据长城以北密探所报军情，确知某部少数民族驻在何地，长城内外所驻重兵则乘其不备，或轻骑突击，给敌人以重创，或数路包抄，以便全部歼灭敌人。长城镇戍军事体系，在战略战术上，根据军事形势，采取守攻相兼的灵活多变策略。

如北魏神麚二年（429年）四月，在柔然屡次"犯塞"（"塞"通常指长城）下，太武帝拓跋焘据候骑探报，柔然归缩老巢，决定大举北伐，率平阳王长孙翰从东西两道"期同会贼庭（指单于庭）"。五月，柔然主大檀无备，"闻之震怖，将其族党，焚烧庐舍，绝迹西走，莫知所至。"太武帝"分军搜讨，东至翰海，西接张掖水，北渡燕然山，东西五千余里，南北三千里。前后归降三十余万（落），俘获首虏及戎马百余万匹。"[1] 八月，当魏军返漠南时，候骑又报"高车（敕勒）部在巳尼陂，人畜甚众，去官军千余里。"太武帝立即遣左仆射安源等乘势讨之。敕勒诸部以魏军征柔然无备，闻魏军骤至惊骇，"高车（敕勒）诸部迎降

---

[1] 《魏书》卷四上《世祖纪》，卷一〇三《蠕蠕传》。《资治通鉴》卷一二一《宋纪》元嘉六年八月条胡《注》"归降数十万，万下有落"。

者数十万落，获马牛羊百余万"①。太平真君五年（444
年），太武帝西征沮渠牧犍，以长乐王稽敬、建宁王拓跋崇
等率二万人镇长城南，以备柔然。柔然主吴提犯境，其兄乞
列归与北镇诸军相守，敬、崇等与乞列归大战于阴山，破
之，生擒乞列归，"获其将帅五百人，斩首万余级"②。这是
镇兵有备，反攻获胜。文成帝拓跋睿兴光元年（454 年），
北镇镇将房杖击柔然，虏其将豆浑与句等，获马千余匹③。
这是镇将主动出击，打击柔然军。文成帝和平五年（464
年）七月，柔然主予成新立，"率部侵塞，北镇游军大破其
众"④。这是长城防御系统自行破敌，取得重大胜利。孝文
帝拓跋宏太和三年（479 年）"冬十月，蠕蠕（柔然）率骑
十万南寇，至塞而还。"⑤ 这是惧长城难攻，自行撤军。

又如北齐黄栌岭至社干戍段长城，置 36 戍，主要针对
当时河西地区的山胡。山胡乃魏齐时期各种杂胡（如屠各、
卢水胡、稽胡、铁弗、支胡、匈奴、西域胡等）的总称⑥，

---

① 《魏书》卷四上《世祖纪》，卷一〇三《蠕蠕传》。《通鉴》卷一
二一《宋纪》元嘉六年五月条胡《注》："归降三十余万，万下
有落"。
② 《魏书》卷一〇三《蠕蠕传》。
③ 《魏书》卷五《高宗纪》。
④ 《魏书》卷五《高宗纪》，卷一〇三《蠕蠕传》。
⑤ 《魏书》卷一〇三《蛹蠕传》，卷七上《高祖纪》。
⑥ 参考唐长孺《魏晋杂胡考》六《稽胡》条，载《魏晋南北朝史
论丛》，三联书店 1955 年版。周一良《北朝的民族问题与民族政
策》，载《魏晋南北朝史论集》，中华书局 1965 年版。

"自离石以北至河曲一线，方七八百里，居山谷间，种落繁炽"①，其势力强大，常为寇患。上段长城筑好后，戍守甚严，山胡屡犯未能得逞。高欢时曾两次大破山胡②，但其势不衰。北齐天保五年（554年）正月，文宣帝高洋依凭此段长城，乘山胡无备，居中从离石道（今山西离石县），与咸阳王斛律金从北面显州道（今山西原平县）、常山王高演从南面晋州道（今山西临汾市）三道"掎角夹攻（黄河东岸山胡），大破之，斩首数万，获杂畜十余万，遂平石楼（今山西石楼县）。石楼绝险，自魏世所不能至。于是远近山胡莫不慑服"③。北齐从天保三年（552年）到六年（555年）四年内，文宣帝亲率大军共北讨各少数民族10次，其中库莫奚1次，山胡3次，契丹1次，突厥1次，柔然4次④。在此10次战役中，由少数民族入侵引起北齐军反攻的共五次，为解除北境边患，齐军主动北伐的共五次。自从天保六年（555年）至七年（556年）大修长城，"率十里置一戍，其要害置州镇凡二十五所"以后，由于镇守严密，而且北齐建立北部州刺史兼长城诸镇诸军事制。如赵郡王高睿天保八年（557年）为北朔州刺史，都督北燕、北魏、北恒三州，及库堆（戍名，在幽州北面）以西黄河以东长城诸镇

---

① 《资治通鉴》卷一五七《梁纪》，大同元年正月胡《注》。
② 《北齐书》卷二《神武纪》下。
③ 《北齐书》卷四《文宣纪》。
④ 《北齐书》卷四《文宣纪》。

诸军事①。这样便于指挥对少数民族侵犯的防守和反攻，因此从天保七年（557 年）以后到齐亡（577 年），各少数民族多遣使朝贡。如果除去武成帝高湛河清二年（563 年）十二月与三年（564 年）九月和闰月突厥受北周利用，配合周军入侵 3 次外②，只有皇建元年（560 年）孝昭帝高演主动率军讨库莫奚 1 次。这不仅显示北齐长城镇戍建置有方，而且突出表现了长城对北部少数民族防御的威力和作用。

在隋代，北部和西北边陲，有突厥、吐谷浑、铁勒、伊吾、党项、契丹等少数民族，其中尤以前二者势力最盛，常侵犯边地。隋建国 37 年（581—618 年）中，他们犯塞或入寇共 21 次，其中突厥 15 次（三次为隋末反隋起兵者所联合）、吐谷浑 3 次、铁勒 1 次、党项 1 次、契丹 1 次。隋政权反击或主动北伐共 37 次，其中对突厥 23 次、吐谷浑 10 次、铁勒 1 次、伊吾 1 次、党项 1 次、契丹 1 次。③ 这 37 次内，只有 4 次在朔州（治今山西朔州市西南）东部，其余 33 次皆在朔州的西北。可见北齐所修长城，经隋整修加固后，其戍守军备系统仍起着巨大的防御作用，故战事较少。同时也表明隋代三次新筑长城，皆在朔州西北地段的缘由。隋最后一次筑最西部长城至青海地区后，大业四年（608

---

① 《北齐书》卷一三《赵郡王睿传》。
② 《资治通鉴》卷一六九《陈纪》天嘉三年至四年。
③ 以上统计数据《隋书》本纪，以及相关列传及《资治通鉴》所载。

年）十月，隋炀帝杨广据伊吾无备军情，命玉门道行军大将薛世雄出师玉门，潜袭伊吾。伊吾"初谓隋军不能至，皆不设备"①。世雄大军骤至，伊吾大惧投降。世雄于汉故伊吾城（今新疆哈密县）东筑城，留兵戍守而归。大业五年（609年）即筑西段长城后的第二年五月，炀帝乘隋极盛之势，凭西线长城多险要，进可攻、退可守的优势，亲率大军伐吐谷浑（都伏俟城，今青海共和县西北）②，其可汗伏允帅众保覆袁川（今青海湖东北）。炀帝遣兵部尚书段文振、将军张寿等四面攻围。伏允以数十骑遁逃，隋军随即大破吐谷浑，其先头王穷蹙，率男女10余万口投降。六月，隋将刘权出伊吾道，乘胜追击，直至伏俟城③。炀帝至燕支山（今甘肃永昌、民乐二县间），高昌王、伊吾主及西域27国谒见④。伊吾主吐屯设献西域数千里地。隋置西海（治今青海共和县）、河源（治今青海兴海县东南）、鄯善（治今新疆若羌县）、且末（治今新疆且末县附近）四郡，命刘权镇河源郡积石镇，"大开屯田，干御吐谷浑，以通西域之

---

① 《隋书》卷六五《薛世雄传》，《资治通鉴》卷一八一《隋纪》大业四年。
② 《资治通鉴》卷一八一《隋纪》大业五年六月胡《注》："伏俟城，在青海湖西十五里。"
③ 《隋书》卷六三《刘权传》。
④ 《隋书》卷三《炀帝纪》上。

路"①。隋代筑长城后的两次军事行动，最能说明凭长城险要进攻的战略意义。隋凭长城守备险要，降伊吾，重创吐谷浑，建立新郡，其目的都是为了保卫西北边境不受侵犯。当然，长城镇戍的战略地位，又决定于当时国家政权的强弱，如国内政治腐败或战乱，对长城镇戍系统削弱或破坏，少数民族则可乘机突破长城，侵犯北境。如北魏末和隋末，皆是如此。

从上述三个时期的战例看，在总体战略上，长城天险，进可以攻、退可以守，在军事上使我处于主动，使敌人处于被动。从防御角度讲，它包含有《孙子兵法》所云："不战而屈人之兵"的内涵。无论防御和进攻，都是为了保卫国家民族的安全不受侵犯，保护人民的生命财产不被俘杀和抢劫。正因为长城的军事地位如此重要，所以从我国春秋战国时起，一直到明代两千余年里，各代消耗大量物资人力不断地修筑长城这项伟大的军事工程。

长城作为著名的世界文化遗产，它不仅见证了我国五千年光辉灿烂的文明，而且真实形象地反映了中华民族艰苦卓绝的自强不息、反对侵略的爱国主义等民族精神，并将永远激励和策示来者。

（原刊于《中国史研究》2006 年第 2 期）

---

① 《隋书》卷三《炀帝纪》上，卷六三《刘权传》，《资治通鉴》卷一八一《隋纪》大业五年。

中国古代"机械木人"
始创年代及其机理考实

中国有着5000多年连绵不断的光辉历史和文明。我国人民素来热爱科学文化，勇于探索创新，早在1700多年前，我们的祖先就企图用机器人代替真人的幻想和实践，就是其中显著的一例。在古籍中关于机械木人（或称木人、木偶人）的记载不少，但资料的可靠性真伪混杂，因而关于我国机械木人究竟始创于何时，意见颇为分歧。本文对此欲略抒己见，并兼及机械人的发动原理，以求教正。

一

我国最早记载机械木人的资料，出于东汉初人王充（卒于东汉永元中，即89—104年）《论衡》卷八《儒增篇》。该篇说："世传言：'鲁班巧，亡其母也。'言巧工为母作木车马、木人御者，机关备具，载母其上，一驱不返，遂失其母。"这是战国时事。王充认为此说"必失实者矣"。故一般认为，这乃是当时人以机器人代替人力、畜力的一种幻想。据记载，我国最早出现机器人的时期是在西周穆王（据"夏、商、周断代工程"断定其在位 55 年，即前 976—前 922 年）时。大约成书于两晋之际的《列子·汤问》篇说，周穆王西巡，途遇巧工偃师献上所制"倡者"，"趋步俯仰，信人也……领其颐则歌合律，捧其手则舞应节，千变万化，唯意所适。王以为实人也，与盛姬内御并观之。技将终，倡者瞬其目而招王之左右侍妾，王大怒，立欲诛偃师。偃师大怖，立剖斯倡者以示王，皆傅会草木胶漆白黑丹青之所为。王谛料之，内则肝胆脾肾肠胃，外则筋骨支节皮毛齿发，皆假物也。而无不毕具者。合会复如初见，王试废其心则口不能言，废其肝则目不能视，废其肾则足不能步。穆王始悦而叹。"这个机器人，用木材等多种材料制成，竟然能外部器官与内部器官有对应关系，不仅能歌善舞，而且能用眼神调戏妇女。这样高的自动化机械人，不但西周时代和魏晋以后不可能出现，今天以机械与电子相结合的机器人，也较难达到这种程度。如日本本田公司所造据称"是目前世界上最先进的类人机械人"，也只能双腿行走，上下楼梯，"识别各种各样的声音，并通过头部的照相机捕捉到的画面和事先设计好的程序识别人的各种手势及不同的脸型"。①
这种最先进的机器人还远未达到用面部表情和眼神同真人交
流感情的程度，显然上述记载纯属幻想虚构无疑。又晋人王
嘉《拾遗记》卷三说，东周灵王（在位27年，即公元前
571—前545年）时，宫中"有玉人，机戾自能转动"。
"戾"亦作"捩"，或作"机捩"，也即指机关、机械之意，
即机关玉人能自行转动，显然也为晋人王嘉的伪托。

　　另据《礼记·檀弓》篇说：孔子"谓为俑者不仁"。
《孟子·梁惠王》篇为其诠释说："仲尼曰：始作俑者，其
无后乎？为其像人而用之也。"即"俑"像人形，生者想象
其供死者在阴间驱使而得到安慰，这里根本没有涉及机械人
乃是很清楚的。后世作注者将俑附会为机械人。最早见于东
汉末人郑玄（卒于建安五年即200年）注《檀弓》篇云：
"俑，偶人也，有面目机发，有似生人。"唐孔颖达作《檀
弓》篇《正义》也云："刻木为人，而自发动，与生人无
异，但无性灵知识。"清皇侃作《疏》则解释为："机械发
动踊跃，故谓之俑也。"清人焦循作《孟子·梁惠王》篇
《正义》则说：《广雅》（三国时魏人张揖作）引《埤苍》
（也为张揖作）云："俑，木人，送葬设关而能跳踊，故名

① 参考《北京晚报》2005年10月31日"世界科技"版。又据
　《北京晚报》2003年4月19日报道，由哈尔滨工业大学（深圳）
　机器人工程技术中心对外宣布，他们已研制出国内第一台带面部
　表情的类人型机器人。但不知详情。

之……为其像人者，谓其像人之转动跳踊也。"这里请注意，从郑玄注《檀弓》篇开始，把俑同机械木人相联系，可能是现实中已出现机械人的缘故。尤其是焦循作《孟子·梁惠王》篇《正义》，不拘旧说而求实证。他嫌前人所释"俑"无根据，故特引《广雅》与《埤苍》为据。此二书作者张揖为三国时魏人，他显然也是从现实机械人出发而进行的一种想象。可是，关于历代的俑在考古发掘中常见，即使像秦始皇陵大规模的俑中，也未发现与机械人有关的俑。况且，坟墓中绝不可能有水力齿轮等发动俑活动的诸多条件，因而所谓"俑"是机器人，显然是没有根据的虚构。

王国维校《水经注》卷一三《湿水》条引孙畅之《述画》曰："汉高祖被（匈奴）围七日，陈平使能画作美女，送与冒顿（妻）阏氏，恐冒顿胜汉，其宠必衰，说冒顿解围于此矣。"此说似有可能。唐人段安节《乐府杂录》转述"自昔传云"时，将上述画的美人伪改为木偶美人。即所谓陈平"即造木偶人，运机关，舞于陴间，阏氏望见之，谓是生人"。段安节认为，这就是后来的"傀儡子"，即木偶戏。唐人谢观把这个故事敷衍为《汉以木女解平城围赋》，描写为提线木偶①。后世学者或从段说。但《旧唐书》卷二九《音乐志》二称："《窟儡子》亦云《傀儡子》（木偶戏），作偶人以戏，善歌舞，本丧家乐也，汉末始用之于嘉

---

① 此赋见《全唐文》卷七五八。

会。"

上述汉初机械人为重要发明，且发生在西汉初的一次重大战役中，如果真如此，正史及有关资料中不会毫无迹象可寻。而且像这类机械人的出现绝不会是孤立的，它必然同当时有关整个科技发展密切相关，而先秦、两汉的科技发展显然没有达到这个水平。据刘仙洲先生推测，东汉张衡水运浑象仪，可能用齿轮为驱动方式和传动机构①。但李志超等学者提出了异议，认为张衡水运浑象仪"是以浮子和绳索为关键构件来控制浑象运动的"。② 陆敬严等先生则认为，两种意见各含有合理性和缺陷，但从总体考察，前说似更具合理性。张衡（78—139 年）为东汉后期人，即使刘氏推测接近历史真实，那么，齿轮真正作为传动动力机械，也是在东汉后期才出现的。再者，天文仪器所用齿轮受力极小，而机械人模仿真人的行动，必须利用人、畜、风、水力经过复杂的齿轮或凸轮系列将动力传递给机械人而完成，近年来地下发掘的大量汉代金属齿轮实物，经专家研究，除两例承受力小用于天文与计时器外，其余既不规范化，而且粗糙不耐

---

① 刘仙洲《中国机械工程发明史》第一编，第五章，科学出版社 1962 年版；陆敬严等主编《中国科学技术发展史》机械卷，科学出版社 2000 年版，第 101—102 页。

② 李志超、陈宇《关于张衡水运浑象仪的考证和复原》，见《自然科学史研究》1993 年第 2 期；参考陆敬严等主编《中国科学技术史》，科学出版社 2000 版，第 86—87 页，第 101—102 版。

用，均不具备真正传递动力的功效，显然，两汉对受力较大的作为传递动力机械的齿轮还处在摸索阶段。① 我们知道，水碓为立式水轮和凸轮机构运转，而"水碓"一词最早见于东汉末服虔（卒于中平五年，即189年以后）的《通俗文》和孔融（卒于建安十三年，即208年8月）的《肉刑论》。② 据《魏略》所记，"司农王思弘作水碓，免归田里"。③ 这同马钧发明的用齿轮运转的水转百戏时间相近。因此，专家们认为，真正用于人、畜、风、水等动力传递的齿轮的出现，应在东汉末以后。④ 因此，所有前述的所谓机械人，或为前世传说，或为后世追记，没有一条真实确凿的为正史或当时人所记的资料可供参考。文献之外的地下发掘材料，也无一例可寻。这类妄说传闻，实难使人相信。再以当时整个科技发展水平无一例机械木人原理相佐证，可以判断汉末以前所谓的机械木人全为后人根据现实存在着机械人，而加以幻想虚构编造出来的。

① 参考陆敬严等主编《中国科学技术史》机械卷，科学出版社2000年版，第87页。
② 《太平御览》卷七六二《器物部》七；严可均辑《全上古三代秦汉三国六朝文·全后汉文》卷八三，中华书局1958年版。
③ 《太平御览》卷七六二《器物部》七。
④ 参考陆敬严等主编《中国科学技术史》机械卷，科学出版社2000年版，第87页。

二

我国古代机械木人的真正出现是在东汉末至魏晋南北朝时期。当时虽说战乱纷繁，然而却是科技发明的昌盛时代，产生了许多著名的科学家，有过多项重要的科技发明，而机械木人的出现乃是其中的一种。

据古文献记载："诸葛公（亮）居隆中时，有客至，属妻黄氏具面，顷之面具。侯怪其速，后潜窥之，见数木人斫麦、运磨如飞，遂拜其妻，求传是术，后变其制为木牛流马。"① 诸葛亮隐居隆中是在建安二年（197 年）至十二年（207 年），与黄氏结婚在隐居后期，也即建安十年（205 年）左右。又三国时魏国马钧，"巧思绝世"。魏明帝（227—239 年）时，马钧为给事中，"有上百戏者，能设而不能动也"。明帝问马钧："可动否？"马钧回答说："可动。"明帝又问："其巧可益否？"马钧说："可益。"于是，马钧"受诏作之，以大木雕构，使其形若轮，平地施之，

① 据清张澍编《诸葛忠武侯文集》附《故事》卷四《制作篇》；明杨时伟编《诸葛忠武书》卷九《遗事类》文同，又明诸葛羲等编《诸葛孔明全集》卷八《遗事》类《具面》条巾也载此条。张书言引自南宋范成大《桂海虞衡志》，后两书无出处。查《桂海虞衡志》无此条资料，且范著《骖鸾录》、《吴船录》、《吴郡志》均无此条资料。但此文三书同引当不虚，原始出处待考。

潜以水发焉。设为女乐舞象，至令木人击鼓吹箫；作山嶽，使木人跳丸掷剑，缘絙倒立，出入自在；百官行署，舂磨斗鸡，变巧百端。"① 经研究，马钧发明的水转百戏，"是将木人安装在一旋盘上"，盘下"以水轮（卧式齿轮）为驱动装置的联动机构，使上层百戏木偶表演各种动作，还能演示百官行署和舂磨斗鸡的场面。可见其设计制作达到了相当高的水平。"② 凡科学技术发展乃是渐进性的，马钧所创机械木人从整体设计复杂性看，不可能是突发性的，此前应有一个试作运用过程。虽孔明妻黄氏所创机械人，记述不具体而又无旁证，其可靠性较差，但在东汉末操作机械木人的一切技术条件已成熟（详后），则是可以肯定的。再如东晋孙盛《晋阳秋》曾记，东晋元帝太兴（318—321 年）年间，衡阳有区纯者，甚有巧思，"造作木室，作一妇人居其中。人叩其户，妇人开户而出，当户再拜，还人户内，闭户。"又作巨型捕鼠笼，"方丈余，有四门，门内有木人。纵四五鼠于中，欲出门，木人辄推木掩之，门门如此，鼠不得出。又作指南车及木奴，令舂谷作米。中宗（晋元帝）闻其巧，诏补尚方左校"。这个看门的机械女木人，已能作开户行走、拜客、转向等连续动作。至于掩门关鼠木人，又见托名

① 参考《三国志·魏书》卷二九《杜夔传》裴注引《傅子》卷五，《马先生传·序》。

② 陆敬严等主编《中国科学技术史》机械卷，科学出版社 2000 年版，第 12 页、115 页。

陶潜的《搜神后记》，文字大同小异。关于舂米木人，当时其他书中亦有记载。

如十六国后赵（327—351年）中御史解飞、尚方工人魏猛变，发明木人舂米磨麦。史称："舂米木人，及作行碓于车上，车动则木人踏碓舂，行十里成米一斛。"以同样原理，"置石磨于车上，行十里辄磨麦一斛。"据考证，"这种舂米磨面机械是以人力或畜力为动力，借车轮与路面的摩擦作用，在车轮转动时通过齿轮、凸轮等机构的作用带动碓和磨工作。"① 《邺中记》中还说，解飞"又作木道人，恒以手摩佛心腹之间。又十余木道人，长二尺余，皆披袈绕佛行。当佛前辄揖礼佛。又以手撮香投炉中，与人无异。车行则木人行，龙吐水；车止则止"。我们知道，两晋和十六国佛经中多有机械人译语。如西晋月氏沙门法护译《生经》卷三《佛说国王五人经》第二中即提到"机关木人"。又如北凉昙无谶译《大般涅盘经·如来性品》第四之二，东晋译本《华严经·菩萨明难品》第六，后秦鸠摩罗什译《大智度论·解了诸法释论》第十二等，皆译有"机关木人"。只有在当时社会生活中，已经有了机关木人，才会在翻译佛经时出现这类译文术语，否则人们是难以理解的。

又《晋书·舆服志》载："记里鼓车，驾四，形制如司

朱大渭学术经典文集

---

① 以上参考晋·陆翙《邺中记》；陆敬严等主编《中国科学技术史》机械卷，科学出版社2000年版，第12页、115页。

南，其中有木人执槌向鼓，行一里则打一槌。"晋崔豹所著
《古今注》也说："记鼓里车，一名大章车，晋安帝（397—
414年）时刘裕灭秦得之。有木人执槌向鼓，行一里打一
槌。"又《南齐书，舆服志》云："指南车。记鼓里车，制
如指南，上施华盖子，襟衣漆画，鼓机皆在内。"所谓"鼓
机"，即指木人击鼓机械。这种计里或计时辰机械，到唐中
叶发展更为复杂。如唐僧一行作浑天仪，"置木柜以为地
平，令仪半在地下，晦明朔望，迟速有准。又立木人于地平
之上，前置钟鼓，以候辰刻，每一刻自然击鼓，每辰则自然
撞钟。皆于柜中各施轮轴，钩键交错，关锁相持，既与天道
合同，当时共称其妙。"①

　　南朝也有如三国魏马钧所创水转百戏的。如北魏李同
轨、陆操聘梁，梁主（梁武帝）宴之于乐趣苑，"殿上流杯
池中行酒具……图像旧事，令随流而转，始至讫于坐罢，首
尾不绝。"② 有学者指出，这随流而转的"图像旧事"，就
是指像马钧发明的水转百戏那样用水力带动的木偶作各种表
演。梁江禄曾撰《井絮皋木人赋》，"井絮皋"即汲井之桔

_____

① 《旧唐书》卷三五《天文志》上。《全唐文》卷二二三张说《进
　　浑仪表》中叙述的内容完全相同，唯最后又加上："转运虽同而
　　迟速各异，周而复始，循环不息。"
② 《酉阳杂俎》卷一。据《魏书》卷三六《李同轨传》称，同轨使
　　梁在兴和中（539—542年），即梁武帝大同五年（539年）至大
　　同八年（542年）。

橰，"絮皋木人"即指用桔橰提水的机械木人，惜其赋不传。①

陈代陈叔坚"好数术"，因为和后主陈叔宝有矛盾，"不自安，稍怨望，乃为左道厌魅以求福助，刻木为偶人，衣以道士之服，施机关，能拜跪，昼夜于日月下醮之，祝诅于上（后主）。"② 这种自动拜跪的木人，按当时的科技水平是完全可以做到的。

北朝也有关于机械人的记载。北魏正光（520—524 年）中，（相州）刺史李世哲贵盛一时，"广兴屋宇，皆置鸱尾，又于马埒堠上为木人执节。"③ 这里执节木人及其节的活动，也当为机械原理。北齐有沙门灵昭，"甚有巧思。武成帝（高湛，561—564 年在位）令于山亭造流杯池，船每至帝前，引手取杯，船即自住。上有木小儿抚掌，遂与丝竹相应。饮讫放杯，便有木人刺还。上饮若不尽，船终不去。"④ 船上木人的各种动作应为水力带动。在此之前，后秦道略译《杂譬喻经》第八曾提到，"北天竺有一木师大巧，作一木女，端正无双，衣带严饰，与世女无异，亦来亦去，亦能行酒看客，唯不能语耳。"木师宴请友人画师，"便使木女行

① 《南史》卷三六《江禄传》。
② 《陈书》卷二八《长沙王叔坚传》。
③ 《魏书》卷七七《高崇传附子高道穆传》。
④ 见南宋·潘自牧《记纂渊海》卷八四。此条当引自唐丘悦著《三国典略》。按此"三国"指北齐、北周、陈。

酒擎食，从旦至夜，画师不知，谓是真女。"灵昭为沙门，
也可能受到佛经的启发。灵昭还为北齐胡太后造七宝镜台，
"合有三十六户，每室别有一妇人启执锁，才下一关，三十
六户一时自闭。若抽此关，诸门皆启，妇人各出户前。"①
这三十六个妇人，就是一组同时动作的机械木人。北齐兰陵
王"有巧思，为舞胡子，王意欲所动，胡子则捧盏以揖之，
人莫知其所由也。"② 显然，这个"舞胡子"也是个机械自
动木人。

北齐还有崔士顺其人，官至黄门侍郎，曾在邺都华林园
内造密作堂，"周回二十四架，以大船浮之，以水为轮激。
堂为三层：下层刻木人七：弹筝、琵琶、箜篌、胡鼓、铜
钹、拍板、弄盘等，衣以锦绣，进退俯仰，莫不中节。中层
刻木僧七人，一僧执香奁立东南角，一僧执香炉立东北角，
五僧左转行道，至香奁所，以手拈香。至香炉所，其僧授香
炉于行道僧，僧以香置炉中，遂至佛前作礼；礼毕，整衣而
行。周而复始，与人无异。上层作佛堂，旁列菩萨卫士，帐
上作飞仙右转，又刻紫云左转，往来交错，终日不绝。"③

———————————

① 见《太平御览》卷七一七《服用部·镜》引唐丘悦《三国典
略》；又见明俞安期《唐类函》卷二七二引（三国典略）。《太平
广记》卷二二五引灵昭造木人两条皆出自《皇览》，有注云：
"《太平御览》卷七一七引出《三国典略》"。

② 唐·张鷟著《朝野佥载》卷六，中华书局 1979 年版。

③ 元·葛逻禄、乃贤《河朔访古记》卷中；又见宋必选《古迹类
编》。

在马钧"水转百戏"和南北朝"流杯池"娱乐，以及北齐末崔士顺发明的下层奏乐木人、中层焚香木僧人、上层佛菩萨木人等基础上，隋代杜宝和黄衮为隋炀帝创制了大型水力自动表演机构，被称为"水饰"。据隋杜宝《大业拾遗记》载：

水饰……总七十二势，皆刻木为之。或乘舟，或乘山，或乘平洲，或乘磐石，或乘宫殿。木人长二尺许。衣以绮罗，装以金碧，及作杂禽兽鸟。皆能运动如生，随曲水而行。又间以妓航，与水饰相次。亦作十二航。航长一丈，阔六尺。木人奏音声，击磬、撞钟、弹筝、鼓瑟，皆得成曲。及为百戏，跳剑、舞轮、升竿、掷绳，皆如生无异。其妓航水饰亦雕装奇妙。周旋曲池，同以水机使之。奇幻之异，出于意表。又作小舸子，长八尺，七艘。木人长二尺许，乘此船以行酒。每一船，一人擎酒杯立于船头，一人捧酒钵次立，一人撑船在船后，二人荡桨在中央。绕曲水池，迴曲之处各坐侍宴宾客。其行酒随岸而行，行疾于水饰。水饰绕池一匝，酒船得三遍，乃得同止。酒船每到坐客之处即停住。擎酒木人于船头伸手。遇酒客取酒，饮讫还杯，木人受杯，回身向酒钵之人取杓斟酒满杯，船依式自行。每到坐客处，例皆如前法。此并约岸水中安机。如斯之妙皆出自黄衮之思。宝时奉敕撰水饰图经及检校良工图画，既成奏进。敕遣宝共黄衮相知于苑内造此水饰，故得委悉见之。①

　　这是集表演和娱乐于一体的大型自动机械系统，可以说是一种巨型自动娱乐玩具，它是对魏晋以来水转百戏和各种自动木人机械创造的总结和发展。②

三

　　在汉末魏晋南北朝时期，各类机械木人共有 91 个之多（隋代木人未计在内）。从木人类别上看，有各种音乐、舞蹈木人 10 个，各种杂技表演木人 4 个，割麦木人 1 个，春米磨面木人 5 个，提水木人 1 个，执节木人 1 个，劝酒木人 1 个，计时击鼓木人 4 个，守门木人 41 个，捕鼠木人 4 个，有关佛教木人 18 个（当时"道人"指僧人），有关道教木人 1 个。这些木人中有成人、小孩，有男的，也有女的。他们或为封建统治者娱乐所用，或与人民生计相关，或供封建统治者宣扬宗教迷信之用，或为科学仪器计里、计时。显然，都是和当时地主阶级和人民的物质文化生活有一定的关联。这些机械木人不仅能行走、跪拜、倒立、跳丸、踏碓、

①　《太平广记》卷二二六引《大业拾遗记》。
②　《隋书》卷三三《经籍志》二著录《水饰图》二〇卷，说明当时确曾设计制造过"水饰"。参考陆敬严等主编《中国科学技术史》机械卷，科学出版社 2000 年版，第 115 页。

舂米、磨面，甚至还能吹箫、掷剑；又或自动行走，捧盏以揖；或撮香投炉，抚掌行令；或以手拈香，佛前作礼，或摩佛心腹之间；或开户拜客，或掩门关鼠等，说明当时机械木人的创造，已经达到技术相当复杂的程度。机械木人的关键，乃是发动力及木人活动的机械原理。从文献资料所记以及近世有关专家研究，当时大体上主要靠水力、风力、人力三种发动力，所以南朝祖冲之发明一物，讲述其奇巧时，特指出不因风、水、人力，而能自行转动。有的木人未说明用水力、风力和人力的，也不排除用牲畜力的可能，因为当时已有三国魏韩暨用马拉鼓风器吹火冶炼的所谓"马排"①，还有西晋杜预发明的齿轮"连磨"（一个大磨带动八个小磨运转），以及刘景宣的连磨都是用牛力转动的。② 总之，当时机械木人主要是用水力、风力、人力作为发动力，其细微处还会运用弹力、惯力、重力和摩擦力等，再经过用绳、链、齿轮、凸轮、轮轴、曲柄和连杆等各种传动机件，将发动力传给木人机构，从而使木人作出各种模仿真人的活动。③ 刘仙洲教授指出，这些具有自动性机构的木人"倘深

① 《三国志·魏书》卷二四《韩暨传》。
② 《太平御览》卷七六二《器物部》七；严可均辑《全上古三代秦汉六朝文·全晋文》卷六五。
③ 参考刘仙洲《中国机械工程发明史》第一编，第四、五章，科学出版社 1962 年版。

入地加以研究，加以分析，不难把它们的大部分都复原出来。"① 可惜至今我们还没有看到这种复原图，因而不能讲清机械木人行动内部机构的详情。

在魏晋南北朝时期，还有与机械木人原理大致相同或相近的其他一些机器物的出现。三国时吴国的葛衡，"能为机巧，作浑天（一种天文仪器），使地居于中，以机动之，天转而地止，以上应晷度（晷度：以日影测定时刻）。"② 吴国还有王蕃、晋有陆绩、南朝（宋）有钱乐之、北朝末有耿询等都制造过浑象，并在正史中留下了记录。③《晋书》卷一七《律历志》中载："吴中常侍王蕃以洪（东汉末刘洪作乾象历）术精妙，用推浑天之理，以制仪象及论，故孙氏用《乾象历》。"《北史》卷六十九《耿询传》称："询创意造浑天仪，不假人力，以水转之，施于暗室中，使智宝外候天时，动合符契。"陆敬严等认为"这些仪器多以水力为原动力并采用了齿轮传动系统。"④ 我国测量天体的浑天仪，虽然汉代已经出现，但最早传下详细结构的浑仪，乃是十六国前赵史官丞孔挺于光初六年（323 年）所造浑仪的汜录。

---

① 参考刘仙洲《中国机械工程发明史》第一编，第四、五章，科学出版社 1962 年版。
② 《三国志·吴书》卷一六《赵达传》裴注引孙盛《晋阳秋》。
③ 《隋书》卷一九《天文志》上。
④ 陆敬严等主编《中国科学技术史》机械卷，科学出版社 2000 年版，第 102 页。

对此，《隋书》卷一九《天文志》上作了详细介绍。前面讲到的大发明家马钧，有过多种科技创造，如制造发石机，"以机鼓轮为常，则以断悬石，飞击敌城，使首尾电至。尝试以车轮悬瓴甓数十，飞之数百步矣。"他还改造提花织锦旧绫机，提高其效率；并作翻车，"灌水自覆，更人更出，其巧百倍于常。"① 西晋末傅畅《晋诸公赞》说："杜预（字）元凯作连机水碓"②。经研究，水碓长轴上的拨板是起凸轮作用的机件，"凸轮是一种可将机械中某部分连续运动变换为另一部分等速或不等速、连续或不连续运动的机件。"③ 这同他发明的用牛力或水转连磨，为同一机械原理。据《魏书·崔亮传》称：崔亮"在雍州读《杜预传》，见其为八磨，嘉其有济时用"。可见杜预发明水转连磨和连碓当不虚。西晋嵇含的《八磨赋·序》说："外兄刘景宣作为磨，奇巧特异，策一牛之任，转八磨之重……巨轮内达（《御览》作'建'），八部外连。"④ 王祯《农书》卷一五称："连磨，连转磨也。其制中置巨轮，轮轴上贯架木，下承蹲臼。复于轮之周回，列绕八磨。轮辐适与各磨木齿相

---

① 《三国志·魏书》卷二九《杜夔传》裴注引《傅子》卷五《马先生传·序》。

② 《太平御览》卷七六二《器物部》七。

③ 参考陆敬严等主编《中国科学技术史》机械卷，科学出版社2000年版，第10页。

④ 《太平御览》卷七六七《器物部》七；严可均辑《全上古三代秦汉六朝文·全晋文》卷六五。

间。一牛拽转，则八磨随轮辐俱转，用力少而见功多。"从两晋开始，水碓、磨大发展，西晋王戎"有水碓四十所"。①石崇"有水碓三十余区"。② 刘颂为河内太守，封公主水碓三十余区，以便民利。③ 北魏末崔亮为尚书仆射时，上奏于洛阳"张方桥东堰谷水造水碾磨数十区，其利十倍，国用便之。"④ 这是齿轮系列技术精细发展，在农业机械上的反映。

陆敬严等指出，魏晋以后已出现了"形式复杂"的齿轮和凸轮系列机械，水碓、水磨、记里鼓车、立式和卧式水排等，都必须用它作为传递原动力（水力、畜力、人力）机构。陆氏等并认为"天文仪器上有每刻击鼓和每一时辰撞钟的木人，无疑需要采用凸轮装置"。⑤ 东晋葛洪（283—363 年）在《抱朴子》内篇卷一五《杂应》中记述了一种"飞车"说："用枣心木为飞车，以牛革结环，剑以引其机。"刘仙洲和王振铎都对"飞车"进行了研究，他们认为飞车制作符合螺旋桨原理，有一组飞轮和轳轳装置，形制如

① 《晋书》卷四三《王戎传》；《太平御览》卷七六二《器物部》七。
② 《晋书》卷四六《刘颂传》；《太平御览》卷七六二《器物部》七。
③ 《晋书》卷三三《石崇传》。
④ 《魏书》卷六六《崔亮传》。
⑤ 参考陆敬严等主编《中国科学技术史》机械卷，第三章，科学出版社 2000 年版，第 110 页。

走马灯的叶片或旋翼，以人力用革带拉转辘轳和飞轮，由于惯性和辐叶的旋翼结构而不断上升。这种机械原理后来启示欧洲学者进行"直升飞行器"的试验。[1] 东晋末桓玄"性好畋游，以体大不堪乘马，又作徘徊舆，施转机，令迴动无滞。"[2] 南朝大科学家祖冲之，"以诸葛亮有木牛流马，乃造一器，不因风水，施机自运，不劳人力"。[3] 宋武帝刘裕平关中，得姚兴指南车，有外形而无机杼，"每行，使人于内转之"。祖冲之将指南车"改造铜机，圆转不穷，而司方如一。"[4] 昏庸至极的齐废帝萧宝卷初学骑马，不敢骑真马，使俞灵韵"为作木马，人在其中，行动进退，随意所适，其后遂为善骑。"[5] 上述科技发明中，俞灵韵发明的木马，达到"行动进退，随意所适"的地步，骑它练习，居然成为骑马能手，可见木马奔驰跳跃，一定十分灵活。祖冲之发明的器物，既不用人力，又不因风、水之力发动，"施机自运"，更为巧妙。据《南史》卷七十二《祖冲之传》记载，他也制造过水碓石磨连在一起运行的机械，梁武帝曾亲自临视。《水经注》卷一三《漯水》条记载北魏京都"平城明

---

① 参考陆敬严等主编《中国科学技术史》机械卷，第三章，科学出版社 2000 年版，第 227 页。

② 《晋书》卷九九《桓玄传》。

③ 《南史》卷七二《祖冲之传》。

④ 《南史》卷七二《祖冲之传》。

⑤ 《南史》卷五《齐废帝纪》。

堂，上圆下方，四周十二户九堂，而不为重隅也。室外柱内绮井之下，施机轮，缥碧，仰象天状，画北辰，列宿鸟盖天也。每月随斗所建之辰，转应天道，此之异古也。加灵台于其上，下则引水为辟雍。"清杨守敬《水经注疏》称其"上圆下方"之形制，乃则天象地，喻天地威严恒常，变化无穷之景象。这里所谓"施机轮"即用水力发动机轮，带动"北辰"、"宿鸟"及其装饰缥碧即琉璃瓦之类，如青天白云状，从而使天体景象万千。①

上述浑天仪、连机碓磨、发石机、徘徊舆、机械马及北魏明堂等机械原理，显然同机械木人是相近似的。由此可见，当时机器人的出现不是偶然的现象，而是整个科技水平提高的结果。成书魏晋时代的《列子》中关于先秦机械人的生动描述，正是在现实科技水平的基础上，加以夸张写成的。当然，上述机器人是最原始的，只是一种纯机械性质的创造，它同现代和将来为电子所操纵的有智能的机器人，根本不能相比。但是，如果把它放到1700多年以前的世界科技发展史上去考察，我们勤劳智慧的祖先，能有此种发明创造，还是值得自豪的。

---

① 清·杨守敬《水经注疏》中册，江苏古籍出版社1994年版。

小　结

　　总之，我国古代机械人的创始年代为汉末魏晋南北朝时期，这是确切无疑的。因为第一，在 91 例机械木人中，很多出自正史所记，我国历代史家素有纪实传统，尤其这类发明创造少涉人事，故更具有可靠性。此外，如马钧发明水转百戏在《三国志·魏书》卷三《明帝纪》裴注引《魏略》说："使博士马钧作司南车，水转百戏"。张华所记中其观赏者、记录者都十分清楚。而且张华生于魏明帝太和六年（232 年），为西晋名臣，学识渊博，其所记为当代史实，应是可靠无疑的。陆翙为东晋人，他所记石虎时数例，既为当时事，其发明者为中御史和尚方工人皆清楚无误。其余 4 例中，南朝梁武帝时水转百戏，虽出自《酉阳杂俎》，但有《魏书》卷三六《李同轨传》作证。此外，唐张鷟《朝野佥载》共六卷，记隋唐朝廷民间故事遗闻，书中多考证资料，故司马光等修《资治通鉴》时多引用，其记兰陵王"舞胡子"当不虚。另外二例为北齐沙门灵昭发明，皆出自唐丘悦《三国典略》①。这里"三国"指北齐（550—580 年）、

─────────

①　参考《太平御览》卷七一七《服用部·镜》只引"七宝镜台"事。明俞安期《唐类函》卷一七二引《三国典略》包括灵昭两起发明。

北周（557—581 年）、陈（557—589 年）。丘悦为唐中叶著
名学者，《旧唐书》卷一九〇《文苑》篇有传。他撰《三国
典略》为历史典制类，离北齐、北周、陈建国时间又较近，
可靠性极强。上两例《太平广记》卷二二七引出《皇览》，
而注云："《太平御览》七一七引出《三国典略》"。我们知
道，《皇览》有三部，《三国志·魏书》卷二《文帝纪》
载，文帝使诸儒集《皇览》一部，其撰者有两说，一为刘
劭、王象；一为王象、缪袭。又《新唐书·艺文志三》著
录南朝刘宋时何承天、徐爰各有《皇览》一部，三书唐以
后均佚，清人孙冯翼有辑本，但十分简略。何承天卒于刘宋
元嘉二十四年（447 年）①，相当于北魏太平真君八年。徐
爰卒于刘宋元徽三年（475 年）②，相当于北魏孝文帝延兴
五年。上三部《皇览》成书时，最晚的离北齐武成帝
（561—564 年）也早 80 余年，因而《太平广记》所引《皇
览》疑有误。亦或出自北齐人集《修文殿御览》，引用时书
名记错耶。北齐崔士顺所造木人虽为后人追记，但有两种古
籍记载，而且有稍后（约晚 50 余年）隋杜宝等所创与其有
相似处的"水饰"为旁证，应具有一定的可靠性。在 91 例
机械木人中，只有诸葛亮妻黄氏所造机械木人二例（割麦、
磨面），既是"传云"为后人追记，而又无旁证，其可靠性

①　《宋书》卷六四《何承天传》。
②　《宋书》卷九四《恩悻·徐爰传》。

差些。第二，这91例同在一个历史发展阶段，时间较为接近，实际上可以视为连环性互证，因而从总体上说，更加强了史实的可靠性。第三，当时有无数与机械人相同或相似的其他科技发明，这是最有力的旁证。如果回过头去再看先秦两汉所谓的机械人，这三条均不具备，这又可以反证汉魏以前所谓的机械人是虚构的。我们将前述三方面综合起来进行考察，可以断定本文确定的我国古代机械人的创始时期，应是符合历史真实的。

关于机械木人的活动原理，其发动力主要靠人力、水力、畜力，同时还借用弹力、惯力、重力、摩擦力等，再经过用链、钩键、卧式齿轮、凸轮、轮轴、曲柄和连杆等各种传动机械，将发动力传给机械木人，从而使木人作出各种模仿真人的活动。隋代黄衮和杜宝所设计的"水饰"，其机械原理之复杂，可视为各类机械木人的一次总结提高演习。"水饰"木人活动异常复杂，多达70多种形态，各类乘舟、山、磐石、宫殿等小木人，有舞女、杂技、乐队、敬酒等诸多表演。据称："及为百戏、跳剑、舞轮、升竿、掷绳，皆如生无异。"各种乐器木人，其表演竟能合成曲调。小舸中敬酒木人敬酒后，取回酒杯，另有木人斟酒，小舸自动配合前行，再敬客人，其行动自若，妙趣横生。水饰木人活动类型之多，表演之灵巧，技艺之精妙，可证经魏晋南北朝机械木人之发展创新，到隋唐以后木人之机械原理已达到极高的程度。可以说，当时我国机械木人机械原理总的水平，在世界机械木人发展史上，应当是名居前列的。

关于用机械木人代替真人，从幻想到实践，从始创到隋唐以后的发展，说明我们的祖先对机械木人的研究创造一直没有间断过，直到今天高科技产品电子机器人终于出现。[①]因而我们可视古代机械木人是现代高科技产品——电子操纵机器人的原始态或始祖，似不为过。如果说，"中国人……是首先企图利用固体燃料火箭将人载到空中的幻想者"，[②]那么，中国人也是较早企图发明机器人代替真人的幻想者和实践者。

（原载《六朝史论续编》，学苑出版社 2008 年版）

---

① 本文曾参考谭家健先生《中国古代机器人》，见《文史哲》1986年第 4 期，及其主编的《中国文化史概要》第六章，高等教育出版社 1988 年版。谭氏在百忙中复印其大作赐予，深表谢忱。

② 参考陆敬严等主编《中国科学技术史》机械卷，科学出版社 2000年版，第 1 页。

朱大渭著述目录

1. 《六朝史沦》，425 千字，中华书局，1998 年。

2. 《六朝史论续篇》，340 千字，学苑出版社，2008 年。

3. 《中国军事通史》第八卷——《两晋南北朝军事史》，427 千字，中国军事科学出版社，1996 年。朱大渭、张文强著，荣获国家国书提名奖（1999 年）。

4. 《诸葛亮大传》（《武侯春秋》修订本），552 千字，上下册，二人合著（凡二人合著后者为学生），中华书局，2007 年；台湾麦田出版社买版权再版，2009 年。

5. 《鞠躬尽瘁一忠臣——诸葛亮》，100 千字，台湾万卷楼图书出版有限公司，1999 年。

6. 《名家说史——朱大渭说魏晋南北朝史》（二人合著）172 千字，上海科学文献出版社，2009 年。

7. 《魏晋南北朝社会生活史》，470 千字，（三人合著）第一作者，中国社会科学出版社，2005 年。

8. 《魏晋南北朝宗族组织试探》，44600 字，（二人合著）《中国史研究》2009 年第 4 期。

9. 《中古汉人由跪坐到垂脚高坐》，《中国史研究》1994 年第 4 期。此文被上海复旦大学历史系和中文系选入《二十世纪中国文史优秀考据文选》上、下册，由云南人民出版社 2001 年出版。

10. 《魏晋南北朝史要义两题》，130 千字，《中国社会科学院研究生院学报》2011 年第 6 期。

11. 《中国农民战争史魏晋南北朝卷》，256 千字，主编并撰写二分之一，人民出版社，1985 年。荣获历史所第一届优秀科研成果奖（1993 年）。

12. 《中国封建社会经济史魏晋南北朝卷》，232 千字，主编并撰写，齐鲁书社，1996 年。

13. 主编百卷本《中国全史·魏晋南北朝》政治、经济、军事、文学、思想、教育、科技、艺术、宗教、习俗等 10 卷，约 1635 千字，人民出版社，1994 年。北京书籍出版社 2011 年再版。

14. 主编《插图本中国古代思想史》6 卷本，共约 1565 千字，插图 613 幅，广西人民出版社，2006 年。荣获国家图书提名奖（2008 年）。

15. 主编《中国通史图说》大十六开 10 卷本，约 200 万字，图片 6000 余幅，九州图书出版社，1999 年。

16. 主编《历代开国皇帝传》上、下册，附开国皇帝本纪原文，文白对照，511 千字，海南人民出版社，1994 年。

17. 主编院重点科研项目《中国历史人物大辞典》魏晋南北

朝部分，180万字，已交定稿6年，年内将由上海辞书出版社出版。

18. 主编《晋书今注》，二十四史今注之一，注文360万字，已交定稿8年，将由四川出版集团巴蜀书社出版。

附记：《儒家民族观与十六国北朝民族融合及其历史影响》及《北朝历代建署长城及其军事战略地位》分别获社科院2007年、2008年离退休科研人员优秀科研成果奖。